U0935045

报告文学

中国刑警

公安部刑事侦查局 编

群众出版社
·北京·

图书在版编目（CIP）数据

中国刑警．二／公安部刑事侦查局编．—北京：群众出版社，2019.5

ISBN 978－7－5014－5954－4

Ⅰ.①中…　Ⅱ.①公…　Ⅲ.①报告文学—作品集—中国—当代

Ⅳ.①I25

中国版本图书馆 CIP 数据核字（2019）第 098978 号

中国刑警（二）

公安部刑事侦查局　编

出版发行：群众出版社

地　　址：北京市西城区木樨地南里

邮政编码：100038

经　　销：新华书店

印　　刷：北京市泰锐印刷有限责任公司

版　　次：2019 年 5 月第 1 版

印　　次：2019 年 5 月第 1 次

印　　张：14.125

开　　本：880 毫米×1230 毫米　1/32

字　　数：351 千字

书　　号：ISBN 978－7－5014－5954－4

定　　价：49.00 元

网　　址：www.qzcbs.com

电子邮箱：qzcbs@sohu.com

营销中心电话：010－83903254

读者服务部电话（门市）：010－83903257

警官读者俱乐部电话（网购、邮购）：010－83903253

文艺分社电话：010－83901330　010－83903973

报告文学《中国刑警》系列丛书

编审委员会

前　言

这套系列丛书，讲述的每一个故事都是真实的。

一百多个与众不同的人，用一个共同的名字——中国刑警，诠释着大道之行的忠贞，演绎着永不放弃的执着，彰显着舍我其谁的血性。

一百多个与众不同的人，每一个人都展现出传奇而独特的个性魅力：他们万里追凶，伏虎擒魔，英勇无敌；他们心细如发，抽丝剥茧，智谋过人；他们笑看生死，挥泪别离，悲悯大爱；他们临危不惧，果敢霹雳，气贯长虹……然而，他们其实都是普通人，有血有肉，有伤有痛，更有情有义。

一百多个与众不同的人，从东海西域、北国南疆走到一起来了，无疑是中国刑警精英的一次大集结和大阅兵。这套系列丛书，为你展示的就是这一前所未有的中国刑警精英方阵的英雄群像。

为深入贯彻习近平总书记在接见全国公安系统英雄模范立功集体表彰大会代表时的重要讲话精神，积极落实部领导关于全国公安“百佳刑警”推选宣传活动的批示，大力弘扬“百佳刑警”的英雄业绩，讲好警察故事，锻造忠诚警魂，公安部刑侦局携手全国公安文联和中国人民公安出版社共同组织创作、编辑出版了这套报告文学《中国刑警》系列丛书。

这无疑也吹响了一次史无前例的刑警题材公安文学创作的集结

号。先后有近百名公安作家及部分社会作家深入全国警营，聚焦中国刑警，辛勤采访，深入思考，潜心创作。作家们星夜兼程，走进一线刑警的生存空间，体悟他们的生命常态，追寻那金戈铁马般的生死搏杀，感受那正义与邪恶的非凡较量，融入那捍卫法律尊严与中国刑警荣誉的热血豪情……中国刑警以他们超凡卓绝的破案智慧，出人意料的侦查方法和特有的赤胆忠魂感动着作家，才有了呈现在你面前的这鲜活的新时代中国刑警的巨幅文学画卷。

《中国刑警》系列丛书，第一次采用集中组织近百名作家深入刑警队伍采访创作，全方位、多角度、大视野地以报告文学的形式推出中国刑警故事，讴歌时代英雄，是公安文化建设的一次重大创举。

刑警题材是公安文学创作的富矿，运用报告文学形式，塑造典型刑警英雄人物，创作出优秀的文学精品，是《中国刑警》系列丛书孜孜以求的目标，更是不可推卸的责任。

《中国刑警》系列丛书从组织采访创作，到编辑出版发行，一直得到公安部领导的精心指导，也得到了各地刑侦部门和公安文联的大力支持，全国公安一线刑侦和宣传、文化系统的诸多单位为作家们深入采访提供了十分便利的条件。被采访的刑警，在肩负打击犯罪侦破案件重任的同时，还要挤出时间配合采访工作，他们的大局意识和奉献精神令人感佩。在此，我们向所有为《中国刑警》系列丛书作出了贡献的人们致敬！

收入这套系列丛书的人物，是中国16万刑警的杰出代表，是中国刑侦战线的英雄楷模。

在此，我们向所有的中国刑警致敬！

《中国刑警》编委会
2018年12月

目　录

战神的本色

夏晓露

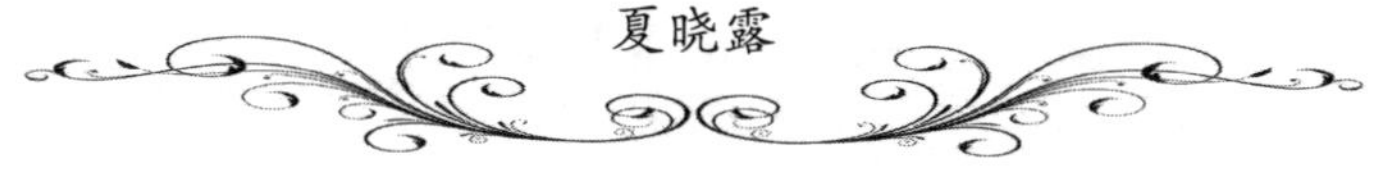

楔子

在广东佛山，一提起刑警八大队，人们就会回想起21世纪初的摩托大军，回想起那段街头“两抢”犯罪案件每年高达四倍的增长率，平均每月最高发案达50多宗的黑暗岁月。

刑警八大队专门为打击“两抢”而成立，果然不辱使命，屡建奇功。其领军人物——刑警支队副支队长、八大队队长林伟光，更被市民们誉为“战神”。

初生牛犊有点儿二

8月，傍晚时分。满头大汗的林伟光与队友提着一米长的黑色警棍在串街走巷巡逻。

天热得够呛。林伟光正想寻凉爽地歇会儿，忽然，听到身后吵闹起来。“啪——”一枚鸡蛋像子弹般飞来，他躲闪不及，被砸中左肩膀。紧接着，鸡蛋、菜帮子、番茄“哗哗”地飞将而来，砸在他与队友的头上、身上，同时传来一阵女人和男人的谩骂声。

“什么警察，成天提着根‘哭丧棒’，有啥用……”

“小偷不去抓，就会折腾老百姓，瞧那衰样，就会吃干饭……”

街上很快就围满了人，议论纷纷。真是邪门儿了！看着橄榄绿制服上一身的“番茄炒蛋”，他心里那个火呀。

没想到几天后，正在巡逻的他，竟然又被人用啤酒瓶在脑后开了瓢，缝了七八针……

20 世纪 90 年代初，只要是警察，就得上管天文，下管地理。巡警还得协助城管整顿市容，经常追得小贩满街跑。城管在暗处，巡警在明处，老百姓当然就拿巡警出气。林伟光遭到袭击，明明就是小商贩们在“泄私愤”，好多还是同村老乡。

“你小子当警察不抓坏人，不如回家卖番薯。别给咱家丢人现眼，咱脸都没处搁了。老百姓种点儿菜容易吗?”父亲知道后直骂他丢家族的脸。父亲是全村有名的热心人，又是个敢说敢干的勤奋农民，曾当选为第一任村长，是全村第一个万元户……

林伟光知道让父母“丢脸”了，这巡警当得真窝囊，更窝火，但他还是必须履行街面巡逻职责。他从小就向往当警察，有火、有憋屈只得忍着。父亲经常说：“要捕鱼，先织网；要搭桥，先打桩。”看来，自己是网没织好，桩也没打扎实。

1995 年，学机械专业的他听说有招警，就应招当了巡警。20 岁出头的他，当然知道当警察就得抓坏人，于是他一门心思想抓贼。可三个月里，一直“没米下锅”，贼的毛也没揪到一根。急得他跟猴似的上蹿下跳，成天问带他出警的陈建新队长，怎么才能抓到贼?

那时候都是着装巡逻，在明处，要抓住暗处的嫌疑人很难。他总是在对讲机中听到这里发案，那里发案，等赶到出事地点，嫌疑人早跑得没影了。

这叫啥事呀?

当巡警三个月，他一身正气，却两手空空，没抓到一个贼；

因成天要干城管的活儿，又得罪了乡亲父老。他真是满身冤屈，窝了一肚子火。

非得抓两个蟊贼来“洗洗冤屈”。林伟光牙齿咬得“咯咯”响。

这天晌午时分，他趁师父不在，居然与另一名新警在巡逻中抓到一个蟊贼，他一时异常兴奋。

“咔嚓”一声铐上铐，蟊贼被扭送到派出所。

可他前脚出了派出所大门，被他抓到的小蟊贼却赶着他脚后跟出来了。放了！

他返回派出所问：为什么？

没证据。

什么？就这样放了？

又是一肚子火。无奈，证据是办案的关键。他只得回去琢磨着怎么才能人赃俱获。

他干脆下班干。脱了警服，他一会儿装成维修煤气的，一会儿又成了送货员、清洁工，猫商场，蹲街边。

果然，第二天他就在商场轻松地抓获了一个小偷，并缴到了钱包，人赃俱获。他兴冲冲将小偷送到派出所。不料，结论还是证据不足。

他火了：这不是为难我们新警吗？

三个月来，他终于做了件当警察以来值得一提的事，却又被派出所给搅“黄”了。

派出所里人声嘈杂，审人的、报警的、办证的，一片乱哄哄。他找了半天，刚才接手的民警也不知道去了哪里。

“刚才我送来的小偷肥仔阿钟（化名），谁放的？”他冲着值班室大声嚷嚷道。

“你谁呀你？嚷嚷什么？”

“我是巡警队的林伟光。”

“呀，新扎兄弟？”说话的民警上下打量着他。

这时，又出来一个方脸剑眉的民警，对他说："别发火好吗？咱抓人是要有证据的，而且证据要全。"

"你谁啊？你什么意思？我们在街面一天十几个小时巡逻，日晒雨淋，不就是为了抓这些贼人吗？你们倒好，坐在办公室，吹着风扇，喝着茶，还拿我们巡警当人不？那些小偷是你们养的老鼠啊，想放就放？"林伟光边说，边一把一把地抹汗。

"糗大了，这肥仔你们那些老警都抓好几回了！他就一贼精，我们也头痛。一只才出窝的麻雀，得好好练练。事主呢？证人证言呢？都没有！学学怎么找证据吧。"

"我亲眼看见他偷的，有赃物呀。要不是我手快，他早跑了。"林伟光压住心头直往上蹿的火苗。

"哈，兄弟，事主的材料呢？法律讲究证据确凿。我教教你吧，证据，首先要有询问笔录，还要有物证、人证，形成证据链……"

这时，那个值班民警指着方脸剑眉的人告诉林伟光："这是我们向所长。"

向所长叫向百名。他拍了拍林伟光的肩，说："没有证据我收不了人。我也想搞掂这衰仔啊。又没证据又没材料……下次带全乎了，我就收了这老贼。否则，你带自己家去……"

林伟光顿时只觉火气直冲脑门儿，用脚踢了几脚派出所的门，冲着向百名咬着牙关："行，咱们走着瞧。我就不信这个邪！"他两眼怒火，两团咬肌鼓动着，可以听到牙根咬得"咯咯"响。

"行，下次整齐材料了，我请你喝两口。"向百名道。

他认真打量了一下林伟光：大脑袋，瘦高个儿，小分头，西装，港仔打扮。

后来他才知道，林伟光的大脑袋是小时候练功练的。林伟光出生在南海，与一代武术宗师黄飞鸿的出生地相邻，两村相隔仅几里。佛山是武术之乡，当地流行练武功，舞南狮。林伟光从小就练过南狮倒立、耍佛头、顶头等武术技能。他的站桩可是村里有名的，有点儿功夫。

向百名边打量边心想：“这小子长得地阔方圆，唇厚，面圆，一脸憨厚相。虽然有点儿二，但倔得可爱，干事锲而不舍，是个有棱有角的主。做刑警就要有这种执拗劲头，带一带八成能练出个狠角儿。”

这边，林伟光临走时，拉过那个值班警察到门口问：“什么狗屁所长，他是什么来头？”

“兄弟，这所长可不是狗屁，放起屁来砸后跟。他可是禅城区刑警中队长出身，侦破了许多大案。没两把刷子，能当所长吗？够你学的，别不服气。”

这一听，林伟光的气刹那间委顿了一半。

当刑警可是林伟光孜孜以求的梦想，他不禁暗地里佩服起向百名来。

火眼怼死贼眼

初秋，雨后的禅城风清水绿，沿街高大的紫荆花树盛开着紫红的细碎花朵。圣堂大街 4 号的佛山刑警八大队，已听不到一点儿昨日摩托车的轰鸣。林伟光一拐一拐地穿过窄长的走廊，走进最里头他的办公室。

我们面对面坐在原色木质沙发上。

电子水壶里的水烧开了。林伟光拿起玻璃茶壶说：“来来，先泡一壶梅州兄弟自家种的绿茶。泡绿茶 80 度水温刚好。我不抽烟，喜欢喝茶。”

这是我第一次近距离接触“战神”，喝茶听故事。卸了甲的“战神”，眼神温和，我一边看着他泡茶，一边想象着他驰骋战场的模样。

眼前的他，已是从警后第三十九次受伤，最后一次大难不死，正受命接受康复治疗。据说住院期间，他还偷偷破了一宗震惊全国的特大盗窃案。

现任刑警支队长向百名发威了：不恢复好身体，就不能接手任务。暂停你刑警八大队队长职务！

茶叶经开水一泡，慢慢舒展着嫩绿的叶片，清香一缕缕飘散过来。

林伟光是从医院溜出来的，右手臂上还打着绷带，黄色的药水渗在白色绷带上，很刺眼。

他用左手将那只青瓷功夫杯里的茶一饮而尽，开始讲述他的故事。

说实在的，巡警的故事尽是些鸡毛蒜皮的事，精彩悬疑情节都在刑警那儿。当巡警也就是练练手，算是打牢当警察的功底，比如火眼金睛，比如手到擒来，比如迅雷不及掩耳……

听他说起第一次立功的故事，还真是扣人心弦。

时值9月。我和郭华正在街上巡逻。看到高瘦、矮胖两个人正从祖庙路往城门头下城广场走，我把巡逻车隐蔽地开到附近，车速慢了下来。

郭华问：发现目标了？

我觉得左前方一高一矮两个人眼神不对劲，很可疑。

怎么看出可疑了？

眼里要是有案子，嫌疑人自会浮出来。

“蛇有蛇路，鼠有鼠路。”普通人走路或开车都是笔直地朝着一个方向，小偷和“飞抢”嫌疑人要寻找目标伺机作案，他肯定就会慢慢地走走停停，还会不时改变方向，眼神到处瞟，一边走一边寻找目标，专门盯住单身为作案对象。

这两个人神色紧张，左顾右盼，像在找什么东西，目光游离。他们的目光触到我的眼睛，第一反应是紧张，快速躲过我的眼神。

其实巡警的眼神也是到处瞟的。我们是为了发现罪犯，而盗贼是为了发现钱包。

已是下午 5 点多，下班时间。广东秋天仍然像夏天一样热，人们都穿短袖，可这两个人外面还披着一件长衫。师父说过，一般盗贼喜欢用衣服掩饰作案。

我问郭华，你说他们裤子里有什么东西？

郭华纳闷儿，这裤脚的位置鼓胀，像塞了很多东西，不正常啊！

眼看这两人脚步加快，到一拐弯处，突然开始跟踪一名穿西装的白领女。白领女快他们快，白领女慢他们慢。

我急忙加速，开足马力将车停在巷口拐角，形成一个三角形包围他们。

这两人一见，先愣了一下，随后抬腿就想跑。郭华跳下车立马将矮个子逮住。眼见高个子想逃，我将车头甩了一下，挡住他去路，跳下车："警察，配合检查。"

高个子仍然想夺路而逃。

我用脚一拨，他一退。我紧接着一拳捶向他的脸，同时用腿攻击，乘他不备，踢其下腿，高个子顿时便跪在了地上。

"举手！猫低（蹲下之意）！趴在墙角！"

我从小练过武术，没想到用上了。当时那个爽。

紧接着，我伸手一摸，高个子浑身发抖。这小子真不经吓，倒给我这个新兵仔壮了壮胆，我有了底气。他心虚发慌，这更说明他有问题。人一心虚，自然失去反抗能力。我顺着又一摸，其裤脚上有一条条一串串的硬物。

我心里马上敞亮了。今天我们终于钓到"鱼"了，只是大鱼小鱼的问题。我底气又升了一丈。

矮个子则镇定地说："不好意思。我们有急事，要去火车站接人……"

我转脸与旁边警戒的郭华对眼神。正当郭华回应时，矮个子居然拔腿就跑。郭华非常警觉，嫌疑人一有动作，他马上反应，追了十几米，便把矮个子按下。

我这边呢，已经从高个子裤子里搜出一支撬门的20多厘米长的铁笔、一把一字口螺旋状的螺丝刀，全用封口胶绑在他腿上；腰上也绑了三把七八厘米长的螺丝刀和粘了双面胶的长镊子；还搜出一张宾馆房卡。

一蹲一站墙头拐角，开审。

干什么的？从哪儿来？

去批发市场办货。

办货还带这些？

路上捡的。

这么好捡？

住哪里？

没地方住，刚过来。

哪里人？

我亮了一下咖啡色的房卡，又亮了一堆工具：什么情况？

这些东西是干什么用的，你比任何人都清楚。这一问，他的脸都紫了。

老实交代，这是哪个宾馆的房卡？

外、外贸宾馆。

宾馆还有人吗？

没了。

那一头，郭华审的矮个子交代的又不一样，说是来找亲戚，正准备租房。

“口供不一，有料到了。”我马上用对讲机请求支援，然后押了高个子和矮个子前往外贸宾馆。

上五楼。506房。服务员敲门，没动静。打开房门。

两张床上居然有两个人在睡大觉。

听到响动，靠窗边的床上，一个人马上伸手从枕头下掏出一把明晃晃的西瓜刀来。

不许动，警察！说时迟，那时快，我一个飞身猛扑过去，一下子将其压住。此人力气也不小，在我身下使劲儿翻腾。

我用手狠命卡住其右手腕，猛摔。队友们立马将刀缴下。

掀开被子，对视之间，我俩同时说："啊，又是你？"

居然是胖子老贼阿钟。这真是火眼怼上了死贼眼。

阿钟一脸惨白："阿 Sir，你犀利。"

随后，我们在房间搜出大量偷盗抢作案工具，赃物琳琅满目，珠宝、玉器、手镯、金、玉、小叶紫檀等。

那死贼精居然有老巢，还是团伙作案，又偷又盗。这回是顺藤摸瓜，连根拔。

最后收网，一下子竟然抓捕了二十几名偷盗嫌疑人。

由此，我与郭华立了三等功。

第一次立功，感觉确实牛气。那些年，能立功的可是凤毛麟角啊！而我入警一年多就立了三等功。

直到这时，我才感觉自己做警察真正上了道；同时，也挑起了我要做刑警的念头。

我当时那个兴奋呀，恨不能马上将盗贼押送澜石派出所，向"狗屁所长"汇报。他得请我吃饭了。

经过一段时间巡逻和侦查，我总结出了一套眼观六路耳听八方的经验：一是发现目标，从问号中找蛛丝马迹，从眼神中找目标，从问题中找漏洞；二是从穿着分析，作案嫌疑人来自东南西北哪一方，比如穿牛仔裤、波鞋的是本地或粤西一带居多，穿衬衣、外套、凉鞋的是粤东一带；第三是类型犯罪，入室盗窃的穿得光鲜，街头作案的穿得朴素，诈骗的开高档车、穿金戴银等。发现目标分析研究，最终确定对象。对象确定后，不急着抓捕，沉住气，按兵不动，必须想办法让每个事主都报案，无论被盗了多少，积累到一定数额，才能入罪。最后等证据确凿后，再下手抓捕，一网打尽。

着装巡逻，在明处，哪有老鼠见到猫不躲的？几乎抓不到嫌疑人。

我们试了几次便衣巡逻，一来二去，守候观察，没几下子便能把扒手的盗窃手法摸个一清二楚。其实小偷偷钱包、手机，不外乎就那几板斧，可这一帮人屡屡得手而不被抓，有一个绝招：转移证据。他们先跟踪目标，A 得手后，将钱包或手机转移给在门口把守的 B，B 又马上转移给在附近小巷守候的另一名同党 C，C 再转手给躲在暗处的 D，赃物就根本不知去向。就这样，即使抓到小偷 A，但没有赃物没有证据，也无可奈何。

说来，小偷这几板斧也够我们喝一壶的。

佛山祖庙路小巷与道路交叉纵横，扒手得手后，串街走巷比老鼠还快，证据难固定。所以，早年我们抓了放，放了抓，就像割韭菜，搞得巡警与派出所民警头都大了，还生出许多矛盾。

现在，我们训练到看人的眼力，比坐在祖庙路泥模岗前算命的老头儿还准。基本上可以说，看准哪一个有问题，跟几下子就真的见其出手偷东西了。

向百名比林伟光年长五岁，长得像演员张嘉译，冷眼帅气，笑起来白牙璀璨。他是搞刑侦出身，足智多谋。

他说，当年就想把林伟光“收”归刑警。林伟光长得虽大众形象，但“入戏”感强。化装侦查时，脖子挂手指粗金项链，大墨镜，皮夹克，一跃摩托，再露出个大金表，活脱脱一“黑老大”；若换上工厂服，运动帽，推一破自行车在农贸市场没人会多看一眼。他就是扔在人堆里容易模糊嫌疑人视觉的那种人，抓捕勇猛又有经验，特适合搞外侦。

是警察都有刑警梦。林伟光一直在为实现刑警梦而奋勇向前。

追得人想哭

林伟光认死理的性格，怕是改不了喽。

为侦破偷手机案，他一直追踪嫌疑人，北上哈尔滨，南下海南岛，西到陕西，东到山东青岛。真是追了个东西南北，不见兔子不撒鹰。

“向支，方某打电话告诉他女朋友阿琴（化名）说，他被追怕了，要回来自首。但我们已经找到了他的落脚点，估计他闻到什么风了，怕被严惩。我一定要将他抓捕归案，严惩不贷。”

向百名听了林伟光的汇报，心里犯嘀咕了：这小子真认死理。

“投案自首好啊，你小子干吗还死追？一个偷手机的贼，费那么大工夫？”向百名道。

在此案的嫌疑人里，最先进入警方视野的是方某。

林伟光告诉向百名：“这方某的胃口很大，只要嗅到全国哪里有重大娱乐活动，他就会带几个人像一群苍蝇蜂拥过去。作案后他还要进行分成交流，总结经验。他的逃避打击战术一套一套的，哪有收手可能？”

“那先掌控其行踪，千万不要轻举妄动。打鱼靠网，打狼靠棒，欲速则不达。你小子，对这一套已很老到了。具体采取什么方法，由你负责，有困难随时报告。”向百名叮嘱道。

林伟光是通过线人一步步掌握这个扒窃团伙的犯罪信息的。根据调查，这是一个以肇庆怀集、封开籍人员为主的特大跨省扒窃团伙。具体作案情况还需侦查。

林伟光发现这群“梁上君子”经常坐高铁或飞机出去“采货”，“采货”前告知销赃老板，由老板预支路费。

几经周折，林伟光找到方某关系网，加入方某的微信，潜入一个“朋友群”。

近日去哪里打猎？

福建、湖南。

三亚过两天举办“中国好声音”演唱会。

……

那先下福建泉州。

晚上去泡吧！

……

“打猎”是该团伙的作案暗语，“泡吧”则是前往作案地点。林伟光一看，又有料到，十分兴奋。

他抓捕有个习惯，只要获悉抓捕线索，就要穷追猛打，不给对方喘息机会，成功率95%以上。

先从方某他们的交通轨迹查起，无论是高铁还是飞机或者是长途汽车，寻到蛛丝马迹就一路追踪。他发现，这伙人已坐高铁到了昆明。

追踪到达昆明，侦查到方某他们住的旅店。在当地公安配合下，当晚对旅店进行突然袭击。

“哐当——”一脚将旅店三楼303房门踢开。

房间里居然有七八个人，个个恼羞成怒，一脸叫板相。

“不许动！我们是佛山警察！”林伟光大声道。

一听“佛山”二字，顿时没人敢吭声了。一个个乖乖地举起了双手。

经审查，这是一个以情侣、同村兄弟、老乡为纽带，形成盗销一条龙的作案团伙。作案地点以全国各大城市举办的音乐节、演唱会等大型公共娱乐活动场所为主，专挑使用苹果、三星、华为等知名品牌中高端手机的事主下手。得手后，赃物第一时间以快递方式邮寄回佛山，团伙中有固定成员负责销赃。

但是一号人物方某并不在屋里。难道信息有误？

后来获知，这个衰仔运气好，他正好外出吃消夜，闻风而逃了。

林伟光的心拔凉拔凉的，特失落。如果这个关键人物不拿下，就会像牛皮癣一样麻烦，他又会纠集再干，那之前所做的一切就都白干了。

继续侦查，发现方某到了泉州。

林伟光带了五人又从昆明追踪到泉州，可方某他们已坐高铁转到了三亚。继续跟踪到三亚，还是晚了一步，方某等人已北上。

最后，查到方某有好几个女朋友。这些女朋友的身份证信息大都为湖南湘潭某镇人，而该镇的人较少出门。于是，从机场、火车站、宾馆等地查湘潭某镇出入的信息，很快将其一一锁定。

其中，方某与一个叫阿琴的近期联系密切。

林伟光让她电话动员方某投案自首。结果，阿琴却对方某说："警察给我谈了好几次，要我千万配合，一定把你拿下。你赶紧能躲多远躲多远……"

"佛山警察就是一群疯子！你告诉他们，我他妈的被这群警察追得想哭，别再追了，我投案自首……"

追还是不追？林伟光也有点儿动摇了。

后获得线索：方某已带一干人北上哈尔滨。

"追！追死方某！哪怕从天涯海角追到北极。"他牛劲儿又来了。

哈尔滨已近冬天，从温暖南方过来的林伟光他们只穿了薄薄的单衣，一下飞机，个个冷得牙齿打战。顾不了许多，押着阿琴在出租车内继续联系方某。获知当天晚上，方某将在哈尔滨一家酒吧"活动"。

林伟光与队友立马扮成醉汉出现在"红馆酒吧"。

方某也带了三个团伙成员麻利地下手。下手很快，但没有撤退的意思。

这不是坛子里捉鳖，手到擒来？林伟光兴奋起来。

方某志得意满地坐在吧台前喝着蓝带，搜寻着“猎物”，岂知螳螂捕蝉，黄雀在后。

林伟光打了个响指，三组队友同时分头控制。这边林伟光和队友易康成一左一右坐在吧台方某两边。林伟光左手举着酒杯，右手在方某的右臂上一拍：

“阿方，我们终于见面了。”

对方一脸发蒙相：“你是？你谁啊？”

“我是佛山来的，我叫林伟光……”

方某的脸顿时就绿了：“我，我说过，准备投案自首……”

“小子，晚了点儿。”

“咔嚓”一声手铐戴上。

突审。好家伙，爽歪歪。现场缴获苹果、华为6台高档手机，并牵出了一个50多人的作案团伙。方某团伙自2016年起，在广东、福建、湖南、湖北、陕西、河北、山东、昆明、南京等10多个省市一直流窜作案200多起，涉案金额达50多万元。

石头里开出花来

周六早晨，林伟光打电话给在酒店写稿的我，说过去伯顿广场喝早茶。

十分钟后，在茶楼我看到他与11岁的大儿子在等我。从楼上窗户向外望，对面是祖庙、岭南新世界商业区，车水马龙。

祖庙是佛祖圣地，供奉的是道教崇信的北方玄天大帝，传说是百姓请过来治水的，佛山从此远离许多天灾。天灾，有祖庙的北帝来镇；人祸，则必然靠人来“镇”。佛山警察就是镇一方恶霸，保一方平安的城市守护人。

与林伟光儿子聊了一会儿。11岁的孩子说，老爸以前很凶，他很怕他，这次老爸受重伤后才知道，做警察的老爸很伟大。他的眼睛里泛出天真的骄傲。

林伟光左手用筷子吃饭很吃力，只能用勺子。一块排骨进了嘴，咬得“嘎嘎”响。

他笑笑，我从小喜欢啃骨头。

听着骨头被咬碎的声音，又一个故事开始了。

为啥给嫌疑人起“风之子”这么个雅号？

他开摩托飙车抢劫，来如风去无影。抓“风之子”罗某辉，我差点儿没被他玩死。不过棋逢对手，更增添了我的斗志。

你的车技不也很厉害？都说你不仅是“战神”，还是“车神”。

天外有天，只好较量较量。

那段时间，110 报警台接警不断：禅城发生抢劫，南海发生抢劫，桂城、高明、大沥、西江路发生抢劫……像空袭警报，搞得我们八大队分分钟在出警。这个圣堂大街 4 号昼夜响着摩托进出的轰鸣，经常接到周围住户的噪音投诉。没办法，得出警啊。

我们采取路面布网守候侦查。连续守候三四天没有收获。第五天下午 6 点多，突然发现两台摩托飞车抢夺后，招摇地炫耀车技，超速飞奔，声响聒噪，沙尘扬起，十分嚣张。其中一台红色雅马哈男式摩托十分显眼，估摸着车子时速 100 公里以上，车手竟不戴头盔。

当时由我负责此系列案件的侦破。队友高比和外号“车神”的何国华负责跟踪，结果跟丢了。竟能甩掉我们的“车神”何伯，这还是头例。

查！不信就查不出这帮人。110 已挂账 20 多宗。这可不是吃几顿“番茄炒蛋”的事了，人命关天啊。

我守在电脑前，一遍遍查找同类案件的特征，发现近期系列抢劫案都出现一个共同特点：连续作案三四宗后，停一两天；红色摩托一出现，报警频率就高，车手从不戴头盔；喜欢在城区区域作案，下手快，逃得快；逃跑方向往北边……

事主反映：抢得太快，看不清。

继续撒网守候。十多名队员每天装扮成搭客佬、维修工、送水工，不停地在路面溜达。

火车站、东方广场、祖庙路……每个点都发现目标：红色摩托。但一遇到红绿灯路口，红色摩托转瞬即逝，跟风一样消失了，而且习惯遮挡车牌。

盯不住，跟不上！

这天，我扮成搭客佬，骑上我的红色“牛哥”本田守候在东方广场路段。

突然，对面出现了红色雅马哈。我迅速操起对讲机：“我发现了那个高手，我倒要看看这家伙有多牛……”

只见雅马哈在城区快速穿梭，我估摸时速有五六十公里。遇到障碍物，一跃一绕，开至土路地段，沙尘飞扬，没戴头盔的“风之子”竟不减速。

我暗自惊叹，此人车技真不一般。

近距离看清了，车手是一肥仔。棋逢对手，继续跟踪。

路上，“牛哥”和雅马哈两匹红色“赛马”不分上下。到达桂城主干道，雅马哈突然提速。我驾驶“牛哥”继续紧追。要命，车速已经达到失重的危险速度，时速马上超 120。我勉强又跟了一会儿，眼睁睁看着雅马哈冲得没了踪影。

我立马用对讲机叫队友协助。五分钟后，发现雅马哈和另一台嫌疑摩托迎面倒了回来。

“搞什么鬼，玩我？”

我掉头继续跟踪。这时，对讲机传来 110 通报，就在雅马哈消失的五分钟内，前方发生了一宗抢劫案。

火从门牙又蹿上牙根。我仔细一听，雅马哈应该改装了发动机，估计马力相当于 250cc 双缸跑车型。

我开足马力追捕。

忽然间，来到一个岔路口，两辆飞抢摩托一左一右分开逃命。我们兵分两路继续紧追。

我盯死红色雅马哈，不断向“风之子”发出警告：“我是警察！你们跑不掉了！”

“风之子”突然使出阴招，拿出一包辣椒粉撒过来。

我正以近120公里时速驾驶着摩托车，被辣椒粉撒在头盔上，风一吹全进了脸罩，喉咙、鼻腔如火燃烧，眼睛辣得刺痛难忍，眼泪哗哗地流。坚持！我咬紧牙关强撑着，不但不减速，反而将摩托车提到120公里时速，直飞上去。嫌疑人“风之子”继续不断向我和追踪的队友撒辣椒粉。

这时候，从侧边辅道冲出两台嫌疑人的摩托，截在我和队友易康成前面，企图掩护“风之子”。

坐在后排的嫌疑人，突然抡起摩托车防盗锁向易康成猛砸过去。刚被辣椒呛到的易康成，强忍着将车闪离一边。嫌疑人一边撒辣椒粉，一边再次抡起防盗锁砸向易康成。

我在后面看得背心一阵冒汗。急中生智，我突然双手脱离摩托车方向把，从腰间拔枪上膛，“砰——砰——”向天鸣枪警告。

以时速120公里的高速行驶，双手离把、鸣枪、射击，一系列连贯动作，如果不是练过一手绝技，后果可想而知。

“风之子”被枪声吓了一跳，随即亡命逃窜。

不料，又一台摩托借开过来的大车掩饰，举起防盗锁砸向我。

特种兵出身的易康成眼疾手快，侧身把车一压，摩托在弯道位一个漂亮的弧度斜成45度角向嫌疑人的车横扫过来。说时迟，那时快，摩托径直向易康成撞来，瞬间易康成被撞得连人带车甩向路边，撞向护栏。易康成鲜血顿涌，但给了我抓捕的时间。

眼看另一嫌疑人又用防盗锁向我砸来，我再次举枪，毫不犹豫对准嫌疑人的腿部和嫌疑车射击，“砰——砰——”枪响后，摩托车发动机被打穿，嫌疑人腿部中弹，立马倒地。

为防止另一辆车逃脱，我又腾空而起，将身下摩托车撞向嫌疑人的摩托车，并飞身骑在另一嫌疑人身上，反手将其铐住。这时，我的右膝盖已被撕开大裂口，鲜血直流。

这一役，抓获两个嫌疑人，起回事主刚刚被抢的手袋，内有手机、证件和刚刚从银行取出的现金一万元。但“风之子”却再一次逃得无影无踪。

我直恨得咬牙切齿。

调整方案！返回队里后，我召集抓捕小分队成员在会议室开会。内勤张辉搬出磁板，我们的案件分析经常借助“思维导图”让“死案”起死回生。

有三角、圆点、直线、曲线……最后，形成一张实战布防图。上次破获撞宝马车案，我就是画了“思维导图”，以宝马车为中心，第一层重点分布有看水、车手、维修、4S店等，第二层有事主损失金额、指认证人姓名等，使案件一目了然。

“风之子”案手法与以往不同，其车技也非同寻常。跟踪时，发现对方也有布控，怀疑是布了哨兵“看水”。而我们因车辆马力相差太大，很难跟踪，估计其有专业维修档口改装。

如何找到突破口？

我到刑警支队汇报此案。向百名问我：“你有什么打算？”

我说：“外围跟踪，沿线设哨，逐步深入，端窝抓人，多路段布点，连续接力跟踪，复合固定跟踪……”

向百名听了，说：“不能死跟，尽量隐蔽，摸清团伙人员和窝点。”

我说：“他们的装备比我们先进，许多摩托要不就是走私进口的，要不就是改装增大马力的。而我们专业队的摩托，都是廉价的‘薄壳核桃’，车身轻薄，马力排量小，几乎靠专业队员肉搏获胜。要打击这个团伙，我们必须从源头上拔掉……”

向百名一脸兴奋，点燃一支香烟，露出一口白牙，浓眉舒展："老弟你行啊，一定要深挖连根拔。但是，我提醒你，'风之子'绝对是亡命徒，你和你的队友们必须给我平平安安的。你们马上改装几台马力为250cc的摩托。"

这边改装摩托，那边我已开始分析梳理"风之子"团伙的作案特征和规律。

我们开始进行摸排接力棒式跟踪，不断缩小范围。但发现目标后，不急于抓，以免打草惊蛇。同时，从车辆颜色号牌排查信息。

但红色雅马哈的车牌一直是遮挡的。这一难点必须先攻破。

这天中午12点多，我们秘密跟踪红色雅马哈来到南海大沥，发现车在一酒家门口停了下来。车上两人下来后进了酒家，估计是吃饭去了。

我说，乘"风之子"去吃饭，扮成捡垃圾的靠近雅马哈。

"你不用装扮啦，就一捡垃圾的。"何国华笑着对我说，同时将手里早已拎着的一只破烂编织袋递给我。此时，我已被风沙吹得灰头土脸，衣服脏兮兮的，的确不用再装扮。

我沿路边捡了一些可乐瓶、矿泉水瓶，慢慢靠近马路对面的"红宝石"，然后迅速掀开遮挡车牌的那块布：

粤R6X1××

记住车牌号码后，我马上将编织袋搭在肩上，手上还提着一块脏兮兮的纸板，一边慢腾腾地走着，一边用隐形耳机向队里的同事传回信息，进行数据比对查询。

信息传回，车辆是一名清远籍男子罗某辉名下的。罗某辉曾经因盗窃被捕入狱，反侦查能力极强，经常盘踞在大沥镇一栋出租屋内。

马上查出租屋。三组人员轮流蹲点守候，连续侦查了三四天，掌握其出入时间、人员和生活轨迹。结果发现，这是一个从打配合、放哨，到抢、销等一条龙作案的团伙，特别是还有后勤保障（摩托维修档帮改装和多个销赃窝点）。初步判断有十多人，有男有女，爱好吃消夜，经常聚在娱乐场所喝酒；三台摩托车轮流作案；全部来自清远英德，以“风之子”为首，并由其负责训练车技。

这天，“风之子”又驾上雅马哈出动了。

我早做了“品”字跟踪部署，采取外围攻其不备的战术。由我打“前锋”，先跟踪不抓获，一是搜集更多证据，二是追查销赃窝点，最后“一锅端”。

终于一举全歼了“风之子”罗某辉飞抢团伙，抓获团伙成员12人。

审讯。罗某辉一开始顽固抵抗。

啧啧，你牛啊！老子追你们，差点儿让我和我队友把命搭上。你竟敢向警察使阴招撒辣椒粉叫板。我不抓捕你，这身“虎皮”我也别穿了。

“风之子”听到前半句，脸上还露出一丝得意相，等听完后半句，就把头低下了，不吭一声。

衰仔车技哪里学的？

我从小在田地上、土路上练出来的，当地没有人可比，都叫我“车神”。

我递了一支烟给他，点燃。

他吐着烟雾：阿Sir，你牛啊！那天，我发现堵截我的摩托佬，一会儿蛇行转弯，一会儿车头高昂离地，一会儿飞越障碍行驶……没想到摩托佬车技也这么牛啊……

衰仔，你是在刀尖上走路啊！

所以我不抢了，改搭客。

你以为这样我就抓不了你？销赃的档口老板在这儿，你要不要认识下？

啊?

你的三个女朋友也在这儿，想不想见？她们说你喜欢去酒吧，爱喝可口可乐……

罗某辉一脸惊异：你还知道我什么?

你还有一个最疼你的奶奶。你抢了钱会寄回去，但却不敢说钱的来龙去脉。你现在只有如实交代，否则，出去时，只怕你已见不到你奶奶了……

听到这话，罗某辉的眼泪刷地流了下来。

我递过纸巾。“风之子”吸溜吸溜地一边擤鼻子，一边将作案经过全抖了。

向百名接到我的电话后，说：这次你们利用智慧新警务技术打了一个漂亮仗，这可是石头里开出花来啊。

溜出病房破大案

那天早晨刚上班，他就接到警讯：卫国路上发生抢劫案。

他开上摩托，风驰电掣，五分钟到达现场。远处，树下，白色连衣裙女子靠着树在哭。见警察来了，女子当即瘫在地上，浑身发抖，说不出话来，满身是血。嫌疑人早逃得无影无踪。

林伟光手指关节捏得啪啪响，恼火道：下手够狠。

内勤张辉打开档案柜，取出厚厚的十多本“两抢”发破案记录档案：卖鱼老人因被抢，头撞在墙上倒地身亡。一女子包被抢时，被嫌疑人摩托拖行20多米……

“两抢”案件不断发生，报纸、电视、电台新闻不断，人心惶惶。一个月发案30至50多宗，仅2004年中心城区禅城接报“两抢”警情就多达9160宗。

市公安局局长听到情况汇报，拍了桌子：岂有此理，光天化日之下抢劫抢夺如此猖獗，把佛山的脸丢尽了！马上选调精干力量成立打“两抢”专业队。

机不可失。林伟光决定到专业队当刑警。

可到了专业队，他才明白，再不是抓几个蟊贼的事了。打“两抢”犯罪，很多时候是“肉搏”拼命。

那天，“虎牙仔”抢劫了一个女人的包后，准备再次寻找目标。没想到身后有三四台摩托在追，这是林伟光的绝招：“品”字形夹击追捕。

坐在后面的“虎牙仔”见状，狗急跳墙掏出匕首准备负隅顽抗。林伟光加大马力踩尽油门儿狂追，从祖庙路到城门头七转八拐，整整追了九条街。

眼看快截获了，不料，“虎牙仔”车头一拐，进入一条窄巷。林伟光一边用对讲机呼叫队友增援，一边紧咬不放。

突然，巷子里呼啸着开出一辆大货车，司机刹车不及，将林伟光连人带车撞飞到马路对面。林伟光大腿撕裂受伤，一直到臀部，血从裤子的破洞直往外冒……

跛着流血的腿，林伟光走进急诊室。护士见状喊道：“谷医生，有急诊。”

“嘘！千万别告诉谷医生。”

谷医生叫谷婷婷，与林伟光还有三天就要举行婚礼。她一眼看到未婚夫的队友们扶着他进来，就倒抽了一口冷气。阿光又受伤了？走过去，果然是他。

她定了定神，接过护士手上的针：我来。

一共缝了 39 针，准新娘的泪水掉得跟断线的珍珠似的。

她含着泪，带着责怪道：后天婚礼取消。

别别，我能行的，一定如期举行。

谷婷婷想起了两人第一次的约会。

“打击街头犯罪，就像猫捉老鼠，老鼠什么时候出来不知道，但猫得一直守着。”林伟光对坐在车后的婷婷说话时，两眼像猫一样直瞅着街面。

谷婷婷坐在摩托车后座，春风拂来，她迎着风，辨别着风中的白兰花香气从哪儿吹来，十分惬意。

来到莲花广场，人头涌动，林伟光习惯了眼观六路耳听八方搜集情报。眼光一扫，果然发现四名男子，突然抢了过马路的女人的挎包，迅速往谢边立交逃去。

“注意，我发现两只老鼠。坐稳了……”林伟光加大马力，风驰电掣跟踪到谢边立交。

等婷婷回过神来，林伟光已纵身从六米多高的引桥上跳了下去。嫌疑人还没站稳脚跟，便束手就擒。

一股热流在婷婷胸中涌动。事后这位全国好警嫂说：当时阿光可秀足了刑警雄风。

在支队会上，向百名听完林伟光的汇报，满意地笑了：“发一次案，连根拔一次。盗抢的不敢来，收赃的不敢要，刑警八大队打出了佛山一片朗朗晴天……”

当得知林伟光又受了伤，向百名直气得双眼冒火，又十分心痛。他禁不住长叹唏嘘：你这个愣头青，咋就改不了呢？

就在最近一次受伤康复期间，他又溜出病房去破大案。

“铁骑雄鹰”高高挂在林伟光办公室雪白的墙上，行草，斗大，苍劲。文件柜内一块金色手模，铁砂掌般，暗藏神秘功夫。这金色手模是林伟光的右手印，是一个美术家专门设计的。

室内侠气弥漫。

坐下继续喝梅州绿茶，听故事。

什么案件让你如此上心？受这么重的伤，还从病房溜出来侦破？

哪里待得住哟。治疗得差不多，能下地了，我就想整点儿案子。

那天，接到支队指令，要我们侦查抓捕一个流窜五省市作案的盗窃团伙。此团伙作案后，几乎不留痕迹，案发地公安机关一筹莫展。

怎么可能一点儿痕迹没有？只要作案，就一定会留下蛛丝马迹。

我在病房，急得像热锅上的蚂蚁。护士说我像丢了魂。当晚实在憋不住了，我就从医院偷偷溜回队里。

接到报案是 11 月 14 日早晨 10 点多，发案地在高明区荷城的德豪新苑住宅区。事主金先生的母亲早上 8 点多出门买菜。10 点多回到家，发现木门和防盗门大开，门锁被撬坏，抽屉、衣柜里的东西被丢了一地。

被盗现金 3300 元人民币。数额不大。其实，盗窃案没什么悬念，但这个“梁上君子”团伙作案后，现场一枚指纹、一个脚印都没留下，像隐身人作案。

作案时间只有两小时，动作麻利娴熟，是熟人作案还是事先踩点？走访邻居，没有人看到有人出入金家，保安也一脸迷惑。查监控，同样不见人影。

这时，得到支队的准确信息，是江西人作案。

马上走访附近酒店、出租屋等可落脚的地方，仍是石板上跑马——没有任何痕迹。

他们作案后去了哪里？

调出两年前发生在佛山的江西宜春籍作案团伙入室盗窃案卷宗，将案情细节、情报信息等进行研判比对，手法基本一致。

又查小区监控，发现当天早晨 8 点至 10 点，小区出入的车辆很多。8 点到 9 点，基本是出得多，进得少。其中，有一台进入小区的白色别克小车，前排坐着的人戴着大口罩，高清探头拉近也看不到其真实面容；进出时间正是发案时间段，但看不清车牌。

白色别克嫌疑重大。连夜召开案情分析会，分析后提出：一是通过行车轨迹，现场走访排查，视频追踪，查找车牌来源；二是将作案车前后的活动轨迹，形成研判轨迹，推送相关部门协助；三是与 2016 年年底作案的几宗宜春籍团伙入室盗窃案件进行串并案侦查。

我一改往日总是外侦打法，昼夜守着电脑。将近 20 多天，车辆轨迹来回分析，可疑车辆一点点从细节上比对，眼珠子都快看爆了。

就在最艰难的时刻，一个车辆“特征码”出现了。马上锁定中心源，仍是白色别克。汽车行驶中，坐前排的嫌疑人全程佩戴口罩，与上一案作案手段完全相似。目标来了。

马上进行团伙模型成效信息串并案分析比对，发现此团伙另外还在省内外作案多起，并经过视频侦查，排查出车辆曾先后挂过三副作案假车牌。

11 月 29 日中午 12 时许，发现白色别克“特征码”轨迹出现在汕尾一带。我们马上组织警力前往。我让情报组通过高速卡口碰撞分析出作案车车牌为粤 Q3Y9 × ×，随即进行全省主要沿线布控。但由于嫌疑人处于不断运动中，且反侦查意识极强，目标车辆没有出现在布控范围。

正陷入困境时，经过信息比对，车辆情况和一条条重要线索浮出了水面：四人作案；白色别克小车，一个市一个市地跳跃作案，每个地市作案后均换车牌，前前后后换了 20 多副；在非作案状态下，不投店，不住宿，不停留三小时以上，吃喝睡觉都在车上，不碰触任何可能暴露身份的东西，并且逆行思维白天作案。

获取有限线索后，发现嫌疑人在潮汕沿线一直移动作案。跟踪行车轨迹，从潮州到惠州，再到汕尾、中山、广州，最后锁定清远。

当时，我因身体内还带着许多钢钉和一块 13 厘米的钢板，痛得直冒冷汗。连续工作 20 多个小时，最后水和饼干、盒饭没了，手机充电宝的电也没了，兄弟们说：“我们已经弹尽粮绝……”

可我的第六感告诉我：曙光就在眼前。

我说：再坚持半个小时，不行就撤。

凌晨3时左右，就在这半个小时内，我们发现嫌疑人的车辆出现在清远市清城区龙塘镇朱屋村一个很隐蔽的角落。

朱屋村地处偏僻。夜深人静时，稍有动静，村里的狗就会狂叫起来。我们静候观察，谁也不能下车。当时，好几个队友烟瘾上来，又不能点火，一个个急得像马上要点燃的火炮。派人侦查。又等了一个多小时，侦查员发现嫌疑人全部待在车里。

在村里抓，还是跟踪上高速后抓？对方有没有武器？搞不好又是一场生死较量。种种不可预知的危险，在我的脑海里旋转。

最后我决定：在村里秘密抓捕。

这样可最大限度减低伤亡。

我挑选了队里最好的三个车手，分开三台车。此次抓捕方案是：前哨、中锋、冲锋队，“品”字形包围，关灯熄火。我在前哨位，离嫌疑车前方300米左右，负责向每台车驾驶员通报嫌疑人车辆情况。

那天夜里，真是月黑风高，夜幕为我们赢得战机。我们事前动员当地老乡负责拴好狗，防止其狂叫。

时机已到，我们的三台车突然发动，以最快的速度逼近白色别克，车内四名嫌疑人正在睡大觉。

当我给团伙主犯袁云戴上手铐时，他惊讶地问道：“不可思议，你们佛山警察是怎么找到我们的?”

袁云作案三年，从来都是顺风顺水。他可能没有听说过：魔高一尺，道高一丈。

他自己把自己考验了

“阿光这小子出了名的不要命，性子烈。总这么整，身上这么多伤，我们得为他的健康负责，对他的家人负责。大勇，也要有大智……”局长听完向百名的近期工作汇报，非常严厉地说。

此时，已任刑警支队支队长的向百名，露出一口大白牙，笑眯眯地说：“阿光早年干活儿，是有点儿‘二’，愣头青。可现在不比从前了，他是赵子龙上阵，百战百胜哪。刚爽豪迈，疾恶如仇。当刑警，得有性格才行……”

向百名抽了口烟，对着局长等一干人，他得意地吐着蓝色烟雾：“师父领进门，修行在个人。看徒弟出息了，师父自然有成就感，想加把火，再推一下。”

“这小子，够勇猛，但智谋还差点儿火候。我看，得再考验考验……”局长似乎已深思熟虑。

“他最近可是领头破了几个大案，都是通过灵活运用大数据，有勇有谋。有人说他有点儿二，英雄都是有点儿二的。二，不就是在关键时刻，敢于冲上去的那种英雄气概吗……他从警20多年，抓获3900多名犯罪嫌疑人，是一员驰骋沙场的老将了，现在可帮我挑挑重担。局里马上要提拔一批干部，是不是考虑考虑……”

向百名话还没说完，手机响了。

接通电话一听，向百名顿时只觉得一股热血冲上头顶。

“什么！林伟光从高架桥摔下去了……”

“什么情况？”局长问。

向百名立即报告在座领导：这两天林伟光带领侦查员前往肇庆抓捕特大走私烟草团伙犯罪嫌疑人，已连续两天两夜没有合眼，在追捕两名主要嫌疑犯时，摔下高架桥，目前已送医院抢救……

“联系最好的医生，一定要抢救过来！我要他活着……”局长急得一拳砸在桌子上，同时感觉心头在隐隐作痛。

向百名冲出会议室，一边跑一边骂：“你小子，咋就不争气呢？兄弟，你得给我挺住……”

“不用我考验了，他自己倒把自己考验了。”局长自言自语地说着，一行清泪，顺颊而下。

……

这天，向百名带了几盒老婆做的菜，到医院看望住院治疗的林伟光。

林伟光起身，一拐一拐，从柜子里取出一本大红的全国公安系统一级英模证书，递上。

向百名接过来后，扔到一边，根本不看，更不说祝贺的话。

他一脸严肃，转身把门关上。

老弟，把衣服脱了！

林伟光一脸惶惑：大佬，咩也事？

你看看你身上有多少处伤？你怎么总是这么鲁莽？兄弟，你的荣誉是多少伤痛换来的？我知道你作战英勇，有血性，有牺牲精神。但作为一名指挥官，我需要你有大智。我们不能再像那些年用‘肉搏’，我们现在已经有了智慧新警务，我要我的兄弟，胳膊腿完整无缺，要你……

说着说着，向百名鼻子直发酸，一阵哽咽。

你还是父亲，是儿子，是丈夫，你是他们的天！你知道吗？8 次重伤住院，11 处骨折！谁最心痛？你的妻子、你的母亲。你如果再受伤，我可没法向你老婆孩子交代！谷医生自从嫁给你，就为你担忧。连举行婚礼那天，你还带着缝了 39 针的伤！她已经给你缝了多少次针了？那是针针扎心哪！

说着，向百名又拿起那本大红证书，一边抚摸，一边说：我希望，以后这种本本，凝聚的是你的智慧，而不是鲜血，甚至生命……

向百名慢慢放好大红证书，接着道：那天邓局说的，你也听到了。你林伟光，不能让谷医生成为寡妇，否则缴你的枪！免你的职！……

林伟光咧着厚厚的嘴唇，泪光闪烁，瓮声瓮气：明白。

向百名含泪苦笑着，用手捏了捏林伟光受伤的手臂：你个臭小子……你还得给我好好干下去……

今年 45 岁的林伟光，已一头扎进智慧新警务战术的研究和运用中。

那天，我与他走在岭南新世界，看到他的脚还有些跛，我这心里立即酸酸的，很不是滋味。

他却骄傲地比画着：我当巡警第一天，就在这一片巡逻，我非常留恋这片土地。

看得出，作为新上任的刑警支队副支队长，林伟光深知自己从事的职业使命光荣，任重道远。

扫描二维码即可观看
相关视频等

“方程刑警”陈明月

欧阳伟

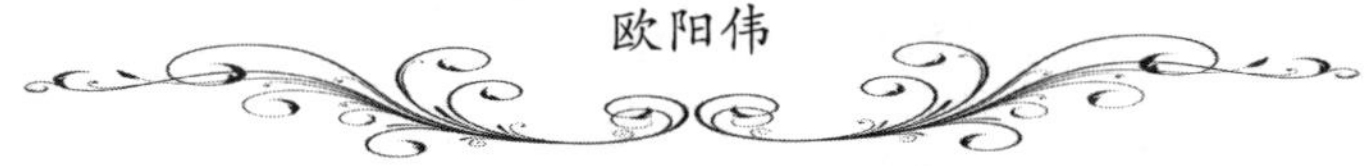

破案就像解方程

周一刚上班，局长就把陈明月叫到办公室，直截了当：皇冠车被盗的事听说了吧？上级要求限期一个月破案。这事交给你了。

陈明月是鼓楼分局刑侦大队街面犯罪侦查中队中队长。中队只有 11 个民警，中队长算是一个“小萝卜头”吧。

皇冠车被盗，三个晚上接连被盗六辆，案发 2011 年 12 月。福州市鼓楼区的车主们一片惊慌。直到 12 月 4 日，警方才接到报警。这一年 5 月 26 日至 12 月 15 日，全国公安机关开展了为期约七个月的网上追逃专项督察“清网行动”，以“全国追逃、全警追逃”的力度缉捕在逃的各类犯罪嫌疑人。眼看“清网行动”即将结束，却发生这种事。这简直是跟公安机关叫板啊。当时警力非常有限，主力都参加“清网行动”了，剩下的人只能做些接警等简单工作。陈明月一直出差在外，回到鼓楼分局刑侦大队已经是 12 月 17 日，周六。

局长发话了，“小萝卜头”不免压力山大！

队里的弟兄们一听，炸锅了。限期一个月，已经过去了半个月，明摆着破不了嘛。

除非……

除非什么？陈明月反问一句，那个说“除非”的哑巴了。

案情就是命令！没有除非，只有破案。

任务面前没有价钱可讲，干吧，拿出本事来。陈明月说得斩钉截铁，没有商量的余地。

弟兄们知道，这就是队长的脾气。

队友们分头出去了，走访的走访，蹲点的蹲点，该干吗干吗。

陈明月呢，坐在办公室，一头扎进电脑里。他把近三个月来福州市发生的同类案子，全部找了出来。

全市共有九辆皇冠车被盗，他发现，九起案件发生在四个晚上。他判断，这应该是一伙人所为。这些赃车很有可能被偷车贼销往了广东方向。

那时，监控还很少，帮不了多大的忙，要破案，只能靠传统手段。

队友们陆续回来了。

来来，喝茶。陈明月喜欢喝茶。他的办公室茶几上摆着一套功夫茶具。每次遇到案子，他常把弟兄们喊到屋里喝茶。你一杯我一杯，喝着喝着，聊着聊着，思路就出来了。

广东到福建，进出的省际高速出口只有两个，一个是诏安，一个是梅州与龙岩交会处。前者近，后者远。二者必居其一，偷车贼肯定走诏安。

诏安县，一条国道，一条高速，小路六七条。

陈明月叫上一个民警，开着自己的车驶向诏安。福州到诏安，400 多公里，用时 3 小时 20 分钟左右。

各路情况汇总，收费站监控显示，每次发案前一天晚上，都有一辆皇冠车用迷彩布遮挡号牌，进入福建境内。凌晨 5 点左右，总有两三台皇冠车跟着这台皇冠车出省。

流窜作案哪。

他们什么时候进入福州的？福州高速口有七八个，从哪一个口进入福州的？

偷车贼狡猾得很，不一定只在福州作案哪。

对，把范围扩大，继续查找。

福建全省境内近三个月发生皇冠车被盗案件 35 起，集中在福州、莆田、泉州、厦门等地。

如果是在晚上 8 时 30 分到 9 时进入福建境内，就是在福州作案。

如果是在晚上 9 时到 9 时 30 分进入的，便是到莆田作案。

如果是在晚上 9 时 30 分到 10 时进入的，便是到泉州作案。

如果是在晚上 10 时到 10 时 30 分进入的，便是到厦门作案。

两天时间，陈明月分析出了这么一个清晰的眉目，这可是考验智慧和能力的活儿。

陈明月并没有就此止步，他把福州的 9 起案子，来来回回分析，又有了新发现：所有发案，都是时隔 7 天，或者是 14 天，即 7 的倍数；而且偷车贼每次进出时间都是在周六或周日。

陈明月一拍桌子，兴奋得跳了起来。

他心里在说，这案子基本上破掉了。他兴冲冲地跑去向局长报告。

局长急促地问道，快说说，你有什么打算？

全市有七八个高速口，最有可能的有三个口。陈明月说出了两套抓捕方案。一个是调动大量警力，在高速路上抓捕；问题是调不动那么多警力，危险系数比较高，难度非常大。另一个是瞄准确定一个点，只需要 50 个警力，但抓捕时间只有 10 秒。也就是说，抓捕时间必须在 10 秒内完成，否则，不能有效控制犯罪嫌疑人，将对民警造成极大的威胁。

局长将信将疑，有把握吗？

陈明月点点头，有把握。

就要这句话，局长点着头说，好，你大胆地干吧。最好能锁定一个点。

陈明月说，锁定的是福州高速入口，另选两个点我做预案，预防。

有队友背地里替队长担心，万一锁错了呢？

陈明月说，一个方案搞不定，我还有第二方案。

言下之意，已经给它上了“双保险”。

晋安河畔，二环桥边，有幢六层小楼，那是福州市公安局鼓楼分局刑侦大队所在地。陈明月中等个子，五官英武，平头短发，穿件灰色短袖T恤，蓝色牛仔裤，一双休闲鞋。

听说我来采访，他连忙从外边办案地赶回来。

陈明月告诉我，他们的一些案子就是在这里边喝茶边聊天，聊出来的。

我问他，你的第二方案是什么？

他说，福建这条高速上，福州境内有两条隧道是必经之路。12月24日，正是平安夜，恰巧又是周六。我这个人办案有个原则，不喜欢让弟兄们长时间蹲守。这就要求你算得精准。方向要精准，锁定的点要精准，时间要精准，一环扣一环，任何环节都不能出错。

陈明月把队里的11个民警，放在几个点上，高速口、国道口、小路岔口、服务区都有人盯着。

当晚9点，有三个点上的民警打电话给陈明月，看样子他们不会来了吧，撤吧？

陈明月果断地说，今晚是平安夜，可能会晚一点儿，坚持住！

果然，到了9点过9分，一个点的民警来电话：看到疑似车辆进入诏安收费站。

疑似车辆会往福州？还是莆田？还是……

因为没有掌握到嫌疑人的通信工具，也就没有办法寻求技术支持。

纠结，队友们纠结，陈明月纠结，局长更纠结。从发案到现在已经半个多月了。离省厅限期一个月破案的时间越来越近。

等，继续等。

时间在一分一秒地过去，气氛越来越紧张。

陈明月向局长报告，嫌疑车辆将于12月25日凌晨12时10分左右到达福州。

来了，来了，嫌疑车辆进入福州收费站。

陈明月看了一下手表，凌晨12时09分。

其他队友、特警早已守候在这里。

我问，为什么要上特警？

陈明月说，就在那一年，广东也是因为抓捕偷车贼而发生了枪战。

嫌疑车辆刚刚进入收费站的槽口，就在嫌疑车辆司机伸出手拿卡的瞬间，陈明月发出了抓捕信号。

立即有两辆车前堵后夹，路面还撒了地钉。

嫌疑车辆的左右窗玻璃全部被砸烂，不到十秒钟，车内坐着的三个人束手就擒。

这个系列盗车团伙案，短短六天宣布告破。

以往的经验告诉陈明月，一个人的习惯一旦养成，是很难改变的。一般来讲，盗车犯罪嫌疑人都会把玻璃碎片带走，不留痕迹。可这伙嫌疑人每次都是砸右后窗玻璃，进入车内，整块玻璃碎片丢在车的右侧某处藏匿，没有带走。这也是串并案的重要条件之一。

经这一战，福州9起案子全破，厦门12起，莆田5起，泉州6起……共破获35起盗车案。

很长一段时间，系列盗车团伙案在福州市消失了。

三个月后，福建省公安厅把这个案件作为经典案例在全省推广。不久，其他地市又相继破获了两个团伙。

我直截了当地问，你这个"方程刑警"就是从那个时候炼成的吧？

我一直是按这个思路破案的。陈明月说，我是个理工男，破案就像解方程。所谓方程，就是含有未知数的等式。事实上，多数案子都是多元方程，含有多个未知数，即 X、Y、Z。

那被抓的三个人，陈明月接着说，两个是河南人，一个是湖北人，都是 70 后，30 多岁，都是深圳某物流公司的货车司机。这就弄明白了他们为什么总是周六周日出来作案了。

他们有职业，为什么还要这样干？我问。

我也问过他们同样的问题，陈明月说，你猜他们怎么说？这个来钱快呀，每搞一辆车过去，就五万元，两天一夜搞两辆，十万元。他们中还有一个人竟然说，我们赚这几个钱容易吗？也很累的。大冬天，开着没有窗玻璃的车，以 180 多公里的时速行驶，难受得很。不信，你试试。

我们两个顿时相视无言。

我工作中接触最多的案件，是日常最容易发生的"两抢一盗"等侵财案。破这类案件需要清晰的思路和足够的耐心，就像解方程一样，方式方法特别重要。陈明月如是说。

听陈明月讲破案经过，不就是一个解方程的过程吗？

工作 15 年来，他破了三千余起案子，揭开案件真相，"解方程"只是其中一个重要的秘籍。

也就是从那时起，陈明月有了一个外号："方程刑警"。

案子总是绕着走

两点之间，直线最短。这是一个公理。可在刑警那里，案子总是绕着走。

陈明月告诉我，他有个习惯，每天上班第一件事，就是打开电脑，在内网上找东西。

找什么呢？

当然是找线索。查找全区街面案件的发案情况，看有没有新的团伙进来。一旦有新的进来，动态就会明显变化，就要实时掌握。知己知彼，才能百战百胜嘛。

“民警姓民，心中无人民，不配当民警。”这是陈明月的口头禅，更是他的座右铭。

那天，他在接警平台上看到，鼓楼区发生了两起高档车后视镜被盗案件。时间显示为 2012 年 3 月 1 日。

所谓高档车，也就两种，奔驰和宝马。原装的后视镜价格不菲，得上万元钱一副。

陈明月想，这肯定是外地到福州来的人流窜作案。他立马带人去现场，却没有找到什么有用的线索。

走访中他发现，这类案件已经有十多起了。

对，调取监控。

监控绝对是个好东西。可那个时候，监控能力有限，监控布点少而分散，只调到三个点的监控，且录像质量很差。

陈明月把这有限的监控视频反反复复地看，生怕漏掉一点点。有三点可以肯定：作案对象是两个男子，作案时间都在凌晨三四点，作案工具是一辆男式摩托车。

再也找不出其他有价值的线索。

陈明月回到队里，把十多个点在地图上标注出来。再按那三个点的作案顺序、行驶方向、行驶轨迹去寻找，发现其是沿着一条主干道即六一路，由北往南而来的。

3 月 2 日，接警平台又接到几起报警，同样是高档车后视镜被盗案件。

陈明月赶到现场，又有了新的发现，不是几起，而是 27 起，均与前一天的三个特征吻合，轨迹是沿华林路由东往西走。

3 月 3 日，福州市同类案件仍在高发，沿二环路由西往东再往南。

3 月 4 日，福州市同类案件继续高发，沿二环路由东往西再往南……

一时间，受害者就有上百人，连高档车后视镜配件都断货了。

3 月 5 日，媒体报道了此事。市民反映强烈，甚至一度引起恐慌。

技术手段没有新的发现，只有靠摸排。往哪儿摸？对象是什么人？租住在哪里？

地图是最忠实的帮手，陈明月把所有的线索都在地图上一一标注出来。

有了，把这四天的行驶路线起点延伸一至两公里左右，发现他们竟然汇集到一个点附近，这个点就是火车站。

嫌疑人应该就在火车站周边，以广东籍为主，因为卖汽车配件在那边有市场。

火车站周边环境复杂，人员复杂，治安形势复杂。不好找啊。

这两人反侦查能力极强，作案戴手套……撬个后视镜只需五秒钟，顶多十秒钟搞定。

刑警在现场找不到更多有价值的线索。

阙启樟是陈明月在福建省公安高等专科学校的同学，现在是鼓楼分局刑侦大队技术侦查队队长。他俩曾经在一个队共事五年。谈到后视镜被盗案，阙启樟说，那时他是中队长，我是探长，一天发生十几二十起同类案子，半天还没找到头绪，想调监控，监控太少太散，不比现在。全靠传统手段，我们压力大啊。这点恰恰明月厉害，他说思路要打开，不能局限于鼓楼区范围，要结合平安福州的创建，把犯罪嫌疑人每天的作案路线、作案时间，最早从哪里出来，最晚到哪里结束，通过时空轨迹，将它们串起来……

找人不好找，那就换个思路，以车找人，先找那辆男式摩托车。

方程式的几个条件呈现出来了：作案轨迹、时间点、作案工具、销赃方向。还有 A 点到 B 点的时间节点……

陈明月大胆推算，划定出嫌疑人的落脚点在火车站一公里以内范围，自带男式摩托车，两名男子以上，而且是外地人，又以广东人为重点。

这类案子，形成一个好思路是关键。如果不是陈明月这个思路，这个方程就解不了，这个案子就破不了。

3 月 6 日，陈明月带人来到火车站附近一个小区里，发现一辆广东牌的两轮男式摩托车，与监控里的极为相似，只是少了一个后视镜。

陈明月眉头一皱。不对呀，这个小区有指定停车位，这辆男式摩托车却停放在一个角落里。

找来保安一问。保安说，这摩托车不是本小区的，晚上出去，早上回来。

陈明月暗自惊喜，如果不出意外，这两人就在附近。

猎人离猎物越来越近，能嗅到对手身上的气味了。

查旅馆。某旅馆登记簿上，找到两个广东茂名的男子，2 月 29 日入住。

时间点刚好对上了。

服务员说，这两人到外面吃饭去了。

陈明月和队友来到其房间，没有发现可疑东西。他站在窗口往外一看，恰好能看见那辆男式摩托车。

不会那么巧吧？疑点直线上升。陈明月向队友使了个眼色。

来到前台，陈明月问服务员，这两个人进出时有没有带什么东西？发送什么货物？

哦！女服务员一脸惊愕，我想起来了，他们每天都有一箱东西放在前台，由快递公司的人拿走。

什么东西？

不知道什么东西，喏，今天的还放在这里，还没拿走。

陈明月眼前出现一个纸箱。他从边上拆开一点儿，伸手摸了一下，是镜片。心里有底了，他立即向局长报告。

不到20分钟，那两个广东人回到了旅馆。一米七左右，都不到30岁。

当他俩走进房间，早已埋伏好的刑警一拥而上，来了个瓮中捉鳖。当场缴获高档车后视镜58块。

抓得容易，审得却不顺利。这两个人都姓林，林某一、林某二，竟是亲兄弟。服务员指认了，他俩还是不承认，只说是出来玩的。的确，他们有出去玩时拍的照片。

对一个有经验的刑警来说，再狡猾的狐狸也有它的致命弱点。找到了，那就是它的死穴。

几个回合下来，陈明月察觉到弟弟林某二身上有戏。

那就跟他聊呗。像朋友那样聊，推心置腹地聊，聊着聊着，破绽就暴露出来了。林某二眼圈红了，眼泪出来了。为啥？他爱人怀有九个月的身孕，宝宝快要生了。在这个节骨眼上，他却被抓了，简直是灭顶之灾啊！

哭有啥用？早干吗去了？陈明月说话像个大哥哥，小弟，你有什么顾虑尽管说出来，只要我能帮你做的，一定帮到底。

都到这个份儿上了，还有什么不能说的。林某二一边抹眼泪，一边一五一十地全招了。

突破了林某二，林某一就“死翘翘”啦。

这兄弟俩简直发了疯，晚上盗窃高档车后视镜，第二天上午就通过物流快运发往广东某地。六天时间在福州作案129起，涉案金额200多万元。可以说，这两兄弟把福州城区奔驰、宝马车的后视镜都偷光了。难怪福州城里高档车后视镜配件都卖光了。

这案子破得又快又好，还在广东抓了两个销赃的，也是茂名电白人。

据说，这类案子在福建是首例，在全国也少见。

林某一坦白，今天发完这批货，我们明天就准备开溜了。没想到……

刑警们事后分析，这两个人要是跑了，估计这案子也就黄了。

陈明月说话算数，那段时间与林某二的爱人保持热线联系。得知她生了个女儿，母女平安，他立马跑到看守所，向林某二道喜。

林某二又惊又喜，抓着陈明月的手半天不撒开，流着泪喊：大哥……

懵懂少年的问题方程

"陈队又猜中了。"

在与刑侦队的小伙子们聊天中，常常听到他们说同一句话。

陈明月告诉我，其实这不是猜的，是对案情抽丝剥茧，进行科学分析，再加上以往的经验，得出的精准判断。

我笑着说，他们喜欢这样说你，显得更神秘。

陈明月临时去分局办点儿事。我就在刑侦队找了几个民警，做随机采访。刑侦队里大多是80后、90后，个个精神抖擞。

黄衍斌是个90后，精明、帅气，现在是鼓楼分局刑侦大队有组织犯罪侦查中队负责人。我跟陈队一起五年了，他是我师父。黄衍斌快言快语道。

我指着材料说，你跟我说说这个案子吧。

材料显示：2015年11月28日凌晨3时许，福州警方接到报警称，有一男子身中数刀，浑身是血躺倒在路边，生命垂危。该男子的妻子向民警反映，丈夫出门时曾随身携带一个挎包，包不见了。可黄某醒来却一直否认被抢……

黄衍斌说，我们去查看现场，走访报警人，也就知道这些。显然这里不是第一现场。可这里监控少，探头又是旧的，第一现场还没找到。我们一筹莫展。

陈明月回来了，听我们正在聊黄某那个案子，他接着说，这个案子，一开始就有些蹊跷。

案发那天晚上，是派出所出的警。黄某被人捅伤，倒在路上，那里明显是第二现场，是路人报的警。路上有血迹。把黄某送到医院，派出所只作伤害案。办案民警打电话给我，简单说了一下，试探性地说，听黄某老婆讲，他出门时带了一个包，可我们到现场并没有看到包，怀疑是被抢了。

就这一句，引起我的警觉。我说，一有可能他受伤后，包被人偷走了。二有可能他受伤之前，包就被人抢了。不管怎样，我明天都会到医院来，如果是被人偷走了，我协助你破案。如果是被人抢了，这个案子我接了。

第二天我到了医院，黄某还在重症监护室没醒。

我问他老婆，黄某出门时带包没有？

他老婆肯定地说，带了一个包，说是去工地有事。

第三天黄某醒来，我问他出事前去了哪里？他说去朋友家打麻将。没有讲去工地。问他带包没有？他说没有。

两口子说的话截然不同，肯定有一个人在说谎。

如果像他老婆说的是去了工地，那是在他家的南侧。如果是在朋友家打麻将也是在他家南侧。他回家无论走哪个方向，都不可能出现在出事的地方。其中必定另有隐情。

陈明月的队友一时性急，严肃地说，你如果撒谎，那就是报假警，性质就变了，那可是要负法律责任的。

话刚说完，黄某吓得晕了过去。

黄某的父亲抓着民警喊叫起来，你把他吓死了，我找你负责！

陈明月也提醒同事，说话要注意场合，注意分寸。但从这个细节中，他更加肯定黄某心里有鬼。

陈明月回到办公室，认真梳理了案情，提出了自己的思路。既然黄某不讲实话，那就从事发当晚黄某的活动轨迹及身边的朋友入手，了解黄某到底去了哪些地方、接触了什么人。

调查发现，黄某在案发前去过一个网吧上网。

我们到网吧调取视频，看到黄某拿出一沓钱来数，都是百元大钞。旁边有几个人从他身边经过，其中有个送外卖的。问网吧管理员，说是门口卖炒面的。

黄某哪来那么多钱？为什么要在网吧数钱？是什么人对他下的黑手？

陈明月又去了医院。

他与黄某的妻子聊，得知一个重要细节：黄某在出事前几分钟，给她打过一个电话，说他被人打伤了。那是凌晨 3 点多钟，我睡得迷迷糊糊，以为他开玩笑，没理他。后来，他又给我父亲，就是他岳父打电话，说了同样的话。我父亲问他在哪里，他有气无力地说快到家了，就挂断了。

你知道他身上有那么多钱吗？陈明月问。

黄妻说，不可能呀，他身上从来没这么多钱。

他这些钱是从哪儿来的，你知道吗？

我真不知道。不知道他哪儿来的钱，也不知道他这些钱做什么用。

你们关系好吗？

怎么说呢？马马虎虎吧。

他怕你吗？

他这人懦弱，胆小怕事。

……

陈明月再找黄某。黄某 30 出头，有正当职业，在家是独子，父亲很宠他。结了婚，老婆管钱管得严。

黄某吞吞吐吐地说出了事情的原委：他喜欢打牌，输了不少钱，信用卡上欠了三万一千元。他是个妻管严，怕老婆知道，只好跑到外边借高利贷，借了五万元。还了信用卡，他不想马上回家，就躲到网吧待一会儿，想再数一下钱，回家数钱怕被老婆发现。

陈队大胆猜测，抢钱行凶的人只有三种：或是知情人，或是借高利贷的人，或是刚好看见他数钱的人。

陈明月到网吧门前一看，那个卖炒面的人不见了。

会不会……

周边的邻居说，这小伙子姓王，推着个板车在这儿卖炒面，有些日子了，人也还地道，但老是有一天没一天，没个准时。

第二天，那个卖炒面的王某果然又来了。他瘦瘦高高，长头发，脖子上戴着根链子，不是真金白银的，是装门面的那种。他一来，照常卖炒面。

不像是王某啊。

眼看又要走进死胡同了。黄衍斌原本在特警队，干刑侦毕竟才第二个年头儿，遇到复杂的案情，脑子有点儿晕，下一步怎么走，心里没底。

陈明月说，先别惊动他。

黄衍斌明白，陈队说的这个他，就是指卖炒面的。

回头再调视频，偏偏网吧出门拐弯处是盲区，前边一条路灯光又特别暗，只见到有一个人影，好像是卖炒面的。之后过来一个人聊了一会儿，走了。不多久，又过来一个穿黄色衣服的男子，聊了几句，也走了。

就在这几个人照面不久，黄某出事了。

队友分析说，是有人尾随黄某，然后冲上去行凶抢劫的。

陈明月说，不对，从后面跟踪容易被发现，令人产生警觉，反而不好下手。再说，如果是后面行凶，黄某必定会有反抗，可黄某并无反抗迹象。应该是嫌疑人绕道从前面过来，黄某还没有反应过来就被捅伤了，包也被抢走了。

黄某腹部、颈部及左手掌部多处受伤，经福州市公安局刑事科学技术研究所鉴定，属重伤二级。

“玉兔”台风刚过，福州气温骤降，阵雨时断时续。

这天上午，我和陈明月来到鼓楼区洪山镇福屿路。拐角处那家网吧还在。我们边走边说，极力想还原那次案发现场的情形。

简单地说，就是以网吧为中心节点，两条线，一条出门向右，再向左；一条出门直行，向右，再向右，形成一个“回”字形，然后在黄某出事现场交叉会合。

我们沿第一条路径走了一回，一路上又回想着视频里的影像。

网吧出门向右拐，便是一条逼仄的街道，沿途三棵榕树，绿荫巨大如伞盖一般，加上没有路灯，百米长的路上阴暗幽静。到十字路口才有一个探头，模模糊糊中隐约看见，疑似黄某向左拐去，才走二十米左右，迎面来了两个人影，有接触身影。一会儿，两个人影跑开，恰巧一辆的士从那头驶来，车灯照射下，疑似黄某倒地，的士晃了一下，开走了。

陈明月用手指着前头说，黄某前行一百米左右，再次昏倒在地。如果他再往前走二百米，也就是那条路的尽头，就到了他居住的小区了。

我们又从网吧直行约五十米，右拐与网吧右侧逼仄的街道平行，以小跑速度再向右拐，刚好能在前面路口与黄某迎面碰上。

关键是黄某被抢、被捅伤的中心现场没有视频。路口探头的图像质量太差，只能依稀可见人影活动轨迹，无法判断有人行凶，没有直接证据，作案工具也没有找到。

尽管如此，却很好地验证了陈明月的判断是对的。

陈明月果敢地下达指令：卖炒面的王某有重大嫌疑，从跟王某接触的那两个年轻人入手。

那两个人，一个叫莫某，四川人，与王某是发小。另一个叫张某，重庆人，在福州网吧认识王某的。出事后，这两个人就失踪了。

三个人都是十六七岁，未成年人。

侦查发现，莫某已经逃回四川老家，张某仍躲藏在福州某处。

设法提取王某指纹。一比对，嗬，这家伙前一年作案三起，均是砸破小车右后车窗玻璃，盗劫车内财物。经比对，现场指纹与王某的左手中指或右手食指指印相符。

王某狡猾，一直没有被抓到过。嫌疑人也会用“障眼法”，尤其是那些有前科的嫌疑人，反侦查能力极强。这就能解释了，那两个人都跑了，他为什么不跑。

怎么抓？先抓谁？

陈明月说，先抓王某、张某。

王某父母双亡，从小在外流浪，不务正业。抓他的时候，他显出一副无辜的样子。

张某父母从老家来到福州打工，做泥瓦工。张某不爱读书，很小就辍学了。父母管不住这孩子，也没时间管他。他几乎天天在社会上混。抓他的时候，他正在溜冰场玩。

黄衍斌带队去四川某山村抓获莫某。莫某母亲早逝，父亲在家务农，头发花白。黄衍斌一见，还以为是莫某的爷爷哩。原来莫父是老来得子，莫某又是独子，从小就被宠坏了。

三个人被抓了，开始都不承认。

先攻破张某吧。陈明月说，他发现，张某表面上不服父母管教，在社会上游荡，可他骨子里还是怕父母担心的。

陈明月与张某拉起家常，聊人生、聊家庭，谈理想、谈未来……你这么小就犯事了，你知道你父母有多伤心吗？你叫他们以后怎么活呢？

沉默，两个男人好一阵沉默。

突然，张某“哇”地哭了起来，越哭越来劲，竟然停不下来了。

张某哭完了，也就老老实实招了。

对付王某就好办多了，他负案在身，有几起案子的指纹，加上张某已经坦白，王某很快就崩溃了。

莫某一看，同伙都招了，他交代得更彻底：是王某打电话叫我去的，怕我们两个搞不定，又叫上了张某。我和张某各拿一把刀，迎面上去就是几刀，王某在一旁望风。晚上也看不清，不知道伤了那个人哪里，我们抢了他的包就跑。跑到一个废弃的工地上，王某说那里没有监控，我们就把钱分了。然后把身上衣服脱下来，上面有血，连刀子一起打包，绑上石头，又打的到了福州大学至诚学院后边，把那包东西丢进了池塘里。

陈明月纠正说，王某并没有在一旁望风，他一直在网吧里待着。这样他就有不在场的证据，所以他才不慌不忙地继续在网吧门前卖炒面。

案子破了，这方程也就解了。

回想起三个未成年人的供述，陈明月心里很不是滋味。

三个懵懂少年，三个问题家庭，混迹于社会，谁也管不了谁，到底是谁之过？

这是一个怎样的方程？又该如何破解呢？

方程破案法与图像的 N 次碰撞

负责图像分析工作的阙启樟坦承：过去的监控太少，质量太差，陈队的方程破案法真管用，从已知的线索中，研判出大方向、大思路，列出未知的元素；把案发的时间、地点、时空轨迹在地图上标注出来，推算出嫌疑人的落脚点，一抓一个准；这点我们大家都很佩服。可如今，监控遍布城乡各个角落，几乎是无缝衔接，图像特别清晰，案发现场、嫌疑人逃跑方向都一目了然。许多案子不需要再像以前那样费时费力地查找了。

是不是陈明月的方程破案法过时了呢?

显然不是。

任何案件都是人为的，那么，案件总得有人去破。

图像可以通过对案件的时空要素和特征明显的人、车、物等要素进行分析，以此为破案提供帮助。尽管科技越来越多，密度越来越大，图像也越来越清晰，然而，监控也有死角，天网也会有盲区，案情、人心、环境等一切都在千变万化。最关键的变化还是人的思维变化。嫌疑人在变，刑警就得变。这需要丰富的经验、新思路和大智慧，在变化中捕捉确定或不确定的轨迹，与科技发生 N 次碰撞，更神速地找出嫌疑人的落脚点，抓住犯罪嫌疑人。

即使科技在不断发展，人的因素还是第一位的，方程破案法仍然大有用武之地。

说起近年来的案件，大家都会讲到“抢鞋男”的案子。“方程刑警”陈明月再次显示出独特的优势。

2015 年 7 月 19 日中午，东街口某商场发生一起抢劫案件。案情很简单，一个男子，走进商场耐克鞋店买鞋，试穿了一阵后，把旧鞋扔在一边，穿着新鞋就往外走。女服务员赶紧上前阻拦，要他付钱。那男子突然从口袋里掏出一把刀来，女服务员吓得连连后退。那男子随后大摇大摆地走出了店铺。

东街口，地处市中心，是最繁华、最热闹的地方。那里有什么风吹草动，都会牵动福州市民的敏感神经。

这是发生在室内的案子，归入室盗窃侦查队管。

陈明月是街面犯罪侦查中队中队长，他找到经办这个案子的入室盗窃侦查队，这是不是有点儿“狗拿耗子多管闲事”?好在都是一个单位的，又都是刑警，别人也乐意跟他讲。入室盗窃侦查队将那男子称做“抢鞋男”。

陈明月敏锐地察觉到，这个人有点儿神经质，异于常人。一般人哪会去商场抢一双鞋？就算是偷，被发现了就跑哇，谁会为一双鞋掏出刀子来呢？由此断定，“抢鞋男”还会出来作案。

果然不出所料，时隔两天，又是中午，又是东街口，又是一名男子在路面上抢女孩手包。眼看就要得手，突然被女孩发现，男子竟然掏出刀来，威胁女孩，后抢去了包包和一部华为手机，慌忙跑了。

这案子发生在路上，正是陈明月经办的。

监控出了问题，关键时候掉链子，那边正在修地铁，一些围挡挡住了镜头。

陈明月马上意识到，这个案子的嫌疑人与上次的“抢鞋男”，很有可能是同一个人。

他立即把调取到的商场“抢鞋男”的监控提供给受害人辨认，确认两起案件是同一人所为。

陈明月还向大队领导说，这个人是个危险分子，下次有可能会伤人。

果不其然，7 月 23 日中午 14 时左右，福州市鼓楼区西二环路康特酒店门口人行道上，犯罪嫌疑人又是一名男子，持刀先将一女子郑某某腹部捅伤，再抢走手机一部。

7 月 24 日中午 13 时左右，福州市鼓楼区花巷某商场门前，犯罪嫌疑人持刀将女子江某某右前臂中段划伤，抢走苹果手机一部、钱包一个。

市民开始恐慌，不敢去东街口那一带了。有的人还在微信、微博上散布恐怖言论，说出门没有安全感。

陈明月意识到，这次遇到了一个不按牌理出牌的疯狂的家伙。他几乎是隔一两天就出来作案一次，而且都在大白天、中午，每次抢劫对象都是年轻女性，每次都是拿出刀子威胁或行凶。

从嫌疑人逃跑的路径查看，从某大路拐到另一条小路，小路上有一个探头，十分高清，嫌疑人的一举一动都看得一清二楚。

陈明月与战友们分析，断定这就是同一个人所为，可以把前面几起案件并案处理。这点大家都很认同。可当陈明月提出犯罪嫌疑人极有可能是坐公交车逃跑时，几个人有不同看法了。要不坐的士，要不坐摩托或电动车，哪有抢劫犯坐公交车逃跑的？那不是蠢到家了吗？

是啊，案件发生在东街口闹市区，常人想都不用想，肯定是“打的”跑嘛。

陈明月说，这正是犯罪嫌疑人狡诈的地方。事实呢？东街口人口稠密，车流量大，一辆接着一辆，一般人想穿过马路到对面去，难度都很大。恰恰这个地方“打的”最不方便。至于坐摩托或电动车，从视频上来看，找不到这样的迹象。而他每次都是突然出现在案发现场，那么人到哪儿去了？在公交车上。

公交线路几十条，公交车几百辆，上下站点上百个，怎么查？

队员们都把目光投向了陈明月。是的，在队友眼中，陈明月就好比是那个定定盘星的人。

这个人频繁作案，每次抢的东西都不多，也不怎么值钱。陈明月分析说，这就说明这个人生活条件不怎么好，钱花完了就出来作案。再者，他居住的地方环境不好，棚户区可能性大，很有可能就在离公交站不远的地方。

这时，细心的黄衍斌有了惊人发现，嫌疑人每次作案都是穿着那双抢来的红色耐克鞋。

如果是乘坐公交车，根据这几个案发现场的情况分析，犯罪嫌疑人很可能是往东或往北逃跑。而这两个方向，很有可能就是鼓山地区与火车站地区，因为上述地区棚户区多，住的人多，成分复杂。两地一个在北，一个在东。

陈明月蛮有把握地说，鼓山方向的可能性更大。

根据这一思路，陈明月指派黄衍斌调取了 8 月 2 日犯罪嫌疑人在案发前可能乘坐的几辆公交车上的视频。

果然，在案发前从鼓山过来的一辆80路公交车上，发现了“抢鞋男”的身影。因该公交车上没有监控，只能每五分钟抓拍一次照片，而在这五分钟内，公交车经过了四个站点，无法判断犯罪嫌疑人是从哪个站点上车的。

事到如今，前面几起案件有嫌疑人出现和消失的影像，但没有掌握到嫌疑人的通信工具，更不知道他的落脚点。也就是说，科技侦查已经走到了死胡同。

把前后四次的视频反复看了无数遍，陈明月兴奋起来，自信地说，这个人可能是退伍军人，也可能是从监狱出来的，从监狱出来的可能性更大。

队友还是有些疑惑，你怎么这么肯定？

陈明月说，你们看这个人走路的姿势，特别是他的摆臂形态，那是长期训练养成的。再者，只有那种从监狱释放出来的人，而且出来时间不长的人才会这样疯狂。

哦——队友们似信非信。

陈明月开始对近期两劳释放人员的名单逐一进行排查。他心里明白，当中心现场做不下去，队友们一筹莫展的时候，必须在海量信息中找出突破口。他要想方设法把大家的思路引到外围，把思路打开，才能找对方向。

陈明月根据四个站点周边的小区情况及犯罪嫌疑人抢劫的财物情况和频率分析，判断出犯罪嫌疑人最有可能是在四站之中的远洋站上的车。因远洋站周边主要是平屋区。通过对周边的几个村庄进行地毯式摸排后，基本上把犯罪嫌疑人锁定在红光村的几栋民房内。但就是在这几栋民房里，也住着数百名外来务工人员。

黄衍斌说，就在我们展开查找的那些天，“抢鞋男”销声匿迹了。他一连好多天都没动静。我们分析，他很有可能察觉到警方加强了巡逻，正在找他。

陈明月向局长求援：全区范围内，如果再发生类似警情，请在第一时间告诉我一声。

局长知道，陈明月已经作好部署，他和队友们已经憋足了气，铆足了劲，要将犯罪嫌疑人绳之以法。

8 月 4 日下午 17 时 40 分左右，陈明月接到指挥中心电话，在鼓楼区津泰路某服装店门前，有人持刀划伤受害人张某右手臂，抢劫苹果手机一部。

陈明月和队友们正在鼓山一带追查嫌疑人的踪迹。当他第一时间得到警情通报，立马将九名队员分成两组，五个人留在原地继续守候，他自已则带三个人赶赴古田路公交站。

为什么不去前面东大路那个站点？

陈明月说，嫌疑人从东街口往南跑，我们已经错过东大路那个站点，不能跟在他屁股后面跑。只有跑到他的下一个站点，才能堵住他。

古田路公交站，有三三两两的人在等车，“抢鞋男”正在边上徘徊。

远处，一辆公交车急速驶来，眼看就要进站了。

可陈明月和三个队友才刚刚靠近公交站。如果不尽快将“抢鞋男”控制，他一旦上了车，再抓他麻烦就大了。

陈明月心生一计，三步并作两步来到“抢鞋男”面前。“抢鞋男”一看，马上警觉起来，正要拔脚开溜，陈明月说话了，老板，有手机卖吗？

“抢鞋男”触电一般，右手迅速放在裤袋上，口里却说，我哪有手机卖？

耶，我早先看到你在这里卖过手机。

“抢鞋男”迟疑了一下。陈明月制造这一出，要的就是这个效果。就在这短短十几秒，三个队友迅速合拢过来，已经形成一个包围圈。

“抢鞋男”眼看形势不妙，慌忙掏出匕首乱挥乱砍，企图夺路而逃。

危急时刻，陈明月顾不得多想，飞步冲上去，一个锁喉摔将“抢鞋男”稳稳地控制住，顺势夺下刃长约 30 厘米的匕首。抢劫来的手机和钱包均被缴获。

直到这个时候，陈明月和队友们才真正松了一口气。

“抢鞋男”叫叶某某，福州市晋安区人，无业游民，还不到 30 岁。家中有母亲，自己与爱人关系不好，长期分居。早在 2013 年 4 月，叶某某因犯抢劫罪被判入狱，2015 年 6 月 19 日才刑满释放。也就是说，叶某某出狱才一个月就开始作案。

陈明月和我再次说到这个案子，仍然显得有几分激动。

他真诚地说，这个案子不破，对不住福州老百姓。这种人不打击，老百姓不得安宁。

我说，从这个案子全过程来看，可不可以说，这是传统侦查手段与现代侦查科技的完美结合呢？

陈明月道，随着法治的健全和完善，老百姓法治观念的增强，我们刑侦工作分工也更加细致。过去我们注重发现线索和找人，近年来，科技越来越发达，找人已不是难事，刑侦更多地是搜集证据，固定证据。这是一个客观的转变。

本想再与他聊聊，他突然接到一个电话，然后不好意思地说，他得赶去市里参加一个座谈会。我理解，作为一位刑侦大队副大队长，要连续几天来配合我采访是不现实的。

陈明月从 2003 年参加公安工作，15 年来，他先后荣立二等功、三等功多次，荣获福州市优秀人民警察暨破案标兵、“福建省十佳政法干警”、“福建省五一劳动奖章”等荣誉称号。

2017 年 5 月 19 日，陈明月荣获“全国优秀人民警察”荣誉称号，受到习近平总书记等党和国家领导人的亲切接见。

2017 年 9 月 22 日，备受社会各界关注的“热血铸剑 · 丹心卫民”全国公安百佳刑警推选宣传活动揭晓仪式在北京举行，陈明月当选全国公安“百佳刑警”。

2018 年元月，陈明月当选福建省第十三届人大代表。

2018年五一，他被评为“福建省劳动模范”……

出名了，出大名了。盛名之下，压力更大，担子更重啊。事还得做，案子还得破，还有这个会那个活动，他还得认真履职啊。

我还听说，陈明月的爱人也是警察，在交警基层部门工作。明眼人一听就知道，“双警”家庭的警察比一般警察更需付出双倍的艰辛。

有一次，因连续加班，陈明月半个多月没有回过家，他8岁的女儿给他打电话说：“爸爸，你今天如果还是没办法回来，晚上我去你单位陪你吧。”

在陈明月办公室的书柜里，我看见好几个奖杯和证书。从陈明月身上和眼神里，我看到了他的担当与焦虑。

优秀的刑警是斗智斗勇干出来的。我忽然有了这种感悟。有光的地方就有阴影，优秀的刑警就是不断地在光影里穿行，捕捉犯罪，让梦想照亮现实。

老百姓需要这样的刑警，时代需要这样的刑警。

我在想，陈明月的下一个“方程”在哪里？方程的解又会怎么样？他这个“方程刑警”在与科技手段N次碰撞后，又将碰撞出怎样的火花呢？

扫描二维码即可观看
相关视频等

数据工匠夏琳

殷　毅

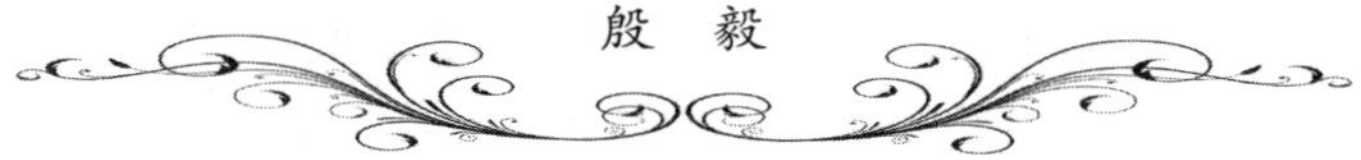

宁波，位于我国长三角经济区南翼。“海定则波宁”。这座魅力四射的港城，至今仍流传着一则“甬江斩妖”的故事：

很久以前，甬江中有一条蛟龙经常兴风作浪，淹没宁波城。一个叫黄晟的刺史，看到甬江泛滥，百姓流离失所，便跳入甬江与蛟龙搏杀了三天三夜，一直追到甬西的桃花渡，最后斩死蛟龙，而黄晟也因此力竭而死。从此这里的百姓安享太平。

历史上确有黄晟（859—909）其人。他不仅建筑了子城外总长达 18 里的罗城，还治理了甬江泛滥。当地老百姓便把他治理甬江的功德，用神话的形式口口相传。

在当下，则有一个现代版“网海擒魔”的故事广为传颂。

故事的主人公叫夏琳，一位貌不惊人的刑警。

“娃娃警”

平顶头，中等个头儿，体态略胖，皮肤稍黑，国字脸上笑呵呵的，给人一种敦实、谦逊的感觉；戴着一副眼镜，又平添了几分书卷气；高兴起来，还会哼上几声跑调的小曲儿。若不是那身警服，估计你都想不到他是个警察，还是一个屡建奇功的公安部特聘刑侦专家。

夏琳，浙江省宁波市公安局刑侦支队侵财性案件侦查大队副大队长、市反虚假信息欺诈中心负责人。弟兄们先后给他起过几个外号：导演、数据大神、空中飞人。

关于他的传奇，还得从他刚入警时说起。

2002 年 8 月的一天，浙江省宁波市公安局江东区分局刑警大队长许国平正在犯愁，队里几个刑侦骨干陆续调走，人手紧张，快转不起来了。

他只好跑到政治处要人。

“家家人手紧张，都跟我要人，我也没有孙悟空那本事变几个给你啊。”政治处主任张光萍两手一摊，一脸的无奈。

“我的好大姐哎，都说刑侦是公安的尖刀，案子是靠人破的，没人拿不下案子，破不了案，我可担负不起！”许国平一屁股坐在沙发上，叼上烟，“今天说什么也要变几个人给我，要不然我就在‘沙家浜’长期扎下去了！”

老大姐笑了：“我也不是阿庆嫂，你乐意坐就坐着呗。”说完泡了一杯茶，递给这位全国优秀刑警，任凭他继续“诉苦”……

“报告！”

门口站着一位“两道拐”。

“进来。”张光萍戴上花镜，拿起桌上的新警报到花名册，“叫什么名？”

“夏琳。”

“夏琳？”许国平抬眼打量了一下“两道拐”，嘀咕了句：“一个大男人，怎么起个女生的名字？”

“女生名怎么啦？”夏琳不服气地瞟了许国平一眼，嘟哝着，“名字是父母起的，父亲姓夏，奶奶姓林。我的‘琳’字有个王旁。”

还真有点儿林中小老虎的霸气。

许国平问："学的什么专业？"

"当然是刑侦了，我就是瞅着破案才报考警院的。"

口气够大的！好像他只要想当刑警就可以当了。

"侦探小说看多了吧？"

"不多。家里有一箱子。"

"那玩意儿看了上瘾，破案可不顶用。"

"我不那么认为。书是人写的，案子是人作的，最终也是人破的，我觉得这些书里面有思想、有智慧，可以帮助我们触发联想，拓展思维的空间。"

一套一套的。看来这小子不但嘴硬，想法也不一般，有点儿意思。

许国平来精神了。他又和夏琳聊了几句，问了一些刑侦方面的专业知识，发现他虽然长着一副娃娃脸，但是眉宇间透着一股子灵气，两只眼睛炯炯有神，回答问题思维敏捷，逻辑性很强，是块当刑警的料。

他扭头朝老大姐道："这个'两道拐'对我的脾气，就他了！"

"那可不行！你又不是不知道，局里规定新警都要下派出所的。"老大姐挺为难，东柳派出所所长早就打过招呼了：夏琳在我们所实习的，是棵好苗子，毕业分配一定要回东柳所。

可夏琳早不来晚不来，偏偏在这个难缠的许国平要人的当口撞上了。怎么办？

"要不你去找局长说说，请他破个例？"老大姐妥协了。

"找就找，他还能把我吃了？"许国平一迈腿，闯进了局长室……

结果，夏琳被拦路"劫"了下来，成了刑侦老干探许国平的徒弟。

跟着师父参与侦办了几起案件，夏琳除了学习侦破的方式方法，还感受到师父胸中那股打击邪恶的凛然正气，见识了师父匡扶正义、勇于担当的炽热胸怀。

他有了自己追赶的目标：要当就当师父这样的刑警！

名师出高徒。在老干探许国平的精心调教下，夏琳在案件侦查的锤炼中脱颖而出。

悟性，是开启刑警智慧的钥匙。分析案件通常是图表式的，各种线索逐一列表，大家凑到一起，分析其中的逻辑关系，简捷、直观。但是夏琳特别有悟性，对图表的理解不循规蹈矩，有时思维是开发式、跳跃式的，往往会针对某个不起眼的细节，静下心来慢慢琢磨，提出自己独到的想法。

辖区内发生了一起恶性绑架人质案。一个外地人因为债务纠纷，把一位宁波老板绑了，劫持到外地藏匿起来。被绑架者因为经营不善，欠了很多人的钱，一开始大家还以为他躲债玩“失踪”了。一个月后，犯罪嫌疑人切了这个老板一截手指寄给他的亲属，索要 600 万。

心急如焚的家属这才报案了。

许国平怒不可遏，带着高徒夏琳等人，辗转上海、江苏、山东等地，一路排查到河南某地。当地警方看见一脸稚气的夏琳，有点儿信不过：也太嫩了点儿吧！

不料，这个“娃娃警”竟让外地同行刮目相看。

“那个犯罪嫌疑人应该不和人质在一起！”夏琳语出惊人。

“什么？不在一起，那他怎么可能挟持人质到处跑？”到底还是个嘴上没毛的嫩娃子，当地同行明显对他持怀疑态度。

“犯罪嫌疑人原本是个生意人，患有肝脏疾病，身体瘦弱；而被绑架者腰圆体阔，光靠一两个人很难控制。”夏琳根据这两个人的个体特点，作出了自己的判断，“犯罪嫌疑人应该是雇用了有黑社会性质的绑架团伙参与，而且极有可能人质被控制在另外一个地方。”

“依据你的判断是雇凶绑架，而且现在雇主已经失控了？”

“有这种可能。”

“那寄来的手指，你怎么解释？”

“这伙人手段残忍，行踪诡秘。从已经掌握的线索看，那截手指是犯罪嫌疑人从南京快递出来的，随后其立即离开了南京。被切下的手指已经干枯，说明已有一段时间了。”

“这么长时间了，人质会不会已经被撕票？”

“从目前的情况看，人质应该是安全的。”夏琳不慌不忙，一一讲出他的分析，“经法医鉴定，手指是从活体上切下的，说明人质当时还活着。另外，从犯罪动机来分析，雇主和人质因高额债务纠纷交恶，而被雇者与人质之间并没有根本的矛盾，但是这些犯罪嫌疑人有一个共同目的，都是为了钱。因此，他们之间存在着某种契约关系，雇主还没拿到钱，就不可能支付高额的‘劳务费’，而被雇的那些人除因特殊情况，一般也不会撕票，反而会把人质藏匿起来，胁迫雇主拿钱。”

他心思缜密，从涉案人员之间的不同关系和已有的信息中，分析出这起当初的绑架案，已经演变成环环相扣的绑架案中的绑架案。

这个推断有点儿悬。当地同行依旧持怀疑态度。

可师父许国平却十分赞赏夏琳的分析。

根据这个思路，专案组仔细排摸，使这个犯罪团伙的人员结构渐渐浮出了水面，最终锁定人质被一群在嵩山少林寺练过手脚的人挟持在许昌，当初组织绑架的雇主在郑州。与夏琳的判断一致。

在当地公安和武警的大力配合下，两地同时行动，成功解救出人质，那伙穷凶极恶的歹徒也悉数被送入了大牢。

夏琳因在这起案件侦破中发挥了重要作用，被授予个人三等功一次。参加工作才五个月就立功，全局第一例。

师父许国平开心了：这小子脑瓜子灵，给我长脸了，是块硬料。

血性，是刑警的本色。每次接到案子，夏琳就血脉贲张，仿佛猎人见到猎物一般地兴奋，死死盯着，不破不休。这种血性，既彰显着一名优秀刑警忠于职守的赤诚，更展现出一个热血男儿除恶斗邪的担当。

一年后，夏琳担任了大队的主侦民警。

搭档叫陈悦，是个辣妹子，两人“兄弟”相称。

那一年的岁末，华祥宾馆发生一起抢劫、强奸案，两名犯罪嫌疑人用捆绑、殴打的方式，胁迫一个女孩往一个卡上打入800 元，后又实施了强奸。

夏琳立即带着辣妹子展开侦查，发现两名犯罪嫌疑人都是使用假身份证入住宾馆，打入款的卡主是湖北的女性。通过取款监控，获取了其中一名嫌疑人的头像，经被害人确认，依据女性卡主的信息，关联出犯罪嫌疑人的真实身份。继续排查，得知两名嫌疑人当夜就乘火车离开了宁波。

“追!”夏琳和搭档立即上了火车，饥一顿饱一顿地一路风尘来到武汉。

虽然掌握了嫌疑人的真实身份，但是他们的踪迹到了武汉后，就像在人间蒸发了。挂网追逃是个无奈的办法。问题的严重性在于，这两个嫌疑人既然开了“戒”，极有可能继续作恶，必须尽快绳之以法。

刑事案件的侦破，要有一个合理的想象空间。如果单凭以往的经验来分析，有可能会走弯路。

夏琳开启了大脑联想，从这俩人复杂的社会关系网中，理出一条与本案看似并不关联的信息：一位同村人在孝感市的杨店乡承包了一个养鱼场，半年前曾找过人打工。

“会不会躲到养鱼场了?”夏琳试探着问。

“不可能。发案才三天，而且这俩人一直在外游荡，和那个村民并没有什么交往。”当地派出所民警认为夏琳的方向跑偏了。

可夏琳不那么认为。案子没有见底之前，一切皆有可能。据此，他排摸出犯罪嫌疑人就躲藏在这个养鱼场。

“不能让他们再跑了，今晚就抓捕！”夏琳请求当地警方支援。

时值隆冬，天寒地冻，天空飘起了雪花，朔风肆无忌惮地吹着。由于走得急，衣着单薄的夏琳和陈悦被冻得有些发抖。在当地警方配合下，他们深夜1点摸到一个偏僻的农舍。

“咣！”夏琳一脚踹开房门。

“不许动，警察！”夏琳和辣妹子一人扑住一个，两名犯罪嫌疑人从热被窝里被拎了出来。

连夜突审，夏琳从犯罪嫌疑人躲闪的目光中，捕捉到一丝恐慌。

再审，又挖出了另一起隐案。

四天五夜，行程1800多公里，这起抢劫、强奸案成功告破。

韧性，是破解刑案迷局的利刃。案件侦查走入死胡同是常有的事。面对每一次侦查困境，夏琳从不退却。在别人眼里看似办不下去的案件，到了他手中，往往又“起死回生”。他有两句自励的话：想别人想不到的办法，啃别人啃不动的悬案。

“重要警情通报：某酒吧门前发生聚众械斗案件，一死两重伤，请刑侦大队全体同志马上归队，立即赶赴现场开展侦查！”

各项工作有条不紊地进行。随着侦查工作快速推进，大部分涉案人员陆续被抓捕归案。

正当大家等着嫌疑人全部交代清楚，尽早收工时，审讯室里却传出了不乐观的消息。

几名犯罪嫌疑人虽然承认参加了械斗，但都不承认也不指认谁是主犯。一群街头混混，还挺讲“义气”的。

查不出主要犯罪嫌疑人怎么行？要知道，公安机关办案讲的是证据，一定要还原出案件的真相，而且每个细节都要明确到人。

调集最好的审讯高手，一天下来，案件仍无进展。这招不行，再从外围侦查突破。由于事发突然，场面混乱，现场虽然有目击者，但不清楚具体情况，案发时又正值深夜，调取的视频资料无法提供清晰画面。

破案陷入了僵局。

案发于繁华的闹市区，社会舆论关注，市政府、市局主要领导亲自过问，下令一定要迅速查清案情。

江东分局的领导想起了夏琳。他头脑活，分析案情经常出奇招，看来这块硬骨头又得交给他来啃了。

出差刚回的夏琳接手了一锅“夹生饭”。虽然他喜欢啃骨头，但面对这么棘手的案件，他一时也想不出什么好办法。

不急，慢慢悟，总能找到办法。

理了发，洗完澡，心如止水的夏琳回到办公室，把那锅“夹生饭”全部倒出来，重新淘洗，一粒粒过筛，用绣花的功夫，反复查看那几段模糊不清的视频，从一帧帧满是雪花的图像中辨别每一个细节，给每个人编号，画了一本连环画……

两天后的案情分析会上，夏琳给专案组的头头脑脑们排了一场“戏”。

“这是一张现场原始站位图，请大家按编号站好。”夏琳给每人发了一个号，指着投影屏幕开始“导演”。

又玩什么花样？大家一头雾水，但还是一个个按位站好。

“你们现在都是参与械斗的嫌疑人，这里是酒吧大门，这是人行道，这是路肩……”

这小子，办案怎么能像小孩过家家？大家还是满脸疑惑。

随后，夏琳按照投影屏幕上的示意图切换，直观、形象地进行了一场模拟推演对现场复原，成功推导出主要犯罪嫌疑人，又通过审讯等其他证据查清了案件事实，顺利完成了对嫌疑人的定责。

“定位排除法”，让夏琳在宁波刑侦圈内名声大振。他从此有了个外号：“夏导”。

寒来暑往，燕去燕归。一晃，夏琳已经从警好几个年头了。他从刑事案件的现场一路走来，当初的青涩学警已成长为一名重案中队长、全国优秀人民警察，办公室的抽屉里塞了一摞奖章和获奖证书。

似箭的光阴，在他的娃娃脸上留下了一丝沧桑。

数据大神

纯粹是因为一次“偶然”，夏琳才闯入了电信网络的迷宫。

2009 年 8 月，是东部沿海的台风季，也是一年中最炎热的时候。一天午后，闷热的气团像只火盆笼罩着浙东大地，气温已经飙升到 38 摄氏度。宁波一条商业街上行人稀少，人们在躲着炙人的日头，只有树上的知了在一个劲儿地鸣叫。

经营洗衣店的安徽人刘根发，摇着一把芭蕉扇，无精打采地躺在店堂的竹躺椅上。盛夏时节，洗衣店生意不好，一天也就收几件衣服，但又不能把店门关了。他是个诚实人，若是有老主顾过来，得照应着，图个日后旺季哩。

手机响了。刘根发拿起手机眯眼一瞧，是个陌生座机号码，开头的区号显示为上海，估摸是上海生意上的朋友。

“哪一位？”

“是刘根发吗？”手机里传来一个男人的声音。

“是。你是哪位？”

“我是上海市公安局‘803’。”

“什么‘803’?”刘根发莫名其妙，就要挂掉电话。

那头发出了一个威严的声音：“‘803’是上海市公安局刑侦总队的代号，这都不知道！我是吴警官。”

刘根发一听，蒙了。警察找我有什么事?

“我们正在侦办一起经济犯罪案件，发现你的银行账户涉案，你必须配合公安机关调查，否则就将你的账户资金作为涉案资金罚没!”这个“吴警官”的口气很强硬，容不得刘根发多想一下。

他吓得一骨碌爬起来。这个电话对他来说无疑是晴天霹雳。卡里那九万块可是自己劳作了两年才积攒的血汗钱，还打算挣到十万就还给帮助他买房付款的亲戚，千万不能被罚没了。

在“吴警官”严厉的“审讯”下，老实巴交的刘根发就像得了魔怔似的，战战兢兢一一回答了“吴警官”的问话，如实倒出了账户内资金数量、账户名称、密码等信息，并配合“吴警官”乖乖地将账户内资金全部转移到他指定的一个“安全账户”。

一切办妥后，刘根发松了一口气：多亏了这位“吴警官”，否则这辛辛苦苦挣的九万块钱就“充公”了，真得好好感谢人家。

入夏以来，辖区内治安状况有了季节性波动，街头寻衅滋事等一些夏季多发性案件有所抬头。

这天下午，夏琳拎着工作包，带着重案队的弟兄们正要外出摸排一起案件的嫌疑人。

驾车刚到大门口，一位汗流浃背的中年男子冲了进来。

夏琳立即刹住车：“找谁?”

“我……想……打听点儿事……”男子吞吞吐吐。

看他慌不择路的样子，夏琳知道：这人有事！就把他请到办公室。

什么事？说吧。夏琳给这位男子倒了杯水。

“请问你们公安机关扣了钱，是不是该给我个收据啊？”

扣钱？收据？这都哪跟哪啊！别着急，慢慢讲，到底怎么回事？

忐忑不安的男子于是讲了起来……

不料这一讲，竟讲出了一个惊天大案！

这个男子就是十几天前接到“上海803吴警官”电话的洗衣店小老板刘根发。他转出银行账户的九万元后，就一直等“吴警官”的消息。可是一连几天音讯全无。他心事重重，整天愁眉苦脸。在老婆的一再逼问下，他才说出了事情的原委。

老婆急了，你这个猪脑子！公安局扣你的钱，没有条子吗？

他这才还过魂来，立即跑到江东公安分局打听。

听完当事人的陈述，夏琳第一反应就是完了，估计被骗了！他在网上、内部有关会议上看到、听说过此类新型骗局。

为了慎重起见，夏琳还是调取了当时的通话记录，并试图联系所谓的“上海警方”，结果当然是子虚乌有。

在今天看来，虽然这只是一起比较典型的电信网络诈骗犯罪案件，所用诈骗形式和方法也极其老套，但在当时还是一种刚出现的新型违法犯罪类型，别说很多受害群众，就连民警也未必都能准确分辨。

确定是诈骗案件后，立即立案。

“查！”已是副局长的许国平把报警材料扔回给夏琳。好钢还得多淬火。

夏琳从来没有接手过此类案件，一时还真找不到北。明知道犯罪嫌疑人正藏匿于网络背后数着大把的钱偷着乐呢，自己就是感到有劲儿使不上。

他满脸都是一个大写的问号。

带着这个问号，不服输的夏琳闯入了电信网络的迷宫。

谁也没想到，这一闯，竟让普通刑警夏琳得以华丽转身，成为全国打击电信网络诈骗犯罪的专家——数据大神。

说起来容易，侦破过程却十分艰辛。古往今来，很多先进技术都是“双刃剑”。电信网络也不例外，一方面可以造福社会，造福人类；另一方面也被犯罪人员用来祸害社会，祸害人类。面对高科技手段实施的犯罪，若以刑侦惯性思维办案，撞南墙的概率往往会很高。

一开始，夏琳带领弟兄们按照传统的办案思路进行调查，每天对着电脑、吃着泡面分析案情，梳理线索。一个星期下来，大家都熬成了熊猫眼，浑身泡面味，身体也瘦了一圈，案件排查却处处碰壁，没有一点儿进展。

眼前是一大堆通信网络专业术语，大家一筹莫展，满脸沮丧。

排查工作又走入了死胡同。

门开了，许国平和大队长薛伟走了进来。

“这几天怎么没听到你哼小曲儿了？”

“没心情！”夏琳觑了师父一眼，起身，给两位领导泡茶。

待夏琳汇报完案件进展情况后，许国平十分理解：“我们干刑警的，往往习惯于按刑侦传统思维定式分析案子，针对这种非接触式电信网络诈骗犯罪，有它的局限性。”

“这类案件，通常的查案做法，就是按照资金的流向循线排查，最多也只能抓到几个在取款机上取钱的小喽啰，很难查个透，打干净。”薛伟双手插在裤兜里，边踱步边说。

“犯罪嫌疑人之间是通过网络单线联系的，互相并不知道对方真实身份，神秘莫测，真正的幕后主犯很难落网，更谈不上追款挽损了，必须要有一个反制措施，打全链条！”许国平沉思了片刻，“我们不妨换个思路。”

听到这儿，一直不言语的夏琳开腔了：“我正在尝试换一种打法，从数据信息入手，也许能一查到底，端掉这个老巢。”

顿了顿，他接着道：“但是，我还没有找到感觉。这种利用现代通信手段实施的新型高科技犯罪，现有的线索和疑点看似孤立，其实相互交织，纷繁复杂。目前的难点是如何抽丝剥茧，找到它们之间的‘链接点’，才能逐步理顺其中的微妙关系，确定下一步的走向。”

“由案到人，这之间有一条从案子到人的路径，找到这条路径，就可以循线排摸下去，最后落地查人。”许国平进一步启发夏琳。

“路径倒是有一条的，就是信息流。但是它设有层层壁垒，就像河网中的座座船闸，怎样打开信息流中的这些‘船闸’，是目前的关键。”

“是啊！”许国平深知攻坚的难度，“你这种全新的打法，在理论上是成立的，而且是突破性的，但是我们刑警毕竟不是电信网络方面的专家，这需要厚实的专业知识来支撑。”

夏琳又沉默不语了，若有所思地咬着手指甲。

许国平知道，自己的这位爱徒有个习惯，只要“入定”，就会不由自主地像个孩子似的咬手指甲，而大脑里正在翻江倒海。

看着两眼布满血丝的爱徒，他心疼了，强令夏琳回家休息。

回到家里，夏琳无心陪伴多日未见的儿子，他把自己关在书房里继续冥思苦想。他的脑海里全是变幻的数字在晃动。

电信网络诈骗犯罪日益猖獗，夏琳深深感到作为刑警有一种不可推卸的责任。如何才能拨开重重迷雾，揪出藏匿在数字迷局背后的犯罪嫌疑人？

夏琳思来想去，最后得出结论，只有一个字：学！

至此，夏琳开启了高考之后的人生第二次苦学之旅。

他一头扎进相关专业书本、网络，啃大部头，看短讯息，上网查阅各类文献资料，到专业论坛请教专家，带着弟兄们与通信公司工程师、网络公司技术员深入沟通，甚至“蹲进”看守所，和已经被抓获归案的诈骗嫌疑人“聊天”。用他自己的话说，各行各业的人都是他的老师。

他贪婪地恶补着电信网络专业知识，不停地给自己打“补丁”。

经过一段时间的“闭关”和“悟道”，他运用自己所学的知识，带领他的团队终于成功打开了第一道“船闸”，共截获170余万条涉案电话信息和1000多个涉案银行账户，另外还有10万余条交易数据等海量基础信息。

可是，这些都是由数字代码组成的最底层信息线索，就像一团乱麻，梳理时不是断线就是死结。怎么才能抽出最关键的那一根线呢?

又一只“拦路虎”挡在夏琳的面前。

破解那些数字密码的密钥在哪里？没有人能够告诉他。

夏琳于是和那些枯燥的数字代码较上了劲。

用信息流的方法查到服务器时就卡住了。这个黑乎乎的铁匣子里究竟有什么神器？那些数据信号钻进去后，又是换了什么“马甲”流出来的？流向了哪里？

他的脑海里一组组数据快速流过，刚想伸手抓，那些数据瞬间又消失在深不见底的暗处，无影无踪。

手指有点儿灼痛，一看，指甲处渗出了血，又被咬破了。用创可贴包上，他踱到窗口。

一阵清风吹来，他做了几个深呼吸，头脑顿觉清醒了许多。

窗外，夜幕下的道路上汽车川流不息，形成两种颜色的长长灯龙，白色的是过来的车流，红色的是远去的车流。这些疾驰而过的汽车都有各自的轨迹，各自的终点，就像他脑海里一组组数据汇成的信息流。

车流中的一座座红绿灯眨巴着眼睛。

他忽然脑洞大开。

“有一个美丽的传说，精美的石头会唱歌……”夏琳哼着小曲儿迈进了办公室。

“夏队这是怎么啦，这么高兴?”弟兄们窃窃私语。

扔下包，点上烟，夏琳打开折叠小方桌：“大家都过来!”

大家知道，夏队只要打开小方桌，就说明他有想法了。一个个把脑袋凑了过来。

夏琳在一张纸上画了几个方格，然后用线条一一连上一个个方格。

大家豁然开朗，夏队终于找到了破解数字迷宫的钥匙。

“还愣着干什么?开工吧!”夏琳吆喝道。

于是，一场与看不见的对手在浩瀚网海里的较量开始了。夏琳带领他的团队，在电脑前一坐就是十多天，一层层剥去数据的迷障，成功捕捉到一个个深藏的“魔影”，获取到海量的数据信息。

又是三个多月的夜以继日，夏琳和弟兄们完成了对所有信息的梳理、分析、归纳。这其中，光是他写下的笔记就有满满三大本，最终整理出有效信息25万条，具化为三百多起案件。

随即，他们一一向受害人核实。

从抽象数字到具体案件，从受害个体到整体“产业”链，一个个疑点逐渐被排列出来，随着案件疑点被一一串联，整个犯罪链条被节节剥开，案件的轮廓渐渐清晰。

这是一个特大跨境、跨国电信诈骗犯罪团伙，已向全国28个省市疯狂作案数百起，涉案金额超过1亿元。

案情重大!许国平带着夏琳来到公安部汇报，引起了部刑侦局领导的高度重视。

“空中飞人”

转眼到了2016年的3月。已是江东分局刑警大队副大队长的夏琳，作为全国打击电信诈骗犯罪专家组教员，辗转吉林、山东等六省12地的公安机关授业解惑刚回来，就被宁波市公安局刑侦支队支队长叶元杰召到办公室。

寒暄了几句后，叶元杰递给他一个文件夹。

“今年以来陆续接到报案，有人利用各种名义，大肆实施电信网络诈骗犯罪活动，气焰嚣张，受害人数众多，必须组织专班，狠狠打击。”

夏琳迅速浏览完报案材料，皱了下眉头：“这个犯罪团伙在诈骗目标的选择上，不同于以前的案子。以往都是通过网络电话随机拨号，像撞大运。可从这些报案的情况看，犯罪嫌疑人针对不同的对象，量身定制了诈骗方案，以各种谎言实施诈骗。看来，受害人的身份信息应该事先已被犯罪团伙窃取。”

“互联网运用越普及，网络犯罪的可乘之机就越多，这种用事先编好的脚本实施的精确诈骗，更具欺骗性，危害性也更大。”叶元杰问夏琳有什么想法。

夏琳略微思忖了一下，说：“我觉得应该从两个方面同时开展工作。一是综合梳理报案线索，循线打掉这个诈骗团伙。另外要堵住源头，有必要开展一次针对窃取公民身份信息违法犯罪的专项打击行动。”

叶元杰赞许地点了下头：“堵源头的事，支队已有考虑。你的任务就是立即研判、串并这一系列诈骗案，摸清组织架构、作案手段，打深！打透！”

自从成功侦破了“1011”大案，夏琳已大名远扬。但他越发低调，并始终有一种“饥饿感”。已有的经验往往是“负资产”，因为犯罪团伙的手法在不断利用高科技推陈出新。

夏琳潜心于电信网络的数字迷宫，努力摸索着电信网络诈骗犯罪活动的特点和规律，战中学，学中战，认真研究各类技战法，先后开发出多种作战系统。

与单纯的电信网络专家不同的是，夏琳要将信息数据应用于破案。他必须把网络虚拟世界中的微小发现，置于现实社会的大背景下，放在人性的坐标中去考量，进行数据整合、全要素碰撞，捕捉每一个细节，梳理出一条条线索，交叉成点，以点成线，排摸其中的逻辑关系，将网络世界中一个个模糊而又虚拟的人物具象化。

此时的夏琳，虽然是警察，但手中的武器已经不是一般意义上的警械，而是各种代码、机器算法、海量数据和作战平台。在互联网犯罪日益多发的当下，他必须通过破解数字谜团去缉拿藏匿在网络背后的罪犯。

刚刚接手的这起案件，又等待着他运用大脑的智慧去破解。

局里抽调精干力量成立专案组。作为专案组负责人，夏琳感到了来自各方的压力。

根据报案人陈述，夏琳很快排摸出这个诈骗团伙的作案规律：犯罪嫌疑人通过非法渠道获取公民身份信息，事先编排好诈骗脚本，通过网络拨打电话给诈骗对象，谎称是公检法机关，要求受害人加 QQ，出示一些假冒法律文书，再让受害人登录虚假的“公检法”机关网站，查看所谓通告，一步步恫吓、诱骗受害人向指定账号转款，少则几万元，多则几百万、上千万。

一番深思熟虑之后，夏琳开出了侦查“药方”。

排摸资金流向。专案组的弟兄们分三条路径展开侦查，排摸出几十个账户，这些被诈骗的资金汇聚后，又立即分散到若干个新账户，继而又时聚时分，直至被洗白，资金流动轨迹相互交织，密如蛛网。

普通诈骗案一般都是点对点实施，而非接触的电信网络诈骗案是一对多点，信息流层层节节，错综复杂。只有厘清数据的环节，才能明确案件的指向，查清诈骗团伙的作案起数和诈骗金额。

夏琳在电信网络迷宫里久经闯荡历练，积累了丰富的经验，练就了一双火眼金睛，特别善于从一团乱麻中抽出关键的一根，理顺逻辑关系，再一步步拓展。他就像一位不知疲倦的数据工匠，精细地分析着、研判着。

经过一段艰苦攻关，夏琳终于成功攻破了这道技术关隘。原来，这些诈骗信息是通过第三方服务器转接，所租用的服务器全部在境外，犯罪嫌疑人在国外用改号的网络电话，通过国际关口局打到国内，再通过省、市基础运营商的网络打给受害人。

狐狸再狡猾，也斗不过好猎手。一套组合拳打下来，峰回路转，案件初露端倪。

所有的线索，均指向万里之遥的欧洲西班牙。西班牙全国总面积达 50.6 万平方公里，居欧洲第五位，这个诈骗团伙的窝点会藏匿于何处呢?

1876 年，美国发明家亚历山大 · 格雷厄姆 · 贝尔获得了世界上第一台电话机的专利权，创建了贝尔电话公司。这是人类的一次通信革命。电话这种通信手段，让世界不再遥远。1987 年 9 月 14 日 21：07，德国卡尔斯鲁厄大学收到了一封从北京计算机研究所发出的电子邮件，标志着中国从那一刻起正式“触网”。互联网的出现，重新定义了现代信息通信概念。电信网络，这个由数字编码组成的海洋，彻底改变了世界，极大地拓展了人类活动的空间，展现出无穷的魅力。

但是，电信网络诈骗犯罪的出现，严重危害着人们的工作和生活。一时间，互联网仿佛成了电信网络诈骗犯罪的天堂。对此，中国警方怎么可能视而不见?怎么可能允许这些网络妖魔逍遥法外呢?

根据宁波市公安局专报，2016 年 7 月，在外交部协调下，公安部决定派出中国警方工作组远赴西班牙，与西班牙警方开展联合侦查。

夏琳，以中国公安部刑侦专家的身份参与行动。

经过几年的锤炼，夏琳已经淬火成金。他被公安部选派为全国专家组教员，对来自北京、天津等28个省市区的620名侦查员进行全程授课。每年有半年的时间飞来飞去，参与部督大案的侦破，弟兄们都叫他“空中飞人”。

舷窗下，灯火阑珊。随着飞机高度渐渐降低，夜幕下的西班牙首都马德里越来越清晰。蛛网状的马路、尖顶的哥德式建筑、穿城而过的曼萨纳雷斯河，无不闪烁着文艺复兴时期的文明与繁荣。这片红土高原上，流淌着绚烂的欧洲文化。

2016年7月3日凌晨，身负重任的夏琳随工作组踏上了欧洲伊比利亚半岛。

这起跨国大案有它的特殊性。虽然已有证据证明犯罪窝点在西班牙，但是犯罪嫌疑人大多来自台湾地区、东南亚和中国，而且诈骗对象又是中国境内公民，西班牙警方的态度不会那么积极；加上司法制度上的差异，工作组将面临诸多困难和未知的可能。

只有加强沟通交流，充分揭露这些犯罪伎俩以及对现实社会和公民造成的严重危害，才能让西班牙警方与中国警方形成共识。

西班牙国家警察总局一楼会议大厅。经中国驻西班牙大使馆协调，中西两国警方联合召开马德里、巴塞罗那、阿利坎特三地专案侦查首次协调会。

中国公安部刑侦局副局长陈小坤说：“随着大数据时代的来临，个人信息作为重要的数据资源，其价值得到不断挖掘和释放，但是也往往被犯罪分子非法获取，实施电信网络诈骗犯罪，严重危害着现实社会和网络安全。打击和预防电信网络诈骗犯罪，是各国警方的共同责任，我真诚希望中西两国警方开启大数据时代的‘对话窗’，共同推动形成全球打击和预防各类跨国刑事犯罪的‘朋友圈’。”

马德里警察局一位官员问：“我们还没有听说过这种电信网

络诈骗犯罪，能否给我们介绍一下你们认为的这种犯罪?”

“请专家夏琳先生具体说明一下。”陈小坤伸了下手臂。

夏琳朝在座的人员微微点了下头，用一口流利的英语说道：“电信网络诈骗犯罪，是一种利用现代通信手段编造虚假信息，设置骗局，对受害人实施远程、非接触式诈骗，诱使受害人给犯罪分子打款或转账的犯罪行为。”

他打开笔记本电脑继续说：“由于这种犯罪活动依托互联网实施，不受疆域限制，呈现出犯罪主体虚拟化、犯罪客体数字化、犯罪手段隐匿化、影响全球化的特点。根据我国警方前期侦查，发现在贵国境内有大批电信网络诈骗犯罪窝点。”

夏琳出示了涉及马德里、巴塞罗那、阿利坎特等地的窝点数据资料。

这份翔实的资料，是夏琳和专家组同志花了两个多月的时间，夜以继日，从海量网络数据中一点点捞出来的，被诈骗范围涉及我国上海、深圳、江苏、浙江、广东等地，涉案金额累计高达 1.17 亿元人民币。

随后，夏琳又从技术层面介绍了这个跨国电信诈骗团伙的组织架构、活动规律、犯罪手段以及所造成的危害。他的介绍既专业又通俗易懂，充分展现了中国专家型刑警的风采，赢得了西班牙同行的高度认同。

“犯罪嫌疑人哪怕是藏匿在天涯海角，中国警方也要坚决将他们绳之以法！我们需要贵国警方的大力支持，以便精确收网。”陈小坤表明了中国警方的合作需求。

通过进一步沟通，双方意见趋于一致。

夏琳乘坐 AVE 高速列车，穿行于马德里、巴塞罗那和阿利坎特等地，无暇多看一眼地中海的旖旎风光，他完全专注于和西班牙警方人员一起排摸各种线索，分析数据，精确研判窝点位置。他发现，诈骗团伙都是租用城郊的高档独立别墅，周围行人稀少，附近的垃圾桶里有中餐残羹剩饭、华人报纸等丢弃物。白天除了个别买菜的人员，不见有人出来；而到了下半夜，便可看到百叶窗里透出的光亮。

中国和西班牙的时差是七个小时，这说明别墅里的人开始“上班”了，正在疯狂地往国内拨打诈骗电话。

夏琳的心里有底了，对这些已查实的犯罪窝点一一标注。他表现出的高度专业水平，令西班牙警方人员十分称赞。

在我驻西班牙大使馆的大力推动下，联合专案组经过艰苦细致的努力，专案侦办工作取得重大进展，已经具备了统一收网的条件。公安部决定，抽调国内涉案地一百余名侦查员飞抵西班牙，中西警方联手实施收网行动。

马德里市区玛凯尔公寓。王胜甬副支队长率领的浙江省境外抓捕小组刚刚抵达，正在倒时差。

夏琳站在506室的雕花阳台上，遥望着熙熙攘攘的太阳门广场，心潮跌宕起伏。

跨国办案，向来是国际警务合作中的一大难题，执法面临许多困难。他虽然已经多次参与公安部组织的境外抓捕行动，积累了一定工作经验，但是在异国查案，中国警方没有执法权，抓捕过程中，如何固定相关电子证据？按照西班牙法律，没有当地大法官签发搜查令，警方不得擅入民宅搜查，犯罪嫌疑人如果得到风声逃逸或者销毁证据怎么办？

此时的他，既是境外抓捕这盘棋上的棋手，又有工作组电信专家身份，是电信网络技术这一块的棋手，走出的每一步棋，都需要深思熟虑。

机会稍纵即逝。他要为下一步收网取证找到最恰当的工作方法。

一个个假设的情况，在他的脑海里盘旋；一个个应对的措施，在他的胸中成熟。他向陈小坤副局长汇报了自己的想法……

白云从睡梦中醒来了，舒坦地伸了个懒腰后，一骨碌爬了起来，撩开窗帘，看着窗外一座座欧式古老建筑，满眼新奇；转身又把同室的任岳磊拉起，欣赏着欧洲古城马德里的景色。

“时差倒过了，也到了午饭的饭点了。”一身大厨打扮的夏琳推门进来。

“我没看错吧，我们的数据大神怎么像个家庭主妇?”白云张大着嘴。

王胜甬探进头来：“你们两个小子呼呼大睡，人家大神一早就跑到华人超市买菜做饭，还带了瓶西班牙干红，给大家接风哩。”

“这里的西餐吃一两顿还可以，大家坐了一夜飞机，还要倒时差，胃口不太好，就烧几道家乡菜，适口。”夏琳笑了笑，“等成功收网了，我请各位吃西班牙大餐。”

细心的夏琳早就想到了，兄弟们来西班牙查案估计要十多天，住酒店吃西餐，一是消费高，二是大家吃不惯，大量艰苦细致的工作需要大家去做，必须保持旺盛的精力。于是他特意安排了有厨房设备的公寓楼。

一道清蒸海鱼，一盘烧牛排，两道炒素菜，还有水饺、面条。虽然身在遥远的欧洲，王胜甬、任岳磊、沈愉皓、白云四位还是找到了“家”的感觉。

午饭后，夏琳向大家详细介绍了西班牙的法律、前期工作情况和面临的执法困难，辅导大家怎么搜集、固定证据，怎么上传数据。大家分组熟悉情况，按照夏琳提供的资料反复推演……

北京时间2016年12月11日凌晨，一架飞自中国首都机场的客机，在西班牙巴拉哈斯国际机场徐徐降落。时任公安部刑侦局局长杨东亲赴西班牙，组织这次代号“长城行动”的境外收网行动。

一下飞机，杨东顾不上倒时差，立即旋风式开展工作，听取我方专家组夏琳等人的情况汇报，会晤我驻西大使吕凡，会见西班牙国家警察总局局长佩洛兹。经中西双方进一步磋商，决定成立联合行动指挥部，确定行动时间为 13 日凌晨。随后，杨东率中方工作组和西警察总局司法警察局局长艾洛伊等人进行会谈，就行动流程、细节和人员处理等关键问题进行磋商，最终确定具体行动方案。

万事俱备，各联合抓捕组根据夏琳提供的标有各窝点序号的资料，分赴各地。

一切，都在悄然进行。

西班牙时间 12 月 13 日凌晨，依据西班牙国家法院一号法庭法官圣地亚哥·佩德拉斯签发的逮捕令，中西两国警方联合抓捕行动同时在马德里、巴塞罗那和阿利坎特三地展开。

夏琳率领一个小组，身着西班牙警方提供的反光标志，配合马德里警察搜捕 1 号窝点。

夜幕低垂，寒风凛冽，马德里郊外一片静谧。一座米黄色的三层别墅，镂空铁艺院门紧闭，几个房间里透出丝丝光亮，隐约能听到里面有人用中国话通话的声音。

“可以行动!”当地法官向联合抓捕组挥了下手臂，马德里警察立即用破门器撞开大门。夏琳和两名中方警察随着马德里警察迅速冲进别墅。

一阵语言控制后，别墅内大约 40 余名正在往中国境内拨打诈骗电话的犯罪嫌疑人纷纷抱头伏地……

夏琳看到墙上的留言板上，写着某月某日至某日，“武汉市公安局”。还有一个诈骗“脚本”：

> “你好，我这里是中国移动，发现你的信息已经被盗取，以你的名字办理的这个××××号的手机号正在做违法使用，涉嫌犯罪，请立即报警……

“请你电话不要挂机，搁在耳边，由我们总机直接帮你通报到武汉江岸区公安局……

“电话联系中，请稍后……”

下面是一步步诱骗的方法。

房间里摆着一台台电脑等电信诈骗设备和一沓沓通讯录。

勘查、取证……各项工作有条不紊地进行。

中方代号“长城行动”，西班牙方称“WALL”（墙）行动，西警方共出动600余名警力，在中国警方100余名警力的协同配合下，一举捣毁三地十多个窝点，抓捕238名电信网络诈骗犯罪嫌疑人。

这是一起中国警方成功开展国际执法合作的典型案例。夏琳，这位年轻的刑侦专家，功不可没。

大数据时代，世界变成了“地球村”，中国作为有全球影响力的大国，打击电信网络诈骗犯罪没有边界。这是中国警方的神圣责任，分解到公安部特聘刑侦专家夏琳的肩上，具体而又沉重。

深秋的上海，落叶金黄。浦东国际机场，夏琳拎着拉杆箱下了一辆出租车。

通过出境边检通道后，他掏出手机，给家里打了一个电话。

“是琳儿吗?”那头，传来了父亲的声音。

“是，我又要出趟远门，可能要有一段时间。天气降温了，您和妈妈要注意保暖，多穿点儿。药我搁在床头柜里，别忘了吃。”

“家里你就放心吧，照顾好自己，不要太累了。另外，少抽点儿烟!”老父亲已习惯了夏琳出差。他知道警察的纪律，从不问儿子去哪儿，但是每次，总会叮嘱几句。

“爸爸同志，我在你的T恤上画了一幅画，写了你的名字，还画了大轮船、飞机。你多久回来哪，我等你一起把大吊车拼起来呢……”

听到父亲苍老的声音和8岁儿子稚嫩的童音，夏琳觉得面颊上有热热的东西在滚动。

2018年11月4日，夏琳又奉公安部之令，带着对家人的愧疚，远涉重洋，到南美洲参与侦办另一起跨国电信网络诈骗大案。

等待着这位数据工匠的，又将是一个个极具挑战性的数字迷局，需要他运用超凡的智慧和毅力，不断书写新时代中国刑警的传奇。

扫描二维码即可观看
相关视频等

张万党的一天

米 可

2009 年初春 一天 正午

张万党左手拉开驾驶位车门，右手将两杯奶茶递了过来：“师父，一杯香芋的，一杯椰果的，你要哪杯？”

探长钱坤皱了皱眉：“蹲守要少喝水，警校老师没教过你啊？”

张万党被他问得一愣：“这个还真没。”

“不过警校老师的确教过你，要多关心探长，服务好探长，是吧？”钱坤忍不住要乐了。

张万党想了想，还是摇了摇头：“我是学治安的，不是学刑侦的，所以这个……警校老师也没说过。”

一瞬间，钱坤觉得自己的冷笑话真够冷的。他板着脸，取走了那杯椰果奶茶，啜了一口，摆摆手：“赶快上车。”

张万党坐进驾驶位，眼睛乜斜着：“后面就是公厕，拉撒有保障。我刚买奶茶时，就去放了一泡。”

奶茶还没下肚，钱坤差点儿吐了出来。

张万党没在意钱坤的反应，他只是瞅着工业园区门口的那家汽车修理厂，像是自个儿问自个儿：“也不知道要守到什么时候?”

钱坤没搭话，他平复了一下呼吸，明白这名刚入警的刑警还需要时间来打磨心性。

“我有预感，今天能破案。”张万党又说。

“你说说，你的预感从何而来?”

“今天人齐啊，修理厂的老板、事故车辆的驾驶员、保险公司的定损员，对了，还有警察，四拨人都齐了。”张万党掰着手指头。

“听你这么一说，你这是要和牌的节奏啊!”钱坤哼笑道。

“我是想着，趁人都在，一锅端省事。”

“怎么个一锅端呢?”钱坤放下奶茶，瞅着这个比自己小不了几岁的年轻人，有意想考考他。

“统一抓捕，分头审讯，各个击破。”张万党回答得很坚定。

“这也是你警校老师教的?”钱坤“嘿嘿”笑道，“对了，我忘了你学的是治安，不是侦查。”

张万党听出了钱坤语气中的质疑，知道自己的回答不及格，便也不说话了。

钱坤觉得还是有必要让小张的领悟更深刻一些。他用右手指着修理厂，连着抛出了几个问题：“如果他们达成了攻守同盟，都不交代呢?如果他们貌似交代了，却编了个谎言，核实不了具体案件呢?如果他们确实交代了，但各执一词，都往对方身上推，确定不了主犯从犯呢?如果他们的的确确说得清清楚楚，但避重就轻，交代的数额达不到定罪标准呢?”

张万党脸红了。

他只是翻着笔记本，大概是希望从中得到某种启示。

“刑警是最讲证据的，再合理的判断，如果没有坚实的证据认定，那都只会在疑罪从无中被排除掉。”钱坤将吸管重新插回到奶茶杯里，缓和了一下语气，“要看山是山，看水是水，尊重事实。”

张万党点点头。

“不过，如果没有判断，也就没有证据搜集的方向。你来说一说，你对这个案件的判断。”钱坤又给了张万党一次发表意见的机会。

张万党这次谨慎许多。他翻开笔记本：“自去年 11 月份到今年 4 月份，涉案保险公司受理了十三起关于疑似两车碰撞的交通事故理赔，单起理赔金额在五千至一万之间。保险公司怀疑收到理赔款的维修厂、保险公司的定损员，还有车主三方串通对保险公司实施了骗保的行为。”

“这是案情通报，不是判断。”钱坤冷冷地说。

张万党咽了咽口水，接着说：“第一，事故多发生在偏僻路段，车辆行人较少，发生事故可能性不大；第二，所有事故没有报警记录，而是直接通知保险公司的定损员到现场查勘；第三，事故全部发生在保险公司涉案定损员的当值期间，一两次的巧合或许可以理解，但连续十三次，就无法解释了。”

钱坤吸了一口奶茶，尽可能缓慢地吞下，他要在这慢镜中小火烹制张万党的耐心。

张万党的确在等待钱坤的肯定。但随着钱坤沉默的时间越久，他越知道自己的回答还是不合格。

钱坤终究还是说话了：“我们面对的是一个老鼠窝，不符合赔付标准的车主为了不自掏腰包修车，将车交给维修厂伪造构成赔付的交通事故；维修厂老板为了攫取更大利益，伪造两车相撞事故后，虚报维修金额，榨取保险公司赔付款的剩余价值；保险公司定损员明知事故存在疑点，但为了吃维修厂的回扣，出具虚假的查勘定损报告。车主、维修公司、定损员都能从中获利，是这个程序吧？”钱坤将头侧向张万党。

张万党还没来得及点头，钱坤便抛出了问题：“关键是如何证明？”

张万党正要低头思考，钱坤又说话了："你刚刚阐述了你的判断，的确，这是你对案件的重构，是侦查工作的方向。但问题是，如何从中寻找破案的突破口，在这起案件中，每一方都获利了，他们可不会配合你的调查。"

"人性的贪婪!"张万党唐突地冒了一句。

"是啊，人性的贪婪！为了维护这种贪婪，每个人都要保守秘密。"钱坤重复道。

"有多有少，"张万党说，"贪婪的程度不同，违法的成本也就有所不同。"

"有点儿意思，你接着说。"钱坤右手托腮，第一次显露出了好奇心。

"维修厂老板我调查过，有盗窃和诈骗前科，和公安机关打过交道。根据保险公司提供的数据，他从系列骗保案件中获利至少二十万元。这个数字不仅要算在老板头上，也要算在涉案定损员的头上，所以这两个人审讯起来，难度肯定很大。"

钱坤点点头，表示对张万党分析的肯定："你现在要说车主情况了。"

张万党从笔记本里抽出一张纸，上面记录了姓名、性别、年龄、车牌号、工作单位、家庭成员、维修时间、维修费用、事故地点等十来项信息。

钱坤暗想：梳理得够细的。

张万党说："每个人的违法成本不同。成本越高，审讯难度就越大。我梳理了一下所有事故车主，里面有公职人员、教师医生、国企职工，这些人恐怕也不愿意东窗事发，直到我找到了这辆车的车主。"

钱坤的目光追随着张万党的手指移到表格的末尾，车主工作单位一栏填写着：退伍待分配。默念了车牌号之后，钱坤抬起了头，望向停在维修厂的那辆车的屁股。

钱坤像是在自言自语："我明白为什么你预感今天能破

案了。”

张万党有些兴奋：“这辆车是前天送到维修厂的。右侧尾灯烂了，维修厂并没有及时维修。我查了一下车辆投保的公司，正好是那家疑似被骗保的公司。公司对这辆车也没有出险记录。所以，我相信维修厂在等待另一辆不符合理赔的事故车辆的到来，进而再一次伪造两车相撞的事故。”

钱坤瞅着自己这个徒弟看了一会儿，觉得这小子并不像之前认为的那样木讷。更何况，即便当刑警需要些灵性，但基础工作做得扎实，才是破案的关键。毕竟，所有的破案的偶然都是隐藏在许许多多基础工作的必然中。

钱坤忽然对自己的徒弟生出某种满意之情。

就在钱坤内心翻腾出一阵阵感悟时，张万党已经启动了车子，掉转车头，向着背离维修厂的方向驶去。

张万党边开边问道：“师父，这车你买了有几年了吧？”

张万党没看钱坤，但钱坤却从他的侧脸看出了某种略带阴谋般的狡黠。

钱坤突然明白了什么。

他正要喊，就听见“砰”的一声，半杯奶茶倾倒在自己胸前。

钱坤瞪了自己徒弟一眼，然后下车，看到保险杠耷拉下来一半，被撞的墙倒是墙皮都没掉下一块。钱坤气得踹了一脚车头，整个保险杠应声脱落。

张万党也下了车，却远远地站着。

钱坤向他招招手，张万党一步步磨蹭过来。

钱坤指着地上的保险杠问：“这也是你警校老师教你的？”

张万党摇摇头：“这是你教的，看山是山，看水是水，具体问题具体对待。”

钱坤一时笑也不是，怒也不是，只是摆摆手说：“接着实施你的计划吧。”

张万党一边笑着赔不是，一边将保险杠塞进后备箱，然后一猫腰钻回驾驶室，丢下钱坤，驾车向维修厂的方向驶去。

钱坤快步回到先前蹲守的位置，观察着修车厂里发生的一切：张万党又变回了那个木讷的青年，在维修厂老板巧舌如簧的劝导下，只是犹豫地点头。不一会儿，那个退伍待分配的小伙子也来了，然后，两辆车相继离开维修厂。

钱坤拦了一辆出租车跟在后面。接着，便是维修厂工人伪装两车相撞事故，嫌疑定损员装模作样地查勘，一切都像是预判的那样，人证、物证一清二楚。

当张万党最后领着另一名事故车主回到钱坤身边时，钱坤却眯缝着眼，打量着自己的徒弟。他第一次觉得这个小伙子真是块干刑警的料。

2013 年夏末　一天　午夜

钱坤将车缓缓停了下来，熄火，关灯，微微摇下车窗，眼神越过玻璃缝看街对角的“晓兰大排档”，准确地说，是看大排档一侧厨房内攒动的身影，从中辨别出身为大厨的马某。

虽过午夜，美食街上依然人来人往，霓虹交相辉映。大排档内的吆喝声、划拳声、音乐声随夜风散播，传到钱坤车内，已是几个声部回音的杂糅。

钱坤瞅了一会儿，知道今晚又要熬大夜。他打了个哈欠，抽出一支烟，在鼻尖嗅了嗅，又放回到烟盒内，无奈地笑着摇摇头，正想和张万党开一个关于烟的笑话，却发现他一晚上没怎么说话。

钱坤从工具箱里翻出一罐口香糖，递给他：“蹲守，不能抽烟，嚼嚼这个提提神。”

张万党淡淡地看了师父一眼，接过口香糖，撂了两颗进了嘴巴，继续望着正前方出神，只有腮帮在无声地咬合着，显出他有些冷峻的脸颊。

张万党一反常态的情绪，钱坤可以猜出个七七八八。他知道能将这个跟了自己五年的徒弟的神拉回的办法，只有谈工作。

钱坤抽出马某的户籍资料，年龄、住址、家庭成员、工作单位——单单一页纸，并不能告诉刑警许多答案。

“今晚有戏吗?”钱坤问张万党，脑袋却歪向车窗外的大排档。

张万党摇摇头，眼神却很坚定：“应该就这几天。”

“为什么?”

“自入夏以来，嫌疑人已经连续实施了九起抢劫案件，平均每起间隔五天，间隔最长不超过一周，而且嫌疑人作案频次越来越频繁，如今距离上次发案已经过去了四天，”张万党沉了一口气，抬头看了看树梢上的下弦月，“他该出手了。”

钱坤翻看串案统计表，案发时间、地点、作案工具、受害人情况、案情简介一目了然，甚至在每一起案件后的备注栏都画着嫌疑人进入案发现场和逃跑的路线。

这样的基础表格，张万党已经做了五年了。他马上也要带徒弟了，他还会接着做这样的表吗？钱坤暗想。

钱坤的手指划过一起起案件，停在了四天前的那起抢劫、猥亵案上。

“犯罪升级了。”钱坤说。

张万党点点头：“看来嫌疑人已经从先前的练习中收获了自信，可以实施抢劫外的其他犯罪了。”

“上面非常重视这个案件，下了死命令，要限期破案。”钱坤道。

张万党的嘴角拉出一个似笑非笑的表情，反问道：“嫌疑人频繁出手，危险性越来越高，这是对刑警的挑衅，我们可不能容忍案件一而再、再而三地发下去。”

钱坤有些尴尬。他说：“这个案件前期我接触得不多，但毕竟是我们探组的案件，我不想临调走前，还悬着一个案子没破。”

张万党将嘴里的口香糖吐在纸巾上，叠好，郑重地说：“这会是你在探组完美的谢幕演出。”

钱坤收回笑容。他向张万党感激地点点头。

他虽相信自己的这个徒弟，但还是忍不住指着马某的照片，问：“为什么是他?”

“因为他是一个左撇子啊!”张万党的回答极简略。

钱坤歪过头，露出愿闻其详的表情。

张万党笑了，笑得还有些狡黠，这笑容暴露出他不过才27岁。他说：“根据受害人回忆，嫌疑人都是从右侧后方接近，用左臂搂住受害人的脖颈，左手持刀架在受害人的颈部。”

“也许只是巧合？又或者是嫌疑人故意为之?”钱坤说。

“技术室的同事在一个工地的案发现场提取过嫌疑人的足迹，那天刚下过雨，泥土上左脚痕迹明显要深于右脚的痕迹，这说明嫌疑人是左利手，且经常用左手干重活。”

“比如用左手颠勺、砍瓜切菜的大厨?”钱坤笑道。

张万党说：“但这个证据，不是指证嫌疑人是大厨的唯一性。”

“的确。接着说一说，嫌疑人的体貌特征。”

“嫌疑人的鞋码39码，身高在一米六五到一米七之间。我模拟过抢劫过程，这个身高是综合受害人的判断。”

钱坤瞟向窗外。

大排档的厨房内，马某舀起一勺汤，尝了一口，他用的是左手，他的身高目测在一米六八。

钱坤说：“这还不够。”

“是不够。有这样体貌特征的人太多了。但犯罪地点、犯罪时间、犯罪手段都为嫌疑人画出了他的侧写。”

“说说看。”

张万党从包里翻出一张地图，展开，借着亮光，向钱坤指出了“晓兰大排档”的坐标，又指出了马某家所在的坐标。然后他以笔为半径，在地图上画出一个圆，所有的案件都在这个圆的范围内。

张万党看着钱坤，眼睛里闪着光。

“你的意思是，嫌疑人只会在自己熟悉的街区作案。”钱坤说。

张万党点点头：“这是他的安全区，他知道哪里是最佳的逃跑路线。在这个区域作案，他感到自在。”

张万党的讲述，引导钱坤的目光追随着地图上一个个发案坐标，一张案发周边的视频监控布点图浮现在现实地图之上。嫌疑人果然挑选了监控的死角作案。难怪到现在都没有嫌疑人的照片，连背影都没有一张。

张万党的声音又响在耳畔：“再说一说时间，所有的案件都发在后半夜，有两起距离天亮不到一个小时。这当然可以解释为，他是借助黑夜为抢劫做掩护，但这也反映了他并不是那种具有强烈作案急迫性的嫌疑人。”

“但他的确是频繁作案，时间间隔越来越短。”钱坤提出质疑。

“这是他的内在动机，这个待会儿我会分析。我说的紧迫性是指现实物质上的，比如吸毒人员犯瘾后，会为了筹钱买毒品而不分时段实施犯罪。”

“所以，你的意思是，嫌疑人并不缺钱。”钱坤停顿了一下，又望向窗外大排档，语气缓了下来，“他有一份正当的工作。”

“是的。”张万党语气平淡，并没有为自己的推理感到骄傲。实际上，他还有很多佐证。他接着说：“你可以看一看他抢劫的物品清单。”

钱坤翻看着串案表，那些被抢物品跃然纸面：项链、戒指、手机、发卡……钱坤的目光停滞了一秒，嘴边喃喃道：“发卡。”

然后接着往后看：时装帽、太阳伞、墨镜……钱坤抬起头，望向正前方，两个年轻女孩正结伴而行，快步向前，越走越远，其中一个女孩还回头看了一眼他的车子，仿佛车内坐了两个图谋不轨之人。

“嫌疑人有收藏癖。”钱坤道。

张万党点头，说：“是的。他属于那种享乐型的罪犯，而不是那种受迫型的罪犯，他实施犯罪并不为钱财，而是为了满足或者说是填平他内心中饥渴的沟壑。”

“所以他不会变卖那些抢劫来的赃物，他会把那些赃物存储在某个地方，没事还会拿出来看看？”钱坤说。

“这是他的‘荣誉勋章’嘛。”张万党轻轻哼笑一声，“这样也好，收到赃物后，嫌疑人就很难抵赖了。”

钱坤沉默了一会儿。他认可张万党的推理：嫌疑人是个一米六五到一米七的左撇子男性，有一份正当的，且上班时间在夜间的工作。但这还不够，全市人口三百七十万，符合相同特征的人少说也有数十万。

他需要再缩小范围。

钱坤再次望向窗外，“晓兰大排档”里的一桌客人已经散去，还剩下另一桌应该也喝得差不多了。

“说说动机吧，嫌疑人内心饥渴的沟壑在哪里？”钱坤催促道。

张万党没有立即回答。他虚望着前方：“他很孤独吧。”

钱坤尴尬地笑笑：“人生而孤独，这是谁说的？好像是一句名言。”

张万党收起略显惆怅的表情，眼神中恢复了坚定。他说：“马某的妻子在移动公司营业厅工作，上的是大白班，朝九晚五；他们的儿子上小学，五年级，按时上学放学；马某这么多年来一直在大排档里当厨师，每天下午 4 点到饭店，凌晨 3、4 点下班。可以说，一家人的生活作息都非常规律，只不过这种规律是黑白相错的，是没有交集的。”

“他失去了家人这个可以倾诉的对象。”钱坤补充道。紧接着，他又提出了质疑：“即便内在积累了这么多的负能量，总该有一件事成为引燃他犯罪的导火索。”

“当然。今年5月25日，马某和他的妻子之间爆发过一次严重的争吵。马某的妻子还动了手，把马某的脸和手都抓伤了。邻居报了警，派出所民警上门制止了争吵。但夫妻俩的矛盾，出警的民警也讲不清，大概是鸡毛蒜皮的琐事吧。”

“所以几天后，也就是6月1日晚上，他实施了第一起抢劫犯罪。”钱坤说。

“如今看来，那是一次动机不明的犯罪。他从后方接近受害女子，对其实施了殴打，然后才抢走了她掉在地上的手机。或许是为了延迟她报警，又或是临时起意，总归是受害人手机在被抢后一个小时都处于开机状态，这也反映了嫌疑人的反侦查意识不强。但随着频繁的作案，嫌疑人也在改进他的犯罪方法，这种低等错误他再也没犯过。”

“每一起案件都有手机被抢。”钱坤说。

“嫌疑人甚至问过其中一名受害人手机的开机密码。”张万党补充道。

“他想窥视受害人手机里的信息。”

“或者说，他想沟通，微信、微博，还有那些照片，是了解一个人最好的方式。”

钱坤沉思了一会儿，发现张万党在凝视着自己。他意识到张万党想对自己说些什么，但最后却什么也没说，他只是稍稍移开视线，第一次望向了嫌疑对象。

最后一桌客人已经散了。厨房内，打下手的小伙子已经在收拾碗盘。马某点上了一支烟，胳膊攀着窗棂，抬头望着天空中的下弦月。

钱坤也望向月亮，不知怎的，他觉得这月亮有点儿冷。

“下周，我就要离开刑警队了。”钱坤说。

张万党没搭话。

“这几年，很多人离开刑警队，有的升迁，有的平调，有的身体吃不消，有的为了照顾家庭，他们这样做，都是无可指责的。”钱坤说。

“我明白。”张万党将视线收回到钱坤身上，“你说过，干刑警要看山是山，看水是水，但有的时候，不管是侦查，还是日常工作都会受到很多其他因素影响，这就有些看山不是山，看水不是水了。”张万党顿了一下，接着说，“我知道我这样理解不对，但我也想能把未来看清楚。”

钱坤沉思了许久，慢慢说：“我希望你能坚持下去。”

“我也不知道。”张万党迟疑了一下，“我只想着把手里的案子破了。”

“那我们一起努力，让我离开得也不带遗憾。”钱坤拍了拍张万党的肩膀。松开后，两相无话，气氛略有些不自然。

“对了，你分析了一大圈，你还没说你是怎么发现马某是嫌疑人的。”钱坤突然问道。

张万党笑了，“第一起案件的受害女孩反映嫌疑人左手中指有伤，而负责调解马某和妻子争吵的派出所民警也反映马某的左手中指被抓伤，他还拍有照片。”

“全区一天得有上百起警情！”钱坤有些不可置信。

“的确，这些警情我都会浏览，碰巧这起警情我记下了。”张万党轻描淡写地回答。

碰巧？

钱坤心中默默念叨，这不是碰巧的问题。

“他下班了。”张万党说。

钱坤收回思绪，说：“老规矩，交替跟踪。”

张万党和钱坤前后脚下车。钱坤跟在前面，和嫌疑人保持了五十米的距离。马某沿着主路走了一段，就偏离了主干道，进入一条巷子内。

钱坤不敢靠得太近，等了十秒，才转身进入巷子，走了十来米，便遇到一处分岔。

钱坤呼叫张万党："嫌疑人进入团结巷。"

张万党回复："收到，我在鬼哭狼嚎一条街等他。"

团结巷虽有多个分岔，但出口只在KTV、桑拿浴云集的鬼哭狼嚎一条街。张万党明白他是来选择作案对象了。

果然，没过多久，马某从团结巷的出口走出，他的身影倒映在一座座娱乐城的落地玻璃上。张万党在马路另一侧的阴影中行进。

已近黎明，街上行人寥寥，似乎没有什么作案目标。

一辆出租车缓慢停下，年轻的女孩下了车，手机贴在耳朵边，张万党都能听到女孩的声音："快到家了！"

出租车离去，马某加快了步伐，张万党也加快了步伐。

女孩挂了电话，屏幕还在她的手中亮着。

突然，马某停下脚步，转身，回望。他看到的是空寂的街道。张万党躲进了一家歌吧的玻璃柱后。

马某暂时放下了猎物，一步步向张万党的藏身处走来。张万党屏住了呼吸，他能听到马某的脚步声，越来越慢，越来越慢，最终停下，等待，嗅探，然后转身，向着女孩离开的方向快步追去。

张万党呼叫钱坤："鬼哭狼嚎南路口，堵截！"

话音刚落，张万党听到了女孩的尖叫。

张万党飞身而出。前方是两个扭在一起的身体，近了，更近了。

马某也意识到身后有人，放下猎物，拔腿狂奔。张万党在其身后紧追不舍。

天色已经放亮，早起的大爷迈出家门，开始晨走；清洁工驱赶流浪猫狗，清扫一夜的垃圾；但在这个黎明，他们的日常规律被两个奔跑的男人打断。

这两个男人都没有呼喊，他们只是不住地跑着，仿佛世界里只有彼此存在。恍惚间，钱坤的生而孤独等语词在张万党的脑海里冒泡。

张万党摇了摇脑袋，像是要把这些杂念驱赶出去，同时发出一身喊："警察！别跑！"

与此同时，钱坤开车赶到。刹不住脚的马某撞在引擎盖上，保险杆再次应声掉落。马某的手腕上多了一副手铐。

钱坤上前帮助张万党控制住还在挣扎的马某，将他塞进了车里。对讲机里也传来了队友的汇报："马某家中搜到被抢的手机、首饰。"

马某低下了头。

钱坤喘着粗气，说："怎么这么倒霉啊，又要换保险杠了。"

张万党擦了把汗，笑了笑："这保险杠掉的，值！"

2017 年深冬　一天　风雪夜

两碗饺子端上来时，张万党正在出神。不知他是想着今晚的案子，还是想着明天的出差。

钱坤把一次性筷子掰成两半，问："到哪儿了？"

"还有一个小时。"张万党答。

望着棚外簌簌飘落的雪花，钱坤感慨道："这么个天，宁可慢一点儿，也要注意安全。"

"本应该是我去把犯罪嫌疑人押解回来的，可领导非要我为明天的出差做准备。"张万党说。

钱坤叨起一个饺子扔进嘴里："明天的工作是政治任务，重要多了。"

"今晚的案件也一样重要，我可不想带着个没破的案件去北京。"张万党还是没有动筷子。

钱坤沉默一下，说："我要是你，就不会去接这个案子。"

"你是说这个案件侦破难度大，没有任何的直接证据，不仅如此，你们最初受案侦办，没有得出结果，受害方不断上访，你们还被上级问了责，你也怕我被上级问责，是不是?"

钱坤摊摊手，说："利害关系你都懂，但你还是接了这个案子。如果不接，你就不是张万党了，是不是?"

张万党笑了，钱坤也笑了。

张万党还是没动筷子。他递给钱坤一支烟，自己也点上一支。火苗照亮了他的侧脸，但呼出的烟圈又很快将这轮廓模糊。

"你信不信，有一段时间，我还真觉得有些坚持不下去了。"张万党说。

钱坤想到自己调离刑警队那一阵子，张万党的情绪有些不太稳定，问："那你又是怎么坚持下来的呢?"

"后来劝自己，想太多都是无用，还是专注好手里的案子最重要。"张万党说着，深深抽上一口，然后将半截烟拧灭在烟灰缸里，"所以，现在还是谈案子吧。"

钱坤吞下嘴巴里的饺子，说："先是小吃街的两家摊贩推搡，然后亲戚朋友参与了进来，高家有五个人，林家有四个人，互相撕扯，混作一团，从大棚内打到大棚外，直到巡逻民警把两家人隔离开，才鸣金收兵，各回各家。又过了二十分钟，林家才发现自家刚满两岁的娃娃林某佳脑袋在流血，带到医院检查后，发现竟有一道十厘米的刀疤。林家坚持是高家人砍的，但具体到嫌疑人，起先也是各有表述，最后才统一到高家户主高某军身上。"

"林家的口供是商量出来的结果。高家自然矢口否认，甚至反驳说是林家人自己误伤。围观的群众没人看到双方有持刀的情况，受害人林某佳年龄也太小，没有表述能力，所以这个案件没有一份有力证据，这是案件的第一处难点。"张万党小结道。

“难点二，受害女孩的头上是刀伤，警方却始终没有找到那把作案的凶器，关键物证缺失。”钱坤接着说。

张万党点头：“难点三，现场没有视频监控，双方口供倾向性太强，想还原现场，的确很难。”

钱坤用筷子指着饺子摊外忽明忽灭的路灯：“这里可是老得不能再老的城区了，基础设施太差。”说完，钱坤的筷子又指向张万党那盘没动的饺子，“你请我到案发现场吃饺子，但你怎么不动筷子，是不是吃够了？”

“这条小吃街的面条、馄饨、饺子、麻辣烫，我都吃得快反胃了。”张万党笑了。

“单位给报销吗？”钱坤问道。

张万党“嘿嘿”笑了出来。

钱坤从这笑声里，听出了某种历经无数疑难案件后才有的释然：“除了反胃，还吃出了感悟？”钱坤问。

张万党收回了笑容，突然喊了一声：“老钱！”

钱坤一怔，他还没到40，张万党也才30出头，但这一声喊，真的把时间都拉长了。

张万党说：“我记得刚入警那会儿，你是我的师父，教导我刑警的三个境界，第一重是看山是山，看水是水，也就是要摒弃主观臆断，尊重客观事实；第二重是看山不是山，看水不是水，要我不被表面假象所遮蔽，深究行为背后的动机；第三重是看山还是山，看水还是水，要我在掌握所有的线索、动机后，将事实再度还原。”

钱坤眯缝起眼睛：“你已经还原了案发现场？”

张万党拎起公文包，从里面掏出了五张手绘画。

钱坤瞥了一眼，便知道这是出自张万党之手。

张万党将五张画依次摊在桌面上，介绍道：“我走访了案发现场周边所有小吃摊的店主，就案发现场的细节进行了反复核实。从两人撕扯，到两家对骂，再到一群人混战，最后巡警抵达现场，不同阶段、不同人员的站位，都在这五张图上。”

钱坤审视着每一张图。

张万党又点起了一支烟，静静地抽着。

当烟蒂燃到尽头时，钱坤放下了这些图，问道：“受害的女孩呢？”

“问得好！”张万党一拍手，“根据案件当事人陈述，以及证人的走访情况，受害女孩就没有出现在案发的核心现场。”

“所以说，”钱坤放下图，“小女孩就不是在双方混战过程中受的伤。”

张万党点点头：“自然，在案发现场就不会有人看见嫌疑人持刀的情况。”

“那么，受害女孩在哪里呢？”钱坤又在审视着那五张图。

张万党没有回答钱坤的问题，他又点了一支烟，自顾自地抽着。

钱坤的眼睛突然亮了。

他举起第四张图，沉思了一会儿，说：“这张图少了一个人，高某军。”说完，他又举起第五张图，“消失的高某军又回来了。让我猜猜，高某军在消失的这一分钟内，是否和受害的女孩有了交集？”

张万党笑了，手指轻轻敲了敲桌面：“交集就在这里。”

钱坤一怔：“说来听听。”

“案发时，受害女孩一直跟着这家饺子摊店主8岁的女儿在大棚内玩耍，两家人则在外面厮打。高家有些吃亏，高某军便从混战中离开，冲进这家饺子店，从菜板上操起菜刀，正要冲回去和对方搏命，但他的动作太大，刀刃剐到受害小女孩的脑袋。小女孩叫了一声，高某军才发现自己伤了人。他把菜刀又扔回到切菜板上，空手跑了回去。巡警也就是在那时候赶到，将两家人分开。受害女孩随后从大棚内捂着脑袋出来，虽然一直在哭，家长却还以为是被吓着了，没有理睬。等到警察走后，他们才发现受害女孩头上的刀伤。”

“起先，饺子店的店主也接受了询问，但他为什么没有反映这个情况呢?”钱坤问。

“因为饺子店的老板也在外面看那两家人打架，根本没在意高某军冲进自己店里的事情。”

钱坤点点头：“警方最初的调查也和饺子摊老板一样，将关注点聚焦到两家的混战，却没想到真正的案发现场在这里。”

“是的。当一团火在烧时，所有人都会盯着火焰，不会有谁去关注火焰外围灰暗的角落。”张万党说。

“那你又是怎么发现这灰暗处的呢?”钱坤问，他指的是大棚内的受害人。

“作为关键证人的小女孩，把高某军持刀误伤林某佳的情况向她的爸爸讲了。后来我一直在附近的小吃摊吃早饭、吃晚饭，女孩爸爸慢慢和我也熟了。他犹豫了几天，主动带着女儿到队里把案发经过告诉了我，他还把高某军伤人的那把刀也交给了我。”

“人证、物证都有了，怪不得你这么有把握呢。”

“只是调整了侦查的方向，看一看先前的调查漏掉了什么。”

“你这真是看山还是山，透过了现象，还原了本质。”钱坤的语气，说不清是在夸奖，还是在陈述一个事实。

张万党笑笑，没说话。

“对了，你在这家吃了多少顿饺子?”钱坤突然问。

“没记，十几次总该有。”张万党笑道。

电话在此刻响了，张万党接听电话。

“押解的同事下高速了，我们也快点儿回去吧。”张万党对钱坤说道，接着便招呼老板拿来打包袋，将那盘没动的饺子倒了进去。

“以后常来啊。”老板在边上招呼着。

张万党笑而不答，径直走进了漫天的风雪中。

钱坤愣了几秒神。风雪模糊了张万党的背影，竟让他心生某种陌生感。

很快，他又觉得这个背影是如此地亲切。这是无数刑警的背影，智勇兼备，一往直前。自此，钱坤突然有了一种新的看山还是山，看水还是水的顿悟。

扫描二维码即可观看相关视频等

降魔战警程永林

张国庆

美国电影《机械战警》讲述了这样一个故事：底特律市一位叫莫菲的警察，在与犯罪集团的搏杀中，身体遭受毁灭性破坏，最后科技专家借助超前的机械智能技术，修复了他受伤的躯体，使他以机械战警的形象，重归执法一线。

而现实生活中，中国刑侦队伍里还真有这样一位与莫菲警官遭遇相似的刑警。

在一次办案中，他突遭犯罪嫌疑人驾车猛烈冲撞，造成颅底及颧骨骨折，下颌部粉碎性骨折，双腿骨折，全身多处重伤。医生用98颗钛钉，支撑修复了他的面部骨骼。历经五次手术和一年多康复训练后，他终于重返刑侦一线，继续亮剑擒魔。

他从警十八年，七次荣立个人三等功；2014年被贵溪市公安局评为“本年度全市刑侦部门破案能手”；2016年2月，当选江西省优秀人民警察；入选全国公安“百佳刑警”。

他的名字叫程永林，现任江西省贵溪市公安局指挥中心主任，系全国公安系统一级英模。

豆芽巷命案的解谜者

沿着长长的巷子往返走了三趟，程永林在一家手工制锁坊的商铺前站定。

豆芽巷两千多米长，狭窄而蜿蜒，真像一根脆生生的豆芽儿。冬季的午后，阳光暖暖地照在他的身上，一张张陌生的面孔不时从他眼前闪过。没人理会这个清瘦的小伙子为何站在巷子深处发呆。

再有十几天，就过春节了。街上人来人往，大小商铺的生意火爆，每个角落都透着喜庆的气氛。但程永林心里清楚，人们那貌似平静的面容背后，其实隐藏着一种惊恐和不安。

大约一个半月前，豆芽巷里发生了一起杀人案，至今未破。

豆芽巷是百年老巷，住着二百多户人家。别看巷子老、房屋旧，可地处县城繁华地带，有闹中取静的优势。很多年前，外地商贩不断涌入，拉动了巷子里的房屋租赁生意。老住户陆续搬走了，外地租户占据了半壁江山。

外地女人阿珍也在豆芽巷一个院子里租了一间房。小院里住着四户人家，三家是在市场卖菜的商贩。阿珍不卖菜，她陪女儿在县城读书。丈夫工作在外地，女儿读小学三年级，乖巧懂事，成绩优异。她的日子过得很悠闲，每天除了照顾女儿生活，闲下来，就去巷子里的麻将馆打几圈麻将。

这天晚上 8 点多，阿珍照顾好女儿入睡，就穿上棉服，出门直奔巷子里的麻将馆……早晨 5 点多，天还黑着，对门儿的老胡要出门趸菜，到院子给小三轮开锁。黑暗中，他瞥见有个人影趴在阿珍家门前。老胡战战兢兢凑上前，发现倒地者正是阿珍。他忙大声招呼，却见阿珍头发凌乱，后脑血迹模糊，地上散着一摊血。人早已没了气息。

院里邻居都被老胡喊醒了，见阿珍死了，忙跑进阿珍的家，见其女儿仍在床上熟睡，稍放下心来。老胡立刻报了警。

不到40岁的阿珍颇有几分姿色，衣着时尚，出来进去，的确与众不同。她深夜在家门口遇害，立时引发了人们的各种议论和想象。

小院儿被警察封锁了。人们站在警戒线之外，静静地观望着……

一夜间失去母亲的小女孩儿不停地哭着。她被老胡媳妇搂在怀里，隔窗望着地上母亲冰冷的尸体，看着院子里不停忙碌的警察们。她那充满哀伤和恐惧的眼神与程永林的目光相碰的瞬间，程永林的心被刺伤了。

法医勘检的结果是，阿珍准备打开房门的瞬间，遭人从背后袭击，且是被某种钝器直击后脑，造成颅骨塌陷而死；手上的金戒指不知去向；对死者胃溶检测，遇害时间约在凌晨时分。

凶手目标明确，下手凶狠，一招致命，且现场没有留下任何痕迹。

安静的豆芽巷，一夜间突然变得恐怖而神秘起来。“变态杀人狂”的传闻开始在街头巷尾疯传。

专案组决定首先围绕阿珍生前的社会交往，及案发前后的活动情况展开调查。程永林作为此案主办刑警，带一组人在豆芽巷走访。

那时候，监控探头还没有普及，无法还原案发当晚巷子里的场景。经过研究，全组人以豆芽巷为中心，划定了三公里的范围，挨家走访，逐人询问。

阿珍生前的社交很简单，既没有情感纠葛，更无债务纠纷或与人结怨；除去每天接送女儿之外，常光顾的地方，就是巷子里那家麻将馆。麻将供人娱乐，也极易引发是非。不排除阿珍生前在麻将桌前与人结仇的可能。

走访了二十多位牌友后，得到的结论是：阿珍人很随和，为人善良，连打牌也是心平气和的，从未听说与人有过口角或矛盾。案发当晚，她 11 点多离开牌桌，说要早起送女儿去学校，出门时谈笑自如，并无异常。

各种线索和推测被逐一否定，一个多月过去了，案件进展为零。

春节一天天临近，巷子里的人们天天在等破案的消息。便衣警察天天在巷子里转，可就是破案无望。百姓们慌了，天一黑，家家户户开始闭户落锁，女人和孩子们更是晚上不敢单独外出，害怕遇到传说中的“变态杀人狂”。

阿珍死得不明不白。杀人者，至今逍遥法外。小女孩儿那双无助的眼睛，时常会在程永林的眼前跳出来晃动。

在对嫌疑人的刻画分析中，有刑警提出，作案者有可能是流窜作案，杀人抢劫后已经外逃。

焦虑、压抑，内心煎熬如冬雨般交织着向程永林和他的战友们袭来。走在豆芽巷里，抬头见到百姓，程永林与刑警们的感受就两个字——愧疚。

阴霾笼罩的豆芽巷，正如程永林此时的心情，浓雾重锁，陷入一片困惑与迷茫。

究竟在哪个破案环节上出了遗漏呢？

这天上午，程永林独自走回那个案发的小院儿。他让思维重回原点，穿行在阿珍遇害现场的每个细节中。

他从小院儿走到麻将馆，又从麻将馆走回狭长的巷子。他一边丈量着阿珍生前的活动轨迹，一边梳理着破案的每个环节。

从麻将馆到这个小院儿，步行不到十分钟。阿珍倒在自家门口，可见嫌疑人对阿珍家的环境应该是熟悉的，很可能作案前就跟踪或暗藏在附近。案发时，邻居们没听到响动，说明阿珍遭袭后，来不及喊叫，瞬间倒地毙命。是什么样的钝器，有如此之大的力度，足以让人一击毙命？

各种推测在他脑海中不停地萦绕。

死者颅骨骨折，塌陷形成空洞，说明钝器形状具有一定的锐度；打击力度之大，杀人者应是能熟练操作某种工具的人；最重要的一点是，凶手作案后，悄无声息地逃离现场，肯定对豆芽巷的周边道路很熟悉。对作案手段的刻画，以及对嫌疑人的大致描摹，使程永林坚信：凶手绝非流窜作案，肯定与豆芽巷有关。

寻着这个推论，一个场景随之跳了出来……

程永林记得，案发后，他们在巷子里走访，走到巷子深处，听到前边一家小商铺里传出“叮叮当当”的敲打声。他好奇地走过去，发现是一家手工制锁的小作坊。

他还记得，当时作坊老板与两位伙计放下手里的家伙，显然心里对警察的调查有些不耐烦，回答很干脆：一、根本不认识死者阿珍；二、案发时间都在睡觉，没听到任何异常声响。三个人的回答与最后的调查结果很吻合，且能相互验证，与案件没有任何因果关联。

现在，程永林就在这家小作坊门前站定。

商铺的操作间临街，隔窗望去，货架上堆满了各种半成品，地上散落着各种工具。作坊老板与两位伙计低着头，忙着各自手里的活计……他们动作娴熟，每人手里一把小铁锤、一把锉刀，在锁坯上反复敲打之后，安装好锁芯儿，锉平毛刺，几样工具轮番出手，忙得不亦乐乎。

程永林走进操作间。老板抬眼一瞧，认得——便衣警察又来了。

老板无奈地放下手里的活儿，摘下花镜，起身让座。他正想再重复一遍上次的回答，程永林却问了他一个奇怪的问题。

除了这两位伙计之外，这三年之内，还有谁在你这儿干过活儿？

老板表情发僵，脑子发蒙，心中不解：这个小警察为什么盯住他的作坊不放？这杀人案难道与他的伙计有关联？

两人进了里间屋，在茶桌前坐下。

程永林递给他一支烟说：您慢慢想，不用着急。

两人抽着烟，细细地聊起来。

虽说是一家小作坊，可三年之内，这里的人员流动也如走马灯一样，你来我往的不下十几个。老板慢慢想着，程永林认真记着；不仅记下每个人名姓，还仔细询问了对方的原籍、年龄、长相和离开的原因。

当年的十几个伙计全部来自江西本省，辞职的原因五花八门，如今早已游走八方，几乎都与老板失去了联系。

本子上这十几个伙计，究竟哪个与本案有关呢？在程永林心里，又升起一个大问号。既然是问号，就要查个水落石出。

对伙计们的排查开始启动。每个人案发前后的状况必须查清楚，一个也不能少。

按照开列名单的顺序，他们开始逐一排查。当查到排位第五的伙计时，状况出现了：据户籍地辖区派出所民警反馈，此人长期不在家居住，家人也说不清他的去向。

程永林说，每个人都不能存疑，既然说不清楚去向，我们来查。

五号伙计叫刘升，45 岁，单身，是上饶市铅山县人，曾在这家制锁作坊干了一年半。老板对刘升的印象是，人非常聪明，手艺精湛，但很浮躁，不知他脑子里整天琢磨什么。

老板说的是实话，他的确不知道刘升脑子里琢磨的事，但他知道刘升曾和一个叫王彩莲的女人相好过。

王彩莲也是外来租户，一个 40 多岁的单身女人，在豆芽巷住了五六年，租的房子在巷子口。

见到找上门儿的警察，王彩莲并不惊慌。因为警察天天在巷子里调查，找人问话很正常。

王彩莲回答自如。话题很快绕到了巷子里制锁坊的刘升身上。王彩莲说，认识啊，我们就是一般朋友，很长时间没见面了。

回答得无懈可击，众人失望而归，侦破重回零点。

第二天，一直思索着案情的程永林对身边的刑警战友说："昨天，我们和王彩莲说话时，你们发现她手上戴着一枚金戒指吗？"

战友道："看到了，女人戴戒指，太普通不过的事了。"

程永林说："女人戴戒指不是问题，但问题恰恰是，死者阿珍的手上也有一枚戒指，案发后去向不明。"

当天下午，出门购物的王彩莲在巷子口再次遇到了警察。这次，她直接被带回了刑警队。金灿灿的戒指依然戴在王彩莲的手指上。

程永林开门见山，直追戒指的来历。

见警察问手上的戒指，一直很镇静的王彩莲突然不淡定了。因为，她既说不清戒指的购货地点和价钱，更拿不出发票。

她支吾了半天，说："这个戒指，是一个月前刘升送我的。"

死者阿珍的母亲被请到了刑警队。看着程永林递过来的这枚金戒指，阿珍的母亲失声痛哭："这是我女儿的戒指。"

大年二十九凌晨，在上饶铅山附近一家林场的集体宿舍里，正在睡梦中的刘升被几个刑警按在被窝儿里，直接戴上了手铐。

坐在警车里，程永林问，知道为啥抓你吗？

刘升回答："知道，我在豆芽巷杀人了。"

制锁坊的伙计刘升再次回到豆芽巷。不过，这次他是戴着手铐、拖着脚镣，被刑警押解回来指认杀人现场的。

那天，豆芽巷里站满了围观的人。听到破案的消息，百姓们都想看看这个传说中的"变态杀人狂"。

看到这个曾经熟悉的杀人者，人们惊愕过后，立即将一阵热烈的掌声送给了破案的刑警。

那一刻，程永林很想见到阿珍的女儿。他想当面告诉那孩子：杀害你妈妈的凶手，被我们抓住了。

审讯结束后，程永林在笔记本上写道：

杀人动机：嫌疑人承诺春节前送给情人王彩莲一枚金戒指。

选取目标：无意中在豆芽巷遇到从麻将馆出来的阿珍，且看到其手上的金戒指，并跟踪到阿珍住处，断定这个衣着不俗的女子家中有钱。

杀人手段：案发当晚，去情人家途中，在巷子里路遇去打牌的阿珍，遂携带铁锤（制锁专用工具），暗藏于阿珍家附近，待阿珍深夜返回，趁其开门时，用铁锤猛击其后脑，抢走戒指，逃离现场。

破案心得：把握细节，坚定信心，一个合格侦查员需要敏锐的观察力。

这就是2006年轰动江西上饶信州的“敲头案”的侦破始末。此时的程永林，还只是参加刑侦工作一年多的新警。

因破获此案有突出贡献，主侦刑警程永林获得了他从警生涯中的第一枚三等功奖章。

1980年出生的程永林，从小在贵溪市周坊镇库桥村长大，父母都是勤劳朴素的农民。当年，震撼赣东北的“周坊暴动”，以及革命先驱方志敏建立赣东北革命根据地都发生在这片红色土地上。他是红土地上长大的仔，崇尚正义的种子伴随着他一天天长大成人，他心中盛开的是一个关于英雄的梦想。

18岁那年，程永林考入江西公安高等专科学校刑侦专业。2004年，他考入上饶市公安局，成为一名正式的公安民警。

时任上饶市局局长曾在贵溪市公安局工作过，认识实习民警程永林，见面就问，你想去哪个部门？

程永林说，刑侦大队。

局长再问，你考虑好了吗？

程永林说，考虑好了，我是学刑侦专业的，就想把学到的专业知识用到实践中，跟老刑警们多学一些东西。

结果，他被顺利地分配到信州分局刑侦大队。去了之后他才知道，局长最后一句话的含义是，刑侦大队在过去六年中，因为案件多，工作强度大，新警不愿意来。而程永林成了主动要求调入刑侦大队的第一人。

刑侦大队人手少，城区侵财案件频发，案件查办起来没日没夜，人几乎整天处于高强度状态，还要随时面对各种危险。程永林的主动加入，让一些老刑警很是不解，以为他是来此镀金后再跳高枝儿的。

一年后，程永林在侦破信州区豆芽巷“敲头案”中大胆而合理的推断，缜密而严谨的思维，让老刑警们对这个年轻的后生刮目相看。

2010 年，结婚不久的程永林从上饶市调回老家贵溪，被分配到贵溪刑侦支队当刑警。贵溪，不仅以铜冶炼著称，闻名全国的公安英模“打拐英雄”施华山、“最美交警”童梓华都出自贵溪公安一线。

面对老家的父老乡亲，初回贵溪的程永林为自己写下了这样一句座右铭——破案，是我工作的天职。

小烟头暗藏大乾坤

侦查破案，对案件细节的把握尤为重要，抓住作案过程中的某个重要细节，可能就抓住了一把打开真相的钥匙。这是程永林在刑侦实践中的切身体会。

这两起盗窃案，估计在国内每座城市都有发生，说不上离奇，更谈不上惊天。但在破案分析和研判过程中，我们能感受到程永林对案件细节不同寻常的准确把握和解读。

在电脑屏幕前，程永林已坐了一个多小时。

这是刚从贵溪某医院送来的一段视频资料。视频不长，前后不过十几分钟。屏幕里的这个家伙，在他眼前一次次重复着盗窃摩托车的全过程：

医院大门前，人来车往。窃贼选好目标后，并不急于动手，而是佯装看病，尾随着事主进了医院急诊大厅，一直上了二楼就诊区。查看一切稳妥之后，其快速下楼，走到车前，掏出工具，两秒钟撬开了车锁，驾车离去。案发时间是上午 10 点，事主上楼去开药，前后不过二十多分钟，出来发现门口的摩托车不知去向。

接警后，程永林等人赶到医院。除了空荡荡的被盗现场，唯一可查的，就是医院大门前监控探头里的这段视频。

嫌疑人的身形和作案过程回放画面很清晰。只是他戴着摩托头盔，把脸遮盖得严严实实。

程永林并不着急。他放慢速度，画面被一帧一帧地拉回来。每个画面他都要看上几分钟。

对方作案手段娴熟，反侦查意识强，显然是个盗车老手。但一个微小细节，却没有逃过程永林的眼睛。

程永林发现，嫌疑人尾随事主走进医院大厅时，双手是空着的；几分钟后出来，那家伙左手手指夹着一个烟头。接下来，盗贼用工具盗车时，他手里的烟头却不见了。

因为探头角度和周围树叶的遮挡，画面里没有显示嫌疑人丢弃烟头的过程。但程永林对这个小烟头却产生了浓厚的兴趣。

他对身边刑警说，我们回现场，去找烟头。

他们重回被盗现场，围着现场一转，发现草丛中散落着不少烟头。

程永林说，把现场周边的烟头都收集起来。

于是，几个便衣刑警像环保志愿者一样，蹲在地上开始捡烟头。

能在两秒之内撬开锁，故意戴头盔遮住面部，此人多半是个惯偷，且极有可能受过公安机关的打击处理。这是程永林心里对盗车贼的“画影图形”。

在现场收集的十几个烟头一并被送到市局物证痕检管理中心，技术员对烟头上的唾液进行了 DNA 提取。

一周后，DNA 数据库比对结果出来了：家住鹰潭余江县某镇的许老三“中标”。此人的前科是，曾因盗窃机动车辆被法院判刑。

几天后，许老三在外县一家小宾馆被刑警抓获，如实供认了数月内在鹰潭周边县市盗窃摩托作案三十余起，并销赃至外地的犯罪事实。

黑道上，能两秒撬开车锁，自诩盗车“圣手”的许老三，被送进看守所后一直郁闷：自己究竟在何处失手了呢?

三年后，还有一个比许老三更郁闷的贼，同样因为一个小小的烟头，竟在百里之外现出原形。

2015 年中秋节过后，到浙江探亲的钱经理回公司上班。他用钥匙打开卧室的门，发现屋里东西有被翻动的迹象，认真查对后，发现抽屉里的一块手表和一串项链不见了。两样东西数量不多，可价值人民币九万多。

公司坐落在远离市区的工业园里，是一家生产弹簧的私企，平时就人少车稀，中秋节期间，除公司值班的门卫，员工们都提前放假回家了。钱经理的卧室在办公楼的第三层，与其办公室对门。发现被盗后，公司上下忙着检查一番，发现其他楼层和房间并无被盗迹象。

程永林带人赶到现场后，经技术员勘查，没有发现卧室的门窗有撬盗痕迹。走访值班门卫，其反映节日期间没发现任何可疑迹象。

好在钱经理平日重视内部安保，公司院子里及大楼的每一层都装有监控探头。

案发期间的视频资料被程永林全部带了回来。

通过查看，盗贼的身影终于出现了。这贼身体瘦小，动作敏捷，翻墙进入公司院子后，避开门卫，轻松地进入了办公楼。

之后，他顺着楼梯，从一楼上到三楼，在三楼楼道里徘徊了很久，摸索着寻找目标。最后，他按门口标志牌的职务，选定了总经理办公室对面的卧室。

开门锁，这家伙显然很熟练。只见他戴上手套，用工具在锁孔里一阵拨动，不到一分钟就打开了门锁，随后闪身进入卧室。十几分钟后出来，他轻轻把门关好，按原路返回，跳墙而去。

此贼并没有如当年医院门前的许老三那样，戴着头盔让警察隔空竞猜。他明显地露着脸。但楼道里的光线实在太昏暗，视频中看不清对方的长相特征，只能分辨出他作案时模糊的行为动作。靠脸部识别嫌疑人，显然条件不成熟。

程永林在屏幕前，从早晨一直坐到下午。视频画面在他眼前一帧一帧地重复着，黑暗中的蟊贼隔着银屏似乎在与他打着哑谜。

画面被程永林反反复复地定格，回放。虽然影像画面昏暗，甚至模糊不清，但对方一个不经意的甩手动作，引起了他的注意。

程永林看到，那贼在撬门锁之前，曾在楼道徘徊很久，还走到楼道尽头的窗户前站了一会儿，转身时，不经意地甩了一下右手。

当晚，三楼楼道窗户是敞开的。起初，程永林感觉对方是因为天热而不经意地做了一个小动作。但反复观察后，他推翻了自己的这个结论。

理由是：那贼慢慢走到三楼时，手里曾夹着一个烟头，而他转身从窗前离开，戴手套开锁时，手里的烟头却不见了。

前后观察推敲，他的结论是，这个细微的甩手动作，很可能是盗贼将手里的烟头，从三楼甩出了窗外。

此念一闪，程永林兴奋地站起身，喊上两个刑警，开车直奔工业园。

顺着对方在窗前甩手的方位，程永林来到楼下的草坪上，仰头一看，地面位置恰好对准三楼的窗户。

他们蹲在地上，开始像寻宝一样，在草地上一寸寸地搜索起来。草棵子里藏着不止一个烟头。

七八个烟头，像宝贝一样被程永林送到了市局物证痕检管理中心。

半个月后，结果出来了。经过对烟头上的 DNA 提取并与数据库比对，家住南昌某区的一位有盗窃前科的刘姓男子，正是三楼那位“甩手男”。

外逃一年后，已由警方上网通缉的刘某被抓获。经审讯，“甩手男”系一名流窜大盗，涉及数个省市的十余起入室盗窃案相继被破获。

名表和项链完璧归赵。钱经理惊讶之余，连声称赞刑警破案的“神机妙算”，后又专程赶到刑侦支队表示感谢。

比钱经理更惊讶的，是那个在工业园随机作案得手后转天即逃回南昌的“甩手男”。他做梦也没有想到，黑暗中的一个习惯动作，竟让他日后被警方锁定于百里之外。

G60 高速上的生死瞬间

在每个刑警的记忆中，可能都有一段甚至更多关于“生死对决”的危情时刻。

程永林记得，初当刑警不久，他与两位同事去抓一名负案外逃嫌疑人。三对一的抓捕，胜算应是妥妥的。但当他们看到坐在树下打牌的“目标”身高一米八、体重 260 多斤时，三位身材中等、体态清瘦的刑警还是不免手心渗出汗来。

虽然手心出汗了，但三人还是扑将上去。对方拼命反抗，还从腰里掏出一把刀子。瞬间制伏对方不可能了，四个人在路边滚在一起。远处围观者不知是警察抓人，误以为是街头打群架。

程永林双手死死扣住对方握刀的手不放。

这场对决整整持续了二十多分钟，三人伤痕累累，筋疲力尽之后，才给对方戴上手铐。这次惊险的抓捕，让程永林得出一个结论：刑警胜利的前提，是不忽视任何一个对手。

而程永林此刻正在追踪的这个对手，显然更是一个近乎疯狂的亡命之徒。

2013 年 3 月，家住贵溪某高档小区的郑先生家被盗，被盗案值超过二十万。

当天下午 2 点多，郑太太去超市购物，两个小时后回来发现家里有被翻动的痕迹。仔细看，抽屉里的部分现金、首饰和几件玉器不见了。郑先生家装修豪华，古玩字画摆满了三间屋子。经技术员现场勘检，发现门锁完好无损。

郑先生不仅是小区业主，还是这个小区的开发商，是贵溪商界的“名人”，闻听家中失窃，急忙赶回家。他对程永林说：我家 24 小时有人，为啥我太太出门两小时就被盗？我可以断定，这肯定是熟人作案。接着他提供了几个“嫌疑人”的名字，要刑警按照他的线索开始破案。

程永林否定了郑先生的“推理”。道理很简单，不是随便一个熟人就能瞬间打开别人家门锁的。此案极有可能是熟悉技术开锁的团伙所为。

他将小区内视频资料带回刑侦支队。

三天的梳理，他在视频中找到了嫌疑人的身影。案发当天下午 2 点，三个男青年上了楼，用工具打开郑先生家的门锁，几分钟后，每人背着一个包乘电梯下楼，并在楼拐角消失。

小区的探头角度有限，无法拍到嫌疑人是怎么进入小区的。围绕案发前后进出车辆细查，一辆亚金色广本轿车引起了程永林的注意。

案发时段该车子驶入小区，二十分钟后离去。再查车牌照，是贵溪市的套牌。当时，小区附近路面上监控探头还不完善，交叉道口多，嫌疑车从小区开出去后，谁也不知道去了哪里。

程永林分析，既然开套牌车作案，外地团伙作案的可能性很大，驾车来贵溪，肯定离不开 G60 高速公路。

高速进贵溪只有一个出口，而从案发小区到高速入口不超过半小时。

屏幕上，公路上往来的亚金色广本被他一辆一辆定格。最终，这辆车的玄机终于被他破解了。

原来作案后逃离的广本，在驶入 G60 高速前，牌照中途被换了。按照其进入贵溪时间回放，玄机又现。其进贵溪时的牌照，与此前看到的两个牌照截然不同。

这就是说，嫌疑车辆从上高速，进贵溪，返回高速，一路换了三个假牌照。

他沿着嫌疑车的行车轨迹继续追踪。

汽车在 G60 高速行驶三百多公里，从新余出口下高速后就没了踪影。出口外都是通往各乡村的公路。路两侧连路灯都很少，更不要说监控探头了。

但是，这条奇怪的线路却引发了程永林的联想：距新余很近的 Y 镇，少数人以组团技术开锁盗窃而臭名远扬。而广本一路三换伪装，在新余附近消失，显然与这个团伙有关联。

程永林带领一名刑警赶到新余调查。

再蠢的盗贼，也不会开自家车作案。程永林分析，广本车很有可能是盗贼临时租来的。他们在新余周边乡镇走访调查了二百多家租车行，可还是查不到那辆广本的下落。

凭手里这几段录像，找这样一辆套牌的广本，对程永林来说，希望是有，但也很渺茫。

经过研究，他们将调查重点挪到新余。到此一查，规模不大的新余市，居然有 120 多辆亚光金色广本。

既然如此，程永林决定用土办法：逐车见人。

当他们查到第十五辆广本时，车主说，我知道有一辆和我的车一样的车租给车行了。那是一辆排查中“漏检”的广本。

他们找到那家租车行，见门前果然停着一辆亚光金广本。车牌虽然是新余的，但老板调来出租信息一查，案发当天，这辆车被人租走了；通过调查行车路线，当天下午，该车曾在郑先生家楼下停留了23分钟。

破案的曙光微露，顺着租车人这根藤，他们很快摸到了“瓜”。

通过对租车行录像及案发现场视频分析，Y镇绰号“天涯豹”的黄某正是撬锁进入郑先生家的人。

经调查：数日前，黄某带着一个女人租了一辆丰田去了浙江，按照租车返还时间，明晚将从浙江返回新余。

在当地警方的配合下，二十多名刑警在G60高速收费站张网以待。为防止嫌疑车辆闯关，警方设置了四辆车前后堵截。程永林佯装成收费站工作人员，穿上反光背心，携阻车钉，负责在嫌疑车前设置路障。

凌晨时分，丰田车以180公里的时速，从浙江方向朝新余开来；减速进入收费站，可以清晰看到，车里坐着一男三女。

当车子迟疑地进入收费通道时，程永林迅速将阻车钉横在车前。

见此处有埋伏，丰田车突然提速，疯了一般径直向程永林狂冲过来。

程永林下意识一闪身，车头擦着他的身体不足十厘米处，猛地撞在阻挡的汽车尾部。

那一幕，现在想起来，程永林依然会手心出汗。如果他当时动作迟缓半秒，人就有可能被汽车活活挤在中间，后果不堪设想。

再说这辆丰田，见警方已设伏，便加大油门儿，不停地前后猛烈撞击，巨大的撞击声在深夜里震人心魄。车辆距离松动后，疯狂的丰田车最后竟倾斜三十度，从一个缺口疯狂驶上了高速公路。

关键时刻，阻车钉发挥了作用，丰田车两个前轮胎被扎破，在黑暗中开出几公里后，即被丢弃在高速路边。四个人作鸟兽散，男人丢下女人跑了。在高速附近的田野上，那个贵州女子李某被刑警抓获。

经过审讯，李某供认，四个人当天刚从浙江某地入室作案返回。而为首的“天涯豹”黄某正是贵溪郑先生家的入室盗窃者。

几天后，偷偷潜回Y镇的黄某等人在一家台球厅里，被刑警全部抓获。

作案层层伪装，技术开锁，高速驾车时速180公里，见到警察后疯狂驾车冲关，这个对手显然超出了程永林之前的预判。

案件审理完毕，程永林找出两个答案。一是该团伙作案前，精心设计了每个环节，驾车上高速前，让驾车者吸食毒品，以使其保持精神亢奋，对抗警方的追捕；二是作案的盗贼与郑先生素不相识，选择郑家入室行窃，完全是一种随意的误打误撞。

郑先生显然不喜欢这个“中奖”概率，但十分敬佩程永林对此案的判断和思路，专程将一面写有“神勇破案”的锦旗送到刑侦支队，以感谢贵溪刑警一个半月即将此案破获。

怪异的“肇事”现场

2014年的元宵节之前，贵溪持续阴雨连绵。正月十二的晚上，雷溪镇胡家村出了一件怪事：村民杨小北突然失踪了。

一个30多岁的大男人，晚上7点多骑电动车带8岁的小侄儿去邻近的黄家村超市买方便面。一个多小时后，侄子独自跑回了家，他的脑袋擦破了皮，还渗着血，表情紧张，似乎是受到了惊吓。

家人一追问才知：当晚回家路上，叔叔的电动车被一辆汽车撞倒了，他也从车上摔了下去。见叔叔和那开车的拉扯起来，他心里害怕，就跑回了家……

雨还在下，杨家人忙跑到出事的路段上。只见电动车歪倒在路边，不远处有一摊血，而撞人的汽车和杨小北却都不见了。

杨家人慌了神儿，寻思这下肯定撞得不轻，幸好司机心眼儿好，开车把人送医院了。

交警勘查现场后，初步断定这应该是一起路面车辆追尾事故。下一步，就是查找杨小北被送往哪家医院了。第二天，交警问遍了贵溪周边的大小医院诊所，却没发现杨小北被送来救治的记录。

肇事车辆、司机和杨小北都不见了，这事儿就有点儿奇怪了。

杨家人报了警，程永林等人赶到出事地点。

一夜的雨水，已将路面的那摊血迹冲刷干净。他们只在距离电动车七八米远处找到几块细小的可疑物。法医鉴定后，确定这是带血的人体组织。

出事地点是在黄、杨两村之间的一条很窄的村路上。沿途没有路灯，更没有监控探头。

几小块带血的人体组织，不会是撞车形成的；难道是双方争吵动了家伙，造成了身体伤害？

程永林暗自感觉事情不太妙。

通过对电动车尾部破损部位检查，程永林发现，外圈保险杠完好，而里侧挡泥板却破损严重，这样的破损是怎么形成的呢？

杨小北的侄儿不认识肇事司机，但记得撞电动车的是一辆面包车。

贵溪市登记在册的各种牌子面包车有 5000 多辆，是哪一款面包车能形成这样奇特的撞击痕迹呢？

只有保险杠前端有凸出的形状，才能形成这样的破损。程永林经过在网上对各种面包车车型分析研究后得出结论。

接着查明，保险杠前端凸出的面包车是 2006 年出厂的。这个重要信息，将他们的搜寻范围缩小了。

范围缩小，不等于找到了嫌疑车辆。程永林的思路是找车的同时，还要找到人。

此时，查找失踪者杨小北及面包车的信息，被新媒体平台推向社会。每个村子都贴上了寻车寻人的启事。但十几天过去了，失踪的杨小北依然杳无踪迹。

程永林决定重回“肇事”现场。

他沿出事地点开车朝前走，眼前出现了几条岔路，通往周边村镇。肇事车究竟走的是哪一条路呢？

程永林认为，案发时间段内，每条路线的车辆情况都要排查清楚。

几天后，疑似肇事面包车的影像终于出现了。

在距出事路段三公里的一个路口，有一家杂货店。店主为提防被盗，就在店门口安了一个探头，直对着门前的村路。视频显示，案发当天晚上 8 点多，一辆面包车突然从店门前一闪而过。

程永林细看回放，虽视频模糊，看不清汽车牌号，但能看到其中间的车门露着缝隙，左侧后尾灯没有打开。

车门没关好，尾灯黑着，可见司机不是马虎，就是有急事赶路。

接下来，在从村道拐上镇公路的一个路口，面包车再次出现。此时车门已经关好，而左侧后尾灯依然黑着。因车速太快，在拐上公路时，车子在路面突然走了一个 S 形。

面包车速度之快，显然说明司机是在焦急地赶路。那么，他是不是那个与杨小北“追尾”的司机呢？这辆面包车的疑点陡然上升了。

程永林的结论是，从面包车行车路线看，它走的是一条基本废弃的村路，路面狭窄，岔口弯道多；外人开车进来，有一种走迷宫的感觉。看这辆车的行进速度和熟悉程度，这位“肇事”司机应该是雷溪本地人。

作为主侦民警，程永林建议：将摸排车辆范围，重点划在案发地周边的四个村子；逐村逐车逐人地排查。

连续数日，他们排查了 500 多辆面包车，但没有与现场嫌疑车有关联的。

这天，程永林走进距案发地不远的黄家村，拿着面包车的照片找村民走访。

看过照片，有个村民突然说，我们村的阿义有一辆面包车，跟这车型是一样的。

车辆底档显示，村民阿义的购车时间是 2014 年 2 月，一辆二手面包车，车型与现场嫌疑车相同。

程永林找到阿义家。阿义家人说，半月前，阿义带着老婆去福州打工了。

去福州打工，是不会开面包车去的。程永林要看一下这辆车。

一番询问之后，在阿义岳父家一间库房里，程永林见到了这辆面包车。

面包车很旧，但前保险杠却是崭新的，显然是新换上不久的。这样的车况反差让程永林眼前一亮……

40 多岁的阿义性格内向，常年出门在外打工。留下老婆王燕在家照看老人和两个孩子。黄家村人说，没听说阿义与失踪的杨小北之间有什么矛盾。

但村民的结论，还是被程永林的最后调查结果彻底颠覆了：

在公众场合，两个男人确实没有矛盾冲突。但阿义妻子王燕与杨小北在案发前通话频繁，超乎寻常；而王燕与阿义离开贵溪乘火车去福州的时间，恰恰是案发当晚 10 时许。

杨小北的神秘失踪，所有疑点直指阿义夫妇。

十天后，在福州一所高档小区门前，刚走下公交车的阿义，被蹲守数日的程永林等刑警抓获。随后，在小区当保姆的王燕也被带走。接下来，协助维修、藏匿肇事面包车的阿义岳父及兄弟，都因涉嫌包庇罪而被警方拘留。

对杨小北的失踪，阿义交代得很痛快：

我是新考的驾照。那天晚上，在路上不小心与杨小北追尾。他下车骂我，我俩争吵几句就厮打起来。我不是他的对手，就从车里拿了一把刀子，捅了他几刀。之后害怕被人发现，我就把尸体用车拉走，扔在路边一条水沟里……

这个供述，让程永林感到，眼前这个面带忠厚的杀人者，正在拼命用谎言维护一个男人最后的尊严和脸面。因为他不想揭开那道深埋在他心里的伤疤……

王燕与杨小北是两年前在麻将桌上相识并坠入“情网”的。

村里的男人都外出打工，留守的女人们常聚在一起打麻将。杨小北是村里的“宅男”，脑瓜儿灵活，能说笑话，自然是女人堆儿里的“稀罕物”。两人的地下“恋情”从牌桌上的说笑打闹开始，接下来，像压抑许久的岩浆失控一样喷发……

那时的阿义还在山东的工地上干活儿。杨小北也有两个孩子，妻子贤惠善良，但他已被疯狂的心魔牢牢控制而无法自拔……

回家探亲的阿义是偶然从妻子的手机上发现问题的。妻子当面承认并悔过之后，老实的阿义决定咽下这口气，带着王燕去了山东。虽然照顾不了老人孩子，但毕竟远离了杨小北。

过了半年踏实日子。半年后，由于老人身体原因，王燕独自从山东回到老家。冷静过后，本想断绝这段孽情的王燕，最终没有抵挡住杨小北的进攻。两人暗地里又再续前“缘”。

2014 年冬，回家过年的阿义察觉到妻子旧情复发，恼怒之下，将结婚时买的家具砸了个稀烂。王燕再次对天发誓，让他收回了离婚的念头，决心带妻子去福州打工，彻底离开这个让他伤心的故乡。

其实，如果当晚没有在黄家村小超市的偶遇，上面讲述的一切就都不存在了。

那天晚上，阿义与王燕买好了去福州的火车票，离家前，想给孩子买点儿小食品，就去了村里的小超市。

此刻，超市老板正因麻将桌前“三缺一”犯愁，就一把将阿义按在桌前。阿义是讲面子的人，都是乡亲街坊，见离开车时间还早，就坐了下来。打了一圈牌，妻子王燕来超市找他。他起身让妻子替换自己，正想离开超市，杨小北带着侄子从外面走进来。

两个心知肚明的男人没有说话。阿义转身回到麻将桌前。而杨小北拎着买好的东西也走到桌前。与王燕目光相碰的一瞬间，阿义不觉血灌头顶：杨小北送给妻子的那个暧昧的眼神儿，瞬间点燃了他压抑许久的复仇之火。

半小时后，杨小北的电动车被暗藏于路边的面包车撞翻在地。随后，所有的仇恨都凝聚在阿义手中冰冷的刀尖上……杀人后，他将杨小北的尸体抱上车，因为慌张，连车门都没有关好。随后他驾车沿着小路快速离开杀人现场……

“杨小北的尸体，被扔在一条阴冷的水沟里浸泡了半个月。他身中 22 刀，结局惨痛而发人深省。这个悲剧，以结束了一条生命、多人被判刑、两个家庭被毁掉的代价，再次为生活敲响了警钟……”这是 2015 年，程永林在接受中央电视台《今日说法》栏目组采访时说的话。

作为一名刑事警察，28 天破获一起命案，无疑是其从警生涯中一种荣耀和自豪。而在程永林心里，则真心希望这样的人间悲剧永不再发生。

大数据追踪隐身潜逃者

2016 年 4 月 25 日，在程永林的战警生涯中，无疑是一段黑色的记忆。当天下午，他与刑警汪志明和张雯执行押解任务，在贵唐公路，对一名持管制枪支的嫌疑人进行盘查。

突然，嫌疑人驾车冲撞了过来。

程永林被撞成颅底及颧骨骨折，下颌骨 15 处粉碎性骨折，肋骨及双腿多处骨折，内脏多处出血。经医生紧急抢救，给他输血 20000CC，历经 5 次手术；而伤势最重的下颌骨，最后用了 98 颗钛钉重新固定复位，终于使危在旦夕的程永林奇迹生还。

2016 年 11 月，程永林被市局党委任命为刑侦大队副大队长。

2017 年 5 月 4 日，中共江西省委、省政府作出“关于开展向程永林同志学习活动的决定”。中华全国总工会授予程永林“全国五一劳动奖章”；团中央授予他“中国青年五四奖章”。5 月 26 日，江西省委、省政府在南昌隆重举行程永林同志全国公安系统一级英雄模范命名表彰大会暨先进事迹报告会。

2017 年 8 月，历经一年多痛苦而艰难的康复训练，程永林重新归队。2018 年 4 月，他被任命为市公安局指挥中心主任。

指挥中心（合成作战指挥中心），是全局的指挥中枢，在大数据时代，如何将警力资源整合调度，打破各警种之间的壁垒，构建贵溪新合成作战模式，这是大势所趋，是警务改革发展的必然。

程永林认为，信息化时代，刑警破案不仅需要一种胆识，还必须用信息化引领实战，通过综合信息的研判，对负案在逃嫌疑人实现精准打击。

冶炼厂的两名工人已经死了十七年，死亡原因是被三名劫匪挖坑活埋。

案发夜里，贵溪某冶炼厂运输队一辆卡车刚驶离市区不久，突然被一辆尾随的“警车”在公路上拦住。车上三个男人各执火枪、匕首，将司机及押送员用车劫持到野外一片树林里，用胶带捆绑后，直接挖坑活埋；一卡车铜料，被劫匪拉到浙江卖了三十多万。

盗窃警车，持枪杀人抢劫，手段极端残忍，落网的两名劫匪被判处死刑。

而唯一漏网的嫌疑人阿雄却神秘消失了。

阿雄是江西丰城人。警方对阿雄家人的规劝工作做了十几年，但家人也不知其下落，既无信件，又无电话。阿雄如在人间蒸发一样，只剩下他的名字还挂在贵溪警方网上追逃的名单上。

启动对阿雄的追捕，是程永林从刑侦前沿转入大数据追捕模式后指挥的第一战。

追逃专案一班人，重新对阿雄的各种信息数据进行梳理。阿雄的照片是二十年前的，年轻英俊；数据库比对结果显示，广西北流市一个叫周华的男子与阿雄的相貌相似度为百分之七十。

拿着周华的照片，程永林带人专程赶到阿雄的老家，悄悄找了一位阿雄的发小，辨认真伪。发小端详了半天照片说：这个人很像阿雄哟。

虽然相似度只是一种参考，好在曙光微露，是真是假，先找到这个叫周华的调查清楚。

2018 年 1 月，程永林带人来到广西北流市。结果让人失望，周华就是北流平南当地一位普通农民，从小在田里务农，40 多岁，还从未出过北流市。

相貌比对失败了。但程永林想，我们既然来了，不妨在广西警方的数据库里搜索一下。

照片输进去，搜索的结果出人意料。北流市某县一个叫罗顺的男人，与阿雄照片的相似度竟也是百分之七十。

又一张相似“百分之七十”的照片被送到发小眼前，他眨巴着眼，拿着罗顺的照片，看了半天说，这个更像阿雄。

罗顺的身份证显示是 2011 年申办的。按照罗顺身份证的地址，程永林一行来到广西一个偏僻的小村。

村长看着罗顺的照片，半天才说，罗顺已经失踪十几年了，再说，这个人也不是罗顺啊。

再问，村长干脆告诉他们：罗家有家族智障遗传，弟弟和妹妹都是智障。而照片上这个仪表堂堂的男人，根本不是罗顺本人。

拿来罗家兄妹照片再看，果然明显带有智障特征，与照片上的“罗顺”有天壤之别。

答案出来了：失踪的罗顺，显然被照片上这个男人冒名顶替了。

程永林下定决心：即使对方不是潜逃的阿雄，也要把这个“罗顺”查个明白。

信息研判显示，现在的“罗顺”，主要活动地在广东东莞，往来于湖南、广东；2011 年考取驾照；2015 年还购置了私家车。

2018 年 1 月 22 日，程永林一行迅速移兵东莞。

“罗顺”在东莞登记的公司地址是空挂的。通过对其购车信息研判，程永林锁定了“罗顺”在某镇纺织街经营的“旺盛批发”商铺。

商铺临街，店面不大，经营批发各种纺织材料。蹲守三天后，“罗老板”出现了。

上午 10 点，“罗老板”从一辆货车上下来，开门进了商铺，烧水沏茶。水还未开，几个男人突然推门进来，为首者用贵溪方言喊了声：阿雄！

慌乱的“罗老板”，竟下意识地点头……

此“罗顺”正是作案潜逃十七年的阿雄。当年杀人抢劫时，阿雄妻子刚生完孩子。作案后，他先逃奔到广西隐藏，四处打工，后花钱冒名顶替罗顺办理了身份证。“漂白”身份后，他直接到东莞做起了纺织材料的批发生意。

程永林回忆道：潜逃了十七年，他的容貌变化很大。当我喊他名字的瞬间，从他的眼神里，我看到，这一时刻，他已经等了很久。

阿雄虽是贵溪警方命案追逃落网的第一张“扑克”，但与那个叫阿杰的相比，作案后的潜逃时间仍稍逊一筹。因为阿杰持枪杀人后，在外潜逃了十九年。

1999 年的一个晚上，贵溪某镇一家商户，突然闯进四个带着家伙的男人，他们进屋二话不谈，先用拳头、棍子教训了一番事主。其间，一个叫阿杰的年轻人，端起火铳冲事主打了一枪。虽是农村打猎的火铳，但近距离射出的钢珠和沙子，还是要了事主的命。

警方经过调查，案件起因是双方因经商引发矛盾，上门寻衅报复。其中三名嫌疑人先后落网并被判刑。

而开枪的阿杰却就此消失了。作案时，阿杰已娶妻生子。妻子于珍带着孩子一直生活在鹰潭市。十九年里，没人见过阿杰的影子，警方更是没有捕捉到阿杰的任何蛛丝马迹。

程永林开始启动对第二张“扑克”阿杰的追踪。

阿杰的照片是十九年前拍的，在人像数据库比对始终无结果。但有一条信息引起了程永林的关注：阿杰的妻子于珍，几年前又生下一个男孩。

既然没有离婚记录，一个常年单身生活的女人，怎么会突然生下一个孩子？而看那孩子的照片，其容貌与失踪的阿杰很是相似。这条信息，显然暴露出潜逃者依然“隐身”存在着。

程永林与专案组成员对现有信息认真研判后，统一认识，决定围绕于珍的信息查找线索。

于珍住在鹰潭市某小区里，每天独自去学校接送孩子，生活十分平静，并无异常。

在对其信息梳理中，侦查员发现，于珍曾花四十多万在附近小区里买了一处安置房。

房价虽不高，但以于珍在家赋闲的经济收入，买这样一所住房显然是不可能的。而她的购房付款方式更加奇怪，几笔资金都来自浙江不同的建筑或劳务公司，很像是众人“集资”帮她购房。

浙江永康是于珍经常去的地方。她名下既无经营业务，永康又非休闲旅行之地，她为何专注于此？

数据分析结果显示，为于珍打款的几家公司，与她账号的资金往来很密切。于珍的银行账号是在永康开的，但银行卡注册的电话却不是她的。

这个神秘号码，与数家公司业务往来频繁，不可能是于珍独自在家所为。唯一能解释的是，有人用于珍的名字注册了银行卡，绑定卡号时登记了另外一个手机号，用于经营资金往来的监控。

这个神秘人，很可能就是潜逃在外的阿杰。

在大量业务往来中，一笔特殊款项引起了程永林的关注。于珍名下的银行卡，于2013年曾向浙江某地一家医疗美容机构分几次打款近四万块钱。

程永林带人到浙江调查，发现这是一家美容整形医院。近四万块钱的费用，可不是割双眼皮那么简单；而于珍的容貌，并没有发生变化。那么，她是为谁的整形付款呢？

由此推断，来此做脸部整形的顾客，很可能就是阿杰。

信息研判的推理结果，不仅锁定了外逃者的行动轨迹，更加快了追逃工作的推进。

几天后，已经改变容貌的阿杰在永康被刑警抓获。

外逃后的阿杰，更名改姓，一直在浙江义乌、金华等地靠打工隐身。几年后，他结交了不少商业圈的朋友，靠自己的打拼，把挖掘机生意做得风生水起。整容后，他依然小心翼翼，从不申办身份证，外出均是搭乘客户的汽车。潜逃期间，他经常偷偷潜回鹰潭家中，他与妻子不仅感情深厚，还又生下一个孩子。

一切逃避警方追捕的手段都想到了，只是机关算尽，还是被刑警抓获。十九年前，为替朋友出气，充当“枪手”的阿杰，带着一张陌生的面孔被押解回贵溪。生意场上的朋友得知他的这段过往之后，无不报以惊讶与惋惜。

一起悬而未决的枪击命案，最终在十九年之后的大数据时代，被悄然画上了句号。

2018年，在程永林的带领下，贵溪市公安局运用大数据信息研判分析，一年侦破各类案件300余起，抓获各类违法犯罪嫌疑人200余名；抓获各类逃犯49名，其中有4名命案外逃12年以上的嫌疑人。

每次案件破获后，程永林都会在本子上写几句破案的感悟。其中有成功的经验，也有失败的教训，更有他对刑侦工作未来发展的一些思考。

自参加刑侦工作以来，程永林参与破获了两千余起案件。他以为，案件无大小，对待每起案件，刑警的神圣天职就是要去伪存真，还原真相，惩治罪恶。

每当破案遇到“瓶颈”时，他常常会把那个写着破案感悟的本子拿出来，认真翻看琢磨。虽然有的只是简单的只言片语，但常会在瞬间与灵动的破案思维不期而遇，引领他从山穷水尽走到柳暗花明。

在中国刑警的英雄群体中，“降魔战警”程永林无疑是最受人尊敬的英模之一。但在他的心中，一切荣誉都属于过去，人生的奋斗永远在路上。

“我不是人们说的那种‘神探’，我就是一个普通刑警，但我很想做一个，不一样的刑警。”这是程永林的坦诚表白。

从红土地走来的程永林，他的人生风景线真的与众不同。

扫描二维码即可观看
相关视频等

株警“大牛”王德胜

聂 耶

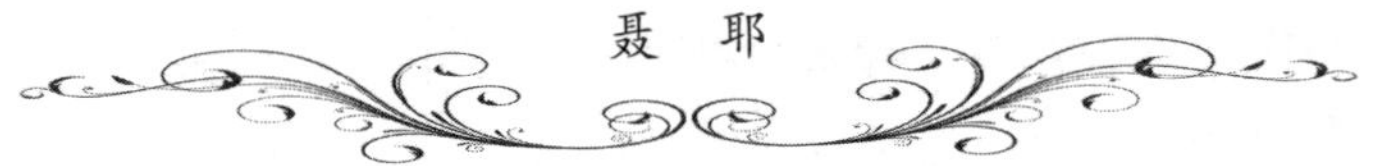

我在纪委工作时，突然有一天，有人告诉我，一个外号叫“大牛”的人，是我们市里的破案能手、命案克星、打黑专家，这不禁让我心生好奇。

2018年3月，在株洲市公安局的前坪里，我初次见到这位株洲警界的“大牛”——市公安局刑侦支队副支队长王德胜。不高的个头儿，厚实的身板，眉眼里夹着锐气，沉稳里透着精干。

这就是株洲警界传说的“大牛”？

他究竟牛在哪里呢？

入警队初露锋芒

聊起自己主侦的第一起命案，王德胜脸上露出了些许笑意。

那是1993年的夏天，王德胜对那天最直接的记忆就是热，特别地热。大清早接了班，他刚在派出所的前坪里运动两下，身体还没舒展开，背上脸上的汗水已经呼啦啦地涌了出来。在水龙头下冲了把脸之后，他走进值班室和头天值班的同志进行交接。

平日所里案子很少，农村里多是些鸡毛蒜皮的小事，不到十分钟就已经对接完毕。值班室头顶上那架上了年纪的老吊扇“呼呼”地旋转着，但一点儿效果也没有，反倒叫得让人心烦。

“这天，热得邪乎，最好别出啥事就好！”交完班的同事站在门边抽烟，还没抽一半就把烟丢在地上踩灭了。太热，热得嘴巴都往外喷火。

“我们这儿还能有啥事，你放心休息！”王德胜真没把同事的话往心里去，和往常一样，交接完毕，便趴在值班室的地上做起俯卧撑来。

这是王德胜加入公安队伍的第二年。两年时间，已经让他从一个菜鸟新警，成长为能够独当一面的所内骨干。

虽然那年王德胜刚20岁出头，但他在公安业务上已经轻车熟路。在警校学习期间，每年的寒暑假里，王德胜都会到辖区所在的派出所实习，值班、处警、抓捕疑犯、勘查现场……他舍得花力气，干事情不偷懒、不取巧，扎扎实实，少有漏洞。“大牛”这个称号，就是从那时候喊起来的。

同事前脚刚走，值班室报警电话后脚就响了。

电话声响得有点儿突兀，让王德胜心里不由得颤了一下。不会真来事了吧？

电话那头闹哄哄的，王德胜听了半天才听清楚。真是怕什么来什么，江边钓鱼的人刚刚在拦河坝上发现了一具尸体。再往下就听不清了，太乱太吵。

报警人说的拦河坝，王德胜去过，属于渌口水电站的一部分，那里位于绿水渠化工程梯六级的最下游铁埠滩处，距离湘江汇口处仅3.5公里。因为江面宽广，水流很急，前两年就发生过“命案”。不过经过调查，发现是不良商家为了隐瞒疫情，把病死猪从上游丢到江里，然后顺流漂下来挂在拦河坝上。

但现在是白天，又不止一个人在现场，出现“乌龙”的概率估计不大。

放下电话，王德胜立即向值班领导汇报情况，接着便开着警车雷急火急地赶往现场。

报警说的尸体，正卡在渌口水电站拦河坝栅栏中间的位置，因为被河水长时间浸泡，发肿变形得厉害。但一眼看过去，还是可以清晰地分辨出是一具尸体。尸体的位置离河边还有一段距离，要想检查，先得把尸体拖上岸。

王德胜从岸边的村民手里借来一条渔船，将船划到尸体附近，再用长竹篙将尸体慢慢从栅栏里钩出来，一点点拖到岸边。

尸体比预想的要重许多，重得不合常理，而且看尸体穿着，肯定不是游泳的意外溺水者。王德胜心里的不祥感觉越发沉重。

等到将尸体拖拽到岸上，在场的人才发现，这具尸体的脚上竟然还绑着一个麻袋，麻袋里装着三四十块砖头。

一起典型的杀人抛尸案。只可惜作案人百密一疏，没有想到尸体在水里经过长时间浸泡胀大后，竟然把麻袋胀破，并硬生生地拖着这三四十块砖头浮出了水面。

随后赶来的法医对尸体进行了仔细检查。尸体在水里经过长时间的浸泡，已经高度腐烂，面部特征、身体体貌特征已经模糊不清，死者身上也没有找到任何身份证明。不过，幸运的是死者的外衣口袋里竟然夹着一张被浸泡得发烂的发票，虽然发票上面的字迹已完全辨认不出，但右上角残留的半截指甲大的红色公章印记却依稀可见。

想破案，必须查找尸源。当时专案组有几个侦破方向：查找本市和周边城市的失踪人口，查找发票线索，按照尸体上穿着的衣服查找服装店，或者对本市曾经被打击处理过的人员进行盘查摸底。

1993 年的株洲县，可不像现在大街小巷随处安有监控探头。那时候，民警想查找案件线索，用得最多的也是最有实效的方法，只能是上门走访。所以，每一个侦查方向都要耗费大量的时间和精力。

比如查找公章印的出处，就需要将县城数百家饭店甚至是邻县、邻市的饭店逐一走访。这个工作量不是一两个人能在短时间内办到的。

“发票的线索我来吧！”在专案组会议上，坐在角落里的王德胜站了起来。

专案组里他是小字辈，但他从不承认自己是个新手。

“大牛你行不行啊？这可是杀人案，你别乱出风头！”大家多数半信半疑。

“我想试试。”王德胜坚定地点点头。他的牛脾气上来了，谁也拦不住。

专案会后，王德胜开始着手查找发票线索。

王德胜在专案组上的提议，可不是一时冲动。工作细致的他在第一次看到发票时，就有了自己的打算。

他将县城的地图以发现尸体的位置为中心，分出几个圆圈，然后在每个圈里标注下各家饭店的位置，规划好行走的路线，务必让自己用最短的时间，核查出公章的线索。

早上7点，早餐店刚刚开张，王德胜就已经背着包站到店门口了。一家一家走，一家一家问，直走到晚上12点全县城的饭店打烊才回来休息。

不到两个星期时间，他拿出湖南伢子“霸得蛮，耐得烦”的狠劲，从南到北，从东往西，硬是走遍了全县所有的饭店。渴了，在别人饭店讨杯水喝；饿了，在路边买个馒头包子充饥。

也有饭店老板不配合的：“我又没犯法，凭什么给你看公章啊，你们公安也管得太宽了！”

遇到这时候，王德胜也不恼。

他从包里拿出警服套上，往饭店柜台边一站，黑着脸瞪着两只牛眼睛就盯着客人看。来吃饭的人哪里受得了这个，走到门口就赶紧打道走了，谁也不敢来招惹这个铁青着脸的小警察。

看着一波一波的客人进了隔壁的饭店，饭店老板立刻就告饶啦，说：“兄弟，我服了，公章我给你看，看完你赶紧走吧。”

为了有效地比对公章线索，王德胜将搜集的公章整齐地盖在自己专用的笔记本上。

白天在外面走访搜集，晚上再回队里核查比对，不知不觉他竟然搜集了这些公章印达50多页。

而这个随手记录破案线索的习惯，也一直被王德胜保留了下来。到现在，这些记载着各种线索数据的笔记本，已经超过了100本。

王德胜查找发票线索的过程并不顺利。

因为他每天早出晚归，专案组里也看不到他的人，组里便出现一些不好的传言。有人觉得王德胜是打着查线索的幌子天天在外面“磨洋工”，有人觉得王德胜想出风头，更多人是认为王德胜年轻无办案经验难以查出结果。

周一早上的专案组碰头会，无疑是王德胜最尴尬的时候。

“大牛，你那儿老没有进展也不是办法，要不给你加个帮手吧！”领导的意思说得很委婉。

“不用。这线索我要是查不出来，我脱了衣服回家种田去！”王德胜眼眶一热，将肚子里的委屈、愤怒一咬牙全吞了回去。

你们不相信我能行，我就非要行一个给你们看！

凭着“初生牛犊不怕虎”的劲头，王德胜硬是在县城的280家饭店里，找出了死者曾就餐的饭店。通过核查比对，该饭店的公章印记和发票上的印记完全吻合。

通过饭店老板回忆，专案组顺藤摸瓜查明了死者的身份。

死者是邻市一个做石油生意的老板。当天他和一个叫“老务”的醴陵人在饭店用餐，用餐完毕，两人一起离开饭店。

有了这个线索，再筛查做石油生意的老板，邻县一个失踪人口浮出水面。通过该老板的日常关系，再筛查“老务”。“老务”在案发后不久去了外地，下落不明。

“老务”有重大作案嫌疑。专案组立刻对“老务”的活动轨迹进行全力追踪。通过多方搜集线索，早已化名变换身份的

"老务"在江西露出了踪迹。

王德胜立刻和专案组其他成员赶赴江西，当晚在一家小旅馆里将"老务"和另一名同伙抓捕归案。

面对铁证，"老务"当时就放弃了抵抗。他不但如实交代了杀人沉尸的事实，还交出了抢走的18万元现金。1993年，一个普通公务员的月工资不过150元，18万元巨款对于平常人来说，需要工作100年。

这起抢劫杀人案件的成功告破，在株洲县城里轰动一时。

凭借着这股"霸得蛮，耐得烦"的牛脾气，王德胜在刑侦岗位上取得了一个又一个的突出战果。他的能力得到同事以及领导的一致肯定。

30岁那年，王德胜被提拔为株洲县公安局分管刑侦工作的副局长，也是当时最年轻的局级领导。

除黑恶浑身是胆

除了侦破命案，打黑也是王德胜的强项。

从2005年以来，王德胜先后参与了二十余起打黑案件，不管是数量还是质量，都是株洲市当之无愧的"打黑第一人"。但要问起哪个案子他印象最深最满意，就必须提到2007年的"5·16"王芝虎涉黑案。

"这个案子，不管是前期抓捕、中期审讯，还是后期材料的收集归纳，都是我办理的案子里最满意的，也是外界一致评价最高的。"王德胜说这话时，嘴角浮出浅浅的笑意，那是一种小小的骄傲，低调但自信。

2007年年初，株洲市根据公安部统一部署，深入组织开展打黑除恶专项行动。在初期的线索摸排中，有一条重要线索指向了醴陵市。

醴陵是湖南省辖县级市，由株洲市代管。这里不但地理位置优越，经济也非常活跃，盛产陶瓷、花炮，是世界釉下五彩瓷原产地，也是中国“国瓷”、“红官窑”所在地和花炮祖师李畋故里，曾被评为“中国陶瓷历史文化名城”和“中国花炮之都”。

有利益的地方就会有江湖，有江湖的地方就会有纷争。王芝虎及其涉黑团伙，就是当时在醴陵市兴风作浪的一霸。

通过对王芝虎及其涉黑团伙长达半年的秘密摸排，王德胜带领的专案组基本摸清了该涉黑团伙的组织结构和主要犯罪事实。

王芝虎外号“虎累子”，醴陵本地人，曾因盗窃、寻衅滋事被公安机关多次打击。2001 年王芝虎刑满释放后，通过在赌场内放高利贷发家。随后，他拉拢网罗了一大批刑满释放人员和社会闲杂人员为其所用，以刀枪开路，通过开庄聚赌、非法采矿、非法买卖土地、强揽工程、贩卖毒品等多种犯罪手段，大肆聚敛钱财。从 2003 年开始，王芝虎团伙通过暴力手段逐步控制醴陵市大部分地下赌场，非法获利高达一千多万元。

事实证据已经搜集到位，但如何对王芝虎团伙进行收网？

要确保一网打尽，很不容易。

王芝虎涉黑团伙组织结构复杂，人员众多。内圈有骨干分子若干人，中间是骨干分子培养的小弟，外圈还有小弟们雇用的马仔。王芝虎性格多疑，办事谨慎，平日里小事都是马仔做，重要的事情也是指使骨干分子带小弟办，自己很少抛头露面。

前期公安机关曾与其交过几次手，但除了抓到几个不痛不痒的小弟和马仔，对王芝虎团伙的核心成员并没有打击到位。而通过对王芝虎行踪的追踪，他有限的几次在公众场合露面，随行人员众多，少则二三十人，多则四五十人。

有证据表明：王芝虎涉黑团伙藏有枪支。如果没有摸清情况，贸然开展抓捕，稍有不慎就可能造成民警伤亡。

而专案组更担心的是打草惊蛇。从之前的情报看，王芝虎团伙贩卖毒品，和邻国的毒枭、蛇头关系密切，如果他们逃跑出境，后果不堪设想。

专案组在等待一个机会，那种一招毙命的机会。

2007 年 5 月 16 日，机会来了。

专案组在头一天截获一条重要情报：5 月 16 日晚 7 时，王芝虎及其十余名骨干成员将在醴陵某餐馆聚餐。

机不可失，时不再来。专案组当晚即细致磋商研究，“打虎行动”正式提上议程。

5 月 16 日中午 1 时，王德胜带着二十名专案组成员在市局集中，吃过中饭，驱车赶往醴陵。同时，醴陵市公安局秘密抽调一百名民警在县局会议室集中待命，配合专案组行动。

下午 3 时，王德胜带专案组民警提前到达聚餐点附近设伏。

按照部署，大家身着便衣，陆续融入饭店周围的环境里。其他参战民警则在以饭店为中心的一公里内进行布控，将进出镇上的各条线路秘密封锁。

为掩人耳目，王德胜穿着花格子衬衣，带着两个组员，化身为来本地走亲戚的老板，坐在靠马路边的一个茶馆里喝起茶来。

这个茶馆是提前踩好点的，上下两层，有四个包厢，正好隐蔽实施抓捕的民警。

王德胜一边喝茶，一边盯着远方的马路眺望。

他的耳朵上挂着耳机，各个监视点的信息不断地从外面反馈进来。

“一号点，没有情况。”

“二号点，没有情况。”

……

“慌什么，沉住气！从现在开始保持无线电静默，没有情况不要轻易沟通。”王德胜喝下杯里的茶，下达了指令。

时间一分一秒地流逝，大家焦急地等待着。

下午6时整，外围点传来信息，“老虎出现”。接着，众多豪车出现在小镇上，“路虎”、“宝马”、“奔驰”、“奥迪”一辆接一辆地从外面开过来，然后整齐地停放在餐馆门口。一个个剃着光头、文着身的青年陆续从车上下来，簇拥着一个穿黑衣的中年男子走进餐馆。

王芝虎的照片，已经在王德胜的脑海里播放过千万次。他从楼上一眼瞟过去，就百分之百地肯定，走在中间的黑衣中年男子正是王芝虎。

“收圈!”王德胜向专案组下达了第一个指令。

埋伏圈立刻紧密有序地向饭店周边收缩。不到五分钟，外围已经布控到位。

王德胜果断下达了行动指令。

一切都是静默无声的。

王德胜将别在腰里的手枪上膛，做了一个招手的动作，带着一队民警从侧面摸进饭店。

进了饭店门，王德胜带头向二楼奔去。十几个台阶的楼梯，他三步就迈了上去。队员们跟在后面，各个身手敏捷。

正对着楼梯口走廊当头的包厢里，吆喝声、笑声、劝酒声正此起彼伏，王芝虎的晚宴刚进行到高潮。

包厢外，王德胜有意地停顿了半秒。

等队员们全靠到身后，王德胜右手持枪，左手抓住包厢门把手，一扭把手冲了进去。

大圆桌上摆满了各色菜肴，十几个光着膀子的年轻人正喝得红光满面。

王德胜眼神一扫，坐在上座对着门口的男子正是今天的主角——王芝虎。

“虎累子!”王德胜一声断喝。

“搞啥哩?”王芝虎一愣。

就是这一愣神，差不多一秒钟的时间，王德胜抬起手枪，对准了王芝虎的脑袋。

“公安局的，都不要动!”王德胜大喊。

紧随着王德胜冲进来的民警迅速从左右扑向包厢内的其他团伙成员，前后不到半分钟时间，包厢内的人员全部控制到位。

经过现场搜身，缴获王芝虎腰后别着的一把已经上膛的火药枪，其他团伙成员身上携带的匕首、砍刀等凶器近十把。

王芝虎到案了，王德胜并不急着审。

他要求把王芝虎单独关押起来，每天就一日三餐地喂着，其他情况一概不谈。

同时，专案组成员开始集中攻克王芝虎那些核心骨干。一个嘴巴一个嘴巴地撬开，一个案情一个案情地落实。

失去了老大王芝虎的带领，他那些所谓骨干成员、义气兄弟一溃千里，光交代的刑事案件就有几十起，牵涉到开设赌场、寻衅滋事、故意伤害、贩毒等多条重罪。

而被单独关押的王芝虎，到第四天的时候也绷不住了。他主动要求见专案组的领导。

王德胜如约而至。

“你们为什么不来审我?你们把我单独关着是啥意思?”被单独关押三天，没有人和他说过一句话的王芝虎显得歇斯底里。

这正是王德胜想要的效果，也是他精心准备的心理战。

“树倒猢狲散，墙倒众人推。你现在除了坦白从宽，争取立功，没有其他路走。”王德胜将准备好的这几天收集的那些口供往王芝虎眼前一放，厚厚的几十页纸的材料，涵盖了王芝虎涉黑集团做过的大量违法事实。

王芝虎被瞬间击溃。

他彻底认输：“我，我说!”

这一仗打得干净漂亮，王芝虎团伙的骨干成员几乎全部落网。

随后，王德胜又多次参与对王芝虎团伙漏网成员的抓捕，以及中后期对所有案件材料的收集、归纳、整理。

一直到5月30日，王芝虎团伙120余人悉数被抓获归案。经过公安机关缜密侦查，共破获各类刑事案件170余起，收缴枪支6支、子弹11发、摇头丸100粒、K粉2800克、咖啡因3600克、麻古32000余粒。

经最高人民法院复核，认为王芝虎团伙以暴力、威胁或者其他手段进行违法犯罪活动，称霸一方，严重破坏当地正常的经济、社会生活秩序，大量贩卖、制造毒品，且其还兼犯多种罪行，判处首犯王芝虎等三名罪大恶极的罪犯死刑。

破命案伸张正义

“杀人偿命，欠债还钱。”这是中国的老话，追根溯源有文字记载的最早出自元朝马致远的《任风子》，里面有句戏文：“我可知道‘杀人偿命，欠债还钱’。”命案，不同于一般刑事案件，它的要紧程度，正如人们常脱口而出的四个字：“人命关天”。

从警25年来，王德胜参与侦破命案达100余起。特别是在他担任株洲县公安局刑侦副局长期间，全县27起命案，全部告破。他用实际行动践行了“命案必破”的誓言。

2004年，王德胜从株洲县公安局调至株洲市公安局刑侦支队。因为当年的调动政策，他从县局分管刑侦工作的副局长变成了支队冲锋陷阵的侦查员。

有领导担心他有心理负担，找他谈心；有朋友怕他心里不舒服，聊天安慰。

王德胜的一席话则说得情真意切：“能调回市里，我高兴还来不及，有什么不舒服？我和妻子两地分居八年，家里的事情、孩子的养育、父母的照顾，我做得太少了，我欠妻子、欠女儿、欠父母的太多了。调动的事我全家双手赞成。至于工作，在哪里干都是干。地方变了，但工作没变；职务变了，但岗位没变。我又能干老本行，又能多点儿时间照顾家庭，还有什么不满足呢?”

果然，在接下来的工作中，凭借缜密的侦查思维和超常的洞察能力，王德胜接连破获疑难命案，用实际行动向为他担忧的人交出了满分答卷。

2009 年 4 月 9 日，那是一个春风沉醉的夜晚。年仅 20 岁的女孩张某踏着夜色走在回家的路上。谁也不会想到，这条路，这清凉的风，这美丽的夜色，竟成了她对这个世界最后的记忆。就在这个晚上，她被人用铁锤、钢刀杀死在路边，年轻的生命画上了句号。

案发的钻石路位于株洲市荷塘区的繁华地段，路口坐落着株洲长途汽车站，再往前不远是株洲火车站，两个车站每天发往全省全国的汽车、火车多达三百多趟。这附近还有株洲硬质合金厂、株洲轮胎厂等老牌企业，职工及家属加起来超过五万人。再加上铁路企业的俱乐部、水电段、车辆段等，经济活跃，人流密集，商铺、饭店、娱乐场所比比皆是。经常到深夜两三点钟以后，街上还随处可见来往的路人。然而就是在这么一个繁华的路段上，却发生了如此凶残的抢劫杀人案。

案件迅速在社会上发酵，造成了极其恶劣的影响，也让很多人对当时株洲的社会治安状况、公安局的公信力产生了质疑。背负着巨大社会压力，专案组对抢劫杀人案开始了抽丝剥茧的侦查。

按照专案组前期分析，这个案子随机作案和流窜作案的可能性较大。于是在这个思路的引领下，专案组民警对案发现场周边的商铺、饭店做了大量走访，对附近群众、路人或者可疑对象进行了广泛的调查比对，半个多月的时间里，仅形成的调查笔录就有上千页之多。然而，辛勤的努力却没有换来案件半点儿进展。

那段时间里，曾经繁华热闹的钻石路完全变了样子。一过晚上9点，临街的饭店、商铺就提前打烊，孩子们天一擦黑就早早回家，单身女青年下了夜班没有三四人结伴不敢从钻石路走过，就算是过路行人到了晚上也宁愿绕远路避开这里。公安机关迟迟不能破案，社会舆论压力越来越大，高强度的工作让专案组民警一个个身心疲惫。

“这案子如果不能限期破案，我主动辞职。”王德胜在局长办公室里把胸脯拍得山响。

王德胜话说得牛气冲天，专案组的其他人可都捏一把汗。但他们知道，王队的牛脾气上来了，谁也拦不住。

在专案组里，王德胜始终是工作最积极的一个，他曾创下连续三天三夜不合眼的纪录。他积极参与案件的侦破，认真对案发现场进行比对分析。

通过进行有针对性的调查走访、分析研判大量线索之后，王德胜大胆提出了该案系熟人作案的观点，并将之前查否的一名嫌疑对象王某重新纳入侦查视线。

当专案组反过头来准备调查王某时，发现王某已经离开本地，去向不明。

“围绕王某立刻展开追查!”王德胜心里有谱。

果然，王某之前提供的不在场证据留有破绽，专案组进一步调查后确定了王某有作案嫌疑和时间，随后对王某进行布控。很快，王某在武汉落网。

“我看见王某的第一眼，就知道有戏。这是一种感觉，也是一种经验，很玄妙。非要具体说，就是多数作案嫌疑人在案发后都会离开本地，而只要警察在外地找到他们，并拿出一些证据，他们基本上都会开口交代。我们最怕的是那种作案后和没事人一样照常在本地上班生活的人，那些人的心防很严，很难打开缺口。”王德胜说起带队赴武汉抓捕犯罪嫌疑人时，颇有点儿“腹有诗书气自华”的得意。

连夜对犯罪嫌疑人进行审讯，果然，王某很快交代了为情杀人后伪造抢劫现场的经过。

这个案子的侦破，靠的是王德胜那逻辑严密而大胆的推测。

2016 年 3 月 3 日凌晨，炎陵县下村乡发生一起灭门惨案，邱某一家四口被人用菜刀杀死在家中。

接到电话，王德胜悄悄地翻身下床，蹑手蹑脚地穿好衣服，然后开车出门赶赴现场。

他不敢也不好意思去吵醒还在睡梦中的妻子女儿，他已经记不起这是第几次为了案件离开妻女悄悄出门。

当天早上，王德胜开车狂奔三百余公里，在案发四个小时后赶到了炎陵县下村乡。

现场只能用"惨不忍睹"来形容，从客厅到卧室，从地上到墙上，到处可见喷溅的血迹。邱家的老父亲、老母亲被人用钝物敲打致死，年轻的儿子、媳妇则被人用菜刀砍死。该案件手段残忍，影响恶劣，引起了公安部、省公安厅高度重视，有关领导先后做出批示，要求限期破案。

案发后，技术民警对现场进行了细致勘测。通过对现场残留线索的筛查对比，提取到一个可疑的鞋印。随后，专案组以鞋印为突破口，对四名受害人的社会关系进行全面摸排，有前科的、与受害人发生过矛盾的、有经济来往的、之前在村里活动但案发后迅速离开的四类人被列为查找的首选。随着迟迟找不到线索，侦查范围也被逐步放大，受害人的亲属、朋友，甚至邻居全被放了进来。

六天六夜的紧张工作，没有找到任何有价值的线索。鞋印的主人好像凭空飞走了一样，消失得无影无踪。

鞋印的主人在哪里？他会不会是命案凶手？他与被害人家里又有怎样的仇恨？

王德胜将鞋印照片放在手机里，一有时间就拿出来翻看。

同时，他还在互联网上找来了几百双和案发现场鞋印近似的运动鞋，一双一双地比对、研究。那些日子，他看的是鞋子，想的是鞋子，连做梦梦的都是鞋子。

3 月 9 日，王德胜再次带队到下村乡进行调查走访。

来到死者叔叔邱某家中，他突然发现，鞋柜顶上放着一双清洗干净的安踏运动鞋。

在农村，鞋子上沾满泥巴、灰尘是常有的事情，谁也不会太在意清洁程度，而这双鞋子洗得过于干净，反倒违背了常理。

王德胜顺手就将运动鞋拿到手里，然后倒过来观看鞋底的花纹。

不看不要紧，这一看，王德胜整个人都呆住了。

虽然鞋底的花纹几乎已经被磨平，但在王德胜那已经将现场鞋印看过千万次的脑海里，则清晰地响起了一个声音：这不就是那双日思夜想的鞋子吗？

王德胜似乎不经意地用手比画着鞋的长度、宽度，心里有了谱。

按照当天走访的安排，是一人查一户的地毯式摸排，所以当时只有王德胜一人在邱某家中。

面对这个背负四条人命血债，还能镇定自若地应对公安机关层层审查的邱某，王德胜的内心深处早已经是波涛汹涌。

王德胜努力平复住自己躁动的心境，趁邱某不注意时将鞋子放回原处，然后又丢了根烟给邱某，坐在凳子上和邱某拉起了家常。

他一边麻痹邱某，一边找机会给外面的同志发去了信息。

算起来也就是一根烟的工夫，但这根烟肯定是王德胜这辈子抽过的最累最长的一根烟。他脑海里的弦绷得紧紧的，既担心邱某逃跑，又要提防邱某看出破绽，进行临死前的反击。

终于，邱某家的大门外响起了脚步声。

“看来我同事那边搞完了，我也要走了。”王德胜将早已燃尽的烟头丢在地上，站起来伸手与邱某告别。

就在邱某将手伸过来准备握手的一瞬间，王德胜左手扣住邱某的手腕，把邱某往身边一拉，右手抓住邱某肩膀，伸出右腿，一个漂亮的背摔，将邱某摔翻在地，然后将整个身体压了上去。

门外的同事们一拥而上，将邱某牢牢地控制住。

当晚，王德胜组织力量对邱某进行了突击审讯。在确凿的证据面前，邱某不得不交代了因仇恨杀死四名受害人的犯罪事实。

这个案子的侦破，靠的是王德胜那百折不挠的细致精神。

王德胜挂在嘴边最多的是“天道酬勤”四个字，而他实际上更喜欢另外四个字：“勤能补拙”。

所以不管干什么事情，他舍得下力气，花精力。人家做一件事花十分钟，他花半小时。案子一起一起破，线索一点一点找，不马虎，不取巧，扎扎实实。

王德胜拙吗？不，他就是这样的老黄牛本色。

铸警魂不忘初心

聊天快结束的时候，我们聊到了家庭，王德胜不自觉地轻轻叹了一口气。

“从参加工作开始，我和妻子就过着两地分居的日子，我从来没有给女儿过过生日，没有参加过女儿的家长会，没有陪老婆逛商店买过衣服，也没有去医院陪伴过住院的父母……对于家庭，我亏欠得太多了！”王德胜的语调很低很轻，但我听出了里面的沉重。

“高中时，女儿曾许愿希望我带她去欧洲旅游。这个心愿我一直记着，总想等哪一天有时间，就去兑现。没想到，这一等，女儿高中毕业啦，读大学啦。去年，她作为交换生去欧洲学习，自己实现了自己的梦想。她还给我说，要我好好工作，照顾自己，她自己的愿望自己去实现。”王德胜缓缓地诉说着，有点儿骄傲，又有点儿失落。

“如果人生可以重来，你还会选择当警察吗？”我问他。

“当然！”

“为什么？”

“我觉得，我天生就是干这个的吧！”王德胜的回答没有丝毫犹豫。

我站了起来，同他重重地握了握手。

25 年的光阴，已经将王德胜从一头风华正茂的株警“大牛”变成了一头年过半百的“老牛”。在那漫长的日子里，他始终沉下身子，深深地扎根在他所热爱的刑侦事业的热土里，从一而终地践行着自己入警的誓言。他用 25 年时间，履行了一名中国刑警的神圣职责，兑现了一个中共党员的庄严承诺。

扫描二维码即可观看
相关视频等

襄警“教授”周明让

蒋海云

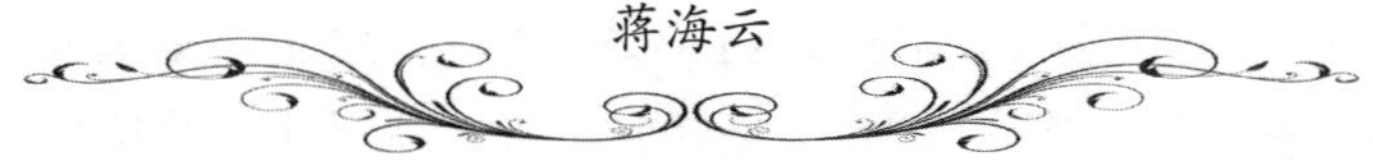

有黑暗的地方，会有光。

——作者题记

“教授”是襄阳警界对周明让独一无二的尊称。

1986年参警，执教湖北省警校，从事刑侦教学与研究19年，带过的学生遍布湖北警界，这番经历担得起“教授”的名号。可单凭这些经历，还远不足以领受独一无二的荣光。

这份荣光，更多地源于周明让从学校调至刑警支队大案队后的屡建奇功。

“红衣少女案”

强烈的血腥味直冲脑顶，小女孩一阵心慌，轻轻喊了声“妈妈”。没有回应。屋子里静得可怕。下午5点，深秋的夕阳早早开始撤离，使得整个屋子处于昏暗中。

“妈妈！”小女孩又叫了一声，抬脚往北卧室走。她的脚被什么东西勾住了，每挪一步都累出一层冷汗。血腥味越来越浓。小女孩挪到北卧室门口，大片大片的红烙疼了她的眼睛。

小女孩开始发抖，当看到烙得通红的被子和露在被子外纷乱的头发时，她像遭遇飓风袭击的细弱小树，弯折在地。“啊——啊——”凄厉的叫喊一声接一声从房门传出……

1

2007 年 11 月 13 日下午 15 点至 17 点，襄城区集锦巷独栋楼 703 室发生命案。女死者身中十三刀，颈部几乎被割断，右半侧脸翻起，眼镜镜架被砍弯，歪在已经不能称其为脸的脸上。

这是周明让从警校调至襄阳市公安局刑警支队大案队一年多侦办的一起重大要案。

白天发案以盗窃案居多，结合案发现场特点及被害人身上的抵抗伤和威逼伤，周明让做出此案为入室盗窃转杀人的初步推断。

以案发时间为参照，查找有无同类案，结果是：有。

辖区派出所所长反馈：11 月 8 日，距集锦巷南 200 米远某小区的住户吴嘉怡来所报案称，下午 3 点多有一男子敲门，自称自来水公司职员，上门检查水压。男子装模作样检查了一番后，突然从随身携带的黑色公文包里掏出匕首、绳子和透明胶带，威逼、捆绑被害人，并抢走一部手机和一条项链。该犯罪嫌疑人离开后不久，再次回到吴嘉怡家。

周明让问：“去而复返？”

所长说：“是。”

“干什么？”

“聊天。”

简直闻所未闻。

周明让决意亲自走访“11·8 案”的当事人吴嘉怡。

2

“嘘——别喊。”男子用匕首抵着吴嘉怡的脖子说。

咿呀学语的小婴孩对危险浑然不觉，好奇地盯着寒光闪闪的匕首，伸出肉嘟嘟的小手。吴嘉怡赶紧搂回女儿的小手，对男子说：“有话好说，我不喊，不喊。”

“我不想杀人，只要钱。”

“我……我老公在外地打工，我又没工作，带着两个孩子住，哪来的钱？”

“没钱可不行。”男子语气森冷。

“手机，手机行吗？还有条项链，你拿去。”

“很好。”男子说着，竟冲小婴孩友好地笑了起来，似乎并不着急拿手机和项链。

吴嘉怡头皮发麻，慌忙说：“都在卧室，我带你去拿。”

匕首尖上的力度替男子下达了命令。吴嘉怡带着他来到卧室。

看到东西，男子警告：“别动。”他挪开匕首，将手机和项链装进黑皮包，而后盯着吴嘉怡，一步步倒退出卧室。只是一眨眼，他又踅回来：“我得把你绑起来，免得你报案。”

“不报，不报，我保证。”

“不行。”

“我抱着孩子呢，孩子这么小。”吴嘉怡哀求。

男子看了看吴嘉怡怀里吸吮手指的小婴孩，示意吴嘉怡坐到床上，很“人性”地用绳子将吴嘉怡和孩子绑在一起，又拿胶带缠住吴嘉怡的双腿，而后拽开被子将母女蒙头盖住。

吴嘉怡急了，担心孩子被捂死，拼命蹬开被子：“你这个人，要啥给你啥，为什么还要伤害我们？”

男子没有因为吴嘉怡的“冒犯”生气，也没有走的意思，他坐了下来。

日影从3点多移到5点，男子就这么坐着，跟吴嘉怡聊天。准确地说，是他提供嘴巴，吴嘉怡提供耳朵。

吴嘉怡不明白这个“怪物”究竟想干什么，终于忍不住哀求："我女儿快下学了。你走吧。"

男子说："好。我走。你不许报案。"

"不报，你把绳子给我们解开吧。"

"不行。"男子说完，迈着四平八稳的步子离开了。

听到关门声，吴嘉怡奋力挣脱开绳子和胶带，抓起座机给身在外地的老公打电话："家里出事了……"

该哭哭了，该说说了，刚放下话筒，传来了敲门声。一定是大女儿回来了。吴嘉怡跑去开门。

乖乖！哪里是女儿，分明是"怪物"去而复返。吴嘉怡的心直突突，岂能再次引狼入室。可他不走怎么办？女儿随时可能到家，如果被他堵在门外……

吴嘉怡不敢往下想了，只好硬着头皮打开房门，心惊胆战地问："你……怎么又来了？"

"怪物"进屋，反手关上房门："我还想再跟你说说。"

吴嘉怡的下巴都要惊掉了。

蓦地，座机响了。吴嘉怡看"怪物"，"怪物"竟点头给予了默许。

吴嘉怡颤抖着拿起话筒。

"嫂子，我哥刚给我打电话了，你们还好吧？我这就买菜过来看你们哈。"

"那，那，那你多买点儿菜。家，家，家里还有别人。"吴嘉怡想向小姑子传递信号。

小姑子怎么可能料到吴嘉怡所说的"别人"是谁，吴嘉怡正急得不知如何是好，男子兀自接口说："对，让她多买点儿，我也在这儿吃。"

等待中的吴嘉怡心慌意乱，如坐针毡。她不知道接下来会发生什么。

男子自说自话了一阵，似乎想起什么，突然说："算了，我先走了。"

3

“事情就是这样。”随着描述结束，吴嘉怡长吁了口气，“谢天谢地，这次他是真的走了。”

周明让问：“记得嫌疑人的外貌特征吗?”

“记得。三十四五岁，挺黑，比较瘦，身高一米六八到一米七，本地口音，穿深灰色系扣夹克，黑皮鞋。那鞋擦得，贼亮贼亮的。对了，他说他也有个女儿，在盛丰小学上学。”吴嘉怡答。

简直匪夷所思!

周明让无法完成对嫌疑人的侧写。他请襄城分局董局长陪同去拜访了精神病院的一位心理专家。专家听完周明让对犯罪嫌疑人的行为描述，给出了“神游症”的诊断。

“神游症”发生在白天，患者在某种心理压力下，产生意识解离。“神游症”属精神病边缘状态，特征表现为：飘忽、游离、朦胧；行为目的明确，会做相应准备；活动范围不大，爱走背街小巷；神游时表现跟正常人一样，但易受外界条件影响，导致行为突变。

周明让一方面根据专家给出的意见划定范围，进行人员排查；一方面布置警力，追查嫌疑人留在现场的花线绳的购买来源。

另外，周明让提出此案具备模拟画像的条件。很快，公安部八个特聘专家之一、上海市公安局模拟画像大师张欣被请到了襄阳。

听完证人描述，张欣说：“你可以走了。”

吴嘉怡走到门口，突然背后传来“等一下”的招呼声，她一扭头，只见一幅画像，脱口惊呼道：“就是这个人。”

一夜之间，附带举报电话的画像贴到了大街小巷。一周后，警方接到一个报警电话。报警人是某居委会工作人员，她说一个到居委会开外出务工证明的人，跟画像上的人非常像。

警方第一时间锁定并控制了嫌疑人。石某，36岁，家住案发现场附近的小区。案发时段，石某提供不出不在案发现场的人证。最主要的是，证人吴嘉怡在混杂辨认中指认了他。

经过突审，审讯组认定“11·13杀人案”的犯罪嫌疑人已经落网，可以结案。

唯独周明让在案情分析会上提出了反对意见。

虽然没参加前期审讯，可周明让看了审讯记录，结合对此案的全程侦办所掌握的线索，他提出两个疑点：其一，花线绳、透明胶带、黑皮鞋等相关物证在石某家没找到对应物。其二，嫌疑人对犯罪细节的交代前后不一致，口供不扎实。

会场气氛变得异常凝重。部分人支持前期主审组的意见，一两个人表示周明让说得不无道理，更多的人则不表态。

从理据看，周明让处于明显劣势。

相关物证一样没找到，不会是被犯罪嫌疑人隐藏或销毁了吧？至于细节交代有出入……试问谁的记忆能做到分毫不差？真要分毫不差，反倒应该打个问号，掂量掂量是不是精心编织的谎言了。

参与前期主审的老所长指着周明让，不客气地说：“你要是让石某逃脱了惩罚，你就是襄阳历史上的罪人。”

此话一出，会场顿时鸦雀无声。

良久，杨副局长作出决定：“换人换地，组新班子，由周教授牵头重审，前期参加过审讯的人全部退出，以免先入为主。”

新班子迅速成立。周明让提出“按有罪来审，按无罪来查”的原则，确保审讯、侦查不遗漏，不出错。

一个细节一个细节核实，时间核准精确到分钟。

终于，周明让核实到了案发时段石某在银行柜员机上取钱的视频记录。

为谨慎起见，周明让请专家对石某进行了心理测试。

专家给出最终意见，否定了石某作案的可能。

三天后，周明让呈报卷宗，提出将石某无罪释放。

"你要是让石某逃脱了惩罚，你就是襄阳历史上的罪人。"老所长的话再次砸给周明让，"我看你去哪儿找所谓的真正的犯罪嫌疑人!"

是啊，如果石某不是真正的犯罪嫌疑人，谁是真正的犯罪嫌疑人?

周明让的推理能准过证人吴嘉怡的指认?

围绕物证的线索查找在继续，围绕盛丰小学的排查在深入。周明让将排查范围从小学扩大到了中学。

一则关于"红衣少女案"的传闻悄然而出，并以惊人的速度四处流传——襄城出了一个杀人恶魔，专杀红衣少女。莫名其妙的传闻造成了全城恐慌。警方面临巨大压力。

周明让彻夜难眠。

4

2008 年 7 月，樊城区连续发生两起抢劫杀人案，警方雷霆出击，犯罪嫌疑人王某迅速落网。羁押期间，王某交代"红衣少女案"也是他所为。

周明让闻讯，第一时间赶到看守所。他让王某讲述"11·13 杀人案"的作案经过。

王某哇啦哇啦一通说，随同提审的警员对周明让说："教授，就这家伙作的，错不了。"

"未必。这小子交代的都是新闻报道中说过的。"周明让道。

"报没报道，事实如此。"

"怕就怕，事实上不是他干的。"

"教授，您这是话里有话?"

周明让笑而不答。

他让王某说细节。说到凶器，破绽出来了。王某错将新闻报道中“现场丢失一把刀”，理解成嫌疑人将自带的凶器丢失在现场。事实上，刀是被害人家的，嫌疑人逃离时将凶器带走了。王某为争取减免处罚而编造的谎言最终被周明让识破。

然而谎言的识破，再次让“11·13 杀人案”笼罩在“红衣少女”的恐怖传言下。

2009 年 1 月 10 日，樊城区清河口辖区一幢筒子楼里发生一起命案。被害人李青被割颈杀死在租屋，10 岁儿子失踪，房内翻动迹象明显，但门锁完好无损。

周明让据此推断，此案为熟人作案。

调取被害人话单，一个号码引起了周明让的注意。李青明面上是洗浴中心的员工，暗中长期从事卖淫活动。这个与她频繁联系的号码会是嫖客的吗？2009 年买卡无需身份证，机主身份无从查询。

反筛话单，周明让发现这个号码曾给“美好燃气公司”打过一次电话。

沿着这条线索查下去，机主的住址浮出水面——襄城区古楼商场旁一幢五层楼里的两居室。住户苏晓全，36 岁，祖籍随州，中专毕业，多年前下岗，后携家人来襄阳打工。

技侦锁定嫌疑人在家的那天，周明让安排一名女警自称楼下住户，以漏水为名敲门。

门一开，周明让一马当先，三下五除二将嫌疑人苏晓全当场拿下。

看到苏晓全的第一眼，周明让就想到了“红衣少女案”。

在押解苏晓全返回的路上，周明让对同车的杨支队说：“这家伙搞不好就是‘红衣少女案’的真凶。”

杨支队精神为之一振：“证据呢？”

“第一，这家伙跟画像特别像。第二，他的住处距集锦巷直线距离不过百米。”

“那就审一审。”

当晚的审讯周明让没参与，他嘱咐参审的警员：“不用你们问案子，今晚你们的任务就一个，务必给我把他的态度纠正过来。语气上‘狠一点儿’。”

早 8 点 30 分，周明让走进审讯室，正式接手审讯。

同一时刻，三楼会议室座无虚席。当时没有可视窗，无法同步观看审讯过程，所有领导只能在会议室等消息。

审讯开始，周明让分别从亲情、科技、法律三方面进行突破。

亲情层面，下岗多年，没收入，没家庭地位，正中要害。科技层面，苏晓全受过教育，听得懂什么是 DNA，什么叫铁证如山。法律层面，行动轨迹跟案发时间恰合，多名目击证人的证词以及他带被害人儿子吃麦当劳的细节都在警方的掌握中。

证据充分，铺垫扎实，压死骆驼只需一根稻草。

火候到了，周明让说：“苏晓全，你老婆辛辛苦苦在外边打工养家，你呢？拿她的血汗钱去嫖娼，替别人养孩子，带别人的孩子吃麦当劳。你带自己的儿子吃过麦当劳吗？身为男人，你对不起自己的老婆孩子。”

此话一出，苏晓全便垮了。他说：“刚才那位警官介绍你是教授，我还不信，现在我信了。周教授，你的话我听得进去，我吃完中午饭跟你说，行吗？”

这时，樊城的邱副局长发来短信问：“情况咋样？”

周明让回复：“快了。估计下午。”

邱副局长的第二条短信马上到了：“中午前！中午前！都等着哪。”

周明让回复：“那再争取一下。”

发完短信，周明让问：“苏晓全，你觉得我这个人怎么样？”

“周教授，你这人我非常佩服。你有学识，拿我当人，够味。”

“既然我够味，你能不能也够味？我已经决定了，中午陪你喝两杯，你把负担放下，现在就说行不行?”

苏晓全还在犹豫。

周明让说：“我知道你放不下什么。”

苏晓全瞪眼看周明让。

“儿子。”周明让说，“你放不下儿子。我也不骗你，你肯定是要被枪毙的。如果你信得过我，有什么想法和需求，你跟我讲。我保证，只要在法律许可的范围内，全力帮你实现。”

苏晓全放不下的，的确是儿子，一怕儿子因为自己的罪行影响升高中，二担心死后交了多年的社保作废。

“这两条我都能向你保证。你干了什么跟你儿子无关。我保证他的升学不会因此受到任何影响。社保的事，我也可以保证合理合法帮你解决。”周明让说。

11 点 30 分，打消了顾虑的苏晓全原原本本地交代了杀害李青母子的犯罪经过。除了襄城古楼的租住地，他在樊城还另有租房。李青的儿子就是被他先行骗至樊城租房里杀害的。之后，他返回李青家，待李青下班后将其杀死在家中。

动机就一个字——钱!

5

令人意想不到的事情发生了。

警方在对苏晓全樊城租房内提取的物证进行检验时，除了检测到李青儿子的 DNA，还检测到另一女性的 DNA。这个女人是谁?苏晓全又对她做了什么?

前期对李青进行外围调查时，警方了解到与李青同在洗浴中心打工的一个叫孟菲菲的女人去向不明。周明让怀疑 DNA 就是孟菲菲的。他派人火速赶往孟菲菲的老家，提取其父母的血液样本进行 DNA 比对。比对结果印证了周明让的猜测。

再审！再审的地方在饭桌上。

周明让跟苏晓全碰了杯，喝了酒，说：“苏晓全，你还有话没说。如果你觉得我这个人不错，就把心里的秘密都说出来。”

苏晓全愣了一下，低头吃起了菜。

“比如说孟菲菲。”周明让没有给苏晓全更多的考虑时间，直接丢出“手雷”。

筷子停在了苏晓全嘴边，之后“啪”一声被摁在了桌子上。“好！周教授，我都告诉你。不光孟菲菲，我把所有事都告诉你，我在随州还有一次盗窃。”

“不着急。一个一个来。”

苏晓全交代了杀害孟菲菲的经过，动机还是一个字——钱！

周明让听完，点头说：“盗窃案往后放放，我想听听别的。”

“好！”苏晓全一仰脖喝干杯子里的酒，说：“传得邪邪乎乎的‘红衣少女案’也是我干的。当时你们的画像都贴到我家门口了。我都吓死了，整宿整宿睡不着觉。为啥把房子租到樊城？就因为害怕。”

苏晓全交代：实施威逼时，用刀背砸弯了被害人的眼镜架。因为怕刀上留下犯罪证据，他把刀带走了。带走前，在被子上蹭过刀上的血。他还记得当时餐桌上放有饺子皮和剩了一半的饺子馅。这些细节警方从未向外界透露过，甚至连外围办案人员都不知道，除了专案组几个人和相关技术人员，只有犯罪嫌疑人本人能说得如此准确、详细。至此，所谓“红衣少女案”真相大白，被害者并非传闻中的少女，而是一位年轻的妈妈。

为了确保万无一失，周明让派人将当年现场提取的物证送往公安部进行检验。物证上检出了苏晓全的DNA。

为什么没杀吴嘉怡，为什么跟吴嘉怡聊了那么久，为什么将上中学的儿子编造成上小学的女儿……苏晓全自己也说不清，可以肯定的是，他没有“神游症”。

两个月后，周明让收到来自看守所的一封信，标题为《一个死囚犯的忏悔》。信是苏晓全写的。他在信中将自己犯下的全部罪行进行了再次供述，反思了自己的一生，表达了对周明让的钦佩和感谢。

火车站无头女尸

黑底胸罩和黑T恤衫翻卷在乳房上方。裤带裂开，黑色短裤、蓝色内裤损坏。赤裸的躯干上，一道创口上起锁骨下至会阴纵向划开，另一道创口拦腰而走长达45厘米。触目惊心的“十”字交叉伤，凶残的开膛破肚，冰冷的肠管溢出体外。两条手臂伤痕累累。大腿、脚踝多处砍伤，皮开肉绽，森白的骨头若隐若现。更令人感到毛骨悚然的是，这是一具无头女尸。

1

襄州区刑警大队杨大队冲着周明让扬扬眉，意思是咋样，没说错吧？

上午8点30分，正是他一通电话打给周明让：“教授，业务来了。大业务!”

的确是大业务。不光反映在案件中心现场，警戒线外，乌泱泱的围观者像躁动的蜂群。举在半空的手机，正将愈演愈烈的躁动及现场状况通过网络铺天盖地向外播散。恐怖很快就会笼罩整座城，然后……

周明让没时间纠结这个“然后”。他当然明白这样一起恶性案件可能带来的负面影响和严重后果。他更明白对于一线办案人员来说，与其陷入无谓的想象把自己搞成热锅上的蚂蚁，不如排除干扰，集中精力尽快破案。

只有案件告破，才是唯一让“然后”没有然后的办法。

“开工。”周明让手一挥，现场勘查迅速铺开。

案发现场位于襄阳市襄州区航空路襄阳东站进口西侧的空地上，向北300米是襄阳东站主楼，南距航空路不过40米，是广告牌为罪犯提供了犯罪空间。尸体东可见长约30米的拖拉痕迹，沿途遗落有两只黑色拖鞋、一只黄色发卡、一张一元纸币、耳机线、雨伞和白色手机充电器……地上的血泊、草坪和广告牌上大量的喷溅血，令拖拽、砍杀的凶残场景犹在眼前。

现场情况大致摸清，市局大案队张副大队叫了声："教授……"

周明让一抬眼："怎么，急啦？"

"不急是假的。说说。说说。"

"头还没找到，说什么？"

"头……等头找到得啥时候？"

周明让的目光转向不远处的尸体："死者的头是被硬砍掉的。身体其他部位的砍伤力度极大，却很杂乱。说明什么？"

"有分尸意图，没分尸经验。"

"躯干伤止于剖腹，内脏拉出体外，却没带走，又说明什么？"

张副大队略作停顿，说："麻烦。"

"没错。从现场情况看，尸体处理缺少计划性，符合临时起意激情杀人的特点。分尸反映两种心理：仇视和隐藏。因为缺乏经验，嫌疑人低估了分尸的难度，以失败告终。剖腹虽然容易，可带着血淋淋的人体器官到处跑，无论如何都是个大麻烦，哪怕是有夜色保护。既然做不到完全的毁尸灭迹，弄走内脏除了惹麻烦，没有任何实质意义。其实弄走人头同样会惹麻烦，但这是隐藏死者身份的唯一办法，再麻烦也得弄。怎么弄？打车、坐公交不现实。"

张副大队说："也不是非打车、坐车不可。"

"自驾？如果有机动车，就不存在移尸困难了。嫌疑人完全可以将尸体带到一个相对安全的场所，慢慢'享受'分尸的快感。事实显然不是这样。另外，从现场情况看，我推断，嫌疑人的文化程度不高，从事底层体力劳动的可能性极大，应该不具备自驾条件。骑自行车？不完全排除。不过，法医推断死者死亡时间在昨晚21点至23点之间。这个时间，带着人头在马路上长途骑行的风险有多大？别忘了，分尸这么大动作，嫌疑人身上肯定沾带不少血。尽快摆脱风险是人的本能反应，所以我分析……”周明让说话时，目光始终处于搜索状态。

这时，尸体西侧五米、广告牌缺口处的血迹进入了他的视线。

“头不会‘跑’太远。”说毕，周明让快步走到血迹前，俯身观察血迹形态。

“滴落血！走。”周明让站起身，率先通过广告牌缺口。

航空路和广告牌之间的土路上，断断续续的滴落血，在周明让探照灯般的目力下一滴一滴串联了起来。一条运动轨迹逐渐呈现，将侦查小组引领至距离中心现场以西 300 米外的小树林。

树叶哗哗作响，似夏风哭诉。血染的塑料袋，一颗女性人头，变形的脸，破损的五官，似睁非睁的眼睑，板结的头发上，别着一只跟中心现场发现的那只一模一样的黄发卡。

都是办大案的，死者样态见得多了，然而乍一见这样一颗离断的人头，还是让人产生了强烈的不适感。一名分局的年轻警员跑一边干呕去了。

“教授就是教授。”张副大队不无兴奋地说。

无怪他兴奋，半小时内找到死者的头，可谓战果辉煌。

周明让通知在中心现场提取物证的技术队火速分拨力量来小树林固定证据。之后，他一面部署扩大搜索范围，继续寻找犯罪嫌疑人的逃匿线索；一面打电话到警犬大队，调用警犬。很快，警犬大队郭副大队带着一条血迹犬和一条气味犬赶到现场。

两条警犬“上线”，大家精神倍增。这要能顺藤摸瓜，保不齐案子就嘁哧咯嚓破了。

随着两条警犬几次错误定位，大家皱起了眉头。

现实不是传奇，警犬不是神犬。地处闹市，车多、人杂，尤其是嗅源不明，种种不利因素制约了两条警犬的判别力，导致追踪一再误入歧途。

“靠人眼。”周明让果断下令。说完，他便低头朝东走去。

张副大队一愣，想提醒周明让注意方向，嘴张一半又闭上了。教授绝不可能犯如此低级的错误，他这么做必定有他的道理。张副大队加快脚步跟了上去。

周明让在最近一处血迹前蹲了下来，看了一会儿移向下一处，当他移动到第三处时，嘀咕说：“不对。”

张副大队说：“没错。就是滴落血。”

“方向。”

“方向也没错，人头都找到了。”

“你仔细看这几滴，再看这几滴。”

“怎么啦?”

张副大队尚未搞清状况，周明让已经起身快步向前走去。他时停时看时走，脚步越来越快，很快回到中心现场，并越过了中心现场，继续东行。

当东侧第一处滴落血出现时，张副大队暗自为周明让叫好。这样的路面条件，倘使不具备精湛的专业水平、严密的逻辑和敏锐的观察力，或者不能摆脱惯性思维的影响，都绝难发现滴落血的方向差别。这也就解释了为什么围绕小树林南西北三个方向的扩大搜索一无所获。原来嫌疑人丢弃人头后，选择了原路返回的逃跑路线。

东行一小段后，滴落血再次消失。10 米、20 米、50 米……周明让停了下来，若有所思。

“要不再往前走走?”张副大队试探性地问。

周明让没吱声，放眼四顾。

张副大队侧脸看郭副大队，郭副大队摇了摇头，随即对两条警犬抬右手至第三纽扣，五指伸开手心向左。聪明的警犬立马悄无声息地正面坐定，生怕打扰周教授思考似的。

“过去。”周明让突然说。

三人两犬一起横穿航空路，来到与航空路垂直的水泥路上。路不宽，路西是“温哥华 1792”一期小区，路东是正处于兴建的“温哥华 1792”四期工地。走着走着，两条警犬猛地蹿了出去。牵着警犬的郭副大队跑到了前面，不多会儿，扭头冲周明让和张副大队喊：“有了。”

两条警犬围着新发现的滴落血兴奋吠叫。

“不错。”赶上来的周明让一边说着，一边分别摸了摸它们的头以示奖励。

张副大队说：“我以为不会再有血迹了。”

“为什么？”周明让问。

“凝固啊。”张副大队回答。

“该凝的早凝了。关键是有不该凝的。”周明让说。

“啥意思？”

“自己琢磨去。”

张副大队翻眼想了想，眼一亮：“你的意思是……”

“咱们得再快点儿。”周明让说完，拔腿向前走去。

一直没言声的郭副大队这时忍不住了，问张副大队道：“教授到底啥意思？”

“自己琢磨去。”张副大队说。

“成心是吧？”

张副大队笑了：“教授的意思是，这血不是死者的。”

“嗯？哦——懂了。”

断断续续的滴落血一路向南，一直延伸到“温哥华 1792”四期工地 2 号门。门东是清洁池，池北砖地上有被水浸泡过的可疑斑迹。看到清洁池东北角的自来水管，周明让意识到血迹指引将就此终结。与此同时，他也注意到了位于清洁池东南 20 米外的简易工棚。

三人正在观察可疑斑迹，突然有人问：“你们看啥呢？”

来人40来岁，个头儿一米七二上下，中等胖瘦，穿衣打扮像工地上干活儿的。

没等周明让说话，来人又开口了："看血呢吧？不用看了，血是我流的。"

三人的第一反应是看警犬，两条警犬没有明确反应。

周明让起身："你干什么的？"

"在这儿干活的，做钢筋笼。"

"叫啥名？"

"熊小峰。"

"你说血是你的。伤在哪儿？"

"手。"熊小峰说着，伸出缠着创可贴的左手拇指，"我这两天不舒服，吃不下饭，买了两盒葡萄糖喝，不小心割破了手。"

"什么时候伤的？"

"昨天。"

"打开来看看。"

熊小峰很配合，揭开了创可贴。伤口位于拇指指甲下缘，直线形，深及骨面。

周明让看罢，心里一咯噔，脸上却风平浪静。他若无其事地说："伤得不轻。葡萄糖哪儿买的？"

"洪山头卫生站。"

"瓶子还能找到吧？"

熊小峰连连点头："能能。"

"带我们的人去找找瓶子好吧？走个程序。谢谢理解。"

"没问题。"

周明让用眼神示意郭副大队。郭副大队会意，笑着对熊小峰说："那咱们走。"

周明让支开熊小峰有两个目的：其一，核实葡萄糖一事的真伪；其二，方便找其他人取证。

熊小峰一离开，周明让立即对张副大队说："马上派人去洪山头社区卫生服务站核实。”

“这家伙有问题？”张副大队问。

“定论尚早。不过瓶口造成的伤应为弧线形，他的伤是直线形。”周明让说。

“明白。”

张副大队打电话的当口，周明让找到了工地老板。老板提供了一条重要线索：做饭师傅早晨说，他妈的也不知道哪个兔崽子把好好的菜刀砍得豁豁牙牙的，没法使了，让他赶紧买把新的。

“菜刀在哪儿？”周明让急问。

“厨房。”老板答。

“马上带我们去。”

厨房案板上，躺着一把卷刃、豁口的菜刀。菜刀上看不到血迹。可肉眼看不到不等于没有。固定好证据后，周明让打了两个电话：一个打给指挥部调人调车，一个打给郭副大队。

“你只听，别说话。”

郭副大队“嗯”了一声。

“盯牢你身边的家伙！我们马上到。”音量不高，力道却很足。

郭副大队马上明白了教授的意思。他挂了手机，不动声色地向熊小峰身边靠了靠。

人、车迅速到位。时间不到11点，中心现场及第二现场那边的物证提取尚未结束，周明让这边已经锁定了第一犯罪嫌疑人。

带走熊小峰的过程波澜不惊。熊小峰的平静倒叫周明让颇感意外。

2

当天审讯，熊小峰情绪平稳。他不回避案发当晚到过火车站，目的是乘凉，坚决否认杀人。

洪山头社区卫生服务站的监控显示：2014年8月1日7点30分前后，熊小峰的确在服务站购买过两盒葡萄糖和四张创可贴。与此同时，被害人身份得以核实：杨亚萍，汉族，襄阳市襄州区古驿镇金王村人，生前在张湾镇新大品酒店上班。工作是其小姨介绍的，杨亚萍也一直住在小姨家。7月31日，即案发当晚，杨亚萍给小姨发短信，说晚上要参加同学生日宴会。杨亚萍的师父证实，看到过杨亚萍手机上的一条短信——我现在上火车了，大概当晚10点到，到时你有时间来接我吗？另一个同事证实，杨亚萍曾向她打听去东站乘几路公交车，说是去接一个从十堰来的朋友。案发当晚21点，两人一起下班，杨亚萍跟她借了五元零钱坐车，并说路上还要取钱，晚上请朋友吃饭。

办案人员查到了案发当晚杨亚萍在ATM机上的查账记录，但并未取款。话单显示，案发前杨亚萍跟一个十堰的手机通过话。最后一次通话时间为21点30分。该机主的身份很快摸清，尚大伟，十堰人。案发当日19点许乘火车从十堰到襄阳。抵达站为襄阳站，而非襄阳东站，当晚入住襄阳市一家酒店，次日乘火车返回十堰。

尚大伟跟杨亚萍的死有没有关系？电话里说了什么？技侦没能找到被害人手机的下落。人抓错了吗？

周明让点燃香烟，陷入沉思。

熊小峰到服务站购买过两盒葡萄糖不假，但他还同时购买了四张创可贴。未卜先知？显然不合逻辑。葡萄糖是受伤后买的！目的不言而喻。

逐一梳理手头掌握的情况，思路渐渐厘清，周明让坚信：人没抓错！而且遇上的是个“硬茬儿”。

审讯第二天，面对步步为营的讯问，熊小峰改口在火车站乘凉时，看到被害人被一高个儿男青年强行拖到广告牌后，并摁倒在地。他估计自己打不过男青年，便返回工地取来菜刀，像甩飞刀一样把菜刀甩向正在行凶的男青年。

审讯结束，张副大队说：“这他妈家伙，还成小李飞刀加见义勇为好市民了。”

审讯第三天，市局 DNA 鉴定完成。尸体旁、中心现场、小树林、中心现场至小树林沿途及人头上提取的大量物证上均检出死者和熊小峰的混合 DNA。中心现场以东、水泥路、“温哥华1792”四期工地检到的 DNA 为熊小峰所留。

对于现场为何留有其血迹的讯问，熊小峰无法自圆其说。但他异乎寻常地冷静，完全无视自己的漏洞百出，咬死没杀人。

审讯第四天，熊小峰上来就改口说，一共扔了两次刀。第一次没砍到高个儿男青年，他捡回来又扔了第二次。这期间他的手可能受伤了，所以现场流有他的血迹。狡猾的家伙肯定整宿没睡，杜撰了一套新词。

当晚，送往公安部的菜刀和乳头擦拭物的鉴定结果回来了。

审讯第五天，一开始，周明让绝口不提公安部检出的 DNA 结果，而是先封死熊小峰从未接触过死者的说法。

成功封死后，周明让突然问：“既然你从未接触过死者，那死者乳房上怎么会检到你的东西？”

熊小峰脸上的肌肉不由自主地抽了抽，愣了足足十分钟。

第一次，他紧张了。十分钟后，熊小峰咽了口口水说：“我不知道。”

拿不到口供，审讯陷入万难之境。

这时，派去摸排熊小峰生活背景的办案人员带回一条爆炸性信息：熊小峰是性无能者！确切地说，是有性欲而无性能力，每次都靠在老婆身上施暴发泄行事不成的愤怒。

周明让结合新信息和几天来的审讯情况，连夜对熊小峰的心理作出新的分析评估。这家伙不同于一般的罪犯，其内心肮脏且自卑，极度仇视女性，举证、戳谎对其毫无作用，必须调整审讯方式，采用强攻，直指其身体生理缺陷，打垮其气焰。

审讯第六天，讯问按照周明让的既定方案展开。

熊小峰的防线被一步步击垮。在被戳中软肋后，他彻底大发作，瞪着血红的眼珠子对张副大队大叫：“疯子！你个疯子！比我还疯！”

接着，他又对杨副大队怒吼：“你就是神经病！”

发泄完，熊小峰喘着粗气瘫软在椅子上。

审讯第七天，熊小峰对犯罪事实供认不讳。

2014 年 7 月 31 日，他在火车站乘凉时，遇到被害人。被害人热辣的衣着撩拨得他百爪挠心。趁四下无人，他将被害人拖拽到广告牌后施以强奸，并凶残地掐死了被害人。被害人的手机被他扔在了航空路，再没有什么比让来往车辆将这只响个没完的破东西碾碎轧烂更解恨的了。然后，他回工地取刀，对死者施以分尸。分尸不成，遂将人头扔进了小树林。自认为万事大吉后，他带刀返回了工地，对刀和沾满血迹的衣服进行反复清洗。

对尚大伟的调查证实，几年前一起在南方打工时，尚大伟曾与被害人有过交往，后分手。案发当日，两人约好在襄阳见面叙旧，因理解错误，杨亚萍错跑到了襄阳东站。电话联络后，尚大伟搭乘出租赶往东站，却没有见到杨亚萍。尚大伟满心愤懑，以为杨亚萍故意耍他，岂知一切过往都已随死亡的突然降临化作云烟。

蜘蛛不是侠

正午，阳光正烈。一只巨大的“蜘蛛”在墙上爬。一楼、二楼……五楼，这是一户没有装修的房子，“蜘蛛”决定在此歇歇脚，等待夜晚的降临，于是，爬进了窗户。

夜幕降临，睡了一大觉的“蜘蛛”醒了，伸了伸腿脚，爬了出来，继续沿着高楼的外墙向上爬。爬到九楼，又一处空房。可这不是“蜘蛛”此刻需要的，它饿了，需要吃东西，补充体力。

“蜘蛛”折回八楼，在窗外听了听。屋里的姐妹俩在吵架。“蜘蛛”如愿以偿地找到了吃的东西。在厨房吃东西的时候，姐妹俩还在卧室里吵架。隔着紧闭的房门，“蜘蛛”清楚地听到妹妹指责姐姐如何如何抠门。真好笑！终于，吵架告一段落，“蜘蛛”可不希望被人发现，它快速躲进书房。愤怒的妹妹冲出卧室，躺到客厅的沙发上。

夜深了，万籁俱寂。“蜘蛛”的头从门后露了出来……

1

“救命！救命！”打盹儿的门卫一激灵，醒了。他坐直身体，圆睁双眼。窗外，寂静和黑暗昭示了此刻的时间——凌晨2点。

门卫扶了扶帽子，靠回椅背。眼皮闭合之际，尖利的“救命”再度响起。凄惨、绝望，近在咫尺。门卫跳了起来，拉开门。一个披头散发的女人，光着脚向他跑来。身后，是一串长长的血脚印。一个男人正沿着血脚印追赶。

“救命……救……”女人抓住了门卫的手，随着呼救声越来越微弱，人慢慢倒了下去。追来的男人看到了门卫，掉头跑了。

2

2015年8月2日，凌晨2点，襄州区百洋欧典小区，命案。

“表姐妹，姐姐当场死亡，妹妹受伤，跑下楼到门卫室呼救。现人在医院抢救，情况不太好。门卫报的警，据他说，嫌疑人是个男的，一看到他就跑了。天黑，没看清模样。我们赶到后，马上进行了布控，卡死了小区的几个大门，正在搜寻嫌疑人。”分局刑警中队队长向赶到现场的周明让和分局杨副局长介绍案情。

“布控范围多大？”周明让问。

“整个百洋欧典小区。”中队长答。

“不够。扩大。”

“教授，我们警力不足。”

周明让马上联系市局，调集、加派警力，包括巡警和警犬大队。一百多人分成几组，分别针对楼宇、院落、地下停车场进行地毯式搜索。

周明让负责带队逐层排查。

此时，已经通过外墙爬进九楼的“蜘蛛”正趴在门上听。来自楼梯的脚步声越来越近。“砰砰砰”，敲门声吓了“蜘蛛”一大跳。它飞快地返回客厅，从窗户爬了出去。手电筒发出的光柱在楼下晃来晃去，“蜘蛛”可不想落入手电光交织的光网，它开始向上爬。

从上到下，从下到上，“蜘蛛”在楼外墙爬来爬去，累得气喘吁吁。最后，它爬回之前睡觉的五楼。警察搜查过的地方应该是安全的。眼看楼下的警察绕去了别处，一只黑色背包从天而落。紧接着，巨大的“蜘蛛”顺墙爬到一楼。“蜘蛛”的脚刚挨地，气还没喘顺溜，就听到警察说话的声音。“蜘蛛”匆忙从背包里抓出一顶假发，扣在脑袋上。警察的说话声更近了，仓促间，变身一半的“蜘蛛”将背包塞到了空调外机和墙之间，自己跑到小区围墙边，爬了过去。围墙另一侧是化工厂家属院。“蜘蛛”没想到这里也有警察，只好故技重施，沿墙爬上一座四楼的楼顶。晾在楼顶的衣服，在凌晨 5 点的微风里飘飘荡荡。忙碌一阵后，“蜘蛛”完全变身成了飘飘长发和碎花长裙装点下的“姑娘”。

“呦！你是谁啊？这么早，跑到我们楼上做啥子？”说话的是上楼顶浇花的老奶奶。

“姑娘”稍一愣神，指着嘴巴一通“咦咦咦，啊啊啊……”

老奶奶说：“好好的姑娘，竟是个哑巴啊。”

“姑娘”点点头，刚想走却被老奶奶一把抓住。

一丝凶光在“姑娘”眼底燃烧，“她”使劲儿甩开老奶奶的手。

“莫急莫急，我叫警察帮你。”

听到“警察”俩字，“姑娘”不敢再轻举妄动。

十几分钟后，接到报警电话的辖区派出所民警赶到。

“姑娘”再次对着警察“咦咦啊啊”。

警察最后问她认不认得回家的路，“姑娘”立刻点头。

就这样，“姑娘”坐上了警车。透过车窗，她看见沿途的警察正在检查过往车辆，盘问行人。

3

“教授，您看！刚才我们查过这儿，没瞧见这东西。”一个警员说。

周明让看着警员交到他手里的首饰盒问：“确定?”

警员答：“确定。我们一块儿看的。”

另一个警员马上证实：“没错。第一轮搜查绝对没这东西。”

周明让向四周看了看，说：“搜！一寸寸搜。附近可能还有别的。”

藏在空调外机后的背包被搜了出来。背包里装有手套、手帕、乙醚、两张银行卡、一张当票和几件首饰。

周明让比照了首饰盒和首饰，说：“应该是八楼的东西。”

“可见跑得多仓皇，首饰盒掉了都不知道。”杨副局长说。

“他要知道，咱就没这么大发现了。”周明让说。

从掉落首饰盒看，嫌疑人离开没多久，那他之前藏在哪儿?布控如此严密，小区外部环境不具备藏匿条件，楼内进行的是逐户排查。有人在家的直接查访，没人在家的也联系了房东。房东来之前，安排警员一直在门外把守。嫌疑人的落脚之地在哪儿？总不能跑到天上去。现在看来，这家伙恐怕已经逃离了。

“金蝉脱壳。”周明让下意识地说。

“怎么脱?”杨副局长问。

“先不管他怎么脱。我推测，现在人肯定跑了。不过跑得了和尚跑不了庙。从信用卡和典当条下手，找到庙门。”周明让道。

4

典当物是一条金项链，经查，是盗窃物。银行卡持有者和当票联系者证实为同一人。犯罪嫌疑人江文武，福建人，襄阳长大，在一家建筑公司工作，从事搭脚手架工作。此人吸毒、赌博，因盗窃接受过处理。家中原来条件不错，自从江文武染毒、参与赌博并迷恋“钓鱼机”后，几十万存款全部败光，不得不租房住。

脚手架?这三个字在周明让脑海中突然闪过一个画面……会吗?不可思议!但周明让相信那就是事实。

嫌疑人案发当日逃离百洋欧典后，曾匆匆回过家，跟家人说“干了大事”，便匆匆离去，去向不明。

周明让安排警员在嫌疑人家门口盯守，三人一班，车里吃，车里睡，全天24小时至少有一双眼睛是雪亮的。只要嫌疑人出现，务必当场抓获。

案发后第四天，江文武的QQ上线了，地点为铁路大院附近的一家网吧。上线的是江文武本人，还是江文武的朋友无从判定。

周明让得到消息，火速赶往网吧。可惜，在他抵达网吧前，目标已经下线。

调监控!视频证实了上线者为江文武本人无疑。

周明让立刻调集全局视频方面的精锐力量，要求在最短时间内摸清嫌疑人的运动轨迹。中午，全体人员到位。按照周明让的部署，以网吧为起点，南北两个方向同时推进，分时分段，接力查看。

很快，网吧北侧一个探头的视频中发现了江文武的身影。他坐着人力三轮向火车站方向行进。中午 11 点左右，江文武在火车站天桥下车，步行十几米后，换乘另一辆三轮继续东行，并从马路左侧换到右侧。过工商银行后，出现了监控盲区。这一带街多巷杂，小区密集，嫌疑人可能选择任何方向逃离，也可能藏匿于某个小区内。

公共探头已无法完成轨迹追踪，周明让下令调用沿途的私家探头。

下午 17 点，在一家私人门市安装的探头中追踪到了嫌疑人的身影。视频显示江文武乘人力三轮拐上清河路南行，过铁路涵洞，抵达长征路十字路。通过路口没多远，他再次像空气一般消失了，而且一下就消失到了晚上 19 点。运动轨迹重新接续的时间距离江文武实际通过的时间已经过去了两个多小时。江文武选择了继续南行，在一个小巷子口下车，随后步入小巷。至此，再无探头可供警方查询。

巷子两侧是大大小小的旅店。除了逐家摸线索，没有其他选择。所幸，第二家就是江文武的落脚地。

旅店老板娘一眼认出照片上的人："这不是小江吗？前天住进来的。"

周明让问："现在人在不在？"

"吃晚饭的时候我见他出去了，回没回来就不清楚了。"老板娘答。

"那你帮我们看一下。"周明让说。

"不不不……"得知江文武背着命案，老板娘连连摆手，"我可不敢。"

周明让派"大个儿"警员上楼"走"一趟。

"大个儿"回来说，屋里没亮灯，也听不到动静。

怎么办？动作太大，难免不走漏风声。这种人多眼杂的地方，屁大点儿的事都能长出翅膀，飞得尽人皆知。

周明让料定江文武还不知道警方已将他锁定为嫌疑人，更不知道警方已追踪至此。此时此刻，绝不能出任何纰漏。万一这家伙人在外面听到风声跑掉，再抓就难了。

周明让决定按兵不动，等等看。一个人守着老板娘，周明让和另外几个警员佯装成闲散人员，守在小旅馆四周。直等到凌晨 2 点，也没看到江文武从外边回来。

凌晨 2 点，正是深度睡眠的时候。周明让找了个凳子交给"大个儿"。"大个儿"再次猫悄地摸到江文武登记的房间门口，踩着凳子从门上面那个极小的望窗观察房间里的情况。看完，又猫悄地从凳子上下来，退回楼梯转角向周明让汇报：屋里电视是开着的，但听不到声音；碍于床位摆放，看不到床上的人，不过能看到一双脚。

身份无法准确核实，动不动手？

所有人的目光都集中在周明让身上……

周明让压低声音下令："动手！记住，必须一脚踹开！"

几名警员不约而同用力点头。一行人猎豹般冲至门前。"哐！"房门大开，从梦中惊醒的江文武还没搞清发生了什么，就已经被铐上了雪亮的手铐。

5

江文武交代，多年从事搭脚手架，他渐渐练就了一样本事：徒手爬墙。每次作案前，他都会踩点，熟悉环境，查看保安巡逻频次和规律，了解住户出入情况。他的背包里常年装着刀、乙醚、手帕、手套、假发、女士衣服等物品，用于作案及作案后化装逃跑。不过这么多年，这些东西几乎没派上过用场。

案发前一天，他照常骑摩托车到百洋欧典摸情况，确认小区保安不但人数少，而且极少巡逻，正午时分业主出入最少。案发当日，他将摩托车停在百洋欧典附近，为了减轻负担，把刀和女士衣服留在了摩托车尾箱，然后背着背包进入小区，徒手爬到五楼一户没装修的空房中睡觉休息，积蓄体力。晚上9点多，他徒手爬到八楼，听到被害人姐妹在卧室吵架，且从她们的吵架中了解到家中没有男人，便选定在此下手。姐妹俩在卧室争吵不休，他则堂而皇之地在厨房吃饱喝足，之后躲进书房。待到姐妹俩睡熟，他偷偷溜出书房，偷了几样首饰。想再多偷点儿，又怕惊醒姐妹俩，于是打算先用浸有乙醚的手帕迷晕睡在客厅的妹妹。他高估了乙醚起效的速度和药效，低估了妹妹的反抗力量。妹妹醒了，一边呼救一边反抗。姐姐闻声冲出卧室。他一看大事不妙，拿起茶几上的水果刀便对姐妹俩痛下杀手。姐姐倒在地上，受伤的妹妹夺门而逃。他一路追下楼，妹妹跑至门卫室求救。他在慌乱中跑回八楼，背上背包爬出窗户，直接爬上九楼。他之前看过，九楼有一户没人住。他想在里面躲过风头，再寻机逃跑。没想到，警察来得特别快，没一会儿就查到了九楼。他被迫躲到窗外。楼下也到处是警察，根本无处落脚……

正如周明让脑海中曾经浮现出的画面那样，当警察在楼内搜查时，一只巨大的“蜘蛛”在高高的楼宇外墙爬上爬下。可恨的“蜘蛛”，终究落网了。

是的，他是“蜘蛛”，但不是侠。

后记

孩子考试时，他在追捕逃犯；妻子躺在手术台上时，他在勘查现场；父亲去世时，他在单位加班研究案子。男儿有泪不轻弹。从上中学起，周明让只哭过两次：一次为忙案子没能见上父亲最后一面，他自责，内疚；另一次为蹲守数月的案子迟迟不能告破。

那天，他一进门，便站在鞋柜前“呜呜”地哭了。老母亲大惊失色，连声问：“娃儿你怎么了？娃儿你怎么了？”

妻子拍着婆婆的手说：“妈，你别管。你让他哭，让他哭。”

是的，妻因为爱他而懂他，因为懂他而更爱他。妻总说：你只管去忙，家里有我。

自从放下教鞭，身扎案发一线，13 年里，风雨兼程，在正与邪、善与恶的博弈中，周明让与战友们并肩作战，成功破获 500 余起重特大命案。他被湖北省公安厅特聘为审讯办案专家，被市委市政府授予“先进工作者”、“劳动模范”称号，荣立个人一等功一次、二等功两次、三等功三次。2017 年 6 月，他当选为全国公安“百佳刑警”。

铮铮铁骨，昭昭丹心，说的就是周明让，以及和周明让一样的中国刑警。

有黑暗的地方，会有光。

周明让，和他的刑警战友们，无疑就是那寥廓长空中永远闪亮的星光。

扫描二维码即可观看
相关视频等

火眼金睛张双印

王东海

十年前的命案

夜已深，窗外下着凄冷的小雨。漆黑的办公楼，偌大的办公室，还亮着一盏温馨的灯。张双印熬着通红的双眼，盯着一枚血指纹的图片。

他是在翻看命案积案时，盯上了这枚指纹。

为什么在指纹样本库里总找不到凶手呢？难道这个凶手，一生只作过一次案，此后再没犯过案？

张双印见过太多凶手，他们在犯案的迷途中绝不肯止步。

凶手一定在样本库里。可为什么总找不到他呢？

张双印在电脑前盯着这枚血指纹，百思不得其解。盯得太久了，它已深深印在他的脑海。它在玩弄他，给他出难题？他一次又一次讯问它，可它就像一个负隅顽抗的罪犯，紧咬牙关绝不开口，死不认罪。

这是一桩十年前的命案。

1999 年 9 月 7 日下午，家住连云港海州区的吴某，到城北谈一桩生意。路过姐姐家门口，他发现防盗门开了一条缝。

“姐姐也不关好门，别丢了东西。”他心中闪过一念，“不对啊，今天也不是周末，姐姐应该上班啊。”

他心揪了一下，越想越不对劲，赶紧看个究竟。只见防盗门的纱窗被划开20厘米，再看里面木门，玻璃全被打碎，地上铺满了玻璃碴儿。他忽然感到一阵心虚，两腿发软，用力踹门，连踹三次，才将门踹开。客厅凌乱不堪，寂静无声。他揪着心走到姐姐卧室，倏地瘫在门口。眼前的姐姐仰卧倒地，面部异常恐惧，身上有好几个血窟窿，衣服已洇出一大片血迹。

警方至现场调查了解，死者吴某与周边邻居关系和睦，与同事之间也素无恩怨。那究竟是谁，又是什么原因，非要杀死这个为人谦逊、善良本分的女人呢?

连云港市局迅速抽调警力，组成“9·7”凶杀案专案组。9月7日18时许，专案组民警在排查中获悉，村民陈某在菜地里发现了一把带血的匕首。这很可能就是突破口。

每一桩命案在没破获之前，万事皆有可能。破案前，看啥都像证据，看啥都像线索，看谁都像作案凶手。但也可能一切都是白忙活。

经过检验，证实匕首就是作案工具。据此推断，凶手作案后慌不择路，将匕首丢弃在菜地，然后亡命奔逃了。

专案组民警还提取到一枚血指纹。这又是一个令人兴奋的突破。

可是，从此却再也找不到任何其他有用线索。凶手像蒸发一样，不见踪影。

时间一晃十年。十年来，公安机关动用了大量警力，投入了大量经费。只要命案未破，追查永不停止。案发现场所有可能被凶手动过的物品，都已提取DNA进行化验。一个抽屉可能被划分为一百份，每份只有几毫米，每份都要用试纸提取DNA进行化验；一幅带血的窗帘，被剪成无数小碎条，不停地化验，只为能够提取到凶手的蛛丝马迹。

刑警支队雪白的墙上，有一行醒目的红色大字：“破案才是硬道理。”

一桩积压了十年的命案能不能破？死者能不能沉冤昭雪？

张双印盯着那枚血指纹，愁闷地长吁了一口气，仰靠椅上，疲惫地揉揉双眼，死者的画面又浮现眼前。

张双印是连云港市公安局刑警支队的指纹管理员。他经常一个人坐在指纹档案室里对着电脑查看指纹。有时连续几个月每天盯着电脑看那数千枚指纹，每天看十四个小时，看得眼睛发炎发红，眼泪直淌。

连云港有座花果山，花果山出了个“孙大圣”，在炼丹炉里炼了整整七七四十九天，炼出一双金光万丈、可辨妖原形的火眼金睛。张双印则凭借他看过几百万枚指纹，连续十一年以指纹作为唯一突破口，年年破获历史疑难命案，练就出一双侦破命案的“火眼金睛”。

截至 2017 年年底，刚满 34 周岁的他，以指纹为唯一突破口，直接查破疑难命案 20 起。其中 10 年以上命案积案 12 起，20 年以上疑难命案 3 起，破获最早发生在 1988 年的命案 2 起，辅助破获命案 40 多起。他曾在 2010 年的一个月内破获 4 起公安部督办疑难命案积案。同事们都戏称：“这真是开天眼了。”

小小指纹，两手指尖，神秘万千。在指纹密密麻麻的线条里，人类发现了奇特的规律，于是“指纹学”出现了。聪明的人类在这些规律上做好标记，称之为“特征点”。把一个人的一个手指头在电脑上放大，你会看到几十到一百个左右的特征点。指纹管理员的工作就是对现场血指纹进行特征点编辑，再与电脑系统里的指纹库进行比对，从而发现真凶。所以特征点的编辑工作异常重要。

这次张双印面对的是一枚特别模糊的血指纹。十年来，该指纹经过 2003 年全国指纹破案会战，以及此后全国刑事技术人员几千次检索比对，均无结果。

现在要仅凭一枚模糊不清、残缺不全的指纹破案，真的是难于上青天。

从哪里突破?

张双印已习惯了在夜深人静时独自坐在指纹室，亮一盏灯，在只有他和指纹的世界里，一次又一次地研究它、琢磨它、讯问它。

“指纹最怕磨，你反复磨它，像讯问犯人一样，你意志越坚定，它越丧失自信。”张双印说。

看指纹就像搞科研，许多灵感都是在夜深人静、精神高度集中时迸发出来的。

指纹工作，需要胆大心细，胆大不是胡思乱想，而是对指纹极度熟悉后的科学分析。每走一步，如果出现错误，都可能前功尽弃；哪怕分析错误一个特征点，后面的工作都会白忙。

这枚一厘米的血指纹，他越看越清晰了，特征点越来越突显，以前没发现的特征点，他通过大胆猜测找到了。

冥冥之中，好像有心灵感应，他觉得马上要找到那个人了。

他全身兴奋起来。

他对那枚血指纹进行了数十次编辑。每一次编辑，都要在样本库里比对查找；每次查找，样本库里都会筛选出可能性最大的一百个嫌疑人；他再一个个与血指纹比对，确定真凶。也就是说，在每一次突破的同时，他都在经历着失败。每次失败后，他继续再编辑，再标记，再排列，再比对。指纹破案就是这样，可能要失败几千次、几万次、几十万次。而在没有破案前，每一次编辑、比对，都有可能成功。

自从找到突破口，他又整整比对筛查了三天。

2009 年 8 月 2 日晚，张双印终于发现，曾在 2006 年因盗窃被北京铁路公安逮捕的王某的指纹，与海州 1999 年“9・7”凶杀案现场的血指纹一致。

那年张双印 26 岁。兴奋的张双印独自在警队的大操场里走了好多圈。

8 月 3 日上午，嫌疑人被锁定后，海州分局派出兵力，由刑警大队长蒋祖健、副大队长朱其波带队赴赣榆对王某潜藏的地址开展调查、摸排，获悉王某在贵州安顺市黄河沟煤矿打工。民警们马不停蹄连夜赶往贵州，于 8 月 6 日成功将其抓获。王某对所犯罪行供认不讳。他绝望地坐在讯问室里的座椅上。

“如果那天她大喊，我就转身跑，没有捅下那一刀，就啥都不会发生。我害了她，也害了自己。”他忏悔道。

一桩十年前的命案，最终沉冤昭雪。

十八年前的命案

这是一桩 18 年前的命案。

张双印为何紧追不放?

在侦办这个案件的过程中，他曾特意去询问过那位失去丈夫的苦命女人。令张双印震惊的是，这桩命案的背后，竟有一段令人唏嘘不已的爱情。

这世间寻一份真爱何其不易，寻到真爱却又惨遭不幸何其悲哀。

张双印坐在一家倒闭企业的破旧门卫室里。

屋内仅有一张上下铺的铁架床，女人带着孩子蜗居在这里艰难度日。女人皱缩的脸，远远老于她的实际年龄。她像一位穿越历史时空蹒跚走来的阴郁的老太婆，痛苦地讲述着她的悲剧命运。

1997 年，他和她结婚了。这桩婚姻是幸福的，也是不幸的。他已爱慕她许多年，可年轻美丽的她有太多追求者。她瞧不上他，她从没想过会与他做恋人。他坚持爱情，她逃避爱情。突然间不幸来临，她遭遇一场车祸，断掉了一只胳膊。天塌下来了。众多追求者，一个个迅速退缩，她瞬间便成了一个众人嫌弃的姑娘。她只有在家整日以泪洗面。而他却又来了。他说，无论她变成啥样，他都爱她。

誓言掷地有声，此生足矣。

可他的家人反对，将他锁在家里。他撬开窗户，偷偷跑了出来，决绝地带着她去领了证。

那一天，她真的爱上了他，愿跟他生死与共，相守一生。

虽然这是一场没有别人来祝福的爱情，但他俩却一心要白头到老、相濡以沫。婚后的贫困没有让他退缩。他借钱买车，没日没夜地跑出租。她记得有一次，他连续一周都没休息，吃不好睡不好，胃疼痛，累得都在车上吐血了。

她第一次为他哭了。她说，这辈子我一定会好好待你！

小孩出生了，这是他和她的爱情结晶。三口之家在简陋的小屋里其乐融融。

然而，幸福的日子刚刚开始，不料突然祸从天降。

1998 年 10 月 3 日晚 9 点，28 岁的他，开着一辆红色出租车，接到三位乘客。他对乘客总是热情认真负责。按照三个男人的要求，他将车开到荒郊野外。突然一把刀抵在他的脖子上。三个男人抢走了他一天的辛苦钱，并将他杀死在出租车上。

作为他的妻子，她却没去现场。她不敢去！她不相信他死了！

在那张拍着凶杀案现场的照片上，车门开着，28 岁的他，为了爱情坚持的他，为了生活奔波的他，脸朝下倒在了车座上。

张双印几乎是眼泪汪汪地听完了这个苦命女人的故事。也就是从那一刻起，他发誓一定要侦破此案。

警方从出租车的玻璃上提取到一枚残缺血污的指纹。指头肚完全空白，基本无用。指纹左边沿血污太多，也没法使用。有效指纹只是几毫米宽的一长条，有效特征点只有 12 个。而一个正常的指纹上，在两平方厘米内一般有几十到上百个特征点。

现在要从这只有 12 个特征点的模糊指纹中，找到凶手，或许是天方夜谭。

这个案子，他一直跟了18年。

18年里，他试过无数方法，编辑，比对，失败；再编辑，再比对，再失败。

那是2016年2月4日的深夜，再过三天，到2月7日就要过大年了。张双印又坐在了指纹室里。

今天他忽然有些莫名地兴奋。饭后他散步时，反复琢磨，会不会因为凶手遗留的指纹发生了变形，导致无法比对成功？

指纹变形如何理解？

平常同一个人在一张白纸上摁十次指纹，由于指头是肉长的，肌肉组织左右上下扭动，按压时用力不同，摁压方向、角度不同，摁压时搓动，都会导致指纹变形。更何况这枚血指纹仅有12个特征点。如果仅有的12个特征点都变形了，那难度更无法想象。

“指纹工作处处都是坑啊。一点点变化，就会让你一头雾水。”张双印琢磨，如果真发生这种情况，那么目前看似稳定的特征点，反而成了干扰因素。平时看指纹，是特征点越多比中率越高；但在发生变形的情况下，处于变形区域的特征点，即使再清晰，也成了干扰。

可是别忘了，特征点间的距离也对命中率有影响。拿掉几个变形区域的特征点，不就反而提高了命中率吗？

一般人都想着增加特征点，现在却要拿掉几个特征点，反其道而行之，出其不意，行吗？

张双印决心已定。

他拿掉了一个特征点，比对，失败；又拿掉另一个，再比对……每次比对，样本库都会跳出上百名嫌疑人的指纹，他都必须一一复核。

一次又一次，如果是常人早就放弃这种想法了，他却一定要再试试。万一这个方法有用呢？

突然，一枚样本指纹跳到他的眼前。这就像神奇的魔术，真凶忽然自己跳了出来。特征点完全吻合。就是他！就是他！逃亡了18年的凶手被查到了！

法庭宣判那天，槌落定音。

那苦命的女人听到宣判的槌声，突然在法庭号啕大哭：“等了你18年，每天都盼着你会回来！直到今天，我才明白，你死了，真的死了，死了18年了，再也不会回来了！”

法庭里所有人听了，都禁不住流下了眼泪。

上午得令下午破案

“干了刑警，一辈子见的命案太多。有时我会问自己，人之初，到底天性善还是天性恶？”

我在采访张双印的时候，他突然生发出这样的感慨。他喜欢散步，我也总在饭后陪他散步。

2008年8月12日，省厅发布一条命案“协查通报”。当时25岁的张双印还在东海县公安局。

13日早晨，张双印来到办公室打开电脑。这是他每天上班必做的第一件事，查看公安部和省厅有无发布命案协查通报。

“协查通报”上写道：8月5日，某城区发生一起命案。现场筛查出三枚模糊指纹。但七天过去了，凶手仍未查明。现场周围没有视频监控，看不到凶手的外貌特征；也没提取到DNA，无法确定凶手的基因特征。凶案现场唯一有用的，就是三枚血指纹。

说是三枚指纹，其实都模糊不清。

张双印开始重新标注特征点，一次又一次地标注。每枚指纹，他都标记出20个左右特征点。放到指纹库里比对，有两枚指纹将X某排第一位，有一枚指纹将X某锁定在第二位。

比中了！

上报市局，当天下午抓人。

凶手交代，那天他无意中看到女孩独自在屋里睡觉，遂突起色心。他悄悄地将窗户的小钉子一颗颗拔出，再将玻璃取下，从窗户打开门，入室强奸后杀了人。

后来，张双印调取现场照片，顿觉触目惊心。

女孩双目大睁，上身穿衣，下体赤裸，后背插一把尖刀。

“真是死不瞑目啊！”他恨得咬牙切齿，“歹徒一时起色心，可他竟为了逃罪，残忍地杀了女孩，夺走一条人命，真该千刀万剐！”

这件事，使张双印后来再遇到命案，特别不愿意看凶杀现场照片，他受不了那种血腥与凶残。

他只想关注现场提取的指纹照片，他只想关注能否比中凶手，何时抓捕凶手。

“抓住他们，其实也是在救渡他们。”张双印对我说，“破案，是为了让死者安息，让善恶有报，让天下太平。”

现场签字画押

“你这名字，一看就是个搞指纹破案的。双印，一个指印，一个掌印。都说孙悟空没蹦出如来佛的手掌心，你这一辈子干指纹工作，恐怕也跳不出芸芸众生的手指印了。”我和张双印开玩笑。

“别人说我火眼金睛，我却经常眼冒金星。”张双印苦笑着说。

从 2005 年到 2018 年，张双印天天在与电脑里的一枚枚指纹打交道，并用指纹破获了一桩桩惊天大案。他说，他愿用自己的一生去破案。

张双印最喜欢、最敬佩的人，叫崔道植。

他说：“我曾被公安部召集，在北京办一起大案。有一个 85 岁的老头儿，做事低调，为人谦逊，客气有加，你根本看不出这是一位公安部特邀刑侦专家。只有在研究案情的时候，他才会忽然变得思维超级敏捷，思辨能力过人。那么大年纪的人还加班加点分析案情，他的敬业精神让我深深佩服。一个 85 岁的老人，光在公安就干了 62 年，一生都为公安事业啊。我一直记得他说过的话，一日为警，一生为警。”

受老一辈刑警崔道植的影响，张双印坚信：“为人一世不容易，千万不要因为日常琐事的烦扰，而忘记了你的人生目标。只要你愿意用一生去完成一个目标，你就能攀上这个领域的巅峰。”

2011 年 4 月 30 日，28 岁的张双印破获了一桩发生在 1988 年的命案。从发案到破案，23 年过去了。

用指纹破案，非常不简单。

不简单在哪里？光说江苏省的指纹样本库，就有一千多万人份指纹，每人份有 20 个指头纹印，相当于有两亿个指头纹印。若用犯罪现场的指纹，在指纹样本库里比对，系统会从样本库里两亿个指印中，挑选出完全不同的一百个嫌疑人。而每个指纹有 100 个特征点，那么样本库里就有 200 亿个特征点。即使把一个特征点的位置或者方向转几度，系统都会跳出许许多多完全不同的嫌疑人。稍有改变，就会失之毫厘，谬以千里，错过真凶。

指纹工作，每一个环节都很重要。现场发现人、现场显现人、现场提取人、系统录入人、样本采集人、指纹比中人、特征编辑人，每一个环节都会起到关键作用，任何一环都可能导致案件无法破获。

张双印最难忘的是，2017 年公安部组织大案攻坚战，一举破获“浙江第一大案”。

2017 年 3 月，公安部挂牌督办，从全国抽调 11 人组成指纹专家组。那年张双印 34 岁。这是一个系列案，四起案件，四枚指纹，其中一枚指纹成为主攻方向，可就是比不中。

11 位指纹专家轮流发言，每个人都提出自己的标注方案，再集体讨论。大家争论不休。

张双印编辑的指纹图，在重庆的指纹库里比中一个人。

可这个人到底是不是真凶呢？

又有一位专家比中了这个人。

不能放过一个坏人，也不能冤枉一个好人。专家们重新将编辑图拿出来与样本图作对比分析。

11 位专家仍然争论不休。

张双印坚决咬定，就是这个人干的。有八个人赞同，仍有两个人反对。公安部只要唯一答案。

怎么办？

现场签字画押。谁认定谁签字，抓错人追究责任。

张双印毅然签字。其他八位也签了字。最后，仍有两个人没有签字。

中午饭也不吃了，大家还在讨论。最终，持反对意见的两个人，在深思熟虑后，终于认定此人就是真凶。

下午 14 点，根据 11 位专家集体的统一意见，公安部下达了抓捕命令。

张双印和其他十位专家焦急地等待着。每个人都坐立不安，大家都等待着真凶服法。

晚上，凶手被捕，承认犯罪事实，供述作案经过。

没有抓错人！

消息传来，张双印哭了。其他几位专家也流下了眼泪。

这是正义与邪恶的较量。这是一场没有硝烟的战争。

“我永远忘不了那天争论不休的画面。11 位专家为什么争论？我们为正义而战。”张双印说。

连夜破案

张双印至今还记得 2014 年 9 月那次连夜破案。

“刑警，就是在向死而生。”张双印说，“一般人一生也见不到一起命案，而我们刑警，一生要见太多的命案。有时加班，这边是我拿着现场带回来的血指纹研究，旁边就是陪我加班的老婆带着儿子玩耍。那种感觉，简直是左手天堂，右手地狱。”

人命大于天。每发生一起命案，上上下下都在关注，都在督促。破不了案，谁都坐不住。在惩恶缉凶的背后，是刑警们的日夜加班苦熬。

一个小伙子去农村一家私人黑游戏店里玩，玩输了钱，就找老板吵架。吵架本是一件小事，小伙子却气愤难当。他继续玩，玩到深夜。老板像没事人一样，在躺椅上休息。小伙子悄悄拿起铁锤，从背后猛然砸向老板的头。砸死了老板，他又跑到楼上，砸死了睡梦中的老板娘。躺在老板娘身边只有几岁的女孩在哭，他要砸却停了手，他不忍心了。小女孩哭泣着说，叔叔不要杀我，叔叔不要杀我。但他最后还是丧失了人性，用枕头捂住女孩的头，直到女孩没有了动静。杀完人，他又用拖把拖了地，担心三个人没有死透，还搬来煤气罐放煤气熏。

早晨 8 点时，邻居发现店里不对劲，就报了警。

警察赶到时，楼上全是煤气味。一下子死了三个人，省公安厅的副厅长都来了。

张双印也赶到了现场。现场惨不忍睹。

现场勘查人员从一楼勘查到二楼，把拖把、抽屉、铁盒、煤气罐统统装上车，准备拉到市局刑警队检验室化验。但刑警支队停电了，设备和电脑都不能使用。迫不得已，为赶时间，大家只好开车到灌云县刑警队。车刚要下高速，接到电话说支队来电了，大家又马不停蹄奔回连云港。

从煤气罐把手上提取到一枚新鲜指纹。

但煤气罐的把手是圆弧形，不垂直，这枚指纹还在把手内侧。大家把整个圆形把手拆卸下来。可即使这样，相机仍无法垂直拍摄，打光也是倾斜的。

提取这枚指纹特别重要，这可是唯一的线索。如果采集失败，后续工作根本无法展开。

为了尽量垂直拍摄，大家光拍照就拍了一个小时，累得满头大汗。

提取指纹，就像医生做手术，稍不小心就会造成莫大损害。如果指纹变形，就会直接影响案件排查、物证辨认，让凶手逍遥法外。

张双印开始带着煤气罐上这枚指纹进行编辑比对。

煤气罐是蓝色的漆面，但这枚彩色指纹输入电脑后，系统会自动显示为黑白色，反而弱化了指纹的许多特征。

在张双印的指纹破案原则里，能看原物尽量看原物。因为原物可以更清晰地反映指纹的细微变化。

他戴着白手套，一手拿着拆卸下来的把手，一手提着保温杯大小的黑色勘查灯。白光，照在把手内侧的一枚不到一厘米的指纹上。

放下勘查灯，他在电脑上标出特征点；提起勘查灯，分析指纹，再输入电脑……

看了一千多人的指纹，都不是。

死了三个人，如此大案，在“命案必破”的誓言下，别说市局局长，省厅领导都如坐针毡。可村里没有摄像头，如果靠排查询问来锁定犯罪嫌疑人，不知道要等到什么时候。

指纹成了快速破案的重要突破口。

最后一轮比对，张双印从第 1 个嫌疑人，一直复核到第 72 个，终于查到了他。

14 个特征点，有 10 个完全相同。其余地方，因为指纹搓动，发生了变形。

就是这个人。

凌晨 1 点 22 分，后续又从现场提取到的指纹，也比中了同一人。

张双印给领导打去电话。

市局领导正在连夜开会研究破案对策。接到张双印的电话，领导激动得拍案而起。

案子破了。张双印的心情却久久难以平复。

早在 2010 年，27 岁的张双印就已成为江苏省公安厅评定的两名指纹专家之一。2017 年 1 月，34 岁的他已成为公安部评出的全国 17 名指纹专家之一。2017 年 9 月，江苏省有四人被评为全国公安“百佳刑警”，他是其中之一。2018 年年初，他在公安部命案攻坚战中，比中五起命案积案；同年 9 月，又有一场命案攻坚战打响，他作为公安系统一员得力干将，已穿上战袍，披挂铠甲，出征降魔。

采访结束时，我问张双印能不能再说点儿什么。

他豪气冲天道：“我还可以再干 50 年。”

我和他都大笑起来。我相信他的斗志和毅力。

他笑完了，顿了顿，最后深沉地说道：“我希望加快建设完善全国统一的指纹库，更期待加快建立全民指纹库。这对我们刑警破案太重要了！虽然我改变不了人性中的恶，但我一定会全力以赴去斩除世间的恶人，让老百姓能够安享太平。我更希望永不发生命案！我衷心祝愿新时代里每一个人都幸福平安！”

扫描二维码即可观看
相关视频等

“纹人墨客”指上风云

周孟杰

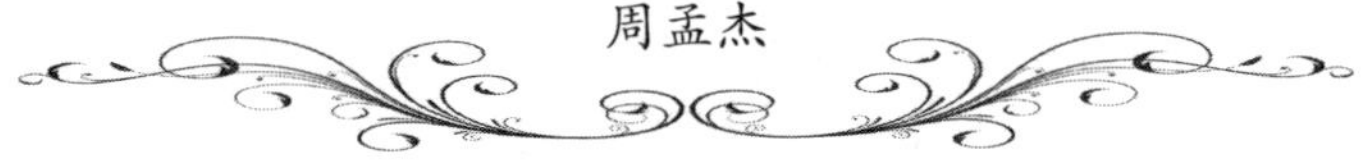

引子

深秋，暮色时分，熙攘的青岛火车站前，我在等“纹人墨客”和他同事来接。

海风吹拂，岛城静谧，此时已是万家灯火时分。说好的南站台出口处，一辆车前站着两个大汉。我凭直觉问：你是“纹人墨客”？

他俩热情地伸过手来，一一自我介绍。

他平头，阔背，一米八几的个头儿，熟练地开车穿行在青岛傍晚时分的车流里。

我心里不禁疑问：就他，猛男能干绣花的活儿？

车子七拐八拐，一直开到市刑警支队院门前。支队在市北区，一进大门，满院子的绿树，在海风里哗哗作响。大楼上许多窗户亮着灯，刑警们出出进进，看来他们又是一个不眠之夜。

在支队信息处指纹中心的办公室里，我和“纹人墨客”相向而坐，没有闲话，如多年的故交，开始一场深入而细致的交谈。

“纹人墨客”是指纹科科长秦文的微信名字，自加微信后，日常的交流中，我习惯称呼他这个有特殊内涵的名字。一个和指纹打交道的人，一个在幽深秘境寻踪的侠客。

之前，在他诸多的事迹文字里，我读他硕果累累的战绩和荣誉，想象着在指纹迷踪般的世界里，这个独具慧眼、寻踪追凶的人，一定是文雅清瘦，戴一副眼镜，镜片后面有一双若有所思的深邃眼睛；这双眼可以洞若观火，明察秋毫。而此时，我想象中的刑警英雄和面前这个体重二百多斤、虎背熊腰的七尺男儿还真不能完全合二为一。

“你这样的形象和气质更适合干侦查员，做抓捕、审讯的工作，不怒而威，让人胆寒。”端详良久，我说出憋在心口的疑问。

秦文哈哈大笑：“也有人这样说过！人的形象和工作反差大，是不是更有传奇色彩？”说完他又大笑起来，爽朗的笑声，自信、阳光，充满感染力。

一、宝剑锋自磨砺出

1998 年年底，秦文自青岛警校毕业后便进入了公安队伍。离开学校时，活泼好动的秦文一直想象着自己能干刑警，像电影、电视里演的那样，带着手枪，拎着手铐，天南海北擒贼、抓凶，威风凛凛。这是他从小的梦想。

“秦文，去刑警支队报到！”当学校领导宣布这一分配命令时，他心里那个乐啊！恨不得蹦几个高。

秦文是奔跑着进刑警队的。

他现在想起来，还觉得有些兴奋，那个劲头真是如初生的牛犊啊。他们那一届一共六个人分配到刑警支队。报到之后，队领导宣布先进行一个月的纪律培训。他心里瞬间如被泼了一盆冷水，他多么想立即投入破案的队伍里，像老刑警们那样，出现场，追逃犯，风风火火，那才叫一个痛快。好不容易一个月的培训结束，等来的却是当年所有新来的同志全部到指纹室学习的命令。

指纹有什么好学的？他心里不禁犯起了嘀咕。坐在办公室里，整天对着电脑，还不得憋死啊！

可刑警支队有一个惯例，新入警的同志首先都要到指纹室工作一段时间，接受这项最耐心细致的工作的锤炼。

秦文工作多年以后，才体会到支队这样的决定多么英明。一个侦查员从细致入微的工作做起，养成细察入微的态度和精益求精的精神，这对以后的侦查破案多么重要啊。可秦文当时不明白这个理啊，心里还憋屈了很长时间呢。

初到指纹室，秦文脑子还是蒙的。

在警校学习时，他也听老师讲过痕迹和指纹，但是在实战上还是很模糊，脑海里只有那么个初步印象，当时总觉得指纹工作和自己关系不大，也没怎么认真听讲。真正进了指纹室，秦文才知道，这是一个迷踪般的世界，就如同猎人在丛林之中寻找猎物，这是一个抽丝剥茧的过程。

指纹室的工作环境，就是一间二十平米的小屋子，六个人在里面办公。因为空间小，大家只能并排坐着，像小学生的课堂，每人守着一台电脑，把脑袋深深埋进去，可以想象是多么单调和枯燥。为了防止电脑屏幕反光，屋里整日拉着窗帘，窗户也都用黑胶纸糊死。人短时间待在里面还没什么，可秦文和战友们在指纹室一坐就是一天，真是疲惫至极。

1999 年电脑还是凤毛麟角的稀罕物，大部分人家里都没有电脑，那时候青岛连网吧都没有。最初电脑带给秦文和战友们的是新鲜感和好奇心，但随着时间推移，新鲜感早就烟消云散，剩下的只有单调和乏味。

秦文从基础的扫描指纹卡片做起。这是建库扫描的工作，就是把派出所采集的油墨指纹卡片，通过扫描仪，一张张扫描到电脑里面去。师父每天给他们每人 300 份的扫描任务，必须当天完成，不得拖延。

秦文至今依旧清晰记得扫描一张卡片并且完成图像切割，需要 50 秒，然后拿出卡片，换下一张放到扫描仪里再扫描。这是一项极其考验耐心和毅力的活儿，需要录入者细致用心。

秦文是一个爱琢磨的人，在录入的过程中他发现，他们扫描完一张卡片，需要人工更换下一张卡片，再敲击键盘回车键，这时扫描仪会有八秒停滞时间，再开始扫描。后来他就在键盘的回车键上夹个小纸条，这样就可以连续扫描，利用扫描仪停滞时间人工换卡片，能省出来十秒钟时间。

因为指纹室当时条件有限，只有三台扫描仪，十多万份指纹的录入任务还是极其繁重的。

为了尽快把十多万份指纹保质保量地扫描到电脑里，他们六个人分两班，早班是早上 7 点到下午 2 点，晚班是下午 2 点到晚上 10 点。

后来，爱琢磨事的秦文就发现，他录入熟练以后，其实可以同时操作两台扫描仪。于是他就等夜班别人走后继续干，从一人操作两台扫描仪，到后来一人操作三台扫描仪，他在三台电脑之间来回跑，从晚上干到第二天早上 6 点，能扫描 1000 多份，远远超出了领导安排的工作量。很快，他们就把所有的指纹卡片都扫描完了。秦文和同事白天黑夜的劳动，获得了领导的认可和鼓励。

结束了这项繁重的工作之后，秦文和同事们好像卸下了身上的一副担子。正好赶上青岛啤酒节，秦文和同事们一起去啤酒节上开怀畅饮，欢庆初次参加工作后的战绩。迎着海风，几个年轻人高举酒杯，畅想着美好的未来，一段时间来的疲惫和辛劳一扫而空，每个人心里都是满满的幸福感和自豪感。

干完扫描卡片，他们就开始接触指纹干预。干预特征，就是人工去标注指纹的特征。有老民警当师父，手把手地教，一丝一毫地讲。

秦文不知道，这是比指纹录入更枯燥和乏味的工作，每天都是千篇一律地寻找、寻找、寻找。

面对着电脑屏幕，在黑白色的纹线世界里深入进去，从里面一点点找特征。秦文每天要完成30份指纹，也就是300个指头的干预工作。看着量不大，但是在错综复杂的指纹纹理中抽丝剥茧，那不是一般人所能承受的。

每天对着电脑十几个小时，看得眼睛流泪，头昏脑涨，但倔强而要强的秦文硬是不叫一声苦。他知道这是一种磨炼和积累，没有烈火焚烧般的锻造，不会有刀剑的利刃；没有坚定扎实的经验积累，不会有以后大要案的侦破。

从1999年下半年开始到2000年上半年，差不多一年的时间里，秦文每天都是如此。就是在这段最枯燥的日子、最枯燥的工作里，秦文练就了一双“火眼金睛”，练就了从错综复杂的指纹世界里明辨真伪、去伪存真的硬功夫。

自2000年开始，秦文就开始查案子了，也就是学习干预现场指纹的特征。用师父的话说，是骡子是马拉出来遛遛的时候到了。

秦文也是憋足了劲儿，终于到发挥一身本领的时候了。可是他哪里能想到，利用指纹查破案件是一件极其困难的事情，即使是经过了接近一年的磨炼，要想熟练准确地运用到案件中也是不容易的。

勤思好学的秦文又陷入了沉思，怎么才能快速适应实战中指纹的辨析确认呢？他白天想，晚上想，甚至到海边散步都在思考这个问题。

好在秦文有干预捺印指纹特征的过硬基本功，和他磨炼出的耐心细致的工作作风，很快他就上道了。

秦文至今记得，他第一起比中的案子是2000年的一起入室抢劫案件。当时他的心情特别激动。比中案件后，他自己还不能确定真的比中了，一路小跑去找老民警进行复核确认。

老师看看指纹卡，再看看眼前这个气喘吁吁的年轻人，不禁从心底佩服小伙子的干劲儿。很可惜的是，这个案子经过侦查员的侦查早已经破了，也抓到了嫌疑人，只是他们指纹室这边还不知道，让秦文当作未破案件进行了比对。

那个时候还没有现在这么多的系统可以查询各种案件信息，只有通过电话联系查询档案台账，才能知道是不是破案了。

虽然是已经破了的案子，秦文和几个同事也算是完成了人生中的第一起指纹的认定。秦文在这次成功比对的过程中，获得了宝贵的实战经验，提高了实战水平。

领导和老民警对秦文这帮生龙活虎的小伙子们都特别照顾，知道他们正是在磨炼自己的时候。领导相信这帮年轻民警一定会在以后的案件侦破中大有作为。

根据当时的实际情况，领导在指纹技术学习方面安排了很多培训。秦文他们也特别长志气，憋足了劲儿去虚心学习和请教，他们水平提高得比领导预想的要快得多。

从那之后，秦文就进入了破案快车道，开始了各种指纹破案。

二、寻迹追凶显英雄

秦文比中的第一起杀人案子，是李沧区的一起入室抢劫杀人案件。

2001 年，临沂采集了两万多卡片，因为当时条件所限，没有设备扫描入库。而如果不能输入指纹库，那辛辛苦苦采集的指纹数据也就发挥不了它的作用。

那时候临沂人在青岛作案的多，领导们就协调临沂把卡片运回来，让秦文他们加班加点扫描入库。因为有了以前的经验，他们做这项工作得心应手了许多。

指纹输入后，秦文就利用这批临沂的捺印指纹卡片，在青岛地区发生的案件中进行比对。这也是一项磨炼心性的工作。秦文用了几天几夜把所有的指纹比对了一遍。果不其然，在众多的指纹中，有一枚与李沧区杀人案的现场指纹相吻合。

秦文兴奋异常，他生怕出现误差，又反复仔细地进行了比对认证。当他确定自己的判断分析准确无误时，便向领导作了汇报。

案件的破获相当顺利，有了秦文提供的强有力的证据支持，犯罪嫌疑人很快被抓获，沉寂了多年的案情终于真相大白，也让受害人得以安息。

秦文根据在这次案件中自己的指纹认证推断过程和理论分析，在领导的指导下共同完成了论文，并在学术刊物上发表了。这次成功破获案件，对秦文来说，是一次技术上的认定，更是确立了他的自信心。

善于总结成功的经验和失败的教训，这是秦文最可贵的品质。无论在指纹工作中有什么样的感悟和体会，他都及时记录下来，认真剖析和挖掘。遇到疑难问题，他会虚心请教，查询资料。他这种爱钻研的劲头儿，让他获得的经验越来越丰富，在案件的侦破过程中越来越得心应手。

秦文还清晰地记得，2012 年夏天成功抓获潜逃 16 年的故意杀人犯罪嫌疑人宿某明，为市局“缉捕重大逃犯攻坚行动”增添了重大战绩。该案侦破过程艰辛曲折，跌宕起伏，堪称命案追逃之精彩案例。

虽然此案已经破获七年，但秦文对破获此案的细节还是历历在目。1996 年 11 月 20 日，在四方区某羊肉馆内发生一起命案，该店厨师李某被人用刀砍死，很快另一名员工宿某明（男，时年 21 岁，山东平度人）被确定为嫌疑人。宿某明作案后已畏罪潜逃。同年，分局以故意杀人重大嫌疑将宿某明列为逃犯，开始了对其长达十几年的抓捕。而宿某明彻底断绝了同家庭和原社会关系的一切联系，像在人间蒸发了一样，杳无音讯。

时光匆匆，转眼到了 2011 年，侦查人员却丝毫没有放松，时刻都在寻踪查迹，追捕凶犯。

民警一次次饱含真挚感情、耐心细致的工作，感动了宿某明父亲，他提供了一条线索：宿某明在案发前曾在济南一家饭店打工，因盗窃老板刘某的物品被发现，被迫写过一张“悔过书”并在上面捺印。民警根据宿父提供的地址在济南火车站附近费尽曲折找到了刘某。得知民警来意后，刘某同民警翻箱倒柜找出了宿某明书写的“悔过书”。

民警展开“悔过书”，落款上赫然出现了宿某明鲜红的捺印指纹。

很快，这枚来之不易的指纹被送到了秦文面前。秦文面对这枚模糊不清的指纹，一言不发，全神贯注，把自己想象成走进一片黑丛林的猎人，寻找猎物的蛛丝马迹。这半枚残纹是这个杀人嫌疑犯留下来的唯一证据，秦文深知它的重要。最终，他确定这枚指纹与一名广西抓获的犯罪嫌疑人“姜孝松”的指纹比对同一。

案情由此出现了重大转机。根据查获的信息，民警急赴广西。

据当地公安机关反映：2003 年，广西苍梧警方曾破获一盗窃电缆团伙，该团伙成员中有一名犯罪嫌疑人自称叫“姜孝松”。后来，“姜孝松”因盗窃罪被判处有期徒刑 11 年。至此，民警确认“姜孝松”正是 15 年来销声匿迹的命案逃犯宿某明。但“姜孝松”服刑期间因表现良好被减刑四年，已于 2010 年 7 月被释放，再次去向不明。

时值“清网行动”冲刺阶段，分局决定趁热打铁，查清宿某明行踪，将其缉捕归案。

民警赴苍梧、贵港、防城港等地访问当年办案人员、宿某明服刑监狱狱友，查阅档案资料。通过探访宿某明狱友，民警获悉宿某明入狱前曾有一女友叫苏某凤。根据此线索，民警赶到桂平找到了苏某凤的母亲。苏母告知苏某凤现在广东打工。经苏母仔细回忆，2010 年，大约是宿某明出狱后，他曾给苏某凤位于南宁上林县的原籍地址寄去一封信，并留有一手机号码。因为当时苏某凤外出打工，没看到这封信，直到半年后才得知该号码，但该号码已停机。

经查，机主系湖南道县一家毛衣针织厂厂长郭某。民警结合宿某明在狱中服刑时曾从事毛衣针织工作情况，推断宿某明很可能在此厂打工，遂立即赶赴道县。通过访问得知，宿某明确于 2010 年 7 月至 11 月期间在郭某工厂打工，现已离开。经郭某反复回忆后，提供了宿某明在 2011 年使用的电话号码，此电话号码可能在广东佛山。侦查员随即转赴佛山，却查明现在使用该号码的人并不是宿某明。至此，线索再度中断。

时间在飞逝，破案的压力越来越大。

秦文也怀疑过，是不是自己的分析判断出现了失误？

不可能。秦文对那半枚残纹太熟悉了，他可以把它在脑海里重新复原。指纹的所有信息都说明秦文的判定不会错。

追逃办重新梳理前期获取的信息，继续将宿某明服刑地广西、曾经打工地湖南道县、前女友苏某凤现居住地湖北咸宁三地作为重点工作方向。7 月 2 日，由刑侦大队和海伦路派出所组成“缉捕宿某明专案组”兵分两路，一路前往湖北，另一路则奔赴湖南道县，再度开始了艰苦的查证、抓捕之旅。

第一路民警在湖北崇阳，广西桂平、上林进行了实地寻访、分析。通过工作，民警进一步准确掌握了宿某明的体貌特征、脾气秉性、生活习性、行为特征等。宿某明以小偷小摸的盗窃手段为生，四处流窜，在每地停留不超过三个月，因为痴迷玩网络游戏，喜欢嫖娼，每到一地都喜欢到位于市中心的广场附近活动。

第二路民警在湖南道县重点查找宿某明的通话记录，最终在几十万条通话记录中，确定了宿某明疑似使用的电话，得知其2011年春节前后始终在广西。

结束上林、道县工作后，两路民警在广西贵港会师，展开了分析宿某明相关数据的"虚拟追踪"。最终在北流市红运广场附近某网吧找到了宿某明的踪迹，印证了宿某明喜欢在市中心的广场附近逗留的行为特征。

2012年8月17日18时，随着一天的酷热逐渐退去，市民们开始享受夜晚时光的悠闲与惬意，红运喷泉广场附近渐渐热闹起来……18时20分许，熙攘人群中一个闲逛的男子出现了。守候民警精神一振：宿某明！虽然从未谋面，但追逃民警已经将其形象深深刻在了心中。几个民警同时反应迅速将该男子控制住。

经核实，该男子正是隐姓埋名逃亡16年的宿某明。宿某明到案后很快供述了1996年11月在青岛市小白干路持刀杀死李某的犯罪事实。

潜逃16年的宿某明变身"姜孝松"后，自以为隐起真身，便一切大吉。他万万没有想到，仅凭一枚残纹便被好猎手"纹人墨客"识破，真是应了那句话："法网恢恢，疏而不漏。"

翻开秦文的工作日记，纸张在我指尖一页页飞过。他那令人难忘的破案经历又一次次再现，字里行间，难掩惊心动魄。

2010年3月11日7时30分许，胶州市局接群众报警，在马店镇陆家村村东公墓生产路上，发现一辆车牌为鲁GZ629××红色出租车，车座上有大量血迹。时任胶州市局局长金瑞谟、刑警支队副支队长李飞军分别迅速带领两级侦技民警赶赴案发现场。经初步勘查，在出租车后备箱内发现一具女尸，死者系该出租车司机姜某某。初步确定该案是一起抢劫杀人案件。

经分析认为，该案可能是嫌疑人在诸城劫车杀人后，弃车抛尸于胶州。专案组立即兵分多路，一组专案民警赶往诸城开展工作；另一组专案民警在胶州开展工作，对被抢物品进行布控，对被劫车辆进行详细的勘查，对抛尸现场周边的村庄进行走访，以寻找目击证人。在诸城的专案民警按照被劫出租车GPS运行轨迹，在诸城市开发区纵二路中段，发现一个属于该车的靠垫，并在地面上发现有血迹。专案民警还发现3月10日下午，有人分别在胶州市三处邮政储蓄提款机分七次从受害人的银行卡提取现金11200元。

民警从受害人包内的加油IC卡和被劫车辆后门上提取到指纹。秦文和他的同事按照刑警支队安排立即对现场指纹进行查档。

经对该案现场指纹认真编辑特征，多方案发送本地、省厅、南京和上海指纹库进行查询比对，于当晚10时许，通过上海指纹库查询比中提取的一枚指纹。但该嫌疑人犯罪信息中只有姓名和户籍城市，无身份证号和详细住址。

秦文改用姓名和出生日期组合检索，经过反复核查与比对确认，终于锁定了一名重大嫌疑人。

专案组将该嫌疑人的照片与提款机监控拍摄的提款人进行比对，确定此人为该案重大犯罪嫌疑人。

3月12日下午，专案民警火速赶往曲阜。在当地刑警大队的大力配合下，将同案犯罪嫌疑人孔某抓获。经突击审查，其对伙同张某抢劫杀害出租车司机姜某某的犯罪事实供认不讳，并要求戴罪立功。在孔某的带领下，专案民警在后海西村张某暂住处将其抓获。

经查，张、孔二人经预谋，准备好匕首和电警棍后，于3月9日上午从城阳窜至诸城伺机寻找目标实施抢劫。3月10日上午11时27分，二人搭乘受害人驾驶的出租车，将其骗至诸城芦河桥附近，猛刺其数刀并胁迫其说出银行卡密码，又窜至胶州分七次从受害人的银行卡提取现金11200元，后将尸体藏匿于出租车后备箱内，弃车于胶州市马店镇陆家村。

一起案件的侦破，从市局领导到支队领导，再到各个警种的侦查员，都要付出百倍的辛劳，凝聚着所有公安民警的智慧。

而秦文和他的战友们在指纹比对中做出的努力更是功不可没。

2012 年 7 月 9 日，城阳流亭街道邱家女姑社区一房东牛某（女）在自家院子仓库一大塑料桶内发现一具高度腐烂的女尸。经辨认，死者系 6 月份在该房子租住的刘某。勘查后在装尸体的塑料桶盖边缘处发现并提取到一枚残缺指纹。

结合案件情况和现场情况，专案组对曾经在流亭街道邱家女姑社区 328 号租住过，以及和死者关系比较密切的十余名男性进行全面排查。

秦文对该十余名男性的捺印指纹进行了详尽的分析，排除各种图像干扰，最终确认孔某某的指纹与提取的现场指纹同一。

接到指纹比对信息反馈后，专案组立即传唤犯罪嫌疑人孔某某进行审讯。在证据的强大攻势下，犯罪嫌疑人承认了其于 2012 年 6 月 8 日晚杀人、强奸的犯罪事实。

2013 年 4 月 19 日，四方分局接一居民报案称，在四方区温州路"盛达旅馆"内，一名男青年于 19 日中午入住 208 房间；16 时许，他发现入住的男青年在用拖把擦地；后发现一名女青年在 208 房间内死亡，男青年逃窜。经查明，死者为迟某某（女，27 岁，山东高密人）。经仔细勘查，在被害人的保险单上提取血指纹一枚，结合现场情况分析，该指纹为嫌疑人所留。经指纹查询比对，当晚即比中犯罪嫌疑人李某（男，36 岁，莱西人）。

从秦文厚厚的工作日志里，随意抽出一本，我看到里面的记录文字："2008 年 6 月份以来，通过人工排查比对出案件 20 余起，其中还有一起系列强奸抢劫案件。"

我问：秦文，能说说都是怎样的案情吗？

秦文沉吟多时，答道：因破获的案件太多，很多案情都忘记了。

仔细回味着这沉寂在岁月深处的简短的记录，我能明白这文字背后惊心动魄的故事，明白那些在默默无闻的岗位上从事侦查破案的人，是怎样在用自己的付出与努力，为受害者伸张正义，为人世间讨回公道。

三、建指纹系统固本强基

2006 年，工作出色的秦文被市局提拔为指纹科副科长，成为刑警支队一名年轻的业务骨干。

在当时，随着时代发展和科技强警的意识不断提高，市局指纹系统建设开始显得更加重要了。支队领导考虑来考虑去，觉得秦文是最合适的人选，于是就安排他学习软硬件建设，负责起这项艰巨而复杂的工作，并对他下了死命令：指纹系统建设关系着侦查破案中的核心，也是对全市侦破案件的强有力支撑，事关全局，事关长远，指纹系统建设必须高标准、高起点、高水平。

秦文那时候对软硬件的认识，还只是停留在能组装电脑，能安装操作系统和各种软件的阶段。面对这么庞杂而高深的整体系统构成和建设，他可以说是一窍不通。猛然接触这些指纹系统应用的硬件、软件，他脑袋一下就蒙了，这可怎么办？

有一段时间，秦文茶不思饭不想，一直在思考如何进行下一步的工作。他知道自己肩头担负着全市公安指纹系统建设的重任，如果干不好，怎能对得起领导的信任和重托呢？

为了啃下“硬骨头”，不服输的秦文到处请教老同志，自己到资料室查基础资料，到网上学操作应用，一点一点弄明白什么是服务器，怎么选择合适的小型机服务器，怎么组装网络，如何日常管理等方方面面的问题。

那是一段艰难的时光。秦文每天都马不停蹄，与机房建设方面的人员打交道，与供货商打交道。尽管他以前从来没有接触过这些问题，但他认真、务实、谦虚好学的态度，让每一位和他打交道的人都暗暗佩服。

到后来，秦文可以和供货商熟练地谈各种型号的机器性能，能一下子指出不良商人想推荐低性能产品的参数问题。面对秦文这个由外行成为内行的对手，供货商只能实事求是，从不敢弄虚作假。

2006 年这一年，秦文还带领科室的同志在全市安装建设指纹活体采集系统。一年的时间，秦文和另一个同事，把全市十二个分局的二百多个派出所都培训了一遍。他工作细致入微，考虑问题周全，虽然自己很辛苦，但讲授的技能实用性强，基层派出所的同志都能准确掌握。有时候为了培训，他每天都干到凌晨。特别是一次在分局办培训班，都开好宾馆了，但为了赶进度，他晚上都没去睡觉，一直在分局干到第二天早上。

后来秦文回想起那段岁月，他很感谢领导的信任和支持，也很佩服自己能把重担担起来。俗话说学无止境，秦文在那段时间学到的知识，也让他认识到，指纹工作的发展离不开科技应用，指纹软硬件建设是形势所迫，指纹破案借力大技术大数据，必让指纹工作有更大的飞跃和提升。

同时，自 2006 年起，青岛全市开始安装活体指纹采集仪，所有指纹采集抛弃了以往油墨采集违法人员指纹的形式，全部使用电脑直接录入指纹。

为采集到高质量的指纹，秦文带领同事到派出所调研，结合自己在指纹应用中的经验和存在的漏洞，给基层的民警进行业务指导，并对指纹公司提出合理化建议和意见。哪个部位不合适要更改，哪个流程不妥善要变化，哪个界面有误差要优化，等等。秦文和他的同事一起研究、讨论、实践、应用，最终打造了一套全国独一无二的版本，后来被称为具有青岛特色的活体指纹采集系统。

那时候，全国各地活体指纹采集系统建设得还很少。他们这个版本，也得到指纹公司认可，从操作到界面，都按秦文他们提出的意见进行了人性化的完善，符合公安工作实际需求。指纹公司后来把这个版本直接向一部分外地公安机关销售，虽然他们不提是青岛版本，但这个版本的完善和高质量的应用，凝聚了秦文和同事的智慧和汗水。

2007年，青岛市局指纹系统也面临升级。那时候秦文的工作已经比较得心应手，不管是硬件服务器，还是软件的指纹系统，他都能如数家珍说出一二。

骄人成绩的取得，背后有无数汗水的浇灌，秦文和同事的辛勤努力换来的是丰硕的战绩。

在2007年2月6日至8日召开的全国指纹信息工作年会上，青岛市公安局刑事警察支队等五个地市单位受到通报表扬。支队犯罪信息处领导同志还作为成绩突出单位代表做了典型发言。

时任省长助理、公安厅长曲植凡，副厅长毕宝文对此分别作出批示。曲厅长批示“成绩显著，向同志们表示祝贺”，毕副厅长批示“向同志们表示祝贺和感谢！望再接再厉、再创佳绩”。

再后来到2015年，青岛指纹系统经历了三次大规模升级，秦文都能根据警务管理创新要求圆满完成任务。

秦文不只是一个埋头苦干的人，他还是一个爱钻研、善于总结经验的人。

根据自己的实践经验和理论应用，秦文将其写成论文资料，不断提高和丰富自己的理论水平。他在指纹工作中深刻认识到，要强化系统建设，做大做强指纹信息破案支撑平台是新时代的破案所需。

指纹自动识别系统，是青岛市公安局建立最早、破案效能最高的应用系统之一。全市公安机关各级领导对指纹自动识别系统建设十分重视，将其作为一项系统工程纳入目标化管理，并从人、财、物上给予倾斜，为指纹信息工作的持续发展提供有力的支持。为最大限度地发挥指纹系统的破案效能，刑警支队紧紧围绕“建设一个平台，形成一套机制，打造一支队伍”的整体思路，加强全市指纹工作体系建设，努力提高系统的实战效能和民警的应用水平。从外地获取720万份十指指纹，建成全省860余万份十指指纹的大型数据库，是同级城市存储量的3至4倍，存储案件现场指纹230余万枚。2010年上半年，仅利用从外地采集的前科人员指纹就比中命案4起。以市局指纹中心系统为主体，各分市局积极建设远程比对终端和指纹活体采集系统，将指纹网络延伸至基层科所队，形成三级立体化的指纹查询网络体系，实现了全市指纹信息采集、管理、应用的高效快速运行。同时，为实现国内同类系统实时联网查询，最大化共享指纹数据，刑警支队通过多种渠道与外地省、市公安机关达成协议，开通互查功能。

经过秦文和同事们的共同努力，能够实时查询上海、新疆、江西、重庆、南京、沈阳、大连总计1600多万份的十指指纹库，查询十指指纹数占全国十指指纹存储总量的六分之一。

为深挖系统潜能，刑警支队加强与指纹公司的合作，提出合理化改进建议，特别是针对指纹比对算法的优化建议，升级优化系统收到显著实效。经测试，较升级前指纹比对准确率增加15%，进一步释放指纹比对效能。青岛市局指纹中心系统运算比对速度超过80万枚/秒，系统比对速度和实战效能均达到全国一流水平。

四、全国指纹会战显身手

在指纹破案方面成绩卓越的秦文，不断走向更广阔的天地去大显身手。

2016年5月24日和6月14日，秦文参加了公安部刑侦局组织的“疑难复杂命案积案攻坚行动现场指纹分析研究会”，参与制订了4起案件52枚现场指纹的919种特征比对方案。随后，广东省公安机关利用下发的比对方案，成功比中了广东深圳系列杀人碎尸案犯罪嫌疑人。

2016年7月底，公安部组织开展了全国疑难命案积案攻坚工作，成立十个指纹比对专家小组，秦文作为十名专家组长之一，全程参加了历时40天的疑难命案指纹攻坚比对。

在40天的破案会战中，秦文发扬自己一贯敢打硬仗的工作作风认真工作，同时潜心向全国各位同行学习。他们都是从事多年指纹工作，经验丰富的专家，每个人都有独到的看家本事。秦文通过和他们交流，各位专家谦虚敬业、任劳任怨、一丝不苟的工作态度给他留下了深刻的印象。他暗下决心，一定要向他们虚心学习。而秦文认真负责的态度也获得领导和同行的认可，公安部刑侦局在对专项行动参战专家表扬通报中点名表扬了他，还专门对他在攻坚工作中的个人表现给山东省厅刑侦局发了表扬信。

2017年2月，秦文被评为公安部刑事技术特长专家，也是指纹专业全国仅有的17名专家之一。2017年3月，秦文被公安部抽调参加公安部命案攻坚督办案件浙江宁波—绍兴“1995—2007”系列持枪抢劫杀人案的指纹比对工作。他先后发送查询40个，核查反馈结果2000余个，及时对案件比中的指纹进行复核，明确提出鉴定意见。秦文在专案中的优秀表现，为山东省及青岛市的指纹信息工作赢得了荣誉。

2018年，公安部挂牌督办九起悬而未破的疑难案件，组织全国指纹专家进行了两次指纹比对攻坚工作。在参加指纹专项比对第一阶段工作的32天时间里，秦文共比中全国各地命案七起。每次攻坚任务都是任务重、压力大，但秦文凭借一身过硬的本领，都圆满完成了任务。

在攻坚工作中，秦文不仅要负责查指纹，还要负责所有人员比中破案数据的整理、汇总和核查，与情报信息人员对接研判等大量烦琐的工作。

用秦文的话说，这些工作简直太磨炼自己的心性了。因为登记和统计的工作量非常大，每天都要加班加点，一旦一不留神错了一个数字，结果就是天壤之别。所以工作的时候，时刻要保持精神高度紧张。

秦文面对的都是影响大的命案，公安部等各级领导极其重视。繁重的工作加上高强度的工作节奏，使秦文晚上常常失眠，有时他不得不借助安眠药入睡。

但越是艰苦的环境越是锻炼人，秦文正是在这样一次次大规模的破案行动中，渐渐变得成熟干练起来。

五、累累硕果铸辉煌

多年来，秦文任劳任怨、无怨无悔地发扬奉献精神，每年平均的加班时间长达400余小时。长期的信息比对检验工作，让他的身体健康状况急剧下降，手腕、肩膀、腰椎经常酸痛不已，沙眼、结膜炎等疾病更是常年存在，反复发作。每次去医院就诊，大夫总要告诉他多休息，少看电脑，但是他回到单位什么都不说，点上几滴眼药水便继续工作。多年来，他始终如一奋斗在自己的工作岗位上，从未因为身体状况而耽误工作。

为了配合青岛市违法犯罪信息系统升级，不耽误侦查破案工作，秦文连续加班，饿了就泡上一包方便面，累了就在办公室沙发上休息一会儿，圆满完成了全市犯罪信息系统的升级任务，保障了信息工作的正常运转。

在公安部组织的全国犯罪信息协查会战工作中，秦文连续半年时间，几乎每天都工作至深夜才回家，第二天还照常上班，周末休息时间也到单位加班加点。在公安部统计会战成绩的最后一天，他更是坚持工作到晚上12点才停止。而这一天就直接认定了各类刑事案件17起，为青岛市会战战绩取得全省第一、全国第四的好成绩做出了重要贡献。

在成绩面前，秦文总是谦逊有加。用他的话说就是，成绩的取得是大家一起努力的结果，而自己不过是起了该起的作用。

“你这么多年的付出和努力，自己是不是没有遗憾了？”面对质朴憨厚的秦文，我问。

他沉吟片刻，说道："我的遗憾多了去了。因为工作忙，女儿今年上初中了，我很少照顾她。多亏我的父母离得近，能帮我妻子照看一些。对孩子的学习我也关心不够，对女儿很有愧。"

在秦文的书橱上，有一张他和妻子、女儿的合影。照片里的女儿奔跑在海风中，父亲正投去无限柔情的目光。铁汉柔情，但铁汉更懂柔情之下默默地付出，更懂自己用肩头扛起的家庭与事业的重担。

望着书橱里厚厚的一摞工作日志，我知道那上面默默流淌着泪水、汗水、血水，记录着时光的步履留下的难忘记忆。

秦文喜欢用数字说话。他那单调乏味的工作，也许数字是最有说服力的。

他自参加工作以来，通过信息比对为侦查破案提供直接线索，共比对信息五万余条，参与比对上千起重特大案件；通过比对直接破获各类刑事案件2800余起，其中命案12起，共带破案件5000余起；仅2005年就通过信息比中4起命案积案，创造了全省信息比中命案的纪录。

看似单调和乏味的数字背后，是一个男人用生命书写的辉煌战绩和收获。

秦文以优异的工作业绩受到领导及同事们的一致认可。他先后获得山东省政府"执法为民先进个人"称号并记个人一等功，被记个人二等功一次、个人三等功四次，获得"全国协查工作成绩突出个人"、"青岛市杰出青年岗位能手"、"青岛市优秀青年民警"、"青岛市刑侦系统破案能手"等荣誉称号。

秦文还被聘为公安部刑事技术特长专家，先后荣获全国优秀人民警察、全国公安"百佳刑警"、全国指纹协查工作突出个人、全省执法为民先进个人、齐鲁英才标兵型人才、齐鲁先锋警员等荣誉称号，并作为省、市党代表先后出席2012年青岛市第十一次党代会和2017年山东省第十一次党代会。

“累吗？”我问。

“累啊！”他答。然而，在深夜寂静的刑警办公室里，我望着这位身材魁梧的山东大汉，他似乎有着泰山压顶不弯腰的气概。只听他接着道：“可累算得了什么？我喜欢这指纹迷踪里的挑战。”

尾声

“大家好，今天的《齐鲁先锋》电视节目播出的是‘在习近平新时代中国特色社会主义思想指引下·奋进新时代党员新作为’系列节目《坐在电脑前的刑侦战士》……”

打开电脑，我再次看着这部介绍秦文先进事迹的新闻片。

“他是一名刑警，但他主要工作在电脑前；面对杂乱模糊的手指痕迹，他常常会有惊人发现……他就是青岛市公安局刑警支队民警、公安部刑事技术特长专家秦文。”节目主持人这样向观众介绍着这位具有传奇色彩的刑警。

我沉默着。

我知悉“纹人墨客”的另一面，不被人知的另一面：一个铁塔般的硬汉子，在一场接一场惊心动魄的寻踪缉凶之后，他的颈椎一阵阵钻心地疼，他的眼睛又开始红肿发炎，泪流不止……

扫描二维码即可观看相关视频等

侠警孙振宇

于雋永

有一百个理由选择放弃，但坚持仅需一个理由

满村十几位农民齐刷刷站成一排，在一名老者的带领下给孙振宇郑重地鞠了一躬。因为孙振宇抓住了潜逃二十多年的逃犯史存喜，给死者讨回了公道。

这一幕，发生在2017年11月某天的长垣县公安局刑警大队门口。

那一刻，孙振宇的眼泪夺眶而出。

几年来，抓捕史存喜的一幕幕又在他眼前浮现。

24年前，因为矛盾纠纷，满村村民史存喜将本村的史红旗杀害后潜逃，一直杳无音信，案子成了悬案。死者家人不断上访，长垣警方深感压力。2011年开展全国“清网行动”，局长将这个烫手的山芋交给了孙振宇。他太熟悉孙振宇，他知道这是个专门啃“硬骨头”的汉子。

接过案子后，孙振宇像大海捞针一样查找史存喜的行踪，连走路睡觉都在琢磨。

在和一位做棉花生意的商人朋友闲聊时，这个朋友突然问孙振宇，公安局是不是在抓一名姓史的逃犯。

孙振宇眼睛一亮，急忙点头称是。

朋友说，他在新疆石河子一家棉花加工厂见过他，而且还混得不错，当上了一个车间的班长。

孙振宇当即连夜带领民警赶赴石河子。顺利到达该棉花厂后，孙振宇向一个工人打听史班长的下落，说是老家来人投奔的。工人倒也痛快，说史班长刚出去，到棉花田里去了。孙振宇就急忙赶到棉花田里。远远地看到一个身材与史存喜相仿的中年汉子正在同一个拾棉花的妇女交谈。

孙振宇示意民警包抄过去。民警很快将中年汉子围在中间。中年汉子见突然来了几个陌生人将他围住，心里一惊，暗自戒备。

孙振宇看在眼里。

“小喜，混得不赖啊。”孙振宇一边跟中年汉子搭讪，一边向他贴近。

中年汉子龇着大金牙，嘿嘿笑道：“朋友看着眼生，认错人了吧？”

孙振宇盯着史存喜的金牙说：“错不了，咋着，河南话都听不出来？我们是河南的。”

一听是河南来的，中年汉子一愣，看看四周几个壮汉，知道跑不掉，倒也痛快，跟着孙振宇他们就走。

等到了旅馆，孙振宇详细一询问，才知道此史存喜非彼史存喜。

此人居然也叫史存喜，门牙居然也镶了一颗金牙，而且两人年龄相仿，唯一不同的是这个史存喜家是开封兰考的。同名同姓，就连门牙上镶了一颗金牙的特征都相同，世界上竟有如此惊人的巧合，孙振宇也是无语了。

后来几年，孙振宇只要一打听到史存喜的消息，就立马带人过去抓捕。他和战友们曾经到过黑龙江漠河，也去过广东珠海，但都是空手而归。

史存喜就如人间蒸发一般，活不见人，死不见尸。

孙振宇设想了两种结果：一是史存喜已经死亡；再就是更名改姓，漂白身份。他认为第二种可能性较大。“清网行动”中，很多被抓获的逃犯就是用的这个伎俩。

也许是孙振宇的执着感动了上苍，那天，他通过公安相关系统发现一个名叫胡亮的人，无论相貌和眼神都与史存喜惊人的相似。此人刚刚在山东威海办理驾驶执照。

他是不是史存喜呢？

孙振宇不敢确定。毕竟长相相似，甚至相同的人在全国并不罕见。在新疆石河子的那次抓捕，至今还让他记忆犹新。

但孙振宇还是决定冒险一试。

孙振宇带领民警匆匆赶到威海，请威海交管部门帮助查询，可交管部门仅查到胡亮的驾管信息。到胡亮身份证显示的户籍地派出所查询，也没有查到任何轨迹。

孙振宇不禁有些失望。但他也感到奇怪：为什么在如今的大数据时代，胡亮的户籍信息里没有任何轨迹呢？难道这里面藏着不为人知的秘密？

想到这里，他又振奋起来。

他坚信自己的推测没有错。他和当地派出所分管流动人口的民警攀谈后得知，2013 年胡亮曾在海边一个渔村租过房，而房东的儿子正在镇政府里上班。

孙振宇找到房东儿子，让他辨认史存喜的照片。房东儿子指出此人很像租过自己房子的胡亮。他还反映这个胡亮在镇里开了一家羊肉烩面馆，这个人自称东北人，但却不会说东北话。

孙振宇听了心里一动。羊肉烩面是河南的传统美食，而史存喜就是个有厨师手艺的人。

孙振宇强按捺住心头的喜悦，决定会一会这个烩面馆老板。

烩面馆的生意有些萧条，胡亮正准备外出，迎面碰上孙振宇。

孙振宇目光直视着胡亮，冷冷地说："小喜，该回家了。"

胡亮一惊，故意装出一副茫然的样子。

孙振宇掏出证件在胡亮面前一晃："我们是长垣来的。"说着，手就搭上了胡亮的脖子。

"警察打人了——"胡亮突然喊叫起来。他仗着自己在当地混得人熟脉广，企图通过大声嚷嚷引来街坊邻居赶来阻挠，再趁机逃脱。

孙振宇当然清楚这小子打的什么如意算盘，他用手掯住胡亮的脖子，低声喝道："你斜豁（方言：大声说话）啥斜豁，知道我们来多少人吗？在街那边还有十几个呢，你觉得你能跑掉吗？"

胡亮有些泄气，但仍狡辩道："我真不是你们要找的人！"

"咋着，敢做就不敢承认了？是不是的先上车再说。"孙振宇毫不含糊。

胡亮也就没再说话，被孙振宇押上了车。

"你和红旗到底因为啥球事就把他弄了？"车上的孙振宇显得有些漫不经心，不解地问。

"他欺负人——"

此话一出，胡亮顿觉失口。他马上绷紧了嘴巴。

孙振宇笑了。

他让司机停车。

下车走到稍远的地方，他急忙掏出手机，将喜讯告诉远在数百里之外的副局长吕希平。由于太过紧张和激动，他说话竟然有些语无伦次。

吕局，抓，抓住了。

电话另一端的吕希平一头雾水，声音低沉地说：你斜豁啥斜豁，正开会呢，抓住啥了？

史存喜！

一听史存喜落网了，电话那边的吕希平忘记了正在开会，高兴地叫了一声“好”！

看到大伙儿都在莫名其妙地看着他，他不由得低声冲电话里骂道：“孙猴子，这次丢大了，回来非收拾你不可！”

史存喜被抓住了！潜逃24年之久的史存喜终于落网了！

长垣人民奔走相告，沉寂已久的满村更是鞭炮大作。长垣县委领导亲自到长垣高速路收费站口迎接凯旋的孙振宇。

一辆灰色凯美瑞轿车在出站口缓缓停下，孙振宇等人押解着史存喜走出轿车。迎接的人群顿时爆发出如潮的掌声。

掌声，是对一个刑警最大的褒奖。再多的苦，再大的委屈，此刻都化为乌有。

自从2011年他接手这个案子，已经七年了。其中领导更迭不说，手下的民警调动不说，就说他自己，两次因公受伤，造成大腿粉碎性骨折，大腿股骨头坏死，随便一个理由，他都能从这个案子中抽身出来，但他没有。

孙振宇说，刑警破案，不是靠侥幸，而是靠坚持，靠执着，靠百折不挠。尤其对那些疑难刑事大案，放弃不需要任何理由，而坚持仅需一个理由，就因为你是一个警察。

由于史存喜迟迟不能归案，无形中给孙振宇造成了难以想象的精神压力。

有段时间，他怕见局长，见了局长就躲；他怕见这些朝夕相处的同事，生怕同事拿这个案件调侃他。

但他最怕见的，是受害人女儿小霞，怕小霞那无助的眼神。自从父亲遇害后，小霞的脸上就再没有出现过笑容。

而每当看到小霞走进县公安局控申科，孙振宇的心就忍不住疼。

他暗下决心，就是找到天涯海角，也要找到史存喜，还受害人一个公道，让小霞尽快从失去父亲的痛苦中走出来。

天道酬勤。

孙振宇经过七年的苦苦坚持，终于换来了擒获史存喜的这一天，为悬了 24 载的命案画上了句号。

什么都可以随机应变，唯信仰不能变

在长期的刑警生涯中，孙振宇养成了记笔记的习惯。

十几年下来，他的工作笔记已有几十本，摞起来有一人多高。但无一例外，每一本工作笔记的扉页上都写着这么一句话：“工作中什么都可以随机应变，唯信仰不能变。”

2014 年年初，以李虎为首的黑恶势力在长垣一带为非作歹。为了获取非法利益，李虎网罗一批社会闲散人员和两劳释放人员专事寻衅滋事，收取保护费，一时间在长垣街头谈“虎”色变。

公安机关决心拔掉这个毒瘤，随即成立了以孙振宇为组长的专案组。

李虎团伙行踪诡秘，作案隐蔽。

为获取证据，查清其犯罪事实，孙振宇根据犯罪嫌疑人的作案特点和规律，将目标锁定在长垣城内的高档娱乐场所、高级宾馆和 KTV、会所等。

为防止打草惊蛇，孙振宇只身潜入歌厅和会所侦查。灯红酒绿的歌舞升平中，人们经常会看到一个西装革履的英俊小伙子出入其间。

可是县城就那么大，大家都是低头不见抬头见的，出入歌厅会所，自然免不了碰到熟人。

慢慢地，关于孙振宇的流言也就多了起来：结交一些狐朋狗友，经常出入高档场所；花天酒地，生活糜烂。更有好事者向局领导告状，说孙振宇的所作所为严重败坏了警察形象。

也有朋友提醒孙振宇的妻子，要她劝一下孙振宇。原本很了解丈夫的妻子经常听到这些传言，也不由得疑虑重重，她向孙振宇说出了自己的担忧。

面对妻子的疑虑，孙振宇无法解释，也不能解释。他只能选择沉默，因为这是纪律。

经过数月艰苦侦查，他基本摸清了李虎团伙成员状况和作案规律，锁定了证据。

同年 8 月一天深夜，专案组迅速行动，一举抓获以李虎为首的达 28 人之多的涉案成员，破获刑事案件 30 多起，彻底摧毁了危害长垣达四年之久的黑社会犯罪团伙。

破案后，一天夜里，孙振宇驾车带着妻子到达一家娱乐会所。他告诉妻子，你现在知道我当初的苦衷了吧，被人误解，尤其是被亲近的人误解，是非常痛苦的。

妻子望着他，含泪点头。

孙振宇常说：一个人必须有底线，遵守纪律，就是警察的底线。

正因为有坚定的信仰支撑，孙振宇才经受住了各种诱惑，在工作中以不变应万变，顺利渡过一道道难关，抵达成功的彼岸。

2015 年 4 月的一天中午，正在值班的刑警大队副大队长孙振宇突然接到 110 指挥中心指令：长垣县顿庄村发生一起突发事件，犯罪嫌疑人持刀与派出所民警对峙，务必立即出警。

孙振宇马上集合民警，发动警车，像一支离弦之箭，从县城桂陵大道的刑警大队大院驶出，直奔十公里之外的顿庄村。

这是执法记录仪拍摄的一个真实画面：现场位于顿庄村一个破败的小院。从一间没有窗户，仅有一扇小门的屋子里，不时传出一个男子歇斯底里的声音：

“都不许进来，进来我就死给你们看。”

门外，几名派出所民警颇感无奈，他们向孙振宇简单介绍了案情：原来该男子到这户村民家行窃，正巧被回家的房主撞见。情急之下，房主将嫌疑人锁在屋子里，打电话报了警。两名派出所民警接警后赶到现场，准备对犯罪嫌疑人实施抓捕，嫌疑人一看无路可逃，随即抓起一把菜刀，边挥舞边扬言谁进来就砍死谁。

孙振宇向屋子里望去，只见里面黑乎乎的，什么也看不清。

他不由得倒吸一口凉气。彼暗我明，如果不能进一步掌握嫌疑人动态，事情将非常棘手。

有民警建议，等村干部来了再进去。可情况紧急，哪里有时间等下去。

只见孙振宇猛然掏出手枪，推上膛，用眼神示意一下后面的战友，自己第一个冲了进去。

等眼睛适应了一下黑暗，孙振宇发现屋里一个40多岁的男子手里握着一把菜刀。

见孙振宇冲过来，手里举着黑洞洞的枪口，男子情急之下将菜刀横在自己脖子上，威胁孙振宇：

“别过来，你过来我就自杀。”

孙振宇当然不会听他的，他把枪收起来，一步步向男子靠近，安慰道：“有多大的事啊，这么想不开！咋着，连命都不要了?”

看男子犹犹豫豫的样子，孙振宇迅速靠了上去，大胆地将一只手顺势搭上了男子握刀的手，两眼紧盯着男子的眼睛。

那男子稍一迟疑，孙振宇一个翻腕，将男子手中的菜刀打落，顺势一拉，将男子拉了一个趔趄。

还没等他回过神来，后面紧跟着的几名刑警一拥而上，将男子牢牢控制。

从现场回来，一位派出所民警不解地问：“孙队，那屋里黑灯瞎火的，啥都看不见，你不怕那家伙拿刀伤你?”

孙振宇笑了笑，诙谐地说：“怎么不怕，可有时候没有金刚钻，也得揽瓷器活儿。”

作为刑警，孙振宇在经历了六年的刑事勘验，侦破了数百起各种千奇百怪的刑事大案之后，已经百炼成钢。

尽管如此，他还是在2015年的春节，遇到了一个特别棘手的案子。在这个案子里，他遭遇了从警以来最为棘手的对手。这个对手叫贾文明。

如果世界上有克星，那孙振宇就是贾文明的克星

2015年的春节，孙振宇一点儿也没有过节的喜悦，他和同事们在漏粉村村支部住了下来。

三天前，这个洋溢着春节气息的村子，却因为一群特殊身份的人的到来而变得沉闷起来。

那天孙振宇在刑警队接待了一个老实巴交的青年。他向孙振宇求助，希望警方帮助寻找近日失踪的妹妹肖明明。肖明明在长垣某洗浴中心做按摩服务，最近电话却一直关机，怎么也联系不上。

职业的敏感让孙振宇意识到，肖明明可能出了意外。肖明明最后的通话记录显示，她是和一个叫谢志起的中年男子通话的，谢志起就租住在漏粉村这个名不见经传的小村子。

在谢志起的出租屋，孙振宇和同事们没有发现异常，而谢志起却失去了联系。

一个活生生的人怎么会凭空消失呢？

出租屋里，又一次查无所获之后，孙振宇不经意的一瞥，瞥见了墙角处的一辆三轮车。他的目光立刻被吸引了过去。就那样一辆普普通通的人力三轮车，缺铃少闸的，却让孙振宇盯了足足有三分钟。

他走过去，在三轮车旁蹲下来，围绕这辆三轮车，仔细地研究起来。

在人力三轮车厢的夹缝里，他突然发现了一小块指甲大小的肉块。

这个发现让他有些兴奋，又有些莫名烦躁。肉块被法医送检了，他多么希望那只是一些动物的组织。

检验报告很快出来了，具有 30 年现场勘查经验的法医老支给出了结论：这是一块人体组织。

在出租屋里，同事在一只球鞋的鞋帮上，发现了少量血迹。经 DNA 鉴定比对，人体组织和血迹来自同一个人，而它们与肖明明的吻合度在 99% 以上。

无疑，肖明明已经遇害。出租屋就是现场。具有作案嫌疑的谢志起失踪了。

通过查询，肖明明银行卡里的两万多块钱被人取走。难道是谢志起为钱而杀人？

案情峰回路转是在孙振宇到达菏泽以后。肖明明银行卡里的两万元现金，是在菏泽一个 ATM 机被取出的。民警从银行监控里看到了一个熟悉的面孔，取钱的人赫然就是失踪者谢志起。

继续追查监控，民警发现在数公里之外的菏泽公交站，竟然还有另外一个人。

这个人一出现，孙振宇眼前一亮。肖明明失踪以后，孙振宇围绕谢志起做了大量调查。谢志起曾在监狱服刑，同一个叫贾文明的狱友关系密切。而在肖明明失踪之后的几个小时，谢志起和这个叫贾文明的联系较为频繁。现在，谢志起又同贾文明一起前往菏泽取款，种种迹象表明，贾文明极有可能涉案。

警方决定抓捕贾文明。孙振宇带领民警连续多日奔波于河南郑州、内黄县、滑县、濮阳县、清丰县和山东菏泽等地。3 月 8 日晚，在濮阳警方协助下，贾文明落网。

然而，审讯贾文明的结果，却令孙振宇大失所望。

贾文明交代去菏泽取钱，是被谢志起邀请去的，谢承诺给自己一万块钱至今却一分没给。

当民警追问谢志起的去处，贾文明则气愤地说，他也在找谢志起要钱呢。

这个贾文明，看似忠厚老实，实则奸猾无比。

兜来兜去，案子又回到了原点。

难道贾文明真是无辜的？

3 月 30 日，时任河南省公安厅副厅长李法正、调研员刘凤山带领技侦人员赶赴长垣，召开了有长垣、濮阳、新乡等地负责同志参加的案件协调会。会上，濮阳警方向长垣通报了一起疑似被侵害案件，失踪人员梁大梅在濮阳做按摩，于 2015 年 1 月失踪，经侦查发现，失踪前与犯罪嫌疑人贾文明曾有联系。

省厅确定该系列案件由长垣主侦，新乡、濮阳公安机关全力配合。而审讯贾文明的工作就落在孙振宇的身上。

一连十几次审讯，贾文明每次都回答得滴水不漏。

孙振宇观察着眼前这个其貌不扬、身材矮小的家伙，感觉还真是个不太好对付的对手。

孙振宇想起了省厅预审专家张宗奇对他讲过的一句话："要想战胜对手，必须了解对手。"

孙振宇马上调出与贾文明有关的卷宗。这一看，还真让他对贾文明刮目相看。

这个贾文明竟然是个古墓大盗。他在部队当过六年工程兵，复员后曾因盗窃和抢劫获刑 19 年。此人每每作案后还会总结，将作案过程中的心得记载下来。多年的盗墓生涯，他竟然积累了 20 多万字的"盗墓笔记"。

看完卷宗，孙振宇终于摸到了贾文明的底牌：这是一个"死猪不怕开水烫"的厉害角色。

审讯贾文明不可一蹴而就，必须有个全盘计划。稍有不慎，满盘皆输。

孙振宇只顾看卷，忘记了时间。

同事下班的时候，看到他在办公室里痴痴地凝神苦思，手里拿着一把孔明扇，慢慢悠悠地摇着，便提醒他该下班了。孙振宇当时应了一声，说马上走。

第二天同事上班，看到孙振宇，以为他刚上班，就说了句："早。"

孙振宇回过神来，急忙问："咋着，不是刚下班吗？"

同事惊奇地望着孙振宇说，你不会在这里坐了一夜吧？

一连 20 天，他没有提审贾文明。

第 21 天一早，一个身着警服，外面套着白大褂的医生走进了关押贾文明的监室，给贾文明理发剪指甲。"白大褂"走后不久，两个武警又进了监室，不容分说给贾文明砸上了脚镣。晚上，贾文明享受了一顿丰盛的晚餐。

正在贾文明摸不着头脑时，一个狱友走近他，向他道别。

贾文明疑惑地问对方：警察这是玩的啥花样？

狱友叹了口气：这是准备送你上路。

贾文明不服地说，他可一个字都没招啊。

狱友告诉他，现在科技发达，零口供也能判刑。

又过了几天，孙振宇把贾文明提到了审讯室。只见他悠闲地抽着烟，目光盯着贾文明那张脸，一语不发。

贾文明也在觑着孙振宇。他想看一看这个警察，今天究竟怎么玩？

两个人对视着，谁也不说话。场面顿时有点儿僵。

还是孙振宇打破了僵局。他慢悠悠地说："贾文明，你高中毕业，当过六年隧道兵，我就当你在部队这所大学里毕业了。你又当了几年江洋大盗，我当你实习了。最后在监狱里待了十来年，我当你研究生毕业了。你还写了 20 万字的盗墓笔记，看来你连专著都有了。所以贾文明啊，你在这条道上，绝对是个一等一的高手。我想不佩服你都不行啊。"

如此开场白，让贾文明颇有些意外，也有些扬扬得意。对于眼前这个警察，他便生出几分好感。

"嘿嘿，没想到孙警官对咱还挺熟，看来您也是关云长千里走单骑——不是个瓤茬。”

“听说你最爱看《三国志》，巧了，我也喜欢这个。今天我们就聊聊三国，三国里有一出‘关羽长沙收黄忠’，你熟悉吧？”

贾文明不解地望着孙振宇，点了点头。

“关羽与黄忠在长沙大战，黄忠不敌关羽，眼瞅着关羽青龙刀一摆，就要将黄忠斩于马下。你猜咋着？只见青龙偃月刀贴着黄忠的头盔劈了过去。原来是关云长心生爱才之意，故意放黄忠一马。次日两人再战，黄忠蛮可以箭射关云长，为报关羽救命之恩，却射偏了，正中关羽头上盔缨。两人惺惺相惜，结下深厚情谊。我希望你我的交锋，能像关羽与黄忠一样，做一个让彼此尊重的对手。”孙振宇说。

见这个警察对三国侃侃而谈，跟自己竟有几分志趣相投，又听他把自己当成了关羽黄忠一样的三国英雄，贾文明心里不由一阵窃喜。他想，如果能结识这个警察，说不定将来还能有一线转机。

这时他看孙振宇的眼光就有些特别，仿佛在漆黑的夜里看到了一线光明。

这一切都被孙振宇看在了眼里。但他不动声色，冷峻的目光直视着贾文明，仿佛早已看到了他的心底。

“你知道卫星定位吧，现在科技发达，天上到处布满了我们的科技通信卫星，即便是一个小如蚂蚁的东西，在卫星上也显示得一清二楚。”孙振宇继续道。

突然，他话锋一转，说：“我不妨提醒你，肖明明银行卡里剩下的1900块钱是被你取走的。当天下午5时48分，存入你中国银行的银行卡里。如果我说错了一个字，我现在就让你走人。”

贾文明听得大骇，但仍存一丝侥幸。

孙振宇却不给他任何喘息机会。他从警服里掏出一张A4纸，然后淡定地对他说，这张纸记录的，是你对肖明明作案的过程，我现在放在你看得到的地方，你等会儿自己看，看看有没有差错。

此时，贾文明的心理防线已被彻底击溃。

于是，他痛痛快快地把伙同谢志起将肖明明杀害并分尸的经过，一五一十地倒了出来。

贾文明交代完毕，长出了一口气。

孙振宇不慌不忙地将那张 A4 纸递给他。

贾文明看到上面的记录密密麻麻，仿佛他一边作案，旁边专门有一个人在记录一样，心里不由得倒吸一口凉气。这个一辈子对谁都不服气的恶棍，不得不对孙振宇充满了尊敬和钦佩。

孙振宇决定乘胜追击。

他又拿出两张 A4 纸，折叠好放到贾文明目光所及的地方，说，这两张记录了你对谢志起和梁大梅犯的案子。我就不听你瞎白话了，门外有两个民警，一会儿他们进来，你把详细作案经过给他们讲。

贾文明哪里还有半分怀疑，急忙点头。

从审讯室出来，孙振宇仿佛虚脱了一般。他蹲在地上足足有半个小时才起身离开。

贾文明的交代果如所料：贾文明和谢志起出狱后不思悔改，盯上了卖淫女，认为卖淫女肯定有钱。两人便于 2015 年 1 月 29 日在濮阳将卖淫女梁大梅约出杀害，埋尸在贾文明家的后院。两人又于 2 月 7 日晚将按摩女肖明明电话约出，胁迫肖明明交出银行卡和密码后将其杀害分尸。2 月 9 日晚，两人从菏泽取钱回来后，在租住的旅馆内一边喝酒，一边分赃。贾文明追问两次作案后得手的钱数，谢志起说当时梁大梅刚给上学的女儿打了款，身上没钱。贾文明有点儿不满，怀疑谢志起玩阴的，就又问肖明明银行卡里的钱。谢志起支支吾吾，一会儿说肖明明也没钱，一会儿又说她银行卡里就两千块钱。贾文明就更断定谢志起要私吞赃款，心里的怒火呼呼直蹿。他心里骂道："想阴老子，也不打听打听，老子是玩空手套白狼的祖宗。”气昏了头的贾文明，随即恶向胆边生，却又假装不在乎地一个劲儿给谢志起灌酒，直到将谢志起灌得酩酊大罪。之后贾文明一不做二不休，他从楼下的五金商店里买来电线，将电线的一端缠到谢志起的手上，然后将另一端插进了电源，可怜谢志起竟然来不及挣扎就被电死了。然后他租赁一辆三轮车，趁着黑夜将谢志起的尸体拉到家里掩埋。

连杀三人，贾文明竟然若无其事，其心理之邪恶，其手段之毒辣，其心机之阴沉，其心思之缜密，不能不令人震惊。

然而魔高一尺，道高一丈。贾文明哪里料到他会碰上孙振宇这个特殊对手。他根本不知道，在审讯室里，孙振宇的第二张和第三张 A4 纸里根本没有一个字。如果他知道孙振宇不过是在诳他，就算孙振宇的计划再完美，他也不会交代杀死谢志起和梁大梅的。

如果世界上真有所谓的克星，那么孙振宇就是他贾文明的克星。后来在法庭上，当贾文明发现被孙振宇“算计”，后悔得肠子都青了，瞪着孙振宇开口直骂。

4 月 6 日，天空下着小雨，在贾文明指认下，民警找到了肖明明的抛尸现场。随后在贾文明的小院里，挖出了被掩埋的梁大梅和谢志起的尸体。由于贾文明当过工程隧道兵，他挖的洞很有技巧，寻找谢、梁两人尸体的时候很是费了一番周折。当初挖洞的时候贾文明先是向下挖了几米，然后横掏了一个三米左右的隧道，再从隧道的尽头又向下挖了两米，谢志起和梁大梅的尸体就被掩埋在这里。按照贾文明的指认，民警用挖掘机忙乎了半天，愣是没有找到被害人的尸体。再次询问贾文明，他才交代两人被掩埋的具体位置，真是阴暗至极。

“公路局测绘队”，摧毁长垣贩毒网络

2010 年 11 月 1 日，在长垣县樊相镇的一处废弃的库房里入住了一支“公路局测绘队”。领头的是一个身材高大、仪表堂堂的青年汉子。所谓“测绘队”，其实就是长垣县刚刚成立的特大贩卖毒品案的专案组，领头人就是孙振宇。

那天，身穿便衣的孙振宇到某夜总会侦破一起介绍妇女卖淫案件，发现涉案人员李萍出手阔绰，挥金如土，并有吸毒迹象。他随即对李萍展开调查，发现这个李萍不仅吸食毒品，还涉嫌贩毒。

为了不打草惊蛇，经请示领导同意，孙振宇单独跟踪侦查。

谁知这一跟踪，竟然跟了八个多月，没有人能想到这八个月他是怎么熬过来的。由于贩毒活动多在夜里进行，跟踪蹲守时，他一个人无论多晚都要睁大两眼，还必须时刻保持清醒。除一部诺基亚智能手机外，他什么都不能携带。渴了能忍，饿了也能忍，但是他却没办法让困倦消失。起初当困意袭来时，他就狠狠地掐一下大腿，困意就消失了；但这方法没有多久就不管用了，他就只能买来清凉油涂在自己的太阳穴上。

八个月的辛苦没有白费，通过摸排，一个以冯强为首的特大贩毒团伙浮出水面。

专案组成立后，孙振宇从刑警队特意挑选八名刑警骨干进驻，对外宣称“测绘队”。孙振宇要求所有参战民警从即日起关闭一切通信工具，严格遵守保密纪律，不得向外界泄露丝毫工作秘密，仅有一部专线电话用于开展工作。直至案件侦破，包括绝大多数局领导在内的长垣县公安局的民警们竟然不知道还有一个秘密侦查队活动在身旁。

在废弃的库房里，民警不断搜集着来自各方面的情报信息。孙振宇则手摇折扇，运筹帷幄，活脱脱一个孔明再世。

专案组获悉，大毒枭冯强的小弟小马，携带毒品出现在湖北至新乡的长途客车上。

孙振宇马上排兵布阵，将人马分成四路，假扮乘客分别在南阳、郑州、新乡上车。孙振宇坐镇新乡负责地面指挥。由于不清楚小马的相貌特征，仅有他的手机号码，孙振宇再三嘱咐民警上车后首先要确定目标，不到交货，绝对不能轻举妄动，以免打草惊蛇。

一切都按原定计划有条不紊地进行。突然，孙振宇手机上收到一组信息，毒贩李萍携带毒品在滑县出现，准备交货。

这个消息彻底打乱了孙振宇的部署。两伙毒贩在同一个县城发生交易，相距不远，一旦走漏风声，将有一伙毒贩放弃交易，甚至两伙毒贩都停止活动。

于是，他火急火燎地向刑警大队大队长张忠文求救，请他派十名民警赶到滑县支援。

张忠文苦笑着道，老弟，别说十人，就是两人我也给你派不出。刚刚苏寨发生了一起 9 岁儿童被杀案，刑警大队全体出动上命案。现在只有一个人能帮你。

半个小时后，张大队一个人提着枪找到了孙振宇。

孙振宇盯了张大队良久，突然笑嘻嘻地说："我真是蠢啊，怎么没想到你一个人就顶千军万马啊。"

张大队不明就里。

孙振宇开玩笑道："咋着，领导您揣着明白装糊涂？古有诸葛亮草船借箭，今有张大队新乡借兵。李萍这伙毒贩就拜托亲爱的张大队了。"

张忠文再傻也明白孙振宇的意思了，这是要他向新乡市局张嘴啊。

凌晨 3 时，张大队前脚刚走，孙振宇的手机就一阵爆响，把他吓了一跳。

他打开听筒，一个民警焦急的声音传来："报告孙队，行动计划有变，车上已经动手了。"

孙振宇停顿了一下，问："怎么样？人抓到没有？"

电话那端，民警半晌没有言语。

即便他没有说话，孙振宇也明白，这次行动失败了。

孙振宇沉默半晌，最后命令道："把所有人员、车辆都给我控制在原地，一个人都不能放走，我马上过去。"

原定交货地点在滑县，可长途汽车刚刚过了新乡，一个20多岁的黄发青年非要下车。由于民警不认识冯某的小弟小马，错把黄发青年当成小马。跟车民警见目标要逃，就打了下小马的电话进行确认，谁知这时黄发青年的手机凑巧响了起来，无奈之下大家只得提前行动。人倒是抓住了，可黄发青年矢口否认贩毒。经核对身份，民警才发现搞错了对象。

这时车上乘客纷纷发难，说警察抓错人，这事不能就这么完了，一时间剑拔弩张。

孙振宇示意所有民警全部上车，然后拨通了"小马"的手机号，只听一阵悦耳的手机铃声传来，民警在过道上发现了响个不停的手机。经过方才的抓捕，嫌疑人已经有所防范，将手机扔到了过道上。

孙振宇胸有成竹地观察手机附近的几个乘客，突然他指着一个20多岁，眼睛一直看着窗外的年轻人说："咋着，到现在了还演戏，就是你。"

民警迅速上前将青年制伏，并在他邻座的黄发青年座位下发现了藏匿的300多克"冰毒"。

那边，张忠文大队长也乐呵呵地告诉孙振宇，行动非常圆满，李萍等五名毒贩被一举抓获，缴获"麻古"150粒。

首战告捷。根据小马交代，孙振宇带领民警连夜乘胜追击，对其余毒贩进行抓捕。直到太阳升起了，民警们仍不知疲倦，奔赴在抓捕第一线。

专案组民警在孙振宇的率领下，转战安阳、濮阳、许昌、上海、山东、湖北等数十个省市，随着最后一名毒贩——大毒枭冯强在上海落网，整个缉毒战役完美收官。

此次战役，最终打掉贩毒团伙四个，抓获29名贩毒嫌疑人，共缴获“冰毒”1750克，“麻古”1200粒，收缴一次性吸毒工具1500余副，彻底摧毁了从山西运城、湖北武汉等地贩运毒品到河南境内的贩毒网络。

长垣，古称防垣，长墙也，用于防水或防兵患。而生于斯长于斯的刑警孙振宇和他的战友们，用人民警察的担当和忠诚，筑起了一道坚固的铜墙铁壁防范着罪恶的毒贩。

哪儿都不去，就待在刑警队

孙振宇办公室的案头，常备着一盒“双氯芬酸钠缓释胶囊”，那是用来减轻股骨头疼痛的。孙振宇因长期奔波劳顿，抓捕罪犯，导致股骨头坏死，走路不便。

2015年9月7日，是孙振宇刑警生涯中最黑暗的日子，那场严重的车祸差点儿要了他的命。

为了追捕一起贩毒案中的犯罪嫌疑人，孙振宇和战友们连续十余天驾车追踪，超负荷运转，体力已严重透支。

当他们行车至湖北孝感时，汽车方向在高速路上突然发生偏转。只听一声巨响，汽车撞上了高速公路路边的石阶，坐在副驾驶位置的孙振宇脑袋撞在汽车挡风玻璃上，顿时鲜血直流，胸口也被撞击得疼痛难忍，身子无法动弹。

等救援人员赶到，孙振宇尚有意识，他请求救援人员第一时间将枪支和卷宗保管好。昏迷之前，他又拿出手机，强忍疼痛将追踪毒贩的简要案情向主管副局长吕希平汇报，请求让其他战友接手案件。

话还没说完，孙振宇就陷入昏迷。

此次车祸，使孙振宇第四五六胸椎骨折、锁骨骨折、眉骨骨折，右眼几乎失明。医生担忧地说，如果恢复不好，有可能高位截瘫。一个活蹦乱跳的小伙子眨眼之间变成躺在病床上，浑身缠满绷带，一动也不能动的病人，无论是年迈的母亲，还是相爱的妻子都无法接受。母亲的眼泪自此就没有干过。妻子请了长假在医院陪护。

就这样，孙振宇在病床上躺了三个月。三个月里，在母亲和妻子的精心呵护下，孙振宇奇迹般地渐渐好转起来。

三个月后，孙振宇伤势还没有痊愈，就偷偷地上班了。

这次车祸，对他的身体是个摧残，眉骨骨折虽然痊愈，但右眼视力受到严重影响，裸眼视力仅有 0.3；腰椎虽然治好了，但一下雨就疼。

然而，更让他痛苦的伤害还在后头。2016 年，在侦破一起特大盗窃金店案时，孙振宇左大腿粉碎性骨折。被送到医院后，他还不忘追问嫌疑人是否被抓住，直到听说三名犯罪嫌疑人都被抓获，才同意进行手术。

为了保护孙振宇，局领导找他谈话。虽然没有明说，但意思已经很明显，就是想把他调到轻松点儿的岗位上去。

孙振宇却摇了摇头，说哪儿都不去，就待在刑警队。哪怕是一个兵，只要能让他破案就行。最好每年都能办一起经典案件。

看着对破案如此痴迷的孙振宇，局领导和战友们既心疼又感动。破案真的已融入了他的血液和生命。

孙振宇出身于一个干部家庭。父亲是一名法官，他最疼爱这个聪明机智的儿子，甚至已经给他安排好了今后的生活，毕业后到县法院当一名法官，职业稳定，收入也不低，又没有下岗的风险。可孙振宇却不经父亲同意，偷偷地报考了警校的刑侦专业。

两千年前，著名军事家孙膑曾经在长垣这个古老县城打了一场著名的战争。他指挥数十万齐国大军将魏国团团围住，围而不打，目的在于救援自己的友好邻邦赵国。自此“围魏救赵”的故事广为流传。孙膑也成为长垣人念念不忘的英雄和偶像。

作为孙氏后人，孙振宇的血液里显然流动着祖先的英雄气。而当一名刑警，则将有更多机会实现他的英雄抱负和情怀。

2017 年，孙振宇光荣地被公安部评为全国公安“百佳刑警”，他当之无愧地成为了一名刑警英雄。

孙振宇也是一个武侠迷。

他喜欢读书，尤其喜欢读武侠小说，喜欢古龙，喜欢西门吹雪，喜欢陆小凤和楚留香。他很想做陆小凤和楚留香那样的侠客，仗剑江湖，快意恩仇。

可他是个警察，他可以奋勇搏命，可以舍身取义，但却不能快意恩仇。警察最重要的是，必须有责任担当。

案子已经发生十来天了，仍然没有一点儿眉目。

孙振宇的浓眉拧在了一起。

那天早晨，孙振宇接到报案匆匆赶来，看到的是一幅惨象：在曹集村头一农家院落里，四间瓦房已经被烧得只剩下黑乎乎的墙壁，房子里的家具和衣物被焚烧殆尽。女主人曹丽静静地躺在院子里的门板上，生命的钟摆在她 36 岁这一天戛然而止。要不是闻讯赶来的村民，从熊熊烈火里将她的尸首抢出来，她恐怕连一具完整的躯体都不能落下。她 13 岁的女儿已经被送到医院。因为躲在桌子底下，女儿总算捡回来一条命，被村民救出来时已经昏迷，现正在长垣第一人民医院抢救。

“多好的人啊，嫁到咱村十来年，没见她跟谁生过气。”

“大火无情啊，老天爷咋叫一个好人遭这罪啊。”

一边听着村民们不绝于耳的议论，一边走到门板前，孙振宇掀开了蒙在曹丽身上的白布单。这是一个眉目清秀的女子，脸上布满了灰烬，怒睁着的眼睛里写满了惊惧和疑问。村民们有的把头扭过去，不忍再看这惨烈的一幕；有的失声痛哭了起来。

看到曹丽的双手，孙振宇的瞳孔突然猛地一缩。他看到死者手腕处有明显被绑过的痕迹。他急忙蹲下，细细地检查起来。在死者的头部，他又发现了一个血洞。

很明显，这不是一般的失火，而是人为纵火，是一起杀人灭尸案。

夜，漆黑如墨。空气里仍然飘荡着房屋被烧焦的气味。

孙振宇站在这座被烧毁的房屋面前，已经有好长时间了，但他仍丝毫没有动的意思。

他的目光，从那些黑漆漆的断壁残垣上掠了过去。他的思绪在村子的上空盘旋。这个不足百人的小村子，怎么会发生这么个奇案？

曹丽是个性格开朗的女子，在村里人缘好，很少得罪人。村子里除了妇孺儿童，成年男子大都外出打工未归，因此能够对她们娘俩下此黑手的人并不多。而在家的男人也就那么十来个人，据民警调查，曹丽虽然也常和村里的男人开开玩笑，但她为人正派，没有作风方面的传闻。

这得多大的仇恨，才能令凶手丧心病狂，置这个弱女子于死地？

孙振宇的脑海里，忽然浮现出一个模糊的影子和那个影子射过来的仇恨的目光。

那天他在院子里查看曹丽的伤口刚结束，站起来将目光扫向围观的人群，突然感到人群里有人用异样的目光盯着他。当他企图找到那个人时，他却在人群里消失了。

直觉告诉他，那个人应当和案子有关。

那个人会是谁？

民警已经把村里所有的线索都排查了几遍，怎么就没发现蛛丝马迹呢？

一个礼拜后，曹丽的女儿从昏迷中醒过来。小女孩还不知道母亲已经离开人世，她醒来的第一句话，就是凶手是同村的曹小建。

听到曹小建的名字，孙振宇气得连眉毛都竖了起来。这是个还不足 18 岁的青年。从个头儿上看，还不到一米六，更像个大孩子。这么大一个孩子，竟然会是杀人放火的凶手！如果不是受害人指认，孙振宇无论如何都不愿相信。

可是，就是这个孩子，竟然有一双狼一样的眼睛。这双眼睛投射过来的凶光，令孙振宇大为讶异。因为这眼光他太熟悉了。他已经无数次在脑子里过滤，过滤村子里每一个成年男人的眼光，可后来都让他否定了。

难怪当时在现场，孙振宇感觉到那充满仇恨的目光后却找不到他，因为他人小个子矮，在人群里一闪即逝。

曹小建三年前曾光顾过曹丽家里，偷了十几块钱，恰巧被外出回来的曹丽发现。因为事情不大，曹丽就没有当回事，只是告诉小建的父母对孩子要多管教。曹小建为此被父亲狠揍了一顿。曹小建因此记恨在心，想着有朝一日一定要给曹丽一点儿颜色，把父亲加在自己身上的棍棒给讨回来。于是他在一个月黑风高之夜偷偷地潜入曹丽家里，用一个砖头砸在曹丽头上，曹丽转过身来发现了丧心病狂的小建，然后就昏了过去。曹小建害怕曹丽告发自己，干脆一不做二不休，将曹丽的手脚捆绑起来，然后点着了曹家的房子。他想这次做得神不知鬼不觉，谁也不会发现是他作的案。但百密一疏，躲在桌子底下的曹丽女儿目睹了曹小建残害母亲的全过程。

抓捕曹小建本来不是件难事，可是孙振宇看到曹小建的第一眼，就知道这小子有防备。

曹小建的手里掂着一根铁棍。旁边不远，是几个玩耍的孩子，稍有不慎，几个孩子就会有生命危险。

偏偏曹小建看破了孙振宇的心思，他一阵狞笑：“你们要敢开枪，我就拿那几个小家伙垫底！”

孙振宇的头一下子大了。

他收了枪，扔给同事，嘲弄般地对曹小建说：“咋着，你还嫌自己害的人少是不？”

曹小建不置可否：“反正到这一步了，多一个少一个无所谓。”

孙振宇说：“哦，你倒是不怕死，可你死了，您爹您娘咋办？”

曹小建这倒没想过。是啊，当初脑子一热就把人杀了，怎么就没想到自己的爹娘哪？

就在这时，曹小建的父亲居然出现在曹小建的背后。

这是孙振宇没有想到的。但他十分清楚，曹小建父亲的到来，无疑给抓捕工作增加了难度。

距离曹小建还有十几米远，曹小建的父亲就怒骂上了：“你个二半吊子，你咋做出来这事，这是要天打五雷轰的啊！”

见父亲骂骂咧咧地朝自己奔来，曹小建的心就有些乱。他想到了那次挨打，棍棒砸在他的脊背上发出“噗噗”声，这让他对曹丽的仇恨像开水一样滚烫了起来。

他回头朝自己的爹怒吼道：“爹，你斜豁啥斜豁，没看警察抓我嘞？”

这绝对是个千载难逢的良机，孙振宇早就在等待着这个机会。只见他一个箭步飞了过去，还没等曹小建回过神来，他的双手就紧紧地抱住了曹小建的手和身子。

曹小建回过神来，拼命扭转身子，企图摆脱孙振宇的双手。奈何孙振宇的双手就像钢筋一般紧紧地箍住了他，无论他怎么用力，就是有劲儿使不出来。

这时旁边的民警也奔了过来，夺下曹小建手里的铁棍，把他摁倒在地。

曹小建的爹眼睁睁地看着警察捉拿自己的儿子，像一头突然失控的狼一样“嗷”一声扑了过来。两名民警急忙上前挡住了他。

孙振宇和同事们很快押着曹小建撤离现场。

多日后，康复出院的曹丽女儿来到刑警大队。一见到孙振宇，她就哭着跪了下去。然后，她从书包里掏出一封字迹有些歪扭的感谢信。

孙振宇展开感谢信，只见信里写道：

“孙叔叔，感谢你和你的队友抓住了凶手，给我和妈妈报了仇。我们村里的村民给你起了一个外号，你知道他们都叫你什么吗？——孙大侠！”

呵呵，好一个刑警孙大侠！

扫描二维码即可观看
相关视频等

铜川刑警高成平

邢根民

枪口下

2012年3月14日晚，铜川新区集贸市场的喧嚣早已消退，四周一片沉寂。21时30分，一辆桑塔纳疾速驶入集贸市场，在市场东边的旅馆门外戛然停止。两个年轻小伙儿迅速下车，鬼鬼祟祟地朝旅馆走去。

“开始行动！”蹲守在不远处一电线杆下的刑警大队大队长高成平下达命令，同时带领两名民警从黑暗中闪出，悄悄尾随着两个小伙子。

刚走几步，高成平忽然发现桑塔纳车内隐隐约约有人影晃动，紧接着刚刚熄火的桑塔纳就响起发动机打火声。

不好，要逃！高成平心里“咯噔”一下，他明白抓捕行动已经暴露。

情况突变。高成平连忙示意两名民警继续进入旅馆抓捕毒贩，自己则快速靠近车辆。

就在桑塔纳即将驶开的一瞬间，他大步跨到车子左前侧，一把拉开车门，大喊道：“警察！不许动！”

话音刚落，一把手枪突然从车内伸了出来，黑洞洞的枪口对准了他的额头，扣动了扳机。

“咔嚓！”枪响了，子弹却意外卡壳。

高成平毫不迟疑，左手抓住对方持枪的手，右手抓紧他的后衣领，一使劲儿，猛地把他上半身拉下车子，摁倒在地。两名增援民警闻讯赶来，给持枪毒贩戴上了铐子。

好险啊，要不是手枪卡壳，后果不堪设想。冷静下来的高成平惊出一身冷汗，回想刚才的生死一瞬间，不免心有余悸。

旅馆里，还有三名贩毒嫌疑人准备秘密交易毒品，万一他们发觉同伴已被擒获，定会仓皇而逃。高成平心里十分清楚，这次抓捕行动线索费了九牛二虎之力才摸查到，这几名毒贩不仅长期从事毒品交易，而且还持有枪支，打伤过人，十分嚣张。如果因刚才的打草惊蛇而前功尽弃，不仅对不起战友们两个多月来的辛勤付出，也无法给分局领导交代。

参战民警兵分三路，两路人马在市场外两处交叉路口埋伏，一路则由高成平亲自带队在毒品交易地点实施抓捕。

高成平的神经再次绷紧。

短暂思索之后，他当即安排两名民警将桑塔纳轿车和驾驶员带离现场，又在旅馆周围重新布置好警力，这才进了旅馆。

还好，旅馆里三名毒贩并没发觉刚才门口上演的那一幕。交易毒品的房间在一楼最里面。门窗紧闭，窗帘覆盖。

门外，高成平和两名全副武装的民警屏住呼吸，空气紧张得似乎凝固。

大约十分钟之后，房间里有了动静。模模糊糊的对话声，可以让人猜测到毒品交易已开始。

这时，黑暗中的高成平轻轻一摆头，一名民警敲了几下门。

里面一阵忙乱后，门终于被打开一条缝。高成平和另一名持枪民警闪电般冲进屋内。

“不许动！”高成平和两名民警持枪控制住三个毒贩，并上了背铐。

接着，高成平开始在房间的各个角落查检，目光最终锁定在床头。他戴上手套，轻轻拉开床头柜，一堆白色海洛因顿时显露眼前。他拿起一包掂量了一下，足有四五十克。又在床头枕头下搜出两把自制手枪，子弹二百余发。

“人都带走!”高成平收集好毒品和枪支弹药，下了命令。

深夜，刑警大队的审讯室灯火通明。高成平在办公室用凉水洗了把脸，换上警服，走进审讯室。

很快，三名毒贩陆续交代：除了贩卖毒品外，还在2012年3月6日和9日在耀州区和王益区的宾馆，实施过两起蒙面抢劫。

案子破了，高成平那颗悬着的心终于落了地。走出审讯室，东方的天空已经蒙蒙发亮。

高成平拖着疲惫的身躯回到办公室，非常困，却睡不着。昨晚枪口下的生死一幕又在他眼前回放。如何才能避免民警们出现类似的不必要险境？他静静地思索着。

“敲头案”

冬季傍晚的铜川老城区一片忙乱，6点后是下班人流车流的高峰，公交站牌下站满等车的人。

一个长发飘逸的女青年，20多岁，右手挎真皮小包，在基建公司门口的公交站下了车，便朝公司家属院里走去。

她做梦都没想到，身后竟然有人尾随。就在她刚走到一楼楼梯的黑暗拐角处时，一个黑影拿着用红色塑料袋包裹的铁锤，突然砸向女青年头部。只听“咚”的一声闷响，女青年就抱着头昏倒在楼梯上。黑影抢过真皮小包，瞬间逃出了家属区。

这起“敲头案”，发生在2013年12月19日晚6时半左右。

二十多天以前，铜川老城区就陆续发生女青年被敲打头部、财物被抢的“敲头案”，一度引起老百姓恐慌，恐惧感笼罩着老城区。嫌疑人疯狂作案，在铜川市的历史上实属罕见。一共有十一起发案，其中八起发生在王益区，三起在印台区。人们把目光都聚焦在王益公安分局刚上任两年的刑警大队大队长高成平身上。

“煤都”铜川，是一座年轻城市。1958 年建市，人口八十五万，老城坐落在黄土高原的一条川道里。人员除了耀州区和宜君县以本地人居多外，老城区居民绝大多数来自全国各地，是 20 世纪五六十年代被煤矿招工进来的。

王益区是铜川老城的核心区，也被称为老城的“白菜心”。二十万人口聚集在狭长的川道里，南北两边被黄土高原夹着，人口密度大，人员来源复杂，社会治安一度十分混乱。

“敲头案”发生后，高成平就没有睡过一晚安稳觉。

他的脑海里不时回放着作案嫌疑人凶残的面目、狠毒的作案手法，受害女性凄惨的喊叫与挣扎场面。这十一起系列案，虽没有导致命案，但发案数量多、密度大，作案手段残忍，作案时段不分白天晚上，被袭女性伤害严重，以致老城区女性都不敢轻易单身出门，人心惶惶。

从市公安局到区委、区政府，均要求王益公安分局：迅速破案，捉拿凶手。

压力自上而下，最终都落在了高成平身上。

其实，早在第一起“敲头案”发生后，高成平就开始确定侦破思路，分析研究案情，安排走访调查。随着系列案频繁发生，他对作案嫌疑人的分析也越来越接近目标。

在分局党委部署防控和案件侦破会议上，高成平说：

“第一，犯罪嫌疑人开始作案，使用红布袋裹着砖块袭击女性，后来发展到用塑料袋裹着带把柄的铁榔头作案，我们应围绕嫌疑人的作案工具和作案方式展开调查走访。第二，系列‘敲头案’的作案地点集中在川口、红旗街、青年路、桃园路、印台区三里洞，说明嫌疑人很可能就在王益区，不会是外来人。第三，从调取的视频资料来看，犯罪嫌疑人有极强的反侦查能力，可考虑在刑满释放人员中筛选嫌疑人。第四，犯罪嫌疑人作案的目标全部是女性，目的却不是杀人和强奸，而是抢劫钱财，他之所以连续作案，说明把钱抢到手后，很快就花完了，他急需用钱，很可能是吸毒人员，可考虑在吸毒释放人员中排查。第五，针对被害女性大多数是从公交车里下来回小区的家里，嫌疑人作案时间又不确定，建议加强巡逻布控。”

听了他的意见，局党委书记、局长李克明禁不住说了声“好”！

他随即宣布分局党委一个新决定：由高成平带领刑警队民警，对受害人进行详细询问，对案发地走访摸排，尽快锁定犯罪嫌疑人。

会后的一周里，他对一年来全市所有释放人员摸排一遍，特别注意有对女性相似伤害前科和体貌特征与嫌疑人相似的人员。

经过排查，一人有重大作案嫌疑。抄长山，42 岁，王益区人，17 岁时就因盗窃进了少管所，有从背后袭击抢劫女性的作案记录，手段与“敲头案”相似。然而，此人长期在外，二十多年只回过一次家。

二十五年前的照片，与现在本人相貌差距很大，谁也不知道抄长山现在的相貌特征。

如何确定目标?

“去戒毒所!”高成平果断道，马上带着民警赶赴市戒毒所。

然而，让他失望的是，经过对全市所有吸毒人员摸底排查，没有找到抄长山。

高成平属牛，有个牛脾气，什么事办不到头，绝不松口气。戒毒所不行，咱就把范围再扩大，到省劳改监狱去，就不相信查不到姓抄的信息!

出了戒毒所，警车就直奔省劳改监狱。功夫不负有心人，经过对省监狱保存的四十多个铜川籍吸毒人员信息排查，终于发现了抄长山的照片和信息。这下，抓捕“敲头狂魔”就有了目标和方向。

19日的“敲头案”发生，给了高成平抓获嫌疑人的有利时机。

接到报警后，王益分局迅速安排三路民警开展治安联合清查行动：一组在红旗路、桃园路排查所有旅社；一组在汽车站、火车站排查嫌疑人；一组由六个派出所在辖区主要路口设卡，同时全局所有警车出动上路巡查，敲山震虎，逼他入穴。

6时40分，排查民警传来好消息：在川口汽车站一旅馆发现抄长山有住宿登记。

高成平眼前一亮，立马带领民警赶了过去。

然而，到了旅馆，旅馆老板告诉他，人不在房间，但没有退房。

“几点出去的？”高成平问。

“6点钟走的，估计也快回来了。”老板很有把握。

“好，一会儿回来了告诉我一声。”高成平在旅馆内外布置好警力，自己则在登记室内的墙角静静观察。

晚7时，作完案后酒足饭饱的抄长山走进旅馆，直接来到楼梯口准备上二楼房间。

这时，旅馆老板给高成平使了一个眼色。

高成平马上明白了。为了防止出现意外，他没有立即下令抓捕，远远地看着抄长山上了二楼后，才让老板带领他们上去。

“咚咚咚！”老板轻轻敲了三下门。

“谁？”里面有人问。

“是我，给你送开水。”老板闪开在一边。

门刚打开一条缝，高成平便猛地冲了上去，一把扭住了对方的双臂。

随行两名民警一拥而上，给抄长山戴上了手铐。

报案者

干刑警的，一般都有一把绝活儿。

高成平练就的是一双火眼金睛。用犯罪嫌疑人的话说：“他的眼睛特贼。”是的，再狡猾的狐狸，也逃脱不掉高成平的火眼金睛。

2016 年元月 28 日一大早，一对老夫妻和一个年轻小伙子急匆匆赶到王益分局桃园派出所报案：他们的女儿失踪两天了，至今未回。

值班民警见老头儿、老太太情绪激动，老泪纵横，就给他俩倒了杯热茶，先稳住情绪：“大叔大妈，别急，有话慢慢说。”

老汉接过水杯，擦干眼泪，慢慢道：“我女儿叫李莉，今年 28，前天早上失踪了。”

“怎么失踪的?”值班民警问。

“女儿平时一直帮我和老婆在体育路菜市场卖菜。这孩子生活很规律，每天早上 7 点，准时就到菜市场摆菜摊，可是前天早上没来。起初，我以为孩子这几天太累了，想早上睡一会儿懒觉，就没在意。可到了 9 点多，她还没来，我就觉得有点儿不对劲。眼看快过年了，正是生意忙活的时候，她应该不会这时候睡懒觉，或者外出。女儿不来，我们老两口也忙不过来。再说了，平时卖菜都是女儿收钱，半天不见她，我就急了，赶紧给她打电话、发短信，手机关机，短信也没回。”老汉说着说着，又掉泪了。

“女儿住哪里?”值班民警又问。

“我女儿还是单身，一个人在桃园矿小区居民楼住。实在联系不上，我就从家里拿着她住处的配备钥匙，开了门。进去一看，房间啥都好着，就是平时收钱的小挎包、这几天穿的棉外套和手机充电器不见了。我猜想是不是她和以前的男朋友外出了，就给霏霏打电话。霏霏说，他也没见到李莉。我们又找了一天，还是没找见……”老汉边说，边擦眼泪。

“霏霏是谁?”值班民警接着问。

老太太指了指身边的年轻小伙子：“就是他，李莉以前的男朋友。”

值班民警将这一案情汇报给所长张勇。张所长立即安排两名民警随报警人一起到了李莉的住所。

这是一个六十多平方米的两居室单元楼。打开房门，民警仔细勘查所有房间，门窗完好，物品摆放整齐，床上被褥物平整，没有搏斗痕迹，也没有一点儿血迹。两位老人都说房间啥都和平时一样。看来，不像入室抢劫强奸的样子。

两位民警把现场勘查情况汇报给所长张勇。张所长初步确定李莉为离家出走。按规定，失踪人员案情必须向刑警大队报告备案。

张勇拨通高成平的电话，将案情简单汇报了一下。

“让报案人来刑警大队报案!”高成平当即回应。

下午，来刑警大队报案的是老头儿和他的大女儿，还有那个年轻小伙子。

这次，高成平亲自接待了报警人。他把三人请进询问室，先对老头儿展开询问。

“你娃失踪后，银行卡有啥变化?”

“我们卖菜的钱，都由我女儿保管，卡上有七八万，卡在我的名下，一分也没有动。”

“你娃和谁有纠纷没?”

“没有。我女儿平时不和社会上啥人交往，平时白天帮我们老两口卖菜，晚上一个人独居。”

“你娃最近有没有和谁闹情绪？感情上有没有不正常?”

“也没有。”

“你娃自己有没有银行卡?”

“有。可我们不知道密码啊!”

问到这里，高成平起身离开了询问室，对身边一同参与询问的侦查员韩林说了句：“坏了，估计女娃出事了。”

“不可能吧? 这样下结论是不是早了?”韩林摇摇头。

“正常情况下突然失踪，也不主动和家人联系，就是不正常。”高成平很有把握地说，“你赶快去银行调查李莉的银行卡，看卡上有没有资金流动。”

韩林刚走，高成平正准备进询问室继续询查，那个年轻小伙子出来主动说，他要反映一个情况。

高成平仔细打量了一下年轻小伙子，疑惑地问了句：“你是谁?”

“我是李莉以前的男朋友寇霏霏。”小伙子说。

“好，你说吧!”

小伙子显得很热情，也很激动：“我以前和李莉感情很好，可她后来和西安一个男的好上了。西安那个男的已经结婚，前一段时间他老婆知道他和李莉的关系后，还给李莉打电话骂她，说跟李莉没完。那男的前两天还来过铜川，没太停留就走了。”

小伙子反映的情况，不能说不是一条很重要的线索。作案动机、作案时间一清二楚，抓住西安男子或他老婆问一下，就可能真相大白。按小伙子刚才说的，说不定李莉就在西安，也有可能被西安男朋友杀害了。

高成平初一听很高兴，也很感谢小伙子，但第一感觉告诉他，这小伙子过于主动和热情的举动，有点儿不太正常。

既然他知道这些情况，咋不给李莉家人说，一起直接去西安找那男的? 老头儿和他大女儿来报案，他为啥前后跟着? 听说还从派出所跟到刑警大队。

高成平一番思考之后，坚定了自己的判断。但是，狡猾的“狐狸”在眼皮子底下穿来穿去，不能打草惊蛇，要先稳住他。

他立即安排民警将小伙子控制在审讯室，然后回到询问室向李莉的姐姐核实李莉失踪前后的一些事情，让她先陪她父亲回家。

傍晚，韩林经过调取李莉建设银行卡存取明细账单得知，26 日凌晨 3 时该银行卡被人通过自动取款机取走现金一万元。

晚上 8 时整，刑警大队的审讯室内，高成平和侦查员韩林对小伙子展开了攻势。

“寇霏霏，说说你 26 日凌晨 3 点后都干什么了？”高成平已从李莉姐姐那里得知，李莉的电话是凌晨 3 时关机的。

寇霏霏猛地一惊：“这几天我一直在黄陵老家，没到哪里去。”

“不对吧？前几天你不是还租了一辆车拉着李莉和她姐姐去玉华宫玩去了？说，车子是从哪里租的？”高成平通过李莉姐姐已经掌握了小伙子的一些行动轨迹。

“川口租车行。”小伙子沉默片刻才说。

“什么车型？什么颜色？车牌号多少？”

小伙子摇摇头，不说了。

高成平再问什么，他都是摇头不说。

审讯暂时中断。

出了审讯室，高成平立即安排韩林去川口租车行调取 25 日当天寇霏霏的租车信息，重点是车辆运行轨迹。

调查结果显示：寇霏霏租的车子 26 日 0 时到桃园矿小区居民楼下停留，凌晨 5 时离开，出了铜川向北，直接开向黄陵县郊区一个村口，停留十分钟，在村子里停留一个多小时，早上 7 时 20 分沿 210 国道上包茂高速返回铜川，高速路上停车两次，每次一分钟左右，8 时 20 分在川口洗车行停车三十分钟，9 时交车。

高成平头脑中一张嫌疑人作案图渐渐清晰：寇霏霏 26 日 0 时许进入李莉房间，5 时前作案搬运尸体，6 时在村口掩埋尸体，7 时前从家换衣服毁灭证据，高速路上停留两次应该是扔掉车里遗留物品，8 时 20 分左右在川口洗车行洗车毁灭车上血迹。

一切推断清楚后，第二天清晨，高成平换掉身上冬季执勤服，穿上冬季常服，扎上制式领带，戴上警帽，警容严整来到审讯室。他端坐在寇霏霏面前，一句话也不说，双眼一眨不眨地盯着他看了足足十分钟，直到对方再不敢正眼面对他的双眼。

“寇霏霏，你热情过度的表现，我心里有数。说，为啥杀人?”

寇霏霏心理防线一下子崩溃了，眼泪瞬间“哗啦啦”流下。他交代了自己用绳子勒死李莉，取走她银行卡上一万块钱，然后把尸体运到村口一块偏僻地方掩埋的罪行。

随后，在寇霏霏的指认下，民警冒着零下二十摄氏度的严寒，在一块山地上挖出了被掩埋的李莉尸体。

英雄梦

1997 年 7 月，高成平刚走上刑警岗位，就听师父说到一起半年前发生的枪杀案。这起案子，师父破了半年多也没有破获。

案子发生在 1996 年 12 月 14 日，犯罪嫌疑人宁俊华纠集蔡强等人，在铜川市红旗街持自制手枪将受害人陈阳打死后潜逃，一个多月后的 1997 年 2 月 1 日又潜回铜川市，持枪闯入桃园地区志海菊家，采用持枪威逼、捆绑等作案手段，抢走大量现金及首饰后再次潜逃。此案轰动铜川，被公安部定为 B 级命案追逃案件。

“要是我能把案子破了，把逃犯抓住，不就成了英雄?”24 岁的毛头小伙子当时头脑一热，就做起了英雄梦。

就连新婚妻子也笑话他：“别做梦了，人家那么多高手都没破，你一个新手能破?”

高成平笑了笑：“破不了，想一下还不行?”

从那时起，宁俊华枪杀案就进入他的脑海，抓获宁俊华成了高成平的一个“英雄梦”。

2011 年，高成平由王益分局经侦大队长调任刑警大队长。从此，十四年前的那个“英雄梦”再次点燃，他一刻也没有放松对宁俊华的追捕。

然而，愿望很美好，现实很骨感。案发已经过去十四年。十四年的时光，足以把一个人的相貌改变得面目全非，何况宁俊华早已漂白身份，改名换姓，网上连半点儿信息也查不到。从何查起？从哪里找到突破口？高成平陷入深深的困惑。

机会终于在一次闲聊中偶然出现了。

2012 年 7 月的一天，高成平吃过饭正准备午休，技术中队中队长高砚兵没事转到办公室。高成平大他三岁，两人一前一后进的刑警大队，经常搭档办案。“狗皮袜子没反正”，没事了两人就喜欢在一起天南海北乱聊。

“老高，这几天也不见你组织大家活动活动，整天窝在办公室忙啥？”高砚兵说的活动，无非就是晚上在一起喝几杯。一说起这，他就很随意了，从来不称呼大队长。就连那些 80 后甚至 90 后的年轻民警，在一起开起玩笑来也是直来直去喊他“老高”。

高成平却显得一本正经，给高砚兵递烟、倒茶，一边叹气一边抓脑袋：“唉，还不是想宁俊华那个案子咋破？弄了一年多还没有眉目，真不知从哪里下手。”

还是搞技术的头脑灵活，鬼点子多。高砚兵突然灵机一动：“人跑了，名改了，脸变了，都不要紧，总会留下啥痕迹的。你说，咱要是有宁俊华的指纹多好，现在技术先进了，还怕找不到人？”

高成平一拍额头：“对呀！好，咱就从指纹查起。其实找到宁俊华的指纹不难，他以前不是犯过案吗？我们可以到市中院的案卷里去查。”

两人当场分工：高成平去市中院查案卷，搜集宁俊华的指纹；高砚兵通过技术手段进行上网比对。

在市中院，高成平很快找到宁俊华十多年前的一枚清晰完整的指纹。高砚兵拿着这枚指纹进行入库比对，又采集宁俊华父母的 DNA 进行入库比对。但是，由于某些省份还没有建立指纹共享库，比对结果不尽人意。

高成平的牛脾气又来了。他没有气馁，将宁俊华的指纹和其父母的血样有重点的，与云南、河南、江苏、广东等地刑事技术部门联系，并进行悬赏比对。经过三年多的漫长等待，终于在 2015 年 9 月 1 日，从深圳市公安局刑事技术部门传来消息，发现与宁俊华指纹高度吻合的指纹。

为了确保万无一失，高成平安排民警与深圳警方再次核对指纹，将宁俊华父母的 DNA 样本紧急传往深圳警方进行认定，结果高度吻合。

高成平兴奋得一夜睡不着觉。第二天一早，他就带领侦查员韩林、技术侦查员高砚兵，还有两名年轻民警，坐上了飞往深圳的航班，马不停蹄追查命案凶手宁俊华。

一到深圳，他们顾不上吃饭休息，直奔市公安局刑侦支队，后根据指纹所在的案卷来到当地一派出所。

当高成平在派出所翻开宁俊华的案卷那一刻，他突然感觉到，成功就在眼前，昔日的“英雄梦”马上就会变为现实。他只感到全身的血液往上冒，他甚至都想象到成功抓获宁俊华的那激动人心的一刻。

然而，现实再一次和他开了个玩笑。派出所反馈给他们的信息是：人早已离开深圳，转移到了东莞，具体地方不清楚。只有一张局部照片显示了一个大概位置：大京九塑胶城经二路某写字楼。

高成平这下头脑才冷静下来。此刻他才深深体会到，成功不会轻而易举到来。

他当机立断下令：目标东莞，继续追击。

坐落在东莞市的大京九塑胶城，打破了他们所有人的想象。这个塑胶城相当于半个县城大，远远不是他们想象的农村集贸市场。这里人员密集，高楼林立，道路纵横，密如蜘蛛网，要在一千多个写字楼里找到一间房子，在几十条纵横交叉的街道里找到经二路，对于他们几个山沟沟里出来的西北警察来说，真不亚于大海捞针。

困难不仅仅是方位不熟，更大的考验还在后面：谁也不能轻易张口说话，一开口陕西腔就会暴露身份，打草惊蛇。不能坐车，只能用两只脚板走路，一条街一条街寻找。一天下来，手机微信的运动量显示都在三万多步以上，连续几天都高居朋友圈之首。天气闷热，空气潮湿，气候难以适应。特别是对于从小生长在陕北寒冷山区的高成平来说，怕热不怕冷，潮湿闷热的南方气候让他难以适应。在毒辣辣的太阳下，冒着三十七摄氏度的高温走上几步，他就会气喘吁吁，呼吸困难；身上的衣服就没干过，汗渍在衬衫后背上画了一圈又一圈的地图。

韩林身体较胖，走路脚步重，第一天下来两个脚板就磨出几个花生米大的血泡，走路一瘸一拐的，但还得硬着头皮走。这些困难，都没有吓到从小吃苦长大的西北汉子。

就这样转了六七天，他们还是一无所获。

看到希望渺茫，韩林有点儿泄气了。回到住处，他对高成平说："老高，你看我们都转了快一周了，还没有找到照片上的地方，这样下去怕不行吧？咱们是不是回去，通过其他手段找？"

高成平脸色一沉，耍起他的牛脾气："不行！既然来了，我们就不能空手回去！再苦再累都得找，决不能半途而废！你们谁不想找了，可以回去，我来找！"

最艰难的时刻，也是最接近成功的时刻。

9 月 9 日，他们终于转到了经二路，其实就是一条狭窄的小过道，三十来米长，隐蔽在偌大的市场里，不留心根本找不到。紧接着，通过一户一户找，终于找到了与照片上相近的五楼一间写字房。

恰好，这一天房主也来了。一打听，房主是来催收租金的，并告诉他们，租房子的人叫宁明举，平时很少回到这里；他办了一个塑胶厂子，只有与客户谈生意时才来这里说事；昨天他还和一个货商为生意上的事打了一架，派出所过来才把事情解决了。

安顿好房东，高成平和四名民警赶紧到辖区石水口派出所亮明身份，说明情况，核实了房东说的昨天有人打架的事。

可是，怎么样才能把宁俊华抓住呢？派出所一时也陷入困惑之中。

这时，高成平忽然想起一个点子：让派出所办案民警给昨天打架双方打电话，催他们到派出所来一趟，就说昨天的调解只是口头调解，还需要补一个书面调解书。

可派出所民警的电话早上打出去后，半天也没有见宁俊华现身。

高成平心里有点儿着急，心想这家伙警惕性高，会不会有所发觉不来了，甚至会再次转移潜逃？但是，他没有放弃，给四名民警进行了明确分工，制订了抓捕方案，静静地等着嫌疑人送上门来。

下午四五点，一辆黑色小轿车停在离派出所五六十米远处，车上下来一个脸上留着一道刀疤的中年男子。他警惕地左右看看，才慢慢朝派出所走来。

这时，隐蔽在派出所门口的高成平，心突然剧烈跳动起来。从这个人的相貌特征和走路姿势，他断定百分之百与照片上的嫌疑犯一致。

那一刻不知是激动还是心酸，高成平感觉自己的眼泪几乎要流下来了。

他给询问室门口的两名民警使了个眼色。就在中年男子走进询问室一刹那，高成平和几个民警一拥而上，给他上了背铐。

直到这时，铜川市“黑社会头目”宁俊华才清醒过来：自己十九年的天涯逃亡路，已被眼前这几个警察终结了。

女人缘

高成平是一个有魅力的男人。

他一米七三的个头儿，七十五公斤的体重，显得身材单薄；陕北穷苦农家出身，省广播电大毕业，非警校科班出身；平时言语不多，脾性随和，在刑警大队被年轻民警喊作“老高”，一点儿也不威严。

就是这样一个其貌不扬、平平常常的刑警，却牛气冲天，成了陕西省铜川市近年来响当当的人物，连获铜川市六十周年100名杰出贡献人物、第二届“铜川好人”、全省优秀党员、全国优秀民警、全国公安“百佳刑警”等荣誉。

虽然高成平长相一般，身材既不魁梧，五官也不清秀，口齿也不伶俐，却很有女人缘。

年轻漂亮的妻子爱他爱得不离不弃，不仅是他家生活发生天翻地覆变化的功臣，而且成了他人生中的大恩人。铜川市许多年轻女子，只要一听他的名字，都崇拜得不得了。战友们调侃说，这是“美女爱英雄”。

这不，两起巨额电信诈骗案件成功告破，又让高成平与两位女性结下了不解之缘。

2014 年 6 月 17 日，38 岁的妇女张巾力来到刑警大队报案：其于去年 7 月份至今年 4 月份，先后两次在网上购买南昌市凤鸣科技有限公司销售的价值 37253 元的“三色堇”牌丰胸产品，无效，想退货。对方不但不退，还两次冒充消费者协会以退还购货款为由诈骗她 408973 元。

民警赵一鸣受理了张巾力的报案后，感到很惊讶，买一款丰胸产品就花去四十多万，真是想都不敢想。他觉得案情重大，立即报告给了大队长高成平。

高成平听了汇报，也是大吃一惊。

他在办公室接待了这个爱美又可怜的中年妇女。听了张巾力受骗前后的叙述，他心头不由得冒上一股怒火："这帮骗子，接二连三骗人钱财，简直没有人性！"他接着告诫张巾力，"以后不管对方说啥，都坚决不要汇钱了。你的钱我们会想办法替你追回来。"

张巾力千谢万谢地离开了刑警大队。

然而，令高成平头疼的是，张巾力这次报案提供的有效信息和线索实在少得可怜。加之刑警大队也是第一次接受电信诈骗案件，像这样的巨额诈骗案是铜川市首例案件，一没有这方面的侦破经验，二没有更先进的侦破技术支撑，虽然高成平千方百计查线索，追下落，折腾了一年，也没弄出个名堂来，案件侦破陷入困境。

这让高成平心里总有一种愧疚感，总觉得愧对受害者。

谁知，越是愧疚，越是麻烦。

2015 年 4 月 30 日，张巾力再次走进高成平的办公室，神情恐慌，面露悲观。这次高成平一听她的话，两眼瞪得像牛铃一样，内心的愤怒和愧疚再次袭来。原来上次报案后，一年来她已被人洗脑，鬼迷心窍，又被人以为其追回被骗钱财为由分两次诈骗 477599 元。

天哪，张巾力前后总共被诈骗人民币 923825 元。近百万元的巨额诈骗案在全省恐怕也不多见吧。

这次，他咬紧牙关也要破获这起诈骗案。他暗暗发誓，一定要给受害人追回九十多万元的被骗资金。

侦破工作迅速展开。经请示局领导同意，刑警大队成立了以高成平为总指挥的专案组，分批派参战民警奔赴江西南昌追查作案嫌疑人。第一批侦破组由具有较高专业技能的民警赵一鸣带队，先期到南昌进行侦查，捕获线索，待时机成熟，再派增援民警实施抓捕。

很快，赵一鸣带领民警经过十天的深入仔细侦查，通过调取被害人张巾力多张银行卡的存取款明细及对端账号信息，获取嫌疑人两个银行账号，并通过技术手段获取嫌疑人在 ATM 机上取款的录像，顺藤摸瓜，在一居民小区成功抓获两名正在作案的嫌疑人，并押回铜川进一步审讯。

经过对两名嫌疑人审问，高成平掌握了另外两名嫌疑人的手机号码及其他一些情况。

为了把电信诈骗团伙一网打尽，这次高成平亲自带队，带领四名精干警力奔赴南昌。

5 月 27 日，高成平和民警来到了一千多公里之外的南昌市。5 月的南昌，早已是北方盛夏的气候，空气湿度大，天气闷热，让几个西北大汉实在难熬。

高成平一边指挥侦查行动，一边和民警投入艰苦的蹲守查询之中。

在当地派出所配合下，高成平和民警得到了一个嫌疑人的机动车号牌。这成了当时他们侦破工作的唯一线索。

经过与赵一鸣等人合计，高成平很快厘清了侦破思路：以车找人。

通过各种渠道调取车辆登记所有人信息，他们得知车主家在安徽省宿松县。

然而，此时此刻该车在哪里，他们并不知道，只知道前几天还在南昌市内。现在车子还在南昌吗？会不会回安徽老家？

在两种选择举棋不定的情况下，高成平有点儿拿不定主意。万一判断失误，多走几百公里冤枉路不说，还会让嫌疑人趁机逃跑。

经他再三分析判断，最终决定到安徽省宿松县探个究竟。

中午的太阳火辣辣地照耀着地面，高速路上太阳光都能照出车辆的倒影。两辆警车一前一后在高速路上向着宿松方向疾驶。

太阳快要落山时分，两辆警车下了高速。高成平乘坐一辆警车在前侦查，赵一鸣驾驶另一辆警车在高速出口的匝道处守候。

就在这时，嫌疑车辆正好出现，从远处向高速路入口处驶来。

高成平通过手机指挥两车民警做好截获准备。待嫌疑车辆进入两辆警车的包围之中后，他们迅速缩小包围圈，将嫌疑车辆前后堵死在匝道里，一举将外号叫“朴准直教授”的嫌疑人司马光成功抓获。随后，又很快将外号叫“小熊助理”的另一嫌疑人熊群抓获。

很快，张巾力被骗的923825元一分不少地物归原主。

2016年10月8日一大早，高成平像往常一样坐在办公室审阅案件，楼道里一位年过七旬的老太太在他办公室门口转来转去。

他放下案卷，走到门外：“老人家，你有啥事？进来说吧！”

“我想问一个案子的情况。看你一直忙着，不好意思进来。”老太太说。

高成平一边将老太太让进办公室，一边说：“案子我会安排人查，你不要再跑了。”

“我知道你们忙，可我年纪大了，挣点儿钱也不容易，就是希望你们能快点儿破案，把我的钱追回来。”

“哦，我想起来了，你叫赵荣芬，被人在网上诈骗了九万元？”高成平想起来了，9月30日，大队接到73岁的赵荣芬报案，称其收到一份北京寄来的挂号信，信中包含一份北京九芝堂股份有限公司二十三周年辉煌庆典“刮奖单”及“北京丰台区公证处公证书”，后来她刮出一百万元的奖，联系对方兑奖时被骗九万元。

“是的。我也知道你们年轻人整天忙来忙去，很辛苦，希望你们多保重身体！”老人忙点头。

老人一句话，让高成平眼窝里一热，眼泪差点儿掉下来。

如今执法环境严峻，很多人不理解警察，一般受害者来局里不是又哭又闹就是骂骂咧咧，像赵荣芬老人这样体谅警察的人实在太少了。

望着赵荣芬老人满头的白发、皱纹纵横的脸庞和那双充满信任和希望目光的眼睛，高成平突然想起了家中苍老的母亲。父亲患病去世后，母亲辛辛苦苦拉扯17岁的他和弟弟艰难度日，靠着给人家当保姆看娃，照顾老人，当环卫工打扫街道，给食堂干零工挣点儿小钱补贴，才勉强养活一家人。直到他结婚前，母亲还每天捡拾菜市场卖剩的烂菜吃。

他十分清楚，那被骗去的九万元，其实就是赵荣芬老人的活命钱。钱追不回来，老人就难度余生。

他握住赵荣芬老人的手，动情地说：“大妈，你放心，你的案子说啥我也要破！”

送走赵荣芬老人，高成平叫来负责此案的赵一鸣，问：“赵荣芬老人那个案子进展得怎么样了？”

“正在查找线索，已初步查明作案嫌疑人在河南安阳，只是线索太少，还要进一步侦查。”赵一鸣是这方面技术能手，这些天正加班加点通过技术手段捕获嫌疑人有关信息。

“加快进度，争取尽快破案。”高成平下达命令。

“好的，如果进展顺利，下周就可以去河南安阳抓人了。”赵一鸣很有把握地说。

10月18日，在获取作案嫌疑人大量信息与线索后，高成平带领民警分三次奔赴安阳，经过艰苦细致的摸排和蹲守，在安阳市文峰区一住宅区成功将三名犯罪嫌疑人抓获。

在归还被骗资金那天，赵荣芬老人眼里噙满泪水，对高成平说："高队长，我也不知道怎么感谢你和民警们。我儿子在美国工作，我特意让儿子给我找到一枚 1973 年发行的一美元硬币，虽说不值钱，可有纪念意义。我知道，你是那一年出生的，属牛，送给你作为纪念。"

高成平接过那枚带着老人体温和感激之情的硬币，突然想起了鲁迅先生那句名言："俯首甘为孺子牛。"他在心里默默地告诫自己：永远不要辜负老百姓的期待，永远要做人民群众喜爱的"孺子牛"。

扫描二维码即可观看
相关视频等

“犬”道

王二林

引子

刘四急得喉咙都快冒烟了，可蔫不拉唧的所长竟还有心思找狗玩。

“局长，让小斌把他的狗牵上来……”瘦小单薄、穿一件破了个洞的白背心的所长，手拿着电话听筒，沙哑着声音对着电话那头喊。

一大早，辖区太郝村第五居民组村南的一台深井变压器被人“掏心”，变成了一具空壳。

报案的居民小组长刘四哭丧着脸，在所长办公室不停地叨叨：“这老天不下雨，太阳火辣辣的毒。变压器不工作，深井就抽不上来水；抽不上来水，我们就浇不上地；浇不上地，正在扬花吐穗的秋庄稼就要干渴死……这个挨枪子的贼娃子，真是杀人不用刀啊！”

刘四的脸上挂着十二分的不满，都火烧房梁了，你当所长的还有心思找局长要狗玩！

差不多一个小时后，一辆破旧的绿色212吉普车载着一人一狗赶来了。

所长立即安排报案的居民小组长刘四和我一块儿上了那辆吉普车，让先去现场，说他再叫个人骑摩托车随后就到。

那牵着狗的人，叫李同斌，一脸娃娃气，身上的衣服也不怎么合体，脚上穿一双像我们当兵时部队发的低腰运动鞋。他的狗，看起来一点儿都不威猛。

“这狗也能破案?”刘四这时候才弄明白，所长打电话要狗，是为破他的变压器案子。

“这是警犬，不能叫狗!”李同斌特意强调。

我突然想起以前听到过的一句口头禅：“豆腐一碗”和“一碗豆腐”，不就是一回事吗！但是我没有说出口。

这便是我初识李同斌。时间是 1992 年 7 月，记得再有三天就要立秋了，是我到翟店镇派出所上班的第四天。

我们一块地一块地地跟着犬在庄稼地里跑。立秋的天气依然很热，特别是中午 12 点那阵子，太阳光照在身上火烧火燎的。

人和犬都气喘吁吁，每个人的衣服都湿了半截，头上、脸上的汗水与粘满旱虫的玉米花粉和浮在农作物上的尘土搅在一起，一个个全都成了五花脸。

但这是我生平第一次看到和参与用犬破案，感到新奇、神秘、兴奋和刺激，一点儿都没觉着累。

毋庸置疑，这“狗”还真的有两下子，跟着它，我们后来找到了一把手钳和两个烟屁股，接着又追到一家废品收购站……

案子侦破后，回到所里，我听其他民警私下讲，这李同斌家里忒有钱，他爷爷是做焦化生意的，人脉极广，并且老爷子十分溺爱这个孙子，一甩手就给县公安局捐了几十万。

天哪！几十万！这在 1992 年可不是个小数目，那时我的工资每月还不到二百元。

惊愕感叹之余，我就对这个李同斌和他的“狗”记得分外牢固。

再后来因为喜欢写点儿东西，我被分管治安、派出所的副局长从基层派出所调回县局治安科。李同斌那时候在县局刑警队，我们住一个大院。每次县里一发案，总能看到他虎虎生风地牵着“狗”赶着去现场……我也有幸跟着去了几次。

也就在那一年，我随警采写的侦破通讯有六十多篇都上了国家级、省级媒体，而且都是大块头。领导十分满意，同事们也很高兴。有篇侦破通讯的题目叫《李同斌和他的猎豹》，就是专门写给李同斌的。因为这个，我似乎成了香饽饽，后来又被分管刑侦的副局长专门挖到刑警队，理由是刑警队案件多，素材广，更有用武之地。

此后，很多时候我都扮演着“随警记者”的身份，几乎每个案子都跟着去现场，算是与李同斌结下了不解之缘。他的很多事情我都知道一些……

步入“犬”道

中等偏高个儿，圆瞪眼，面孔四四方方的，不算白也不算黑。整个儿看，李同斌还是个美男子。他的脸上时常挂着笑，给人一种腼腆又面善的感觉。

李同斌不是我们稷山本土人，他的老家在山东菏泽。李同斌的爷爷是一位抗日老兵，曾经参加过解放山西临汾和太原战役，后来回乡务农，由于生计艰难，不久又从老家外出谋生，几经颠沛流离，历尽艰辛，最后落户到我们晋西南的稷山县，娶妻生子，这才有了后来的李同斌。

一方水土养一方人。李同斌的骨子里既有山东人的豪爽刚毅，又吸纳了山西人的吃苦耐劳、正直善良。在我采访他的街邻发小时，他们说得最多的就是李同斌为人大气，够哥们儿。

他十三四岁时被父亲和爷爷送到河南少林寺学武功……当时我心里猜想：这家伙肯定小时候不好好学习，顽劣成性，要不家里人怎么会想起送他到少林寺去受苦?

但对于另一件事，我却深信无疑。

有一年春节前夕，李同斌从少林寺回山东菏泽老家过年，公共汽车经过河南兰考时被一群人挡住去路。透过车玻璃，李同斌看到一帮半大的小子围着一个十八九岁的女子起哄调戏，女子被推过来搡过去，泪流满面，惊慌无助，目光哀哀地向围观的人群求救。

但是面对七八个叼着烟头，手背上刺青，脖子上文着豹子头的赖小子，人群中没有一个人敢上前说半个字。

李同斌不觉义愤填膺，立即让公共汽车司机打开车门，一个人跳下车。他紧握双拳，拨拉开人群，突然就出现在少女身旁，一把将少女揽在身后，对着那几个小子大喝一声：

“识趣的，赶紧滚蛋!”

声音如晴天炸雷。那帮小子全都愣了一下，他们压根儿没想到会有人敢管闲事。

再一细瞧，嘻嘻，这小子瘦瘦的就一个人，立刻交换了眼色，脸上不约而同地露出揶揄、嘲笑、轻蔑的表情；接着开始向前驱动脚步，把李同斌和少女围在中间。

李同斌毫不畏惧，他想正好可以试试在少林寺学的武艺，只见他闪、转、腾、挪、揪、摔、扑……三下五除二就把那帮小子撂倒一片。

不知什么时候有人报了警，警察赶到后，将连同李同斌在内，还有一些围观者全都带到派出所接受调查。

为此李同斌耽误了回家的车程。在派出所里警察问明情况后，对他的见义勇为大加赞扬，之后所长亲自派人把他送到另一辆回菏泽的长途客车上，还为他买了票，一直看着汽车远去。

李同斌在车窗里向送他的警察挥动着手，心里突然萌生了一个强烈的愿望：我也要当警察！

那一年，他仅仅16岁。

命运之神总是垂青有准备的人。1989年秋天，李同斌终于幸运地实现了警察梦。而这个梦的发端，正是当初兰考街上的那一闪念。

按说，当了警察的李同斌，应该不会再有什么不安分的想法，可后来他又生出“犬事”来。

不过，凡事都有动因。促使李同斌走上“犬道”的，是刑警队在一个叫小阳坡的小山村侦破的那桩耕牛被盗案。

20世纪90年代初，一头耕牛几乎就是一个农民家庭的小半家业。虽然连续奋战了几天几夜，后来也抓获了犯罪嫌疑人，但是那头价值数千元的耕牛，却被犯罪嫌疑人宰杀出卖，钱财挥霍一空。那个眼巴巴等着赔损失的农民，最后因为嫌疑人被惩处什么也没有得到……那欲哭无泪的眼神，深深刺痛了每一位办案民警的心。

案后总结会上，分管副局长无意中说了一句：“假如当时我们要有一只警犬，就不会走那么多弯路，耕牛也不会被杀……”

说者无心，听者有意。分管副局长的话，此后一直撞击着李同斌的耳鼓。

这个自小就很喜欢调弄狗的年轻民警，突然有了一个大胆的想法：我可不可以去养警犬？

但是他又知道，这是一件很难的事。警犬技术，是一项效率很高的侦查技术，需要正规系统地学习掌握，另外还要有场地和环境，可以说是一项不小的工程。

不过话说回来，将来要想提高破案率，这件事真的值得有人去做。他知道别的地方已经有这个专业了。

他的心在翻腾：自己人微言轻，领导会听我这个毛头小子的话吗？但是，不试试怎么知道不行？

李同斌犹豫、斟酌再三，最后终于鼓足勇气敲开了分管副局长的门，向领导说出了心里的想法和打算。

领导听完，盯着他看了足足一分钟。

这个年轻人的要求和自己的想法竟不谋而合。他非常高兴，但很快笑容凝滞在脸上：

“咱们没有资金……这事怕是不好办！”

李同斌松心地笑了：“只要领导支持，我可以自费去石家庄警犬基地和太原市公安局警犬大队学习，接受驯养、管理和使用警犬技术的正规训练。等我学习回来也许会有办法……”李同斌想到了爷爷。

副局长心里盘算着，也许应该让这个年轻人出去探探路……其实他何曾不知道李同斌爷爷这个人，这老头儿不仅有经济实力，而且十分热心公益事业，在稷山县名气很大，但凡有人找他帮忙，他都会慷慨解囊，何况……他没有把这心思当着李同斌的面说出来，但却让李同斌跟着一块儿去见单位“一把手”，毕竟这事要“一把手”说了才算。

没想到在局长办公室，局长听到后，竟然想都没想就答应了。

从石家庄警犬基地学习归来，李同斌已信心满满了。他开始自己谋划着如何迈开驯养警犬的第一步。

首先是购犬。他知道公安局经费困难，当下绝不可能在这方面投资，而一条良种犬少说也需要数万元，局里肯定拿不出那些钱。没有钱，一切都是空谈。

李同斌心里上火，嘴上起了燎泡。这时候他不得不去找爷爷了。这是他最后的一张牌，也是一张王牌。

当他向爷爷说出自己的想法和心愿，老爷子故意把嗓音提高了八度，含嗔带怨地说：“你这孩子，原来这次去外头学习，就开始算计爷爷了？现在你是警察了，怎么又想去养狗？你不打算当警察了？”

“谁说我不想当警察了？”李同斌的眼泪都快急出来了，“我是想当会打枪也能用警犬破案的警察，这样才能抓更多的坏蛋……”

接着，他把在外边培训学来的知识，一股脑儿地讲给爷爷还有父亲听。

其实爷爷和父亲早就知道他心里想干什么了，公安局也早有人在他们耳边吹过风。他们觉得这是好事，只是不在李同斌跟前点破。他们是想看看这小子到底是真做事，还是想起一阵是一阵。

望着李同斌急赤白脸的样子，父亲首先笑了。

“你爷爷是逗你呢，只要你走的是正道，我们都不反对！”父亲怕他着急，直接掀开了谜底。

爷爷接过话茬儿：“你可想好，工作是你选的，决心是你下的，我们家虽不贫困，可也不是千万富翁，仅有的这点儿积蓄都是几十年的血汗钱。但是只要你下决心干事业，我们就是砸锅卖铁也会支持你。从今往后，你无论遇到什么困难，都不能打退堂鼓，跪着也要往前爬……你能做到吗？”

李同斌的泪，当时就簌簌地滚出眼眶。

天下再没有这么好的亲人了，他不住地点着头。他知道再好的表白，也没有以后干出成绩回报亲人实在。

他在心里说：爷爷，父亲，您们就等着看吧，我绝不会让您们失望的！

李同斌爷爷在家里是绝对权威，吐个唾沫都是钉，只要他说出的话，家里没有一个人会反驳，包括李同斌父亲和两个叔叔。

为了支持李同斌的工作，老人先期为警犬基地投资 35 万元，修建了八间犬舍，购买了六条警犬、两辆服务于警犬破案的工具车……

后来，李同斌又累计从爷爷和父亲那里拿走 50 余万元，用于警犬基地的其他建设，几乎倾尽了全家毕生积蓄的财富。

那年，这一家人用实际行动填补了稷山县公安局警犬技术的空白……

神“犬”通灵

山西省稷山县公安局的大楼，耸立在晋西南一处浑厚的黄土高原上，庄严的楼宇如同一把倚天长剑，直指苍穹。楼层内活跃着二三百名警察，他们用忠诚和热血守护着脚下这一片神圣土地的安宁。

这是李同斌现在工作的群体。如今的他，是稷山县公安局刑侦大队副大队长，用他的话说，是挂了个“衔”。

不过，他说他最喜欢的还是警犬工作。

说这话的时候，李同斌专注地遥望着北边的吕梁山，脸上露出宽慰的笑容。

稷山县城坐落在巍峨的吕梁山脚下。李同斌深情地爱着这片土地，那是一种发自肺腑、油然而生的幸福感。

在稷山县公安局采访李同斌的同时，我见到了稷山县副县长、公安局局长赵军。说起他的爱将李同斌，赵军局长的音调变得极为深沉：

“我到稷山县公安局当局长三年多了，李同斌是我见过的最不顾家，工作最拼命的刑警。都说刑警工作没有规律，李同斌的生活和工作更没有规律，一年三百六十五天，他有一多半的时间都在外边，不是驯犬，就是破案，或者在其他安保现场，要不，就被外地警方请去协助破案……今天上午，我们请你过来采访时，李同斌的爷爷，那个对他工作最支持、为他付出最多的87岁的爷爷，突发脑梗被送进了稷山县人民医院；而他的岳父，前段时间刚从北京做完喉癌手术，也在稷山县人民医院疗养，这两个都是他最亲的亲人……”

我的眼前，突然就浮现出一个画面来：稷山县人民医院同一个病区里，李同斌一会儿去爷爷病床前握着爷爷的手，难过心疼地看着爷爷，希望他很快好起来；一会儿又来到岳父病床前，盯着那个把最亲的女儿给了他当媳妇的老人，期待他很快能从床上坐起来和自己下两盘棋；一会儿又牵挂他的“狗”，琢磨着那些没侦破的案子……

让时光再回到从前……

天下事大多都不可能一蹴而就。李同斌驯养警犬初期，同样经历了难以想象的挫折和困难。

第一只警犬精心驯养了一年半，眼看着就可以上战场参与破案了，岂料一场犬病，竟使爱犬夭折，他的一番心血付之东流。

李同斌心疼得哭了。这不仅仅是经济上的一大损失，更让人难以接受的是精神打击。

有人开始说风凉话，也有朋友劝他趁机退出来，做一名普通的警察有什么不好？不需要这么大的投入，更不会有这么大的压力。

但他却坚定地摇了摇头。

开弓没有回头箭。他怎能忘了当初答应爷爷的事和对领导的承诺！男子汉失败了跪着也要向前进，更何况他背后有那么有力的支撑。

此时的爷爷没有半点儿埋怨孙子的意思，相反不断宽慰他，给他鼓劲，并和他坐下来一起总结经验教训。

他们又自选了“猎豹”犬。李同斌再次全身心地投入到了驯犬养犬的工作中。

训导员是警察职业中最苦的工作，集脏、苦、累、险于一身。要想把一只顽皮的幼犬训练成令行禁止、机智灵敏、勇猛无比的合格警犬，训导员必须要付出常人无法想象的辛苦和努力。单就枯燥的重复训练来说，一天要做几十次甚至上百次；还有给犬防疫，打扫犬舍，犬料配制、喂养……样样都要细致，件件不能有一丝马虎。

其间，有两名训导员因为嫌苦离开了犬队，李同斌就一个人担当起了训导员、卫生员和炊事员的工作。忙不过来时，就喊上爷爷。

这老爷子不知是喜欢孙子，还是喜欢孙子的犬，有事没事老爱往犬场来。有时候他真的是个老小孩，对孙子的话言听计从。

为了同警犬建立感情，李同斌甚至抱着幼犬睡觉，为它们梳毛、洗刷、喂食，心思细腻得像个女人。

甚至连他新婚洞房时也传出了笑话。李同斌结婚是那年12月份，那天李家院里彩灯高悬，洞房里喜庆的红蜡烛摇曳欢亮。送走最后一拨闹洞房的朋友和同事后，李同斌走出洞房，牵来心爱的警犬。

平素见了小虫子都害怕的新娘子，顾不得羞涩，大声问道：“你要干啥?”

“看着狗睡觉我心里踏实。”

……

新娘子噘着嘴，嗔怪地看了他一眼。“洞房花烛夜”，他竟然还牵挂着他的狗，以后他心里哪还会有我呀……新娘子不高兴，但也不忍心抱怨，谁让自己嫁给一个养犬的警察呢。

一对新人在警犬的“特殊护卫”下，情话绵绵，倒也平添了少有的浪漫。

半夜，兴奋起来的警犬小声“吠吠”地拱着门要出去。

李同斌悄然推过身边恬然入梦的新娘子，带着警犬，穿过房后一片干枯的没有秸秆还田的玉米地，在汾河边开始了每晚例行的夜训，上蹿，下跳，终点扑咬，穿过一条条埝埂……

不料脚下一滑，李同斌连人带犬掉进了一个差不多有两三米深的壕沟，折腾了半天爬上来，浑身已沾满了泥土。

想想新媳妇一觉醒来，不见了新郎官会是什么表情，他急急忙忙披着满身雾霜返回家中……

“结婚三天没老小”。稷山县当地有闹洞房的习俗，而且新婚前三天不分年龄辈分，谁都可以来闹洞房。一是显示人缘好，二是为了喜庆吉利。前一晚那帮发小没过瘾，第二天准备了“道具”，打算今夜闹个通宵。不料第二天晚上，当他们揣着满肚子“坏心眼儿”来到李同斌的新房时，却怎么也找不到“主角”，只有新娘子和新娘子的一帮女伴在嬉笑打闹。

后来才知道，汾河对岸的蔡村乡大李村发生了一起命案，李同斌得到发案消息，扔下刚大婚的新娘子，带着警犬“猎豹”去案发现场了。

因为案情重大，领导们看到李同斌出现时，完全忘记了他当时的“特殊”身份，并没有对他说什么。

李同斌很快进入工作状态：勘查现场，物证鉴别，走访群众，线索追踪，这一干就是十三天。直到案件侦破了，他才想起家中的新娘子……领导们也觉得实在是愧对自己的属下，除了抱歉，更多的是感动和骄傲。

这样特殊的新婚之夜，妻子田东娟此生怕是永远不会忘记。但她从来没有抱怨过丈夫半句，只是心疼他不知道顾惜自己的身体。

李同斌对警犬几乎到了痴迷的地步，对它们比照顾自己的亲人还要精心。他贴身带着一个小本子，随时记录警犬的生活习性和训练情况。

有次“猎豹”病了，他心疼地流着泪抱起爱犬，满头大汗一路狂奔赶到“狗狗医院”……检查，护理，一勺一勺喂药，需要输液时就叫来爷爷，两个人轮流值守，直至“猎豹”痊愈，才放下了那颗悬着的心。

为了让病后的“猎豹”尽快恢复体力，爷爷每天还拿出五十元钱，让他到屠宰场买回新宰杀的牛肉，煮熟炖烂调制好，让“猎豹”食用。

当时人们生活水平普遍较低，他们一家也不例外，七口人的家每天的全部伙食费还不到三十元，十天半月都舍不得做一顿荤菜，但却在"猎豹"身上给予了最大的付出。

有人不理解地说："这外地人思想和稷山人不一样，人都没吃的，却把狗当祖宗一样地侍候着……"

但是有一件事，改变了人们的这种看法。

这李同斌自从步入"犬道"，学习也变得十分刻苦。为了培养训练护理好心爱的警犬，外训之余，他常常一头扎进书堆，《警犬学》、《警犬使用学》、《犬病临床指南》、《警犬饲养与管理》等都是他熟悉的书籍……

他的整个心思都在警犬身上，没有时间陪同妻子田东娟花前月下，卿卿我我，相反给妻子带回来的，常常是一堆堆散发着犬臭味的脏衣服和被犬爪撕烂的衣衫。

有一件事，至今他的丈母娘想起来还心有余悸，不肯原谅他。

那是李同斌妻子生孩子的那年，岳母在家陪伴着将要分娩的女儿，后因自己家中有事要回去一趟，临出门，一连几遍地交代女婿，夜里无论如何要守好媳妇，如有反应，马上送医院。

李同斌嘴上答应得好好的，可临到深夜 1 点多，见妻子仍没有一点儿要分娩的动静，心里想着今晚肯定不会生了，便悄悄地出了门，叫醒门边饭店的一位朋友帮他走了"线"，带上警犬进入夜色中去寻"线"追踪了。

然而没多久，平时一贯听话的"猎豹"却挣扯着牵引绳要往回跑，一点儿也不听从他的指令。

他觉得反常，就索性放开牵引绳任"猎豹"在前边跑，他在后边追。等他气喘吁吁地跟回屋子，看到阵痛中的妻子已经昏迷了过去。

他顿时惊出满头大汗，赶忙找人将妻子送到医院。刚一准备停当，孩子就呱呱坠地了。

好险，总算母子平安……第二天，李同斌感动地抱着爱犬，久久不愿意松开……而岳母却因为这事数落了他好几天。

人常说“犬通灵性”、“忠犬识途”，看来这话真的一点儿也不假。你待我真情，我报你深恩。这温情的一幕，难道不是一幅人世间最温馨的图画吗?

从事驯犬这一行，更多的是充满艰难和危险。

警犬兴奋时也会扑咬伤人。

有一次李同斌在训练警犬猎取欲望时，一只犬冷不防向他扑过来，爪子在他的胳膊上划出了一条六七厘米长的口子，鲜血直流。

这些年，每一条警犬的成长，都浸透着李同斌和家人的心血，凝聚着他们的殷殷深情。凭着一股坚韧不拔、义无反顾的精神，李同斌的警犬驯养终于取得了成功。

自 1993 年起，李同斌携犬转战南北，开始了侦查追踪、物证鉴别等技术工作。同时，为了进一步提高警犬的嗅辨能力和水平，以做到万无一失、精益求精，其间他又带着警犬“猎豹”在沈阳刑警学院警犬技术学校深造了两年，让“猎豹”的水平提升到了一个炉火纯青的地步。

经过不间断的反复锤炼、侦查破案，李同斌和警犬“猎豹”的名气越来越大。不仅在稷山县，就是在全运城市十几个县，包括相邻的陕西省渭南、韩城，河南省的三门峡等地，人们都知道了李同斌的名字。

生死相随

从事警犬工作以来，李同斌不仅得到了家人的大力支持，同时还收获了爱犬这些无言战友的深厚情谊。不论是他的爱犬“猎豹”、“小黑”，还是“拉克”，都在和他并肩战斗，风雨兼程。

人们提起李同斌，就会想起警犬；看到警犬，就会想到李同斌。在侦破案件、追捕嫌犯，以及各种安检勤务工作中，李同斌和他的警犬早已达到高度契合，成了彼此生命中须臾不可离开的亲密战友，上演了一幕幕动人心魄的人犬友情剧。

记得2000年的秋天，李同斌的爷爷患病在陕西西京医院治疗。局领导特批李同斌在医院陪侍老人。临行前，李同斌安排爱人田东娟照看“猎豹”。这也是无奈中的事。

没想到李同斌刚离家一天，“猎豹”就变得焦躁不安，不肯饮食，并把李同斌的鞋子叼过来叼过去，不断地低声嘶吠，情绪一落千丈。

田东娟想尽各种办法安抚都毫无效果。

再后来，“猎豹”竟然攀越过高高的围墙，不辞而别离家出走了。

田东娟一看大事不好，立即打电话告诉了李同斌。

李同斌焦急万分，连夜返回家中，组织亲朋好友四处寻找，一连数天没有结果。而家里自从“猎豹”出走后，每晚家门就没有关过……

李同斌一家人为“猎豹”留着门，期盼它能突然归来。但望穿秋水也没有一点儿“猎豹”的影子。

妻子田东娟为此自责哭红了眼睛。一家人也都闷闷不乐、茶饭不思。

就在全家万念俱灰，认为“猎豹”可能遭到了意外，再也回不来的时候，第九天凌晨，一夜难眠的李同斌听到大门有异样响动。他翻身出门一看，竟然是浑身泥巴、皮毛凌乱，整整瘦了一圈的“猎豹”回来了。

一见到李同斌，“猎豹”一下子兴奋地扑过来，在他身上撞来撞去，一会儿蹦，一会儿跳，一会儿兜圈子；一会儿在他身上蹭痒痒，一会儿舔他的脸，一会儿又赖在他的怀里嘤嘤地叫，似乎在诉说着心中无限的委屈和对主人的万般思念。

李同斌已控制不住自己，不管“猎豹”身上脏不脏，抱着爱犬就“哇哇”地放声大哭起来。

全家人都被吵醒了。妻子田东娟看到“猎豹”回来了，一下子也喜极而泣，泪水像流淌的小河堵都堵不住，连日的担心、后悔、心疼、牵挂搅在一起，使这个善良的女人憔悴了许多……

全家人如同见到了失散多年的亲人，哭声和笑声混在一起，继而马上弄水给“猎豹”洗澡、梳毛、准备饮食。

整个家里的气氛，一扫多日的阴云，变得如同过节一般喜庆。

李同斌看似柔弱，其实是一个宁折不弯的倔强汉子。这么多年来，他遇到过很多意想不到的困难，经受过很多常人难以忍受的伤痛。

1997 年的农历小满刚过，晋南大地即将进入小麦收割的大忙季节。这时，有个犯罪嫌疑人在晚上盗窃了稷峰镇下迪村一家饲料场里十几袋饲料，价值两千多元。

李同斌接到报警后，根据分管副局长的安排，携警犬“猎豹”前去执行任务。到达现场获取嗅源后，“猎豹”迅即开展工作。

稷峰镇下迪村处于汾河河谷地带，南临汾河，北靠沟壑纵横的丘陵。夏收时节，抬头一望，到处都是成熟的小麦，在太阳的照耀下，闪着一片金色的光芒。

齐腰深的麦浪，随风起伏，极有可能被犯罪嫌疑人利用变成藏身之所。也许是为了迷惑警察的追踪，也许是有意躲开路人的眼睛，犯罪嫌疑人在高低曲折的丘陵地带转了好几个大弯。

但他做梦也不会想到，如今的稷山公安局已有了专门用于破案的“神犬”。

李同斌出发时，为了配合“猎豹”的前进速度，特意从老百姓家里借了一辆自行车。人和犬死死地咬着犯罪嫌疑人的踪迹紧追不舍，拐弯、下沟、上坡，一路追捕。

当追到一处三十多米高的土崖时，“猎豹”表现出异常兴奋。李同斌也加快了速度，不料脚下一滑，只听“呼啦”一声，他和自行车从三十多米高的土崖上滚落下去。

原本用于加快追捕速度的自行车，瞬间变成了致伤他的利器，狠狠地砸在了他的胸部，一阵剧痛使他昏了过去。

“猎豹”一看主人掉下土崖，护主心切，纵身一跃也从土崖飞降而下……在地上打了几个滚后，“猎豹”迅速围在李同斌身旁狂吠不止，不允许其他人接近。

突然出现的惊人一幕，让随同跟进的民警们既紧张又感动。

紧张的是，李同斌从那么高的土崖上摔下来，昏迷不醒，生死未卜。感动的是，警犬“猎豹”对主人李同斌竟是如此忠诚。这让在场的民警们非常诧异，人和狗之间浓浓的深情，感动得大家热泪盈眶。

这件事，后来被同事们口口相传，让很多人都唏嘘不已，感叹不止……

正当战友们着急要拨打120急救时，李同斌在“猎豹”的狂吠声中清醒过来。

也许是肩上使命还没有完成，也许是无言战友的深切呼唤，李同斌缓缓地站了起来。

战友们赶紧跑过去搀扶他，询问他的身体状况。

李同斌摇了摇头，憨厚地笑了笑说：“阎王爷不收我，我还是我……”然后抖落抖落身上的土，在头上、脸上抹了一把，慢慢地扶起自行车，带着浑身划痕，跟着“猎豹”又继续前进。

一个多小时后，李同斌和同事们在相邻的河津市西王村将犯罪嫌疑人抓获。

经历了这场惊心动魄的生死考验，李同斌在庆幸自己越过了一次生命劫难的同时，又开始了一场又一场的追捕。

只是后来他隐隐觉得身上多了一些异样的感觉，有些憋闷气短。开始他并不在意，但是这样的症状越来越频繁，而且时常带有一种疼痛感。

直到 2011 年，有一天，正在执行追捕任务的他，突然胸部疼痛难忍，竟然昏倒在地。

大家迅疾把他送到稷山县人民医院，随后又从稷山县人民医院转到运城市中心医院。这一查，居然查出了大问题：胸部大动脉狭长，压迫大动脉血管，最后只好转至北京进行治疗。

在北京的医院里，主治医生突然问他，你什么时候受过伤？

他茫然地摇摇头，一时不知道咋回答，后来才想到了那次从三十多米高的土崖上摔下去的经历……此后经过治疗，安装了两个心脏支架，他又重新回到了自己的工作岗位。

面对家人的担忧和战友们的关心，李同斌笑着说："做啥都有风险。每年全国有那么多的警察牺牲，我这点儿小伤已经很幸运了！老天爷保佑，我以后注意点儿就行了！"

这些年，为了不让家人担心，李同斌总是把一场场真刀实枪的战斗和一次次生死追捕，尽量轻描淡写，似乎在讲述一个个与己无关的故事……

战警柔情

枪响了。1997 年 12 月 13 日，山西省运城市夏县公安局四名民警在执行公务过程中，与两名持枪犯罪嫌疑人搏斗，不幸壮烈牺牲。

接到追捕命令，李同斌带上警犬"猎豹"火速赶赴案发现场。

就在他将要进入夏县地界时，前方又传来命令：两名犯罪嫌疑人已逃往河南三门峡黄河大桥，并开枪击伤执行拦截的平陆县公安局民警……犯罪嫌疑人已近乎疯狂。

李同斌迅速掉头，飞车直奔黄河大桥。很快，在犯罪嫌疑人开枪的位置寻找到了嗅源，"猎豹"顺着嗅源领着大伙儿一路向前。攀上大桥的栏杆后，“猎豹”向桥下狂吠不止。

一个趔趄，“猎豹”差点儿跌下大桥，李同斌紧急拉住牵引绳，才使“猎豹”转危为安。

顺着“猎豹”的引导，追捕民警从大桥引桥处下到地面，沿着黄河河岸一路搜寻。

正值寒风刺骨、滴水成冰的隆冬时节，黄河浅滩上到处都是枯萎的荆棘，难以落脚。靠近河岸边的地方已经结下了厚厚的冰层。

为了不放过任何一个疑点，当“猎豹”发出强烈的吠声时，李同斌便毫不犹豫地脱掉棉衣，跳进寒冷刺骨的冰水中进行摸捞。

除了冰水的寒冷，冰层下奔涌的暗流，随时都有可能将他卷入滚滚黄河深处。如此反复，李同斌先后五次跳入零下十几度的河流中，终于在一处荆棘和冰块缠绕的乱丛中发现了一具犯罪嫌疑人的尸体……

一起轰动全国的特大袭警案终于告破。

当时亲临现场指挥破案的运城市委主要领导，看到从冰水里爬上来的李同斌冻得瑟瑟发抖，心疼得落下泪来，立即脱下自己身上的大衣披在李同斌的身上。

回到岸上，李同斌感到双腿一阵阵刺痛，难以行走。

同事们帮他拉开单薄的衬裤一看，禁不住全落泪了。原来从他的脚尖到大腿的根部，已经被冰碴子和荆棘划得鲜血淋漓，几个大血口子还渗着血水，冷风一吹，疼得他头上直冒汗。

市公安局领导立即安排车辆人员，将他送到运城市医院救治。而他的爱犬“猎豹”须臾也不肯离开主人半步。无奈，大家只好把“猎豹”也一块儿放在车上。它一上来，就满足地卧在李同斌身边，再也不想挪开。

李同斌腾出一只手，默默地抚摸着这个无言的“兄弟”，眼泪在眼眶里打转……

一波刚平，一波又起。

仅仅休息了一天，双腿被冰碴子划破的伤口还没有痊愈，李同斌又接到省公安厅的紧急通知，命他携犬参加雁北某县持枪歹徒劫持人质的解救工作。

在山西和内蒙古交界的二道梁上的寒冬风雪里，李同斌同“猎豹”一直战斗在围捕歹徒的第一线。他两天两夜只吃了一顿饭。直到歹徒被击毙，人质被解救，他才返回原籍休息。

李同斌的儿子流着泪，对自己的同学说：“从我懂事起，就很少看到爸爸有囫囵天待在家里的时候。小学三年级时，一次我有十几天没看到爸爸了，有天夜里去厕所，突然发现我家客厅沙发上倒着一个满身污泥流浪汉一样的人，吓得我连声喊起来‘有坏人进家了！’妈妈听到喊声，穿个睡衣就跑出来，一看原来是爸爸。为了破获一起杀人案，他已经十七天没回家了，半夜回来怕惊醒我们，连脸也没洗就躺在沙发上睡着了。还有一年，在我初三快毕业的时候，爸爸也是好一段没回家了，我以为他又遇到什么案子了。后来发现妈妈每天从家里带盒饭出去，我非常好奇，想知道妈妈到底去了哪里。结果发现妈妈进了医院，去了一个外科病房，病房里躺着我的爸爸。他头上包着纱布，脚上打着石膏……我站在病房外，委屈心疼得哭了起来。回家后，我质问妈妈，我爸受了伤，你为啥不告诉我？妈妈说，你马上要中考了，你爸不让告诉你，怕你分心，耽误了升学……”

而李同斌提起儿子，也有着满腹的心里话：“因为养犬和破案常常不能照顾孩子，邻居和同事都说，我对狗比对儿子亲。这话有点儿夸张，但也是事实……我心里是这么想的，儿子有我父母和爱人照顾，那些犬却只把我当它们的亲人。它们只认我一个，我怎么忍心丢下这些‘亲人’呀！还有，它们也是我爷爷和父亲的心血，更重要的，它们是我人生的追求和梦想，我指望着它们侦查破案啊！……有人逗我儿子说，你不是你爸爸亲生的，你和这几条警犬一样，也是你爸爸买来的。我儿子回来就问我，把我的眼泪都问出来了……”说这些话时，李同斌眼圈儿红了，眼角湿润了。

作为父亲，他的心里有愧啊！

包括对爱人田东娟，他也是有着深深的遗憾。他们两个都是县城西街村人，经人介绍相识相爱。刚开始，田东娟的娘家人并不看好这个喂犬的女婿，嫌弃他们家是个单兵独将的外来户，害怕以后遇到困难连一个帮手都没有。但田东娟却十分理解支持李同斌，她说服父母成就了他们的婚事。

结婚后，不管李同斌多忙，她都从来没有怨恨过，总是全力支持丈夫的事业。田东娟原来是稷山县造纸厂的一名工人，后来企业破产了，她只好靠打零工补贴家用。即便家庭遇到经济拮据时，她自己宁肯打两份工，也从不克扣丈夫对警犬生活的必需开支。这些年，她很少为自己添置新衣，也没见过她穿金戴银，她对外人说她不喜欢那些。她的闺密们都去过许多全国名胜旅游景点，可她连本地区的旅游景点，去过的都没超过五个。不是她不喜欢旅游，而是丈夫没时间陪她一起去。丈夫不去，她觉得也没什么意思。她很少记得自己的生日，却准确地记着丈夫的警犬是哪一年进门的，进门的时候有多大。她从最初的怕犬，如今变得十分喜欢它们了。她知道警犬是丈夫的命根子，是丈夫的“亲人”。是丈夫的，就是她的，田东娟就是这么甜蜜地想着。

“我是幸运的，我感谢老天爷把这么好的亲人都给了我一个人……”李同斌说这话时，流着泪幸福地笑了。

铡刀冤魂

2002 年 3 月 8 日深夜，山西省万荣县王显乡张仪村，一个黑影趁着夜色，翻墙潜入村民阎万管家的西平房顶。待到阎家熄灯后，黑影从房顶溜到门洞，关掉墙上的电闸保险开关，从煤气柜子后边，翻出事先藏在这里的一把斩草用的小铡刀，掂在手里又潜上了房顶。

凌晨3时，阎万管起来上厕所。那黑影迅速提着小铡刀从房顶下来，直奔目标而去。阎万管惨叫一声，即刻毙命。叫声惊动了屋里阎万管的妻子，她慌忙从屋里走出来，还没走到院子中心，黑影手起刀落，可怜这位妇女还没弄明白怎么回事就已断气。阎家刚满18岁的儿子阎志勇醒来后，看到母亲被杀，慌乱中拾起一只小凳砸在了黑影的右眼上，那黑影饿狼一般扑过去，阎志勇随后也应声倒在窗台边。寄养在外婆家刚满两周岁的外孙女被打斗声惊醒，边哭边从被子里往外爬，还没等她爬起来，小铡刀便飞下来，一个小生命当即没了声息。所幸炕角那个不满周岁的小外孙没有醒来，逃过一劫。

少顷，那黑影将屋子里悬空的电话线割断，又用小铡刀撬开炕柜，翻出一只包袱，裹了里面的钱财逃入夜色之中……

万荣县公安局在早上9点接到110报案：辖区张仪村一户村民四口被杀。当即，局长、政委、分管副局长率领四十余名民警迅速赶赴案发现场，并上报县委、县政府和运城市公安局、山西省公安厅。

张仪村一家四口被灭门的消息，像长了翅膀，迅速传遍了周围的村镇……

李同斌是晚上10时接到上级指令的，他迅速携警犬“拉克”赶到万荣案发现场。

经过现场勘查，出口处只留下半枚残缺的足迹。当时现场除了参战的民警，还有数百名冒着寒风围观的群众。大家都把眼睛盯在了办案民警和李同斌带来的警犬“拉克”身上。

看着现场恐怖惨烈的血腥场面，李同斌顿感肩头有山一般的重压。以犯罪嫌疑人留下的半枚足迹为嗅源，他迅速引导

“拉克”展开工作。

周围静悄悄的，谁也不敢小声说话。

“拉克”在充分感受嗅源后，马上低头嗅辨起来。忽而，“拉克”冲出围观人群，兴奋地径直朝村子北面追去，很快就发现了与现场完全吻合的足迹花纹。

一切似乎都很顺利，人们的脸上渐渐有了喜色。但前进了五百米之后，“拉克”开始在原地打转，再也没有一点儿进展。之后连续三个小时都没有变化，“拉克”显得有些消极疲惫。

李同斌轻轻摸着“拉克”的头，安抚它稍事休息，自己却在寒风中整理着头绪。

直到次日凌晨4时，周围少了围观的群众，夜色静寂，李同斌才重新给了“拉克”嗅源。这一次，“拉克”顺着嗅源，一直追到七百米左右的村民闫俊峰的家门口，亢奋地用两只爪子扒拉着院门。

李同斌看到警犬的示警，结合平时训练的实际，确认其中必有情况。为了不惊动犯罪嫌疑人，他快速向案件指挥部作了报告。

市局几位领导简短分析研究后，为确保不出错误，要求训导员和警犬原地观察。

当时，天还未亮，正是黎明前的黑暗。冷风阵阵，嫌疑人家门紧闭。李同斌和“拉克”顶着寒风，一直守候在嫌疑人的家门口。

谜底很快就要揭晓了。

早晨6时许，闫俊峰的家门被打开，警犬“拉克”兴奋地冲进院里，在闫家南房堆放杂物的地方，嗅来嗅去，而后卧在原地再次示警。

李同斌借着手电的光亮，发现了大量与现场花纹完全一致的足迹。

乘胜追击，他在“拉克”背上拍了拍。

“拉克”又快速进入状态，此后又在闫俊峰家的土炕炕道里发现了被烧毁的血衣及抢到的带有血迹的现金。

但是并未发现杀人凶器。

李同斌不敢怠慢。“拉克”又牵引着他来到了一处水窖边上，然后原地转圈，并趴在水窖口吠叫。

当时所有人都将信将疑。大家把目光全都积聚在了李同斌、“拉克”和水窖口上……

水窖，也叫天井。这是黄土高原上的老百姓为了积存雨水，以解决人畜吃水困难的旱井。这种井，像一个埋在地下的大葫芦，它的口颈虽小，但是窖深数丈，可以积存雨水数十立方米。

要确认犯罪嫌疑人是不是把凶器扔在里边，看来是非深入井下不可了。

就在大家想着如何下井摸捞时，李同斌却让同事们找来绳索，脱掉了自己的衣服……初春的天气依然很冷，他浑身上下禁不住哆嗦起来。

在场的万荣公安局领导不了解他的水性如何，担心他在井下的安全，让他把衣服赶快穿上，防止感冒。

李同斌摆摆手说：“没事，我会水！”

说完，他便毫不犹豫地在同事们的帮助下，用绳索把自己捆好，然后麻利地溜进井口。

就在接触到水面的瞬间，借着手电的光亮，他看到了凶器就在水底一角。凭借着自小练就的水性，他迅速潜入了井底，摸到了那把还沾着血迹毛发的小铡刀。

浮出水面时，他没有立即上井，而是举起小铡刀让井上的刑侦技术人员辨认拍照后，才让同事们把自己缓缓地拉上来……

四周爆发出热烈的掌声，人们用被子把李同斌裹了起来。所有的眼睛里，都洋溢着欣喜和激动。

不少群众怀着惊异的心情朝“拉克”围过来，都想看看这条神奇的警犬。

而此时的“拉克”，正迎头看着主人的表情，等待着新的指令。

舍命追踪

1996 年 5 月 10 日凌晨 1 时，河津市下化乡新井煤矿公司下属的大湾沟煤矿遭到十几名持枪歹徒的抢劫，抢走现金和其他物品价值十余万元，打伤五名工作人员，而后逃之夭夭……

李同斌接到追捕命令时，心里沉了一下。

此时的他，才真正觉得自己当初的选择是多么正确。自从自己选定了这个职业，参与侦破了数不清的疑难案子，从中他实实在在地体味到了沉甸甸的责任和人生价值。

他抖擞了一下精神，立即携犬驱车赶赴大湾沟。

经过现场勘查和当地民警介绍，根据受害人提供的情况，证实这伙歹徒是从一条小路步行而去。

在现场提取了遗留的足迹后，李同斌他们开始追踪。翻越了七八个山丘，用时十多个小时，行程约五十公里，追踪到乡宁县黄河渡口时，线索消失了。

顾不得劳累，李同斌对警犬进行了简单安置后，同刑警们一道开始在当地走访，寻找线索。

据一位放羊的妇女说，当天上午有一伙操外地口音的人，雇用了一艘小船往黄河对岸去了。

李同斌他们没敢停留，迅速渡过黄河到达陕西地界，并很快找到了当时的那位船工。接着又追出几十公里，终于在一个山沟的洞穴中，发现了嫌疑人使用过的手套，吃过的方便面空箱、空袋、香肠外包装等丢弃物。

重新固定嗅源，“猎豹”在前，民警随后，又撵出了三十多公里。没想到在距离韩城市十余里一个叫桑树坪的地方又断线了。等重新找回线索时，却把他们导入了一条荆棘密布的崎岖山路。

“猎豹”在低矮的灌木丛中潜行，四个爪子扎满了荆棘，却仍然不肯停歇，跌跌撞撞拼力向前，让人十分心疼和敬佩。

为了保持“猎豹”的体力，李同斌他们拔下了“猎豹”爪子上的荆棘，轮流把“猎豹”背在身上。实在背不动了，就两个人抬着“猎豹”前进。就这样走走背背，背背走走，人背狗，狗领人，齐心协力，一直追到日落西山……经历了一天一夜艰难的跋涉，行程三百余里。

第二天晚上，在陕西省韩城一家旅馆里，终于将持有两支双管猎枪，实施了抢劫犯罪的十八名犯罪嫌疑人全部抓获。

当追捕民警出现在他们面前时，这伙四川籍犯罪嫌疑人已经买好了火车票，再有两个小时就远走他乡了……

“好悬！”

稷山县地处汾河湾一带，道路宽阔平直，108 国道横穿东西全境。那些天南地北跑运输的大货车司机，每晚都会赶到这个路段停车歇息，好多年来都平安无事。

然而，2016 年后半年的最后两个月，108 国道稷山段每晚都有司机报案：货车油箱里的油被盗，每箱油都价值数千元。特别是 2017 年春节前后的几个月，发案 200 多起，总价值 100 多万元。车主们不但经济受损，而且为此耽误了运货期限，造成很多官司和纠纷。

于是，司机们只要一提起稷山这段路，就开始摇头，从此很少在这里吃饭休息。

尽管当地派出所、城区巡逻队每夜都出动巡逻，均没有一点儿效果。当时距李同斌被提拔为刑侦大队副大队长不到两个月。他主动请缨带队抓贼，但这伙盗油贼来去无踪，作案手段十分隐秘，他们连续出动了六个晚上都没有任何收获。

直到第九个晚上，李同斌他们终于发现了一辆可疑车辆。当他们正准备上前盘查时，做贼心虚的嫌疑人扔下同伙就开车逃窜。

李同斌他们紧追不放，两辆车在108国道上一前一后展开了生死较量，最高时速达140公里……驶出稷山，穿过新绛，越过侯马市区，一直追到曲沃县城。后因前方堵车，嫌疑车辆无路可逃，穷凶极恶的犯罪嫌疑人孤注一掷，掉转车头使出最亡命的一招，加大油门儿朝李同斌他们的警车迎头撞上来。

李同斌一惊，猛地一打方向盘，所幸没有撞着。嫌疑人见状，慌忙下车狂逃。

李同斌顾不得多想，紧咬住不放，最后终于在一千多米之外的一个胡同口，将犯罪嫌疑人薛小四（化名，男，曲沃县城南村人）追得瘫倒在地上，连声告饶：

“好哥呀，我不跑了，再也不跑了……”

薛小四三人团伙被起诉后，李同斌又带领民警乘胜追击，挖出了另一起稷山、新绛六人勾结的盗油团伙大案。这几伙犯罪嫌疑人在四个多月的时间里先后作案共240多起，涉案价值170多万元。

从此以后，108国道又恢复了往日的繁华和安宁。

国家荣誉

2016年8月的杭州，西子湖畔，风光如画。令世界瞩目的G20峰会即将在这里举办。

李同斌按照省公安厅的要求，携犬来到这座美丽城市执行保卫任务。

此次跟他同来的，是他的另一只爱犬“小黑”。作为山西工作组年龄最大的民警，这个北方汉子面对杭州湿热的天气，没有受到一点儿影响，精神饱满地全身心投入工作。

29 日上午 9 点 30 分，由 G20 峰会安保搜爆指挥部组织的警犬搜爆安检工作开始了最后一轮检查，李同斌带领的沈阳片区警犬工作 22B 组被分配到杭州西湖景区凯越酒店执行警犬安检任务。

到达工作地点后，李同斌与参与 G20 安保的各兄弟单位进行了工作对接。领取任务后，他立即分解给片区三名训导员，并要求大家细心再细心，精到再精到，决不能出半点儿纰漏。

上午 10 时，李同斌带着“小黑”与大同市公安局城西分局刘大春的“果果”开始进行检查，检查到凯越酒店 B3 停车场预留车位旁边一个小房间堆放的物品时，“小黑”和“果果”同时示警。

李同斌他们立刻高度警惕起来，为安全慎重起见，李同斌立即通知沈阳片区的其他两位战友携犬进行复核，这两只警犬也同时示警。

李同斌果断将此情况报告给片区领导肖井玉老师，由他上报给 G20 峰会安保指挥部。

经过进一步检查，在一个纸盒里搜出 6 颗类步枪子弹物及 49 枚子弹壳。李同斌随即将这些物品移交给 G20 安保指挥部，做进一步的处置和勘验工作。于是，在各国领导人纷纷入驻前的关键时刻，一个重大安全隐患排除了。

为此，李同斌受到公安部几位领导的亲切接见和表彰，也由此荣立个人一等功。

公安部领导还针对警犬在搜爆、排爆工作中的不凡表现，对警犬工作提出了“高看一眼，厚爱三分”的要求，对全国的警犬工作产生了有力的推动。

从杭州载誉归来，大家仅看到了李同斌头上的光环，却不知道他心里隐藏的悲伤。他向局领导汇报完工作，便急匆匆赶回菏泽老家。

李同斌家从爷爷起上溯三代，都是普通的勤劳人家。李同斌从警后，父亲从山西稷山返回山东老家继承祖业，爷爷和他留在稷山生活，李家三代从此分居两地。李同斌的父亲是5月份患脑梗住进医院的，因为工作忙，他没有向领导和同事们透露半个字。就在他即将奔赴杭州执行G20峰会保卫任务的前一天，父亲在老家不幸溘然离世。他没来得及见父亲最后一面，没来得及安排父亲的后事，没来得及陪伴安慰母亲一句，就擦干眼泪掩住悲伤，毅然登上了南下杭州的动车。

李同斌没有忘记父亲的养育之恩，特别是在他警犬工作取得成绩和荣誉的时候，父亲曾多次在电话中告诫他，一定要戒骄戒躁。

当他的不少同事提升了职务，父亲感觉到他的情绪变化，叮嘱他一定不要忘了当初选择职业的誓言，珍惜工作，千万不要患得患失……

回山东老家的路上，李同斌一路走，一路泪花流。

他的心，久久难以平静，他要赶去父亲的坟头，向父亲诉说心里的愧疚，也向父亲汇报这次在杭州的成绩……让天堂里的父亲为儿子骄傲自豪。

……

2017年8月，李同斌根据公安部关于"金砖国家领导人会晤"警犬安保相关部署，参加了"金砖国家领导人会晤"安保团队，于8月初赴厦门集结集训。8月的厦门，平均气温在38度左右，地表温度达42度，而且空气湿度长时间保持在50%以上，这样湿热的天气对于来自北方的人和犬，是一项新的挑战。

为了圆满完成安保任务，抵达厦门后，李同斌在团队的组织下，开展了为期15天的前期环境适应性训练，将人和犬在高温下作业能力调整到了最佳状态。他和自己的爱犬先后高标准地完成了几十次的安检勤务，全部达到了最高标准的要求。

这里有一个小细节不得不说。

在对某个国家最高领导人住宿的房间进行安检时，由于是下雨天，为不影响房间整洁，李同斌用随身携带的毛巾仔细擦拭干净警犬的四个爪子，才携犬进入房间工作。他说，我虽然只是一名执行安检任务的普通警察，但我们中国是礼仪之邦，我的一举一动代表着伟大祖国和千千万万个警察。

果然，外宾的警卫和其他工作人员看到这一细节，惊叹于他的敬业精神和精致细微的工作作风，向他竖起了大拇指，以表敬意。

等安检进行到浴室时，警犬对浴缸的排水口发出被动示警。李同斌立即报告警情，并要求派出相关人员给予排除。

外宾的警卫表示不需要进行排除工作了。

但是为了执行严之又严、细之又细、实之又实的工作要求，为了万无一失，不留任何隐患，李同斌坚决要求打开排水口进行检查，结果发现排水口塞了几个卫生纸团。

外宾警卫见此连声称赞，再次向他竖起了大拇指。

离开房间时，我方有关人员说，这可能是外宾警卫为了检验咱们警犬的技能水平，提前设置的一个所谓“考点”吧。

李同斌说：“不管是疑点还是考点，咱都要以认真负责的精神和精益求精的技术给他们一个圆满答案。”

他说到了，也做到了，而且做得有声有色，做得让人心服口服。望着美丽的海岛风光，李同斌露出了灿烂的笑容。

在圆满完成了两次重大会议的安检保卫任务后，公安部沈阳警犬基地授予了李同斌沈阳片区警犬技术“先进个人”荣誉称号。

尾声

从警25年来，李同斌和他的警犬先后协助侦破各类重特大刑事案件1200余起，其中杀人案254起，爆炸案170余起，重大盗窃案370余起，破坏农电设施案280多起。他多次被评为县局和市局的先进工作者、优秀标兵，被运城市委评为优秀共产党员，荣立山西省公安厅三等功一次、二等功两次，荣立公安部一等功一次。

2017 年 10 月，李同斌被公安部授予全国公安“百佳刑警”荣誉称号。参加完公安部和中央电视台联合举办的《英雄之歌》颁奖电视大会后，他捧回来一个金光闪闪的奖杯。

“犬”道无边……

扫描二维码即可观看
相关视频等

破案！破案！

崔楸立

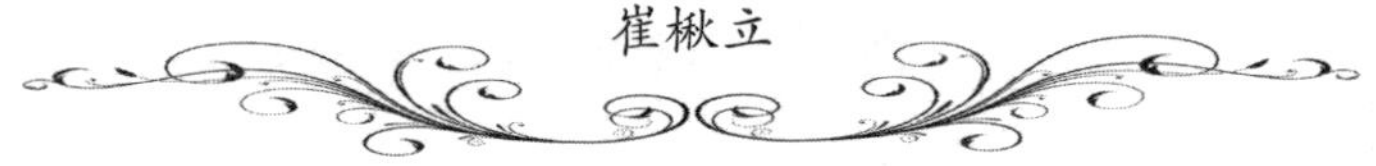

锚钩·敲门·合子馅儿

永清县某窑厂，张某三和李某四因为打牌戗了起来。这个不服气，那个也不含糊；这个说，有种出去试把试把；那个一叉腰，试把就试把。永清地方的方言，出去试把试把，就是屋外边打架。两人晃着身子一前一后走出去了。满屋子窑场干活儿的人，谁在乎这个事儿呀，以为两人在外面动几下武把抄，滚几个个子，过会儿还不回来吗？结果，两人一宿没见人影。这下满窑场子人都慌了，分头找吧，找了两天没找到。有人发现窑坑边有翻滚的痕迹，估计两人撕扯着滚坑里去了。窑场的水坑，四周被挖掘机取土挠得直上直下有边没沿，这俩较劲的人估计沉到二十多米深的坑底了。赶紧报案吧！

县局技术民警来了，又借来一条小船，捞了一天没见人影。案情上报到市局支队，负责技术的王金忠带队来了。

王金忠爱琢磨，在坑边转了两圈，蹲下来仔细瞅了瞅打斗的现场，对窑场的负责人说，我给你画个东西，你给我赶紧安排。

王金忠拿笔在纸上画了个锚状的物件，窑场里有焊工，不大一会儿东西焊来了。

王金忠上了小船，看好了位置，将锚钩往坑里一抛。等锚钩触到坑底，往上一提，一下，两下，第三下就把人的尸首钩上来了。

第一个人上来后，王金忠更有信心了，用手比画了个位置，告诉人们，就在这范围捞就行。不大会儿，另一个死者也被捞了上来。

警校没有上过这样的课，警务书籍更没有这样的学习资料。王金忠从小就在水塘里长大，凫水、打鱼、摸虾，上小学养兔子、读高中打篮球、工作之余养鸽子。王金忠是生活的实用者，他将所有的生活积累都用到了一个个案件之中。

侦破2017年“10·23”特大网络贩枪案时，涉案的几名犯罪嫌疑人迟迟没有抓获。部局省厅高度重视，天天催战果，坐镇指挥的王金忠急得发高烧。

他当初以为最多是胃炎，吃点儿止疼药就会过去，没想到半年后住院做了胆摘除。

他含着药片，让食堂大师傅继续给他做碗挂面条。一大碗面条下去，身上“哗”地出了一身大汗，他感觉舒服些了。

这时，刑警大队长对他说，有个嫌疑人的亲戚来大队说情。

王金忠头都没抬，说，好，把他留下，安排刑拘了。

大队长一听脸都蓝了，人家来这里说情，也不至于拘了呀？

王金忠没有半点儿犹豫：他来说情，肯定是嫌疑人委托他来的，也就证明他现在知道嫌疑人在哪儿，把他拘了再说。

大队长看王金忠不像开玩笑，折回身去，对来说情的人说，你现在麻烦了，别说情了，你都要走不了了。

说情的一听这个，汗都下来了，一个劲儿解释，说我真不知道底细，我倒是能为你们公安做点儿工作。

不到下午，嫌疑人在这个说情的亲属带领下投案自首。

侦破网络贩枪案，王金忠两个月没回家，最后在指挥部拍了桌子。

他对市县所有侦查员说，上边天天要咱们的战果，可我们呢？收效甚微。从今天起，不是人抓不到吗？那咱们就换个方法，你们每天晚上隔三个小时去敲嫌疑人家里的门。

侦查员们百思不得其解，王金忠说去执行就行。

王金忠是这么说的，也是这么执行的。春节前的十几天，王金忠就睡在大队民警宿舍，晚上隔几个小时去敲侦查员的宿舍，看哪个侦查员还赖在屋里，掀开被窝就撵，接着一通训斥。各组侦查员只好再分头去敲犯罪嫌疑人家的门。

这样敲了五六天的门，嫌疑人家属扛不住了。腊月二十九，所有犯罪嫌疑人全部投案自首，枪支悉数上缴。

当一个案子无路可走的时候，王金忠总会想出意想不到的方法和点子。

每到夏天，王金忠都会莫名其妙地发高烧，一烧就三十八九度，在市里医院多次检查都查不出原因。不是医院的问题，是王金忠能挨。爱人多次劝他去北京、天津的大医院检查检查，王金忠总是以这个案子那个案子为由，想方设法地挨过去。

白家务一家四口灭门案发生时，王金忠正在发高烧，躺在家里正“挨”着呢。家里固话铃声响了，准是有案子，他迷迷糊糊地接过电话。

“王队，白家务一家四口被杀，赶紧去现场。”

“知道了。”说完，王金忠脑子昏沉沉的，撂下电话又侧歪到了床上。

正在厨房准备给王金忠做饭的爱人徐素萍，听到客厅电话铃声响，等王金忠接完电话，没听见动静，出来一瞧，王金忠又躺下了，心里直纳闷儿。

她觉得今天王金忠有些不对劲儿，到卧室用力踹了王金忠一脚，说："王金忠，你烧迷糊啦？白家务被杀了四口。"

这一脚相当管用，一下把王金忠踹清醒了。他一骨碌坐起来，马上把电话给支队回拨过去："刚才说什么？"

"白家务一家四口被杀。"

"家里人员情况？"

"父母、女儿、奶奶。"

"女儿多大？有对象吗？"

"有。"

"把对象控制住。"

……

"把对象控制住？"没有谁给王金忠暗示什么，王金忠对案件的发生也没法未卜先知，他为什么在电话中直接说要把女儿的对象控制住？难道王金忠发烧烧得糊涂了吗？他凭什么先入为主地怀疑女儿对象是杀人的嫌犯？

案件最终的结果，如王金忠所判断，女儿的男朋友果然是行凶罪犯。

那么，王金忠身上是否具备一种超乎常人的特异本领或第六感官？没有人能够解释，包括王金忠自己。

王金忠顺手扯了一件衣服，一边穿一边和队友分析案情。"噔噔噔"跑下楼，此时夜已经深了，热闹的小城渐渐安静下来，路上几乎没有行人和车辆，路灯泛着昏黄的光，像失眠人眨着有气无力的眼睛。只有他的车在城市的街道上急驶，以最快的速度赶往案发现场。

再快，还是晚了一步。夜里不知什么时候竟下了一场雨，这场雨下得太不是时候了，把作案现场清洗得干干净净。很明显，在院里不可能找到任何有价值的线索。

王金忠眉头紧锁，和办案人员径直来到屋里。屋里竟和院里一样干净。犯罪嫌疑人倒退着把地面整个儿拖了一遍，没留下一点儿痕迹。

“地面为什么没脚印?”

“擦了。”

“用什么擦的?”

“在厢房的床铺底下找到了两把墩布。”

分析案件性质，屋里没有任何翻找痕迹，排除图财害命的可能。女孩儿死在客厅沙发上，半夜来访，没有任何撕扯打斗。电视开着，哗哗闪着雪花，说明犯罪嫌疑人是熟人，也排除性侵可能。父母死在卧室，开着灯，在没有任何防备时突然被害，说明来者是熟人。就连生活不能自理的奶奶也惨遭杀害，更说明是熟人作案。种种迹象表明，这起凶残的灭门案一定是熟人所为。

王金忠从院子到客厅、卧室、厨房，甚至厕所，一个角落都不落地细致勘验。

外围摸排有了进展。有人看到姑爷白天来了，没待多久，被女孩儿撅了回去。

办案民警找到姑爷核实情况，他异常冷静，自知不说不行，承认白天来了，说中午烙合子，韭菜馅儿的，女朋友和家人知道他爱吃韭菜馅儿合子，特意给他包的；还说女朋友一家对他很好，云云。

给姑爷做调查笔录的民警在案情分析会上如实汇报。

王金忠说：“停，他说什么馅儿的?”

民警又看了看笔录，“韭菜馅儿的。”

“作案的就是他了，错不了。”王金忠断然道。

大家把目光都聚集到他脸上。

“我刚才在现场餐厅的桌子上，掰开了合子看了看，是茄子馅儿的。这个姑爷说韭菜的，那么他应该没有吃这个合子，是自己猜测的。因为一般合子都是韭菜馅儿的，他就顺嘴说合子是韭菜馅儿，说明他说谎了。为什么说谎？这起案子他做的可能性最大，继续加大对他的审讯力度。”王金忠说。

专案组人员抓住战机，对这个姑爷发起进攻。

几个回合，姑爷的精神防线彻底崩塌。别问了，我交代，我交代，是我干的。

姑爷在强大的攻势面前如实交代了杀人经过：和女友闹矛盾，被严词拒绝，感觉和好无望，遂起杀心。天黑后，携带凶器跳墙而入，先在厨房躲到深夜，等人熟睡后进屋作案，自觉做得天衣无缝，没想到这么快就落网了。

皮鞋·电扇·抖手腕

2004 年 3 月 25 日，固安县马庄村村民吴某一家三口被杀，王金忠带队到院子后一进现场发现，院子被狡猾的凶手打扫了一遍，屋里没有搏斗迹象，现场未留下任何有价值的指纹及 DNA 物证。由于现场血足迹遗留条件较差，不具备检验鉴定条件，使案子的侦破陷入相当大的困难。

勘查过程中，民警惊奇地发现，在案发现场院外的砖垛上放着一双黑色的皮鞋。但是鞋底花纹与现场血足迹花纹类型不符。同时，也排除了受害人一家穿这双鞋的可能性。这双皮鞋到底是谁放到这里的？又是谁的？和案件有什么特别关联？

王金忠将这双皮鞋放在眼前，双手捧着，目不转睛，像古玩专家鉴赏一件文物那样看着。

他对皮鞋的特征仔细地研究推敲，将鞋与现场足迹反复比较，最后认定鞋底磨损特征与现场足迹压力反映相似，确定此鞋与犯罪嫌疑人存在联系，可以认定这双鞋就是犯罪嫌疑人留下的。这双莫名其妙的皮鞋，就这样成了侦破这起特大案件的重要依据。

经过对受害人一家的矛盾分析，仇杀的概率最大。可这老两口平时也没有得罪什么人，走访了村里百姓都没有发现什么有价值的线索。

派出所包片儿的是位老民警，他猛然想起个事情来。

他找到王金忠，提供了一个线索：本村的张某曾经犯故意伤害罪坐过牢，刚被释放出来，而且当年的张案，就是吴某一家做的证。

这个情况来得太及时了。张某有重大嫌疑，提取张某的足迹是锁定案件的关键。

王金忠马上派得力人员对张某进行传唤。

可是为时已晚，张某在案发当天不知去向，侦查员几次到张某家中搜查都没结果。

王金忠对技术民警们说，人抓不到，要在他家找到相同的足印。技术人员去了一趟，回来反馈说，没有发现有价值的东西。

王金忠有些不放心，就亲自上阵到张某家里去比对鞋印。

他在院子屋里几番搜索，确实没有发现有价值的东西。

王金忠有些失落，站立在院子中间。他猛一抬头，发现院子角落有个茅厕。

顿时，王金忠像哥伦布发现了新大陆那样，瞳孔中放射出一道锋利的光芒。

他轻轻走过去，睁大眼睛盯着地面。一步、两步，在茅厕入口的地方，一枚皮鞋足印静静地呈现在那里，鞋底纹路与现场皮鞋非常相似。

王金忠喜上眉梢。当时已经到了夜间 9 点多钟。他趴在地上打光，对茅厕入口足迹进行反复研究。

时间一点点地过去。大家都和王金忠一样，又期待又忐忑。

两个小时后，王金忠直起身子，对大家说，这枚足迹，就是现场提取的皮鞋所留。

大家纷纷鼓掌。足迹的确定，为案件嫌疑人的认定提供了铁证。

张某落网后，坦白交代了作案过程：他在监狱的这些年，时时刻刻准备出来报复吴某一家。出狱后，他精心准备了两双鞋，一双作案，一双作案后换上逃离。一切都按照他事先计划的那样，翻墙，杀人，毁灭痕迹。可仓皇作案后，他错将皮鞋遗落在砖垛上。他跑到半路，也想过返回去将鞋子拿走，但又担心被人发现。他把作案时的衣服和鞋子全部烧毁，如果不是这双遗留在现场的鞋子，案件侦破将难上加难。

王金忠说，任何案件，作案分子再如何狡猾，都会为我们留下破绽和证据。只是有的案件我们能够及时寻找到，有的因为我们自身原因或其他原因暂时不能破获。再迷离的案件，终究有一天能够解密。

张某遗落的一双皮鞋，让王金忠抓住了破案的证据。可有的案件，犯罪分子故意留下线索，王金忠和他的技术民警们又如何是好呢？

老尤50多岁，说他老，是因为这家伙伪装得非常老到，看到谁都是笑眯眯的，连看到个小学生他都能身子矮一截。村里修学校，修这儿修那儿，老尤都会捐款，有什么活动都捐，人都说他有大善。他宰杀出身，见到同乡的过来买肉，他还会多往秤里切上几两肉。老尤的刀法利索，杀牛杀羊利索。可老尤手黑、心狠、好色。他喜欢女人，属于色胆包天的那种，看中谁，想方设法得搞到手。村里大姑娘、小媳妇远远见到他，都绕着老远走。

这次老尤看上了同村王老憨的闺女。看上了，他就三番五次地想接近王老憨。老尤心里的花里胡哨，王老憨虽憨但不傻，他防着呢。可有句话：防不胜防。

夏天的气温燥热难当，老尤的身体又开始蠢蠢欲动。他熬不住了，又暴打了自己的女人后，他披上衣服，推门遁入了充满暴虐血腥的夜色。

一开始接到香河警方的电话，说死亡一人。

王金忠和技术人员乘车向香河进发。走到半路上，香河那边又来电话，变成五个了。“五”这个数字一出来，整个车里的气氛就和刚才不一样了。

先不说这数字说明案件的特别重大性，关键是有个不可言喻的说法，横亘在每个廊坊刑警的心头。1988 年大城县王范村一家五口被杀案，1996 年大城县东阜村一家五口被杀案，文安某村五口被杀案，“五”字当头的几起案件，至今都没有破案，成了积案和死案。

廊坊刑警有句自嘲的话，就是：“逢五必死。”

香河这个案子发在 2007 年 8 月 25 日，这个日期与“五”字关联相当多。虽说这个“五”字之说，压根儿没有什么道理，但在王金忠一班人的心里，还是有一种莫名的压抑感。

大家在车上就商量好，一定要用物理方法进行勘查，不到万不得已不使用化学方法。

为什么说不到最后不使用化学方法？因为化学方法用过后，这个物证再也不能提取了。不采用化学方法，就是我们将这个破案的机会留给后来人，或者留给将来新的科学侦查技术，不要因为我们的冒失和急进，将案件线索全部毁掉。

王金忠打开电脑，看着现场勘查图片，对我说：这是当时的案发现场，这个尸体是女孩儿的，乳头被咬掉，裤子被褪下，脚底下有蹬踩的痕迹，说明有性侵的迹象。地上都是鸡爪子、鸭爪子的印儿，鸡鸭鹅狗等家畜家禽跑得屋里院子到处是。我们到达现场后，县里刑警先是把鸡鸭轰出去了，已经提取不了任何有价值的足迹。这是屋里卧柜，两个柜盖被撬开放到地上，卧柜里有翻动的痕迹，不是特别乱，给人感觉不是在仔细寻找物品，地上的衣服也是从柜里拿出来的，其他的地方没有动。结合现场分析，初步判断，犯罪分子主要是冲着女孩儿去的。这是那个媳妇，这个媳妇不是多灵，这个女孩儿是抱养要来的，这个小男孩儿是媳妇亲生的。这是那个男人，死在院子西南角，尸体旁拴着一条狗。应该是这个男人想跑，犯罪分子追过去将人扎死的，他的尸体旁发现一只黑色布鞋。这是那个老太太，死在院里头，一进院门就可以看到。这是从东向西拍的照，都是用刀子杀死的。

进了院子，看到现场条件，更加重了王金忠的压力。

那真是血流遍地，不忍直视。此时正是暑期三伏天，动物的粪便混杂着人血的腥臭味儿，熏得人喘不过气来，里里外外根本没有下脚的地儿。

这家乱到什么程度？地上的血和外间屋锅台上的血，做DNA都做不出血型来。

问题在哪儿？太脏了。

这个案子难就难在，民警们每天都在观察，却都没有发现有价值的印迹，整个勘查十五天，到最终取到指纹，非常地艰难。

看着警察进了村，老尤没有准备逃跑。

杀了五个人，他清楚公安不会善罢甘休。他要给王金忠做个大局。他不是那种自以为是的小角色罪犯，他凶残不等于他四肢发达头脑简单，相反，他会穷尽一切手段来编织逃避法律制裁的“网”。

对现场的勘查周密有序，王金忠等人经过认真研判，发现院里女人尸体上有盒北戴河香烟，男死者旁边有一只布鞋，这两件物品与现场脏乱的环境格格不入。男死者穿的是拖鞋，并且身上沾着烂绳子。

王金忠分析，男死者没有当场死亡，身上的绳子是自己翻滚挣扎所致。更多的勘验迹象表明，男死者被害前和犯罪分子进行了一番追杀打斗。这只布鞋，还有这盒香烟，不是男死者的。那么极有可能是犯罪嫌疑人打斗时，在慌乱中遗失的物品。

指挥部围绕这只布鞋和这盒香烟论证推敲，说法不一。在村头另一角的老尤诡异地笑了。

“8·25 香河特大杀人案”专案组，从死者家庭成员关系、社会关系入手，从内到外进行摸排，老尤多次被列入嫌疑人名单，又都被排除掉。

王金忠没有妥协。他跑北京，去上海，对提取的检材进行物证检测，满心以为能够得到有价值的线索。可结论一出来，仍是大失所望。

案件陷入僵局。嫌疑人翻动柜子，以造成个谋财害命、流窜作案的假象，这个难不倒办案人员。可是，如何寻找出确定嫌疑人的物证罪证，是最大的难题。

王金忠陷入了沉思，夜不能寐。

真相到底是什么？

侵财？仇杀？色杀？

难道真的又是个“五”字魔咒吗？

王金忠不信邪！所有的办案民警，心里焦急，但表面还要保持镇定。

真相就在死者身上，就在这个院子里。凭多年办案经验，王金忠坚信，犯罪分子一定会留下破绽，留下蛛丝马迹。

如何拨开团团云雾，寻找破案的关键？只有重新再来。

王金忠打定主意，对现场重新进行勘查梳理。

为找寻有价值的物证，所有技术人员将这几百平方米的现场又扒一遍。就这样蹲在地上，一点点地移动，蹲累了就跪着，跪不住了就趴着，这一蹲一跪就是十天半月。

这时，大家发现了一个奇怪的现象，就是在不断寻找物证的过程中，在地上或者物品上，眼瞅着这一个小点，那一个小点，一眨眼，小点换了个位置。

大家以为眼花了，揉揉眼，定睛再看，哎哟！哪是什么小点呀，是最令人讨厌的跳蚤。

王金忠解释，这跳蚤为什么开始不咬人呢？因为一开始院里到处是鸡鸭狗牛羊驴的，供这些跳蚤吸血，它们不会去侵扰现场民警。等家禽牲口被转移走了，这些千军万马的小子们就只能逮谁吸谁的血了。

大腿下面，一层黑点跳上来先是扁的，吸你几口血就鼓鼓的了。侦查员们浑身上下被咬得全是疙瘩，那种痒痛的难受滋味简直不可言喻。

一名侦查员感染化脓，高烧了一个礼拜。

这哪行？决不能被这点儿困难阻挡。民警们群策群力，制作了简易防护服，就是找来最大的塑料垃圾袋，分别套在两条腿上。跳蚤的蹦跳高度超不过膝盖。回到住所，大家立即去洗澡，衣服则往池子里一泡，先淹死这群小崽子。

跳蚤的问题解决了，可是塑料袋也把双腿给捂得“浮囊”了。

第一次提取物证失败后，王金忠邀请了二所的顶级专家来到现场，对现场物证进一步细化。

在现场研判时，有的侦查员根据现场立柜柜盖被移动，柜里有翻动的迹象提出，应该是流窜作案。

王金忠则不以为然。他根据自己的生活常识和工作经验推理认定：通过对被害人家庭关系一系列地排除，应该是熟人作案。还有个问题，为什么女孩儿的裤子都褪到了会阴处，该人停止了性侵？我们大家都认同这个人是冲着这个女孩儿来的，那是什么让犯罪分子停止了他的意图？或许是什么生理原因，或者是某些风俗理念影响了他？而女孩儿恰好正处于生理期。

随后，王金忠展开了他更加不俗的一面。

他拿着现场拍摄的照片，对大家说，在衣柜上这个台扇，它最下面是 VCD，上面是书。大家想想，谁会把台扇放到这个地方？发案的时候，风扇如果是开着的，那么就是主人放到那里的；如果是停止的，我们就怀疑了，台扇不应该放到这个位置。主人为了降温，应该把台扇放到立柜上，那里最稳当也最为合适。我反复琢磨，分析犯罪分子是不是动过这个东西，否则你提取物证的时候就没有信心和动机。随便提取个指纹，显然你不会下这么大的决心。通过分析论证，把作案过程彻底研究透了，哪个东西动过，哪个是先动的，哪个是后动的，论证后，这个信心就不一样了。现场这个立柜盖有人为搬动的痕迹，说明嫌疑人的犯罪过程应该是这样：先是把台扇放到这个上面，再挪动柜盖，翻动里面的衣物，再随后……我认为，这个台扇上面必定留存了他的指纹。

专家们说："那你们提了没有？"

王金忠说："看了，物理方法取出来的手印有一层油污，条件非常差。三个手印结合，都凑不成一个有效物证。"

随后，专家们对这个台扇下足了功夫，最终在上面提取到了两枚指纹。这指纹条件仍不是多么完全，但比上次用物理方法提取的清晰很多。几个条件合成后，足以揭开犯罪分子的面纱了。

王金忠继续说："还有柜子下面的这盆水，我们做实验了，是血水。这个桌子挡着这个盆，作案分子先在盆里洗完手，然后挪动了这个桌子。我们对这个桌子用物理方法勘查，没有发现指纹。我们分析，这个桌子必然存有潜血指纹。"

专家们开始对桌子精心取证，用最科学合理的方法，将桌子角上面的左手拇指指纹显影。这枚指纹特征相对多一些，终于有了收获。

王金忠露出了难得的笑容。

杀人犯老尤下地狱之前，他压根儿没有想到自己会被绳之以法。他偷了别人的鞋子，拿了别人家的一盒烟，洗干净了手，杀人的时候都没有让对方看到他的脸，就这么一刀一个将老王家人送走了，就像割断那些牛羊气管一样。他以为能够瞒天过海，可还是被警察破解了。

王金忠说："沿着犯罪分子的作案过程，可以把案件还原。

分析犯罪分子作案细节，还原犯罪分子的动作、行动顺序，你才能在现场勘查中，确定犯罪分子动过哪里，如何移动手指、脚步。这样，才能有足够信心、更好地发现犯罪分子的破绽。”

2016 年 11 月 16 日，万佳商场金店被盗，失窃黄金饰品价值巨大。

王金忠带着视频大队的几个人风尘仆仆地赶到案发地。当天气温洒水成冰。现场县局和派出所的民警已经先期调取了录像，案发时间点、嫌疑人怎么走的，县局的侦查员向王金忠作了简要汇报。

王金忠从来不当调度员。他当时看监控录像条件不太好，就楼上楼下地又转了转，有了个初步了解。随即他在现场开了个小会，将参战民警分成了两个查控小组，开始按照路口分布的一个个点往下追。

查了大约一个小时后，一组发现了嫌疑人的活动轨迹。当时嫌疑人活动得非常特殊，感觉是个老手，在公路上来回串，故意让你确定不了他的运动规律。

王金忠沉住气，一个路段不落地分析。可后来“人”在一家小宾馆的监控点出现后，再往下“溜”，就再找不到踪迹了。

侦查员赶紧向领导汇报。

王金忠指示：重新往回看。

侦查员又按路段往回找，还是没有进展，怎么也确定不了嫌疑人的下一个行动图像。

王金忠也比较着急，就从案发现场开车过来了。他问民警，嫌疑人最后消失在哪个路段？侦查员说，就在津保路那家小宾馆。

王金忠就亲自去看小宾馆的视频资料。经过多次重复播放嫌疑人走路的视频，他发现这个嫌疑人在走路过程中，有个极其微小的抖手腕的动作。

几名侦查员几乎都没有注意到这个细节，或者说注意到了，但没留心这个动作能说明什么。就是那么细微的动作，放到谁的眼里都会忽略过去，恰恰被王金忠识破了天机。

他说，再回放一下。视频又连续回放了几次，嫌疑人那个小动作也就是0.8秒。

王金忠最后指着屏幕说，马上到这个嫌疑人出现的地方，扩大搜索范围，那个小动作绝不是嫌疑人的自然行为，他极有可能是在扔什么东西。

果不出王金忠所料，民警们到达这个半径十多米的地段进行地毯式的排查，一根草、一块土坷垃都不放过，最后在草棵子里发现一柄螺丝刀和一副白色手套。

可王金忠依旧没有收兵的意思。他非常清楚，这两个物品起不到佐证嫌疑人的作用，还要细心再细心，不能局限于这个路面，再扩大搜索半径。从嫌疑人的行动路线来看，这个家伙绝对是个反侦查老手。

当时王金忠没有和民警说要找什么，只有他自己明白。

半个小时后，当民警们又在二十米外找到作案用的微型手电筒时，王金忠的脸上终于露出一丝微笑。

刘某，吉林人。刘某的父亲姓蔡，他却姓刘。我们不必去深究他的个人经历，有一句至理名言：凡是坏人，背后必然会有相当坏的成长轨迹。刘某亦如是。

在违法犯罪信息系统查询刘某的前科，以及后来据他个人交代，其犯罪简历一目了然：2004 年 6 月犯抢劫罪，被吉林市法院判处有期徒刑两年六个月；2007 年 3 月犯抢劫罪，被吉林市法院判处有期徒刑五年；2014 年 10 月犯盗窃罪，被苏州市法院判处有期徒刑一年十个月，2016 年 8 月释放。

从罗列的这些犯罪简历不难看出，刘某是个“屡战屡败”的家伙。可能他读了那则清朝名臣“屡败屡战”的故事，觉得自己也在“屡败屡战”，8 月初才被释放出来，稍作休整即继续作案。一次次锒铛入狱，让刘某的反侦查经验逐步提高，每一次被捕的教训都使他愈发变得老练和狡诈。

2016 年 11 月 16 日下午 2 点，刘某携带好钢丝钳、螺丝刀、小手电、口罩、手套、背包就上了路。他上了南下的客车，到了大城县城，下车找了辆电动三轮车。

他清楚这些三轮车司机掌握着一座城市所有的信息。

哪里最热闹？

三轮车司机将他拉到了大城县城最繁华的地方——“平舒市场”街。刘某在熙熙攘攘的人流中转了两圈后，选好了那家临街的“万佳商场”。等到夜深人静，刘某撬开商铺的卷帘门，先用尺长的木棍将门旁的监控探头捅到一侧，然后戴上一次性口罩，蒙着头，套上手套，确认万无一失后，进入了商场。半小时的过程，盗窃成功。之后刘某在逃跑路线上故布疑阵，在省道上来回穿插行走，打了两次三轮车，下车徒步到车站，又找了一辆黑出租车，连夜回到了胜芳。盆丰钵满的刘某美美地睡了。

第二天，他的睡觉地点就被挪到了看守所。

当负责现场勘查的技术人员告诉王金忠，嫌疑人没有留下任何指纹足迹时，王金忠心如油烹，面如止水。

他目不转睛地盯着视频录像。犯罪分子戴着白色的手套，用螺丝刀稳稳地撬开柜台，将金银饰品一件不落地装进背包。模糊的视频中，那支小手电叼在嫌疑人的嘴里发出微弱的光线。

王金忠没有说话，一动不动的双眼紧紧咬住对方的身影，任何细微的动作都印入眼底。

没人清楚王金忠脑子里在想什么，但是所有参战民警都有个特别的感觉，就是有了这位刑侦专家亲临一线，这个看似没有线索的案子，一定会出现让人意想不到的转机。

“魔高一尺，道高一丈。”刘某落网了，他以为作案现场没有留下他的一切，公安便很难落实嫌疑人。他将作案工具沥沥拉拉地抛了两三公里，东一个北一个的，真没想到，公安竟然能够全部找到。

警察怎么就能确定是他？他显然不了解生物检材。“生物”俩字蕴含的科学依据是什么，更没有听说过。

刘某作案，是随机选择了一个游戏。他随机选择了作案地大城，也随机选择了身经百战、明察秋毫的王金忠。但他绝对没有想到，自己在“屡败屡战”中，又遇到了一位屡战屡胜的刑事警察，所以他只能再次身陷囹圄。

王金忠用一种叫速度的破案方式，终结了刘某的游戏。

希望刘某能够悔过自新。

否则，他的下一场游戏，任他设置多么复杂的关口玄机，最终都会被像王金忠那样足智多谋又具有高度责任感的刑警破解。

杀鸡·变卦·“雪拉瑞”

王金忠曾经杀过鸡。

杀鸡？

是的，为了破案，王金忠杀鸡取血。

2006 年 11 月 16 日，香河县刘宋镇程官屯村村民王某一家三口被人杀死在自家屋内。凡是有大案，离不开技术出现场。这种大案，更离不开王金忠。

现场勘查中，王金忠发现了一种血足迹，并确定为罪犯所留。

在案发现场，如何判断嫌疑人的血迹，王金忠有自己的经验之谈。

他对在场的民警说：“嫌疑人的血是孤立的，远离尸体，远离中心。正常情况下，血迹会越来越少。如越来越多，证明嫌疑人受了伤。这个血迹，说明嫌疑人作案的时候，脚受伤了。他作案逃跑后，自然不会留下仅仅一个痕迹。大家要顺藤摸瓜，紧追不放，找到下一个痕迹点。”

随后，王金忠指挥侦查员从现场向外扩展搜索半径。

半天过去了，技术民警在该村村民倪某所开的废品收购站院中发现了一枚残缺足迹。

王金忠凭借扎实的足迹检验功底，综合现场其他痕迹，当即认定其与现场足迹一致。

这一重大发现，让所有的侦查和技术人员都兴奋不已。因为在摸排工作中，也发现倪某有作案嫌疑。可收购站里，倪某人不在。

王金忠下令，死活也要找到他。

一个月后，倪某在唐山落网。但他显然早就有心理准备，任凭侦查员怎么审讯，就是不承认去过案发现场。

王金忠将倪某的足迹与现场足迹进行比对，结果非常意外，二者有明显差异，说明现场血足迹不是倪某所留。

一时间案件侦破陷入了僵局。

王金忠想，难道真的不是倪某作案？杀人者另有他人？

王金忠眉头紧皱。

案件分析会上，一侦查员反映的情况引起了王金忠的注意：案发前，倪某与邻村裴某的联系频繁。这个裴某劣迹斑斑，不是什么“好鸟”。

王金忠顶着压力，大手一挥，对裴某进行抓捕。

三天后，裴某在武清某小区被抓获。技术民警在裴某处发现两双同样花纹的鞋。

王金忠建议提取裴某足迹与现场足迹进行检验。经过一番细致比对，王金忠认定现场血足迹是裴某所留。

审讯过程中，裴某“死猪不怕开水烫”，一宿半天拒不交代。

王金忠上了肝火，亲自上阵，面对死不认账的裴某，对民警们说：弄纸和油墨去，踩脚印。

裴某低着头翻了翻白眼，满脸的不屑。

东西拿来后，王金忠想了想：不用了，去杀只鸡吧！

为什么杀鸡？王金忠考虑到人血和油墨的黏稠度和密度有较大的区别，鸡血和人血差不太多。

无辜的鸡头被斩了，血铺在了洁白的纸上。

裴某向后缩着腿。最终他无路可退，脚踩了上去。

裴某伪装的人设崩塌了。

王金忠脸上露出了久违的笑容。他对裴某说，你就是一言不发，法律也一样定你的罪。

知道自己现在已经是瓮中之鳖，罪责难逃，裴某叹了口气，一五一十地交代了伙同倪某丧心病狂地残杀王某一家三口并实施抢劫的犯罪事实。

王金忠说："刑事案件从案发到侦破，其实质内容就是紧紧围绕犯罪现场，开展各项侦查活动。刑事技术人员的任务，就是在每一个犯罪现场，寻找能够证明犯罪的所有证据。这就要求刑事技术人员能够明察秋毫，透过纷繁复杂的表象，抓住作案动机，不放过任何蛛丝马迹，哪怕一个指纹、半个鞋印。这些，也许就是案件的突破口。"

王金忠家老爷子王平安，想当初也是赫赫有名，是全省首届评选的优秀刑警，干事儿不要命，水平相当高。他当时担任刑警大队的副大队长。滩里镇发生一起特大命案，他正在医院里输液，听说发生了大案，他拔了针就走。他顺着现场的血迹往下追，一直追出七八里地，前面有口枯井，血迹消失了，往下一瞅，犯罪嫌疑人投井自杀了。

这时，王平安突然"哎哟"一声就坐在了地上。

大伙都问怎么啦？

他脱了鞋，芝麻茬子把脚扎穿了，血都灌篓了。他就这样忍着一声没吭。

王平安去世那年才 58，肝硬化。开追悼会的时候，公安局局长念的悼词，念到一半就哽咽了，边流泪边把悼词读完。

忠诚与敬业。王金忠完全受他父亲的熏陶。

1988 年，王平安问他："金忠，高考志愿填报哪个学校？"

“警校！警校吧！”

老爷子点了点头，那意思正合他心意。

王金忠的女儿王健高考 671 分，开始想报考上海交大，王金忠和负责招生的都见面了，那边见志愿就录。

一宿后，王金忠变卦了。第二天他敲闺女的门，问闺女，愿意当警察吗？

闺女回答得十分干脆：我愿意。

一个“我愿意”，志愿就改成了中国人民公安大学。

二十八年前，刚刚毕业分配到支队的王金忠，穿着橄榄绿警服，背着个工具箱，晃荡着大个子，跟在师父屁股后面。

师父问：“金忠，一会儿看到杀人现场，害怕不？”

“不害怕。”王金忠说。

“大多新人，第一次去现场都紧张，还有的看到死尸吃不下饭。”师父笑着说。

“我没事儿。”王金忠颇有自信地摇着头。

案发现场到了，尸体就在屋里面。一进院子，王金忠就闻到空气中血液散发出的腥臭味儿。

“院子里有血迹，注意拍照。”师父叮嘱。

王金忠掏出相机，熟练地对现场取证，尤其院子里那几块血渍，有些特别，像一朵朵梅花平开在地上，周边竟然还有数不清的毛刺。

王金忠想：难道是猫、狗的足迹？不像。鸡、鸭、鹅的足印？也不是。是人身上喷出的血液？更不像。这是什么呢？

他一头雾水。

拍完照后，他和师父进了屋。死者被杀害后，血流了好多，在地上形成一层血浆。

和师父勘查完现场，王金忠出了屋子。他一抬头，看到了一个奇怪的景象，就是刚刚那个花形血渍增多了。

王金忠怀疑自己的眼睛出了问题，明明进屋之前看到那些血渍是三块，现在怎么变成了五块之多？他以为自己出现了幻觉。

“师父，师父，刚才院子里的血迹，我数了是三块，现在怎么多了？”他说。

“是三块，你不是刚拍照了吗？”师父说。

“您出来看看。”

师父出来往院子一看，也愣住了：“这是怎么回事？”

两个人百思不得其解。

就在这时，屋里蹿出一只脏兮兮的“雪拉瑞”，到了院子，“哇”就噙出一口脏血，狗嘴四周的胡须同时沾到了地上，将那块血痂像一朵绛红的梅花印了出来。

王金忠茅塞顿开，拍了一下脑袋：原来是这样呀！

许多年后，他十分平静地说：我是个普普通通的警察。这些年，我只做了一件事，就是破案。所有的一切，都是为破案做准备，都是为了破案。

王金忠就是这样一名以破案为生命，以破案为毕生事业的刑事警察。

扫描二维码即可观看
相关视频等

沈阳刑警赵路新

刘　芳

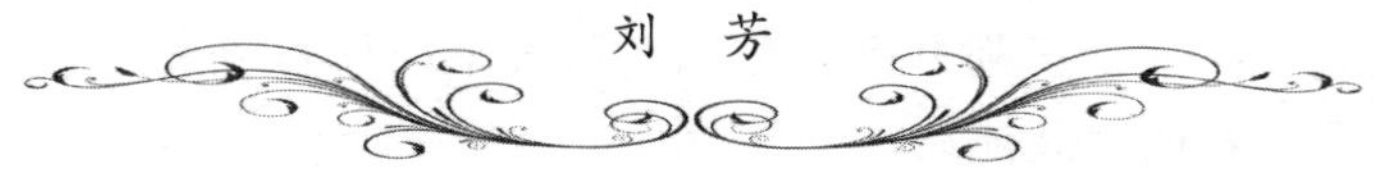

“刨锛儿帮”的真相

赵路新每天都到管区的几个派出所翻看头一天的发案记录。因为他觉得，刑事案件就隐藏在治安案件之中。那是20世纪90年代，当时还是一个通信信息欠发达的年代。

这几天，龙江派出所接二连三发生的几起打架案子，让赵路新总是隐隐感觉这里面有说道。

看这起：两个人骑自行车，磕磕碰碰，一个拿起锤子就把另一个砸了。

再看一起：两个人，确认眼神，一个不服一个，一句“你瞅啥”，一句“瞅你咋的”，就干起来了，其中一个也是拿锤子把人家砸了。

两起案子看似毫无关联，可是，那个锤子“出镜率”太高了。那么这个锤子和那个锤子之间有联系没有呢？

不行，得查。

随后，赵路新扩大了范围。他把周围几个派出所的报案登记都看了一下，果然，类似的案子还有几起，都是普通的治安案件，都出现过拿锤子打人的情节。

这些单独成立的案子，因为频繁出现的相似凶器，被赵路新敏锐地联系在一起。它们之间，还有没有相似的地方和更大的疑点呢？

再进一步工作，他把几起案子的发案地点一一排列，发现案发现场不远处，都有证券公司，而发案时间也都差不多是证券公司收盘的时间前后。

90 年代末期，是证券交易业大发展的年代，只要有眼光进入证券市场，那么每天收盘的时候，你就来取钱。如此看来，这些在同一时间、相似地点发生的打架斗殴的案子，还会是独立存在的吗？

赵路新和战友们把研判情况进行梳理，并综合分析，又把侦查范围再扩大，发现不但皇姑区，周围的铁西区、和平区也有案件发生，其中有两起案件，犯罪分子把被害人砸成了重伤。

晚上回到队里，赵路新和哥几个谈了自己的想法。

“如果是简单的打架，没有任何仇恨的两个人，怎么可能这样不计后果地下黑手呢？除非是为了某种巨大的利益。那么，抢钱，就是最合理的解释。会不会是有人专门守在证券交易市场的附近，抢劫！被发现了，犯罪分子拿起锤子就砸。不为人知的真相，被打架滋事的假象掩盖了。”赵路新分析道。

队里的兄弟们折服于他敏锐的洞察力。

侦查工作继续深入展开。经过细致入微的秘密侦查，一个专门尾随证券交易市场交易人员，持械实施抢劫的犯罪团伙渐渐浮出水面。这伙人心狠手辣，因为经常持锤子行凶作案，人称“刨锛儿帮”。

一周之后的周末，传来一条可靠消息，在皇姑区四院对面的回民饭店里，几名嫌疑人在对人实施敲诈勒索。

自启动追查以来，这伙人似有似无，如今当他们真实地出现在赵路新和战友们的视线里时，每名参战人员都跃跃欲试，摩拳擦掌。

大家知道，这是一个绝佳的抓捕机会，一旦错过，再次遭遇就不知道什么时候了。

可就在此时，通过包房虚掩的房门，眼尖的赵路新突然发现一名嫌疑人的怀里露出了一小截猎枪的枪把。

他当机立断，把战友们从现场撤了回来。

就像已经上膛的子弹被强行退回到枪栓里，赵路新已经嗅到了浓浓的火药味。

回到队里，看大家都不说话，赵路新说："我知道整这个案子大家挨了多少累。咱们之前不知道他们有猎枪，所以没有足够的准备。没有准备的仗，我宁可不打。换句话说，咱们是一车拉去的，我想一个不少地拉回来。大家，听我大新子一句话，他们一个都跑不了。"

事实证明，赵路新的决定是正确的。十天之后，赵路新和战友们巧妙地把主要犯罪嫌疑人引到沈阳北郊一片荒芜的大野地里。犯罪分子悉数被抓，一个盘踞在证券市场周边以暴力手段抢劫钱财的犯罪团伙被成功摧毁。

半年之后，这个团伙的主要成员被处以死刑。法律的公正审判，为此案画了一个圆满的句号。

女子失踪之谜

2002 年 6 月 4 日，一个外地口音的中年女子来到刑警大队报警。

她说，她的女儿郭美两天没回家了，而且银行卡里的钱也没了。郭美在歌舞厅上班，20 好几了，两天没回家，也算是正常。

接报警的民警告诉郭美的妈妈，再等等吧，也许是去哪儿了，没来得及告诉家里呢。

可是，赵路新觉得事情不简单，不能就这么放下。

他安排人查了查线索。

8 月份，又有人来报案，说和她在舞厅一起打工的白雪失踪了，时间是 6 月 19 号。

赵路新更加警觉，郭、白二人的失踪，绝不是一般的人口走失事件。得查！

查？怎么查？从何查起？

身边战友质疑：如果是正常的人口走失情况，只有等。有的时候，也许是几天，也许是几个月，人就会自己回来。因为二人就是社会关系复杂的陪侍小姐。假设二人已经遇害，那么至少要有尸源或是行凶现场。而眼前这个情况，下一步的工作方向怎么确定呢？

郭美的妈妈回去了，赵路新的心情却久久难以平静。

他明白，不管郭美是死是活，郭美的妈妈已把全部的希望，都寄托在能破案子的刑警身上。这也是她唯一的希望。

为最大限度把握战机，赵路新决定就当杀人案子搞。

没有作案现场，没有痕迹物证，没有因果关系，没有作案动机，在一切都是“零”的情况之下，侦查的方向和起点在哪里？所有人的目光都聚焦在赵路新的身上。

赵路新带领侦查员围绕两名失踪女子的踪迹，开始进行大海捞针似的排查。

失踪女子均为娱乐场所的陪侍小姐，社会关系复杂，但这似乎也增加了她们之间轨迹重合的机会。

侦查人员分别对两名女子各自的行动轨迹最大程度地复原，然后再把两条平行的行动轨迹进行碰撞，果然，一个重大嫌疑人浮出了水面。

此人叫贾玉纯，沈阳铁西人。他是一个前科累累的社会闲散人员，没有正当收入，却出手阔绰；很少出入酒店歌舞厅，却同时出现在两名失踪女子的关系人里。

继续查下去，所有线索又全部静止了。贾玉纯仅仅是与两名失踪女子联系过。

眨眼一个月时间过去了，让人无法理解的是，走失的女子依然活不见人，死不见尸。

有的侦查员沉不住气了，说，这么一个连案都不能立的失踪人员事件，花费如此巨大的人力、物力，进行地毯式排查，到底值不值呢？这不是自讨苦吃？人丢了找不着不砢碜，可要是案子搞到最后进行不下去了，就砢碜了！

听到这样的抱怨，赵路新决定依法传唤贾玉纯。

弟兄们都以为他让案子逼疯了。

赵路新说，从一开始我们的处境就没有证据，我就要打草惊蛇。只有他惊了，案子才能动起来啊！

第二天，贾玉纯被传唤至皇姑刑警大队。

赵路新亲自上手，与他过招。

“知道为什么找你吗？”

“不知道！”贾玉纯的脸上显露出不屑一顾的鄙视。

郭美、白雪，你认识不？

我认识的女人太多了，不知道她们是谁。

她们失踪了。

这种人，一碗冷面就能领走，谁知道跟谁走了。你们警察咋那么有闲工夫，为找个丢了的小姐动真格的。我可没这闲工夫。

贾玉纯的态度越轻蔑，赵路新的直觉就越强烈：他绝对不是白纸一张，此案一定和他有关系。

赵路新知道，自己不能急，也不能躁。

他把身子向前探了探，和颜悦色地说：“贾玉纯，你别急，给我点儿时间。你记住了，欠的账，迟早要还的。你放心，案子破获的那一天，我肯定亲手把你抓回来。”

贾玉纯点点头。

赵路新亲眼看着他离开刑警队大院，只听见自己的拳头握得咔咔响。

赵路新立即紧急召回全体侦查人员，翻看有限的信息，逐一分析。

他的目光突然落在郭美被盗取的银行卡上。

据郭母讲，郭美有一张存有七万元钱的银行卡，当她发现女儿失踪的时候，那个原本在家的银行卡竟然不见了，卡里的钱也被人取走了。

赵路新立即到所属银行调取取钱人的影像记录。结果发现，郭美银行卡内的七万元钱被一名女子分三次取走。经过郭美、白雪的关系人辨认，取钱的人叫王华。再查王华，也是陪侍小姐，是贾玉纯的女朋友。

找王华，王华也失踪了。

经过数日艰苦工作，侦查人员发现社会闲散人员陈玉风、“小四”与贾玉纯往来密切。

正当民警准备对二人进行进一步排查时，“小四”不见了。没人能说清“小四”到底叫啥。只知道他留着小寸头，戴副金丝边眼镜，文质彬彬的样子。

让专案组兴奋的是，这样的体貌多次出现在侦查员的走访中。很多知情人提供，“小四”经常找一些陪侍小姐玩乐，而且还会将其带到酒店外面去。据一个知情者反映，6 月 9 号，一个叫陈凤的陪侍小姐与“小四”喝酒到深夜，后来与“小四”一起离开，从此就没有了音信。

听到这样的消息，赵路新心头一紧。难道还有不被掌握的失踪人员吗？究竟有多少人陷入这暗黑之中？

“小四”的失踪是好事。至少使他坚定了前先的预判，他认定案子是活着的。

可是，到哪儿去找没有准确信息的“小四”呢？

就在这时，王华的手机在小北手机市场出现了。侦查员找到收手机的业主齐峰。齐峰说手机是一个寸头、戴金丝边眼镜的小伙儿卖的。

“小四”！所有人心头一震。

随后，根据“小四”的活动规律，侦查员大致恢复了“小四”的行动轨迹。大家惊奇地发现，“小四”竟然与贾玉纯保持着非常有规律的接触。此外，与“小四”有密切联系的，是一个叫赵文茹的女子。此人是酒店的坐台小姐。她是“小四”的关系人，还是他的下一个目标？

赵路新决定，立即秘密传唤赵文茹。

令人意想不到的是，一提起“小四”，赵文茹竟然一口咬定，从来不认识“小四”。

“告诉你赵文茹，根据我们目前掌握的情况，‘小四’与近期沈阳几起小姐失踪案有关。你与‘小四’非亲非故，也许你就是他的下一个目标。你的袒护，也许是在自掘坟墓，你信不信！”赵路新亲自和赵文茹谈，不给她一丝喘息的机会。

赵文茹果然怕了。

她说，“小四”是她男朋友的亲弟弟，并答应立即带专案组去找“小四”。

半小时后，赵文茹说服“小四”的哥哥拨通了“小四”的电话。他以要到“小四”新家认个门为由，想套出“小四”的住址。

可“小四”极其狡猾，他没有直接说他住在哪儿，而是告诉他哥哥先到卫工街一个加油站等他。因为他从住处能清楚地看到加油站那里，他哥哥的一举一动十分清晰。当他确认只有他哥和赵文茹之后，才说出他家的详细住址。

作为抓捕行动的前沿指挥赵路新，立即布置警力，令所有人跟随“小四”的哥哥逐渐缩小包围圈，向“小四”家聚拢。

此时的“小四”，已经对楼下突然出现的人来人往的情形有所警觉了。“小四”租住的是一栋老式居民楼的顶楼。

为了防止他狗急跳墙，专案组决定采取快攻，速战速决。他们找来开锁师傅开锁入门。

对于一门之隔的“小四”来说，听到“咔咔”的开锁声，他内心激烈地斗争着。他知道自己犯的是多大的事，一旦落网，后果可想而知。可有那么一刻，侥幸心理占据了上风，他确信，没有人能发现他的罪行。于是他自负地决定赌一把。

门被打开。赵路新第一个冲了进去。

房门内的“小四”出奇地平静。面对突然冲进来的警察，他说：“你们这是要干什么？”

赵路新上前一步，控制住“小四”，对他说：“走，换个地方，我给你讲讲。”不急不躁的节奏，让抓捕结束得干净利落。和“小四”一起被抓走的还有他的女朋友。

“小四，你觉得你啥事没有，一张白纸，好，我给你机会洗白你自己。从现在开始，你就给我说，你几天一个电话给贾玉纯，干啥了？你几天一趟铁西牛心台，干啥去了？说清楚了，你就走。”

一听到贾玉纯、牛心台，他的内心完全被搅乱了。他不知道警察究竟都掌握了什么。他认为，只有闭紧嘴巴，才是最可靠、最安全的做法。

面对眼前的“小四”，赵路新还是愿意相信，他内心里有一个角落是干净而纯粹的。他准备试一试，触碰一下“小四”心里那个柔软的地方。

赵路新安排人故意带着“小四”的女朋友从他被审讯的窗口前经过。这不经意的意外相见，“小四”看到了这个一心一意跟随他的女人满眼的惊慌与不安，眼泪顺着她的面颊大滴大滴地流下来。

“小四”马上低下头，不敢再看她。

再抬头时，女友已从窗口消失了。

“小四”不知道还有没有机会再见到她了。终于，他张嘴了。他说："把我对象送回她爸爸家吧！跟她没关系。"

赵路新不动声色："送回去，可以啊！条件呢？"

"只要她安全到家，我全说。"

于是，赵路新安排两名民警，护送"小四"的女朋友回家。

临走的时候，他低声说："到她家，让她爸接电话告诉小四到家了。然后再秘密把她带回来。"这步棋，是以防"小四"的女友是他的同案犯，也防止"小四"在关键时刻为保全他女友而扛下所有事情。

电话铃声终于响起。"小四"接过电话，另一端是他女友的父亲。他说："叔，照顾好她。"

放下电话，"小四"开始供认，他伙同贾玉纯、陈玉风以引诱陪侍小姐外出为由，将人骗出，抢劫财物并杀人，先后劫杀陪侍小姐十一人。

十一人被谋杀！这样的供述远远超出大家的预期，让整个专案组十分震惊。

但接下来关于作案现场、藏尸地点等这些至关重要的环节，他开始绕圈子。

于是，有人开始怀疑他供述的真实性。

从安顿好女友的细节，可以判断"小四"想撂了，他没有必要撒谎。赵路新坚信"小四"说的是真的。

因为藏尸地点是最后一道防线，"小四"自认为只要没有作案现场，找不到被害人的尸体，这案子就不叫破。这也是他们一直以来疯狂作案的原因。

赵路新决定亲自撬开他的嘴。

杀人的现场在哪儿？

记不清了。

记不清？好，如果你现在说，你还是主动交代。但是，如果是我们找到了，你就没有机会了。

"小四"挪动了一下身子，把头扭向另一边，鼻子轻轻地

“哼”了一声。

以我们现在的刑侦手段，只要给我时间，我一定能把点定到你屋里，信不信？

屋里？

根据点滴线索，侦查人员曾经划定了疑似的藏尸之处的范围，只是因为条件有限，一直没有显著进展。

但“小四”感觉尸体被发现是早晚的事，已经没有了退路。“人都被埋在牛心台一个居民楼里。”他终于说了。

那是赵路新这一生都无法忘记的杀人现场。在一个十几平方米的出租屋内，他和战友们强忍着心中怒火，扒出层层叠叠放置的十一具尸体。每具尸体都用水泥包裹，经过时间的流逝，水泥粉吸干了尸体中的水分。每层上面，都用坚固的水泥覆盖。

这个案子，如果不是赵路新和他的战友们自始至终的坚持，也许很难大白于天下。

按照“小四”的供述，赵路新又带队直奔铁西劳动公园一间简陋的出租屋内，将贾玉纯、陈玉风抓获。

此案震惊了公安部，赵路新荣立一等功。

工棚里的惯盗

2011 年，赵路新 44 岁时，被任命为浑南分局主管刑侦工作的副局长。

这一年，沈阳市委市政府宣布：大浑南开发建设全面启动。整个浑南地区伴随着机器的日夜轰鸣，高楼大厦拔地而起，百业待兴。

那时候，五三地区刚刚建成三四个居民楼群，而坐落在这一地区的辽宁体育馆、沈阳奥体中心，及被誉为“大钻石地标”的沈阳文化艺术中心，都在建设中。有工地，就会有大量工人涌入。因为地处城乡接合部，就会存在大量的不稳定因素。而原来一直处于农村警务模式管理的五三派出所，难于一下子应对这种治安形势的突变，一时间治安案件、刑事案件形成高发态势。

最令人恐慌的，是攀爬阳台入室盗窃案件频发。有的居民晚上睡了一觉，第二天早上发现放在床头柜上的手机丢了；有的挂在客厅里的衣裤、提包，也在一夜之间被洗劫一空。

这是一伙怎样的窃贼，来无影，去无踪。很多人找到派出所，质问警察，到底居民的人身安全能不能得到保护。

案件久侦不破，影响的不仅仅是百姓的安全感，最要命的，是让人们对一座城市的规划发展能力产生了质疑。

刚刚履新的赵路新局长，没有把目光仅仅停留在个案侦破的视野里。他在从刑侦工作的战略部署上考虑，整体把握刑事侦查工作的布局。他一面到案件频发地区指导刑警大队民警破案，一面细致地了解着每个地区的治安形势。

一天晚上，万达小区再次发生攀爬阳台入室盗窃案件，赵路新第一时间赶到了现场。

他沿着现场边走边看。

突然间，案发小区的外墙上几个特别的符号引起了他的注意。这些符号都是用白色粉笔涂上去的简单符号，有的是圆圈里面一个“X”，有的是圆圈里面一个“V”。

这些符号都代表什么呢？

根据有限的线索，得出以下结论：一、作案人文化程度不高，那些简单的符号，就是他们当天作案之后留下的记号，以防止明天再来的时候，重复作案。二、作案人应该是团伙作案，从发案的件数和频率可以确定。三、作案人都是夜间作案，白天应该有其他的身份为夜里作案做掩护。四、既然是团伙作案，他们就一定要有栖身之处。

多人集体居住，不好隐蔽，那么浑南新区什么地方可以供这些人居住呢？

建筑工地的工棚。作案人也许就是隐藏在这些工地里的工人。

线索厘清了，方向就有了。可是，此时的浑南地区，各种各样的工地、工棚成千上万。

从哪里开始查起呢?

两天之后，一条线索传来：被害人的手机信号，在一个建筑工地出现了。那是浑南新区一个建筑工地的地下停车场建设现场。

技侦大队长望着眼前深不见底的施工现场，向前来对接的侦查员刘广祝说："案子查不下去了，你看见那黑压压一片黄色的安全帽了吗？犯罪嫌疑人就在他们中间。我问了一下，就这一个现场，共有四千多名工人。查不起!"

侦查员从现场回来，把情况如实反馈给赵路新。

赵路新说："刑事科学的发展，就是让你们心甘情愿地变成科学发展的寄生虫吗？难道基础工作都忘了吗？没有科技手段支撑，就不会干活了吗？你得有本事让嫌疑人从黑压压的'小黄帽'里浮出来啊!"

于是，在进行地毯式走访之后，侦查员很快根据被害人丢失的赃物，确定了这一系列案件是一伙四川人干的。他们一伙十八人住在万达工棚里。

侦查员以办理外来人口暂住证为由，把这个团伙连窝端了回来。

那一天，浑南分局刑警大队的办案区灯光通明。审讯工作有条不紊地进行着。这些犯罪嫌疑人以地方方言不通为借口，拒不交代犯罪事实。审讯陷入僵局。

赵路新走进审讯室，似乎心不在焉地随便问了几个无关紧要的问题。然后，他把参加审讯的民警叫到一起，开了个小会。

赵路新说："这是一伙来自四川凉山的惯盗。2015 年，公安部出了一本各地犯罪团伙特点的小册子，里面详细介绍了全国各地有影响、有特点的团伙作案的规律。只有详细掌握他们的活动规律，你才能成为审讯的主宰，牵着他们的鼻子走。研究一下，再审吧！”

结果真的不出赵路新所料，这伙人从四川结伙来到沈阳浑南，以正在建设的建筑工地为掩护，大肆入室盗窃作案。最猖狂的时候，天天作案，马不停蹄。

他们交代，之所以不远千里来沈阳作案，就是因为浑南刚刚建设，管理混乱，便于藏身。

那一年，在赵路新的建议下，浑南分局专门成立了三五地区刑侦中队，专门负责打击阻碍大浑南建设的违法犯罪行为。该刑侦中队共十名刑警，夜里巡逻，打现行；白天摸线，破案子。九个月时间，共破获各类案件 1000 余起，打掉各类团伙 100 余个，批捕人数 167 人，是城郊三个分局的总和，成为当年刑侦队伍的一个传奇。

谷万涛的末日

2014 年，47 岁的赵路新走进市局刑侦局，担负起全市打击有组织犯罪的全新使命。

去之前，市局分管刑侦工作的副局长邓万宏把他请到办公室。

“路新，市局党委经过认真慎重的考虑，决定调你到刑侦局有组织犯罪侦查大队任政委。这是一个特殊的岗位，不但需要负责人有超强的刑侦业务素质，最重要的是在政治上绝对可靠。因为你要打击的不仅仅是一种犯罪行为，更有可能是一股势力。你本人有什么意见吗？”

“我愿意接受这份信任和考验。”这话说给了局长，更是说给了自己。

2017 年 3 月，赵路新把有组织犯罪侦查大队侦查一队的岳鹏找到办公室，递给他一封匿名举报信。

举报人说：在辽中，黑恶势力谷万涛无法无天。他网罗一批骨干成员几十人，长期横行霸道，敲诈勒索，欺行霸市，伤残百姓，事后拿钱摆事，社会上人所共知。他曾经把副县长的儿子捅成重伤，把抓捕他的派出所所长撞到沟里，这些事最后都不了了之。

为此，岳鹏带领侦查员秘密进入辽中。

结果发现，有两起案件影响巨大。一是，村书记赵树理因拆迁问题与谷万涛发生争吵，被谷万涛团伙成员拿着砍刀、铁棍堵在大街上，整条大腿几乎被豁开。这事当时在朋友圈传疯了。还有一起，养鱼户王青山，因为谷万涛在他家养鱼池旁边放鞭炮，把鱼都吓死了，他跟谷万涛吵吵了两句，谷万涛手下就用铁棍把王青山打倒，随即谷万涛又开车往王青山的身上撞，生生把王青山整条腿的外皮刮掉，脚指头轧得粉碎。

这两起案子都曾经轰动一时。但当岳鹏通过电话联系到赵树理和王青山时，他们一口咬定，没有这事。

到派出所一查，结果是，两起案件的状态不是有案不立，就是立而不查。

岳鹏隐隐感觉到事情也许比想象得更恶劣。他将此情况汇报给了赵路新。

“看来，谷万涛真的能力大到只要不出辽中，一切都能摆平。把他们约沈阳来，我亲自见。”赵路新说。

岳鹏于是再次找到赵树理：“赵书记，我们是沈阳市公安局刑侦局有组织犯罪大队的侦查员。关于谷万涛找人殴打你一事，我们的大队长要向您本人核实一些事实。”

对方沉默良久，终于开口了：“我怎么确定你的身份？你说是沈阳的，就是沈阳的？”

“那好，你选地方，咱们见个面。我们去找你，或你来我们这儿都行。”

“不行，你们不能来辽中。”

“那你来我们大队。我们的地址在铁西区勋业路。”

与此同时，侦查员也用同样的方式约见了第二起案件的当事人王青山。王青山也同意见面。

到了见面的日子，赵书记如约而至。他仔细查看了赵路新和岳鹏的证件，直到走进了那个挂着硕大警徽的办公大楼，他才长长地舒了一口气。

赵路新看到赵树理警觉又谨慎的样子，心里有一种说不出的滋味。

赵树理大致讲述了事情的经过：谷万涛的叔叔家在他们村，动迁的时候，他叔叔跟村里狮子大开口，开出了天价的赔偿方案。村里没同意。谷万涛就打电话问他，认不认识谷万涛？他说，我管你是谁呢？赔偿金多少，国家有规定，也不是谁说多少就是多少。没想到，谷万涛立即带人杀了过来。听说他去辽中县里了，他们马上追到县城里，在大街上把他堵住，砍刀、铁棍一顿乱砍，把他伤得浑身皮开肉绽。

王青山答应来沈阳，可却突然杳无音信了。

侦查人员在抚顺堵上了他。原来王青山怯于谷万涛的淫威，考虑再三，不但没来，还把沈阳警察查谷万涛的信息告诉了谷万涛的父亲谷红军。谷红军给王青山拿了两千块钱，让王青山跑了。

赵路新决定立即抓捕谷万涛。

岳鹏带领侦查员秘密进入辽中，伺机行动。

经过侦查得知，谷万涛在辽中县新光小区有一个情人，他每隔几天就会来一次。他手里持有猎枪。

蹲守到第五天，一辆破旧的灰色桑塔纳轿车出现在新光小区二号楼一单元门前。从车上下来一个头戴鸭舌帽的男子，警觉地四处张望后，进入单元门。此人体貌与谷万涛相似，但因压低的鸭舌帽挡住他的面部，无法确定。

桑塔纳没熄火，似乎随时准备离开。侦查员判断，此人有如此警觉，是谷万涛无疑。

一小时后，谷万涛下楼了。就在他拉开桑塔纳车门的瞬间，只感觉一阵风急驰而来。他还没有来得及有任何反应，已被死死地反扣在车顶。

“叫啥名？”

“谷万涛。”

“知道啥事抓你不？”

“你们是市局的吧？”谷万涛的态度极其嚣张。

侦查员把谷万涛和桑塔纳司机押上车，迅速撤离。

“谷万涛被带走的消息跑风了。注意后面的车。”当押解谷万涛的车辆行驶至京沈高速公路段茨榆坨附近时，赵路新给另一辆车上的岳鹏打电话。

岳鹏透过后视镜发现，至少有三辆车紧紧跟着他们。他试图甩开跟踪，但跟踪的车咬得挺紧。

大约行驶了二十公里后，其中一辆车追上押解谷万涛的车辆，摇下车窗，向里面挑衅般地张望，意思是：“谁都敢抓吗？”

为防止路途中发生意外，赵路新一面嘱咐大家加大油门儿往回开，一面用电话调度家里的力量火速增援抓捕小组。

在北李官收费口，抓捕小组的车辆与增援车辆会合。

赵路新让一组人押解，一组人护送回队。他则带领其余人迅速折回，拦截追捕刚刚跟踪的车辆及人员。

见抓捕小组再次折返，刚刚还嚣张挑衅的跟踪者发现不好，立即掉转车头，加大油门儿，疯狂逃窜。

审讯谷万涛，赵路新只带了队长岳鹏一个人。

横行乡里十几年，谷万涛已目空一切。尽管已经枷锁在身，但他依然觉得，凭他的能量，这一切都能摆平。所以，当赵路新和岳鹏坐在他面前时，他的眼睛里依然是一种藐视。

谷万涛不说话。

赵路新道："估计现在让你说，你啥也不能说，那我就先说。这里是沈阳市公安局刑侦局有组织犯罪大队，也叫重案队。不够点儿分量，我们不整。"

谷万涛嚣张地抬抬眼皮："哼，我还出不去了咋的？"

"现在我想跟你说说案子。对于你犯罪的事实，我们不但掌握了证据，也知道你有很多警察朋友。但是，我想告诉你，既然上手搞你的案子，我们就一定把它搞成铁案。"

谷万涛自认为只要他不说话，公安局就拿他没办法。他就这样死扛，一整夜再不说一句话。

可是，他发现这个办法并不奏效，赵路新比他还沉稳。

天亮之后，谷万涛觉得心慌，开始想说话。他想从中试探出公安局到底都掌握了什么。

可惜，谷万涛越想说话的时候，赵路新越不给他这个机会。

第二天中午，谷万涛终于等来了赵路新再次开口。

赵路新依然是那种慢条斯理的语气："谷万涛，你也不行啊！这一天一宿了，我一直和你在一起。你听见我电话响过了吗？你不好使吗？估计你被抓了的消息都过了山海关到北京了。咋没有一个领导，没有一个好使的人给我打电话，给你说说情呢？"

谷万涛坐不住了："叔，给根烟抽吧！"

一支烟后，谷万涛说："你想问啥？问吧。"

谷万涛的供认，狡猾地选择了避重就轻。他只交代了他指使手下殴打赵树理、王青山等这些人尽皆知的事，还有收猪贩子的信息费等事。

要进一步固定谷万涛的罪证，关键还是人证。

赵路新立即派专案组成员分成五组，进入辽中搜集罪证。

在辽中，"谷万涛"三个字曾经和"恐怖"两个字成为同义词。他的"能量"大得出奇，方方面面都给面子，"干废"个把人就一句话的事，而且从没进过"局子"。尽管这次谷万涛被抓了，大家仍相信，他能拿钱摆平这事。没两天谷万涛就会放出来的消息，传遍了辽中的大街小巷，有鼻子有眼，真事一样。这是谷万涛团伙在辽中地区肆虐多年落下的病根，没人相信公安机关敢动他。

根据已知的线索，专案组厘清了谷万涛团伙庞大复杂的脉络。

专案组果断地将谷万涛团伙重要成员李波、赵喜春列为网上逃犯，公开通缉；接着抓捕这个团伙里的“狗头军师”——谷万涛之父谷红军。很快李波落网，其他谷万涛爪牙赵喜春、刘继强、那洪银、乔世平、吴玉涛、毕宏佳也相继落网。

这回辽中人相信了，公安局动真格的了，纷纷开始向公安机关检举揭发。

此后，近三百个日日夜夜，赵路新带着专案组成员昼夜兼程，换来的是一百多本卷宗，记载了谷万涛罄竹难书的恶行。

谷万涛说，他这一生之所以一步步走向罪恶，就是拜了父亲谷红军所赐。谷万涛生于 1985 年，从小父母离异，他爸再婚后就没管过他。19 岁那年，他干了一件影响自己一生的大事：拿刀把副县长的儿子捅了。

这时候，谷万涛他爸出来了。他带着谷万涛找到被害人的家人，一副流氓相，说：“我有两个儿子，没了这个，还有那个。你要是敢把我儿子送进去，我就让你没儿子。你看着办吧！”这招果然灵。此事用经济赔偿的方式解决了。捅人了，都能摆平，谷万涛从此出了名。他开始在辽中“立棍”。

此后，谷红军、谷万涛父子又导演了“称霸”辽中的一出出大戏。

非法盗采大量沙石卖给一家水泥厂，由于沙石达不到质量标准，水泥厂其实并不想购买。谷万涛便指使手下打伤水泥厂质检员，派人堵塞水泥厂，强迫厂子购买他的沙石。2011 年到 2015 年，谷万涛在辽河回水坝就赚了九百余万元。

从2015年10月开始，谷万涛安排手下通过威胁、恐吓、殴打等手段强迫辽中地区收猪经纪人（猪牙子）接受市场的统一管理，不允许私自给外地来辽中收猪车辆联系养猪户。所有在辽中地区交易的生猪，必须到谷万涛和其父亲管理的生猪交易市场进行检验检疫。每头生猪收取五元钱的信息费，仅信息费一项就非法获利一百余万元。

习惯了邪恶取利、暴力求财，谷万涛又采取各种见不得人的手段，把辽中一些有头有脸的人物牢牢攥在手里。这样，他在辽中就手眼通天了。每逢年节，他像老太爷一样坐在家里，等待各方孝敬。谷万涛的关系网就这样越织越密。

长期横行一域的“恶霸”谷万涛，做梦也没有想到，自己有朝一日竟会碰上一个叫赵路新的铁血刑警和他的战友们。

谷万涛最后不得不哀叹：他的末日终于到了。

从警27年，赵路新从一名普通刑警，成长为一名省会城市刑侦局的指挥员，完成了一个又一个使命，担子越来越重。他将自己的一腔热血，全都倾注在他热爱的刑侦事业里，始终目标清晰，勇往直前，令熟悉他的人们无不充满敬意。

扫描二维码即可观看
相关视频等

鸭绿江畔手艺人

李春良

序

早晨，肆虐一夜的风雪停了，白色覆盖了一切，阳光在雪地上闪闪烁烁跳跃着，晃得人眼睛有些疼。几名警察，蹚着厚厚的积雪，艰难行进着。

雪地、旷野、孤树，离地不高的树杈上吊着一个女人。

警察们走到树下。刑侦组长卢云生急忙领着小陈和协警小张拍照、画图、勘查现场。零下三十来度的天气，几个人一顿忙活，等把硬挺挺的女人放下来，他们冻得直跺脚。

卢组长仔细察看后，说："应该是自杀。"

所长瞪他一眼："证据？"

小陈哆哆嗦嗦地翻遍女人的衣兜，什么也没有。这时，只见他眯了一下眼睛，说："还应该有一个。"

"什么？"所长急了。

"你说什么？"卢组长更急。

此时的卢组长正站在雪坡上，他心中一急，脚下一崴，身体便换了姿势，狗熊一样骨碌下十几米的雪坡。

雪坡下，卢组长突然像撞见了鬼，声嘶力竭地颤抖着喊："手……一只人手，快……快来！"

大家迅速滑下山坡，拉起卢组长，接着，在雪地里挖出一具男尸。男尸已面目全非。

小陈从男尸衣兜里翻出一封遗书。

"吞电雷管，自杀，殉情。"

所长瞪着小陈："还有没有？"

"没有了！"

"真没了？"

"这回真没了。"

第二天，所务会上，所长的大眼珠子盯了小陈足有一分钟："说说吧，你咋知道还有一个？"

小陈眯一下眼，说："那荒郊野外，又黑灯瞎火的，一个年轻女人，吓也吓死了！自己想死，到哪儿不行？"

"行！小陈，你小子，是块干刑技的材料！"

一、小陈

就这样，小陈干起了刑侦技术活儿。他整天拎着个小箱子，跟在师父后面问这问那。后来离开师父单挑，一群年轻人又围着他叫师父。小陈——陈建军自己都没想到，会在刑侦技术领域一干就这么多年，似乎一眨眼的工夫，小陈就变成了大陈、老陈。到现在，队里的年轻人都亲切地称呼他老陈头儿了。

在临江市公安局刑侦技术室那宽敞明亮的实验室里，我见到了陈建军。

高个儿，长脸，有些稀疏的头发白了许多。镜片后，一双不大的眼睛不时微眯一下，陷入沉思。如果去了眼镜，他沉默寡言的神态，与日本影星高仓健倒有几分相似。身后不大的书柜里，摆着一套鲁迅全集，另一边是全国公安"百佳刑警"奖杯、证书和大红绶带。桌前的实验台上，搁着几张水写字帖、砚台、毛笔。

第一印象，他不像个刑警。可经验提醒我，在警界，不能被表象迷惑，越是高手，越会隐藏自己。

果然，聊起刑事技术，陈建军一反沉默寡言的神态，没有讲他破的一系列大案要案，而是讲起了自己的父亲。

“我父亲是钣金工，六级。六级你知道吗？这个工种的最高级别就是六级。松江河林业局的六级钣金工，按现在的说法，应该叫大国工匠吧。做一把小锡壶，他老人家啥都不用，就用一小锤，敲出来就像车床车的一样光滑平整。现在说是工匠精神，精益求精，其实就是不丢手艺呗。我大哥、二哥，一个六级钣金工，一个八级钳工，也都是最高的。到了我，警察，刑事技术，也算是技术工种吧。咱子承父业，手艺人的后代，也不能丢了手艺啊！是不？”

陈建军一个反问，停止了讲述。

一个负责刑事技术的刑侦大队副大队长，六级钣金工的后代，自称警察堆里的手艺人。

我有些蒙。

先不管他子承父业的说法是否贴切，我只想快一点儿知道他是怎么不丢手艺的。

陈建军上的是劳改警校，学的是监管专业，毕业后分配到了白山市三岔子区一个基层派出所。对于刑侦破案、刑事技术，他刚开始是一窍不通。那次在男女殉情现场，也许是手艺人的遗传基因，他多问了自己几个为什么，便让所长从此对他刮目相看，有意往刑事技术方面培养他。他也乐得多学一门手艺，逮着机会便到处拜师求教。他牢记着父亲常跟他说的那句话，艺多不压身。

其实，无论是当时还是现在，刑事技术都不算是好活儿。平日默默无闻，来了案件，压力山大。不管白天晚上，有了现场就得去勘查，还要经常和死人打交道。如果是高度腐败的尸体，那令人作呕的气味，多少天都在口腔鼻腔里打转转，让你吃不下饭，睡不好觉。所以许多人干个几年就都调走了。

陈建军曾经带过的徒弟，现在有当所长的，当大队长的，当教导员的，还有离开公安系统当了乡镇长的。只有他，一干三十多年，把自己从一个帅气的小伙子，干成了华发早生的老头儿。

“谁叫咱喜欢呢？唉，手艺人，没办法！”

陈建军晃了晃脑袋，眯起眼睛，终于言归正传。

陈建军调来临江那年，大家还叫他小陈。当时三岔子公安局刑侦技术没编了，否则他不会调来临江。可竟有人说，他是来走后门镀金的。

陈建军听了，冷着脸一言不发，愤愤地想，走后门不去大城市反倒往边境线的大山沟里钻？转念一想，又心平气和了。谁让咱喜欢呢？谁让自己是手艺人呢？

不久，案子来了。

入室盗窃，撬门别锁，没有什么技术含量。那时的临江，还有大片的平房住宅区，作案者大白天趁家中无人，撬开门，登堂入室，大摇大摆，像回自己家。有时饿了，先饱餐一顿，再席卷而去。

几个小蟊贼干点儿没什么技术含量的小活儿，这些看起来普通的案件没有引起刑警的特别关注。可是，一个月下来，陈建军一统计，竟让数字吓了一跳。

作案者以三四天一起的匀速节奏，从从容容地一路开偷。

然后，陈建军和同事们拎着勘查箱跟在后面，一个现场接一个现场地看，倒有几分替作案者打扫战场、收拾残局的意思。

更让陈建军吃惊的是，十几起案件作案者，没在现场给陈建军留下任何有用的信息。

陈建军仔细梳理一下思路，把自己的想法写了个报告。

“队长，我看干这活儿的不像小蟊贼。”

“说说看。”

“以往，越普通越小的案件，嫌疑人越不注意掩藏自己，给我们留下的现场信息很多。可这十几起现场，没有任何有用的线索，这活儿整得像个老手，好像是同一伙人干的。”

“嗯，有点儿道理。你啥意思？”

“并案，咱临江没那么多小偷。”

“证据？”

“虽然嫌疑人有时门，有时窗，有时前面，有时后面，可手段都一样，撬。”

“就这？”

“就这。还有，我凭感觉。”

队长使劲儿瞪了陈建军一眼，然后竟咧开大嘴笑了一下。

“去吧，小陈，把你的现场勘查好。”

陈建军站着没动，说：“我感觉，这是一个人干的。顶多外面还有一个望风的。”

“小伙子，凭你感觉就并案？一个人，一家伙，十几起入室盗窃，限期破案，局长那老家伙还不把咱们刑警逼死？”

再坚持，队长恐怕就要拍桌子了。

陈建军急忙退出来。

当时，他还不能理解队长的工作策略。他继续拎起勘查箱，跟在作案人后面打扫着战场。

可是不久，局长还是知道了。

不是陈建军告的密，而是小偷越偷胆越大。刑警们在东城蹲坑守候，加强巡逻，他就挪到西城；刑警们到西城，他又跑到北城。又是十几起案件做下来，临江城里人心惶惶，群众议论纷纷，指责抱怨朝着公安局汹涌而来。

局长跟刑侦副局长拍着桌子，要求限期破案。副局长指着大队长、教导员的鼻子，重复了一遍。大队长、教导员又白睖着眼睛给副大队长和中队长们开会，就这样一级一级训下来。

轮到陈建军时，他和两个同甘共苦的兄弟，只能面面相觑，大眼瞪着小眼。

“限期破案，说得轻巧。红口白牙，上下嘴唇一碰。大海捞针，咋个捞法？”

“现场，从现场捞，早晚有一天，嫌疑人会在现场留下信息。”陈建军嘴上说得坚决，其实心里也没底。

限期破案，这回他真的感到了压力。全队上下瞅着队长、教导员瞪得通红的眼睛，走起路来都格外小心。连内勤也不得不做出忙碌的样子，平日里几个嘻嘻哈哈的年轻人，故意绷起严肃的脸，尽量躲着领导。

可是，陈建军躲不开。

“小陈，今上午的现场有新发现没有？”

“小陈，你们现场搞得到底细不细呀？”

“小陈，刑事技术是聋子的耳朵——摆设吗？”

大队长的话越来越难听。每叫一声小陈，陈建军的心就扑腾一阵子。

“现场搞得到底细不细？”小陈开始怀疑起自己来。

作案人继续着老鼠戏猫的游戏。大队的兄弟们一个个瞪着通红的眼睛疲于奔命。

陈建军再勘查现场，更加认真仔细，打起十二分的精神，不漏下任何细节，回到队里，又悄悄地把自己独自关在屋里，戴上手套翻开前些天的卷宗，对现场提取的材料、暂扣的物品再进行一次梳理分析研判。

终于，一沓彩色照片引起了他的注意。

他清楚记得这个案子的失主，是对年轻夫妻。他们的这沓照片和钱一起散放在抽屉里。当时他要暂扣这些照片时，小夫妻还颇有些不解。

“钱和照片散乱地放在抽屉里。”陈建军嘴里嘟囔着，把照片放入抽屉里，关上，又拉开。

“突然看见了这么多钱，那得多高兴啊！”陈建军又嘟囔了一句。

他把自己兜里的所有钞票掏出来和照片混放在一起，关上抽屉，又突然拉开。

陈建军望着照片和钱，眼前一亮。他急忙把照片摊在桌上，拿指纹刷蘸银粉一张张刷起来。

有几张照片边缘，出现了几枚残缺的指纹。

陈建军拿放大镜看了一下，推断可能是这对年轻夫妻欣赏照片时留下的。

等他刷到最后这一张，一枚比较完整的指纹在照片正中间出现了。

陈建军一阵狂喜。反复放大察看比对，他确认这是一枚第三者的指纹。急忙和失主联系，取了他们的指纹进行比对后，陈建军的判断得到了证实。

嫌疑人绝对不是雏儿。陈建军坚信自己的判断，他开始按时间由近及远，在资料库里一个一个地比对指纹。

这期间，小偷一直没闲着，还是东城西城的交替着作案。

“第三十起了！”

“三十一起了！”

“三十二起了！”

会上，大队长挨了局长训，仍旧边敲着桌子，边大呼小叫。

陈建军出完现场就把自己关在屋里一张张翻看指纹卡。那时不像现在，没有电脑辅助，全靠人的一双眼睛。

陈建军一枚枚地进行比对着。饿了泡桶方便面，困了偎沙发上眯一会儿，一个月来，他已忘记了白天黑夜。

这天早晨，困得实在不行了，他拿起毛笔，开始练写字。练字是陈建军多年来摸索出的转移注意力，让自己的心沉静下来的方法。

果然，几个字写完，陈建军再拿起指纹卡时，方才还心烦意乱的情绪没有了。放大镜下，那一条条杂乱无章的枯燥纹路，化作了一道道七拐八扭的迷宫，总有一条引导着他拨云见日到达真相的殿堂。

看完这几张就睡了，实在太困了！陈建军自语着又拿起一张。

“箕形纹，开口朝向右侧，一定是右手的；也可能是反箕，不，肯定不是反箕。”陈建军昏昏沉沉地默念着，突然浑身一个激灵。

他急忙拿起样本纹仔细对比，一个点、两个点、三个点……十几个特征点都相同。他三步并作两步冲进大队长办公室。

大队长刚撂下电话，红眼扒叉地瞪着陈建军：“今天倒挺迅速！走吧，第三十六起，刚报来！”

“队长，你不用去了，我也不用去了，让他们去吧！”

“你啥意思？”

“我的意思是，我知道是谁干的了。冯强，男，29 岁，临江市人，几年前就因入室盗窃被处理过。”

大队长瞅着这个新调来的年轻人，将信将疑。

好在上级刑侦支队很快给出了结论，陈建军的比对无误。

接下来的事情便简单了。小偷很快落网，又交代出一个在外面把门望风的同伙。闹得人心惶惶的三十六起系列盗窃案，就这样让陈建军给破了。

大队长高兴啊，把陈建军叫到办公室。

“小陈，咋整这么好！哪天开大会给大伙说道说道？”

“没啥！咱是手艺人后代啊，不能丢了手艺！”

大队长皱皱眉头：“啥手艺不手艺的，咱是警察，又不是木匠瓦匠打柜子和稀泥。我让你整具体点儿！”

“整具体点儿？看到那么多钱在抽屉里谁不高兴？可那钱和照片混在一起，戴着手套不好拿呀！要是你，备不住一高兴也得把手套摘了！”

“嗯？”

“不是你，我是说小偷！”

二、大陈

那年7月下旬，临江市一家三口灭门惨案发生时，陈建军已经从小陈变成大陈，在全地区刑侦技术领域也小有名气了。

勘查完现场，陈建军带领几个弟兄及时对现场进行了封闭，心里却还在思考着嫌疑人的动机。

现场除了血腥，没有给案件定性提供更多的信息。

不出所料，案情分析会上，各小组汇报完毕，在如何定性上侦查员们产生了巨大分歧。有的说情杀，有的说仇杀，有的说侵财杀人，还有的认为是雇凶杀人。因为男主人生前曾任林业检查站站长，查扣过许多非法倒卖木材的人，所以最后的结论，大家都比较倾向于报复杀人。

散会后，各路人马围绕着被害人曾经的工作内容展开了紧张的摸排。

临江市地处中朝边界的鸭绿江边，白山市最南端。这起灭门惨案，是新中国成立以来临江市最大的一起恶性杀人案，如果不在最短的时间内破案，给社会一个交代，势必影响边界地区的稳定。

陈建军回到办公室，分析会上兄弟们的争吵声还在耳畔响着。

仇杀？有多大仇呢？

他盯着实验台上的那双白胶鞋。这双鞋提取自厨房，厨房外面是阳台；嫌疑人就是从阳台进入的，这鞋显然是嫌疑人遗留在现场的。而临江市城里喜欢穿这种鞋的，绝大多数是蹬三轮车的人。如果嫌疑人是个三轮车夫的话，更有可能是先侵财，被发现后才演变成抢劫杀人，这样才能更好地解释这双鞋为什么留在了现场，嫌疑人为什么光脚逃跑。

陈建军拿起毛笔，练了一页大楷，待心情平复下来，又心平气和地理了一遍思路，克制住去和大队长理论的冲动。

这时的大陈已不是当年的小陈了。何况这又是上下关注的恶性大案，一旦干扰了领导们的正确思路，将破案工作引入了歧途，那他可就要吃不了兜着走了。

陈建军不动声色，叫上两个徒弟，回到刚刚封闭的现场。

被害人的鲜血将凝未凝，仍然散发着强烈的血腥气味。次卧床边一大摊，这是十来岁那个孩子的；客厅次卧门前，更大一摊是男主人的；客厅屋门口那摊，是女主人的。

“你俩谁走一遍？”

两个徒弟没明白陈建军的意思，面面相觑，对望一眼后又瞅瞅师父。

“勘查现场的过程，就是还原现场的过程。到了现场，有时要学演员，我们要把自己变成作案人。这样，我们才能把现场准确还原。”

两个徒弟似懂非懂，点点头。

陈建军从厨房开始，边走边说。

“从厨房出来，先到次卧，正翻找东西，惊醒了小孩子，孩子边惊叫，边从床上跳下来，被惊慌中的嫌疑人一刀杀死。男主人听到孩子的叫喊，从主卧跑过来，在客厅次卧门口和嫌疑人撞上，两人打斗，被嫌疑人杀死。这时女主人也冲上来，想从后面抓住跑到门口的嫌疑人，被嫌疑人反身刺死。嫌疑人打开屋门光着脚逃跑，根本顾不上进来时脱在厨房里的鞋了。”

陈建军穿着塑料鞋套，尽量躲着地上的大片血迹，把嫌疑人进屋后的经过模拟了一遍。

“所以说，这个案件的仇杀定性，是错误的。”

一个徒弟终于明白过来。

“是的，肯定不是仇杀。”

“那咋办？”

“复查现场!”

大半天时间，陈建军又带领俩徒弟将现场仔细勘查了一遍。仍然一无所获，包括嫌疑人进入的阳台，铝合金窗框、玻璃、瓷砖窗台上，均没留下任何痕迹。

师徒三人不免有些心灰意冷。

陈建军准备最后再模拟一下嫌疑人就撤。他从阳台窗户进入时开始，站在窗台上，一米八的大个子摇摇晃晃，徒弟不断地提醒他，千万别摔下去。下窗台时，陈建军有些吃力，他想声音要绝对小，动作一定要轻，才不会被发现。那么，跳下来是绝不可能的，两只手必须有可靠的抓手。如果有一只手拿着刀，另一只手应该抓哪里呢？最省事的地方，就是这面墙上的小吊柜了。

陈建军右手搭到吊柜上缘，白手套上沾了一层灰。他下到地面时，混沌的头脑中倏然划过一道亮光。

陈建军急忙让徒弟搬来个凳子。吊柜上面，一层厚厚的灰上留下了两处痕迹。一处是方才自己留下的，另一处呢？假如是犯罪嫌疑人的，从位置判断，他应该比自己至少矮十厘米。

刷碳精粉，提取，一枚新鲜的指纹终于呈现在师徒三人面前。

“这应该是右手食指或中指的指纹。”

为了稳妥，陈建军又和被害人的指纹做了初步比对，排除后才向队长和局长报告。

“刚才复检，又从现场提取到了一枚指纹，应该是嫌疑人的。”陈建军平静地说。

“真的假的?”大队长将信将疑。

局长拿着这枚指纹，面露欣喜。

无疑，这枚珍贵的指纹，让所有参战人员在迷茫困顿中看到了一丝胜利的曙光。

“大陈，请说说你的意见!”

局长一反常态，语调格外温柔多情，还特别用了一个“请”字，这让陈建军听起来十分受用。

“我的意见是，原来的工作可以继续往前推进，再增加力量。结合那双鞋，我建议增加的力量以排查蹬三轮车的人为主。”

可是大批的指纹捺印回来，经过初步比对都被排除了。

眼瞅着两天三夜快要过去了，案件仍然毫无进展，局长又把桌子擂得山响。一组组回来汇报的弟兄们个个愁眉苦脸，噤若寒蝉。

陈建军没再关注外面的动静。他带领技术团队的兄弟们把临江林业公安局指纹库、临江大湖煤矿公安科指纹库、临江大粟子铁矿公安科指纹库资料都借了过来，加上本局指纹库的资料，紧张地比对着，恨不得每个人都长出三头六臂。

“搞案子，只要决心下定了，就要一查到底，坚持不下去时，再咬咬牙，也许下一秒钟，案子的转机就来了！”

陈建军望着大家熬得通红的双眼，不断地给弟兄们鼓劲儿打气。

“师父，吃碗面，休息一下吧！”

徒弟泡好了方便面，又递过来一根火腿肠。

陈建军抬起头，发现天已大亮。灿烂的阳光透过窗玻璃照进来，形成一道金色的光瀑，晃得人两眼直冒金星。

陈建军扭头看一眼墙上的电子钟，已是8月1日早上6点多了。他咬开火腿肠皮：“也好，权当寿面了。”

徒弟没听明白：“那我再给你端一碗？”

陈建军朝沙发上看了一眼，他的另两位高徒正东倒西歪在那儿眯觉。

“把这两个懒小子叫起来一起吃，吃完好干活。重点给我盯着右手食指、中指。”

门口，侦查员王金发、杨坤探了一下头，悄悄走进来，把几张指纹卡放在陈建军桌子上。

“你哥俩挺积极啊，大早晨就下去了！”

“陈哥，别提了，昨夜回来正赶上局头儿骂人。我俩吓得溜一边去了。”

“就是，傻子才往前凑呢。回屋里歇会儿再说，可一眯瞪天就亮了。”

“可不，要不昨天半夜就给你送来了。保密啊陈哥，让队长知道我俩偷懒，又得多挨一次骂。”

陈建军端着方便面向两位示意了一下，眼睛不由得瞟了一眼桌上刚捺回来的指纹。他突然扔下方便面，抓起了放大镜。

“等等，你哥俩先等一下！”

斗形纹，逆螺，这里有一个桥，这里也有一个桥，这里有一个眼，这里也有一个眼，两个眼对上了，一个棒也对上了！

陈建军欣喜若狂，心脏在胸膛里欢快地扑腾着。

他抬起头来，瞅了瞅实验台上的毛笔和字帖，他想自己是否应该去练几个字，冷静一下。

最后，陈建军还是一个一个统计起来。两枚指纹吻合的特征点，竟然达到了十五处。

陈建军长长地呼出一口气，瞅着王金发、杨坤说：“两位老弟运气不错啊！我得恭喜你们了！”

破案指挥部的领导们像捧着两枚宝贝。

指纹传看了一圈，局长平静地问：“大陈，你有多大把握？”

“百分之百！”陈建军的回答也很平静。

白山市局指纹鉴定专家的结论也很快做出。

抓捕、审讯、指认现场，临江市局正式向社会宣布：案件告破。

那天，正是陈建军的生日。

庆功宴上，他生平第一次喝醉了，拉着几个徒弟一遍又一遍地说：“咱是手艺人的后代，不能丢了手艺啊！说什么也不能丢了手艺，你说是不！”

三、老陈

来临江，我更感兴趣的，是几年前那起金店抢劫案，一百多万元，又涉枪，在全国也不多见。

2015 年 7 月 30 日下午，大雨。陈建军从白山市局开完会返回，刚出市区，就接到了徒弟打来的电话。

“老头儿，快回来吧！”

“咋了？”

“临江商场对面的宇泰珠宝店被抢了！”

“被盗还是被抢？”

“被抢！两个戴摩托车头盔、穿雨衣的，一人拿刀，一人拿枪，抢走金子值一百多万！”

陈建军的头“嗡”地响了一声。

“逐级上报，封锁现场，我马上到！”

滂沱大雨中，陈建军驾车急驰回临江。此时进出临江市区的路口已全部布控。根据目击群众提供的大致方向，部分追踪搜捕的警力已展开工作，而大批警力正集结待命，等待着现场勘查后的进一步行动。

涉枪，案值过百万，这是惊动公安部领导的大案。陈建军倍感压力。

他迅速调看金店的监控录像，发现两名戴着头盔头套的嫌疑人进店就开砸开抢，前后不到两分钟。要想提取有用的痕迹特征，必须采取非常规的办法，短时间内无法做到。

“先封闭现场，全力以赴扩大外围搜索。利用我局的天网工程，重点追踪这辆踏板摩托车！”陈建军及时向局领导提出建议。

外围搜索很快有了结果：在郊区花山道口的胡同内，一辆踏板摩托车侧歪在墙边，钥匙还插在车上。

“老头儿，就看你的了，这到底是不是嫌疑人逃跑时骑的那辆?”

刑警大队长目光殷殷。

陈建军没有吱声。

他蹲下来，仔细寻找着这辆摩托车上的独有特征。在刑技领域多年摸爬滚打，陈建军练就了一双火眼金睛。每当他瞪起那双不大的眼睛时，他的大脑已开始高速运转。

刚才在调看金店门前的监控录像时，他除了牢牢记住了两个嫌疑人的身形步态特征外，还以最快的速度默记下了这台摩托车前后瓦盖和右把上几处独特的痕迹。在他看来，这和指纹的“点、眼、桥、棒”都是一样的道理。

右把的特征对上了，前瓦盖的特征对上了，后瓦盖上的那个大瘪尤其明显。

“是!”

“你敢肯定?”

“百分之百!”

“局长，老陈头儿说是，就百分之百是！嫌疑人还没逃出包围圈，他们钻进了花山!”

大队长兴奋地给局长打电话。

调兵遣将时，陈建军将摩托车用塑料布包裹，安排人送回技术室，看看能不能做进一步的生物检材提取。

天，渐渐地黑下来，大雨还在哗哗地下着。

陈建军带领徒弟们再次回到金店，会同白山市局刑技支队的同志一起，对现场进行认真细致的勘验。经过几个小时的努力，他们采用多波段光源、足迹光源等多种技术手段，终于在被砸后散落在地上最下方的玻璃上，发现了两个不完整的鞋印，花纹比较清晰。

陈建军想着嫌疑人的身形步态，初步判定是其中一个嫌疑人的水靴子足迹。

然后，陈建军和徒弟们又赶回技术室，对那台摩托车进行了详细的勘验，提取了部分生物检材。

忙完这一切，天边那抹鱼肚白已泛起了一片嫣红。陈建军送走上级技术室的同志，回到办公室。徒弟们已泡好了方便面。

“老头儿，垫巴一口吧！”

陈建军侧歪到沙发上，摆摆手说：“你们吃吧，我眯一会儿。”

这几年，陈建军越来越感到力不从心。特别是过了 50 岁后，熬一宿夜就像大病一场，他拿起毛笔练写字也不管用了，眼前全是闪闪烁烁的金星。

他刚要睡着，大队长的电话就打了过来。

“老陈头儿，你的判断准不准啊？几百个人可把花山围了个水泄不通，到现在别说人影，连个毛也没见着。这黑灯瞎火的大雨天，可把弟兄们折腾熊了，要是判断失误，你可吃不了兜着走！”

“准！百分之百！”

放下电话，陈建军想，一向沉默的大队长肯定又让局长训急眼了，要不咋这么沉不住气呢？

迷迷糊糊中，手机铃又响了，陈建军终于有些不耐烦。

“想要老头儿命咋的？准！准！我说了多少遍了！”

“老陈头儿，啥也别说了，快来，花山五道阳岔！”

由于下过雨，泥地里几枚穿水靴子的足迹十分清晰。

在领导们殷切的目光中，陈建军蹲了下来，眯起眼，头脑中不断闪现出金店中提取的足迹特征。

据五道阳岔看蛤蟆沟的群众反映：早上 4 点多钟发现两个人从山上下来，没有雨具，没戴帽子，浑身被淋得精湿，就多看了几眼，这一串脚印就是他们留下的。

陈建军终于站起身来，安排徒弟们提取足迹。

白山市刑侦支队支队长十分急切：“能不能确认是嫌疑人的足迹？缩小包围圈，我现在就要结果。调警犬来！是，还是不是，不许说饸饹话。”

局长、副局长、大队长几个人面面相觑，最后又一齐望向陈建军。

陈建军微眯起眼睛，挨个儿领导瞅了一圈，见所有人都盯着自己，才反应过来，轻声地给出了明确的判断：

“是，百分之百！”

临江市局的所有力量，加上白山市局的增援力量，几千人马浩浩荡荡地开进了花山里面的五道阳岔。

可是，两天两夜过去了，犯罪嫌疑人又消失得无影无踪。

大队长被局长训急眼了，又不断地给陈建军打电话。

“我说，老头儿，那摩托车不是嫌疑人骑的吧？一样的东西可多了去了，那两个人是进山采蘑菇走麻达的人吧？”

“老陈头儿，是狗不行啊还是你不行啊？上面调来的两条犬都累趴下了。你不会搞错了吧？那可丢手艺了，不光丢手艺，人也丢大发了！”

陈建军不再说是，也不再说百分之百。

他扔下毛笔，带上几个徒弟赶到山里和大队长会合，随时听大队长磨叽。他知道，此时只有行动才能够减轻大队长的压力。

厌战情绪很快在围困搜山的队伍中蔓延开来。

“要么嫌疑人已经逃出了包围圈，要么就是老陈头儿的技术结论搞错了。”

“这么多人围着怎么逃出去？肯定是老头儿整错了！”

当陈建军也开始默默地自我怀疑时，白山市公安局技术室的同志们通过生物检材鉴定，终于使一名犯罪嫌疑人浮出水面：范某，吉林省通化市人，多年前去南方打工，其间曾因盗窃抢劫三次入狱。

陈建军的判断，终于得到了技术结论最有力的支持。犯罪嫌疑人就被围困在这片大山里。

消息传来，所有参战人员再次振奋起精神。

临江市委调动全市力量，在公安局统一指挥下，展开了全方位地毯式大搜捕，终于在第三天将两名犯罪嫌疑人成功捕获。

“老陈头儿，关键时刻没丢手艺。姜还是老的辣，今晚喝庆功酒！”

“算了，你们去喝吧，没丢手艺就行！老头儿累了，想睡一觉。”

一江碧水，日夜奔流，鸭绿江像一条彩带悠然飘荡在中朝两国的边境线上。

要时刻维护好边境地区的稳定，陈建军和他的同事们比内地警察多了一项任务。

这年 10 月 4 日，正是国庆放假期间，临江市六道沟镇龙岗村发生一起恶性案件。两名村民在江边田野里劳作时，被打伤，财物被抢。一人送到医院后死亡，另一人深度昏迷。

陈建军立即组织法医和技术人员赶到现场，按照命案操作规程，展开现场勘查。

现场很简单，除了几枚脚印外，还有一摊粪便。反复勘查后，没有发现更多的有价值信息。

徒弟们很失望，提取完脚印就要打道回府。

陈建军却对着那摊粪便产生了兴趣。

他微眯起眼睛，弯着腰，定定地瞅着。瞅了一会儿，他又蹲下身来，半跪着继续给这摊粪便相面。

最后，他竟然拿起放大镜，趴到地上，脸靠上前，凑近了仔细瞅，像瞅着一坨珍贵的狗头金。

一边的徒弟们觉得好笑。

“师父，人的大便。”

“就是，被害人拉的。”

“也可能是嫌疑人拉的。”

徒弟们和法医互相争执。

终于，陈建军站了起来，瞅瞅几个年轻人，问：“被害人是咱中国人吧？”

徒弟们一时摸不着头脑，面面相觑。

“那这屎，一定是犯罪嫌疑人拉的！通知市边防大队，通过外事部门照会朝方！”

双方会晤时，朝方边防官员一口咬定不是他们的人干的，多次推脱责任。

“非常严格，我们的边境管理。边民管束也严，我们的人怎么可能到你们那边作案！”

陈建军不急不躁，一页一页拿出鉴定结论。

“第一，足迹鉴定，犯罪嫌疑人的鞋子是布面胶底鞋，并且纹理与贵方边民常穿的鞋子完全吻合。我方边民没有这种鞋。如果不信，现在就可以到贵方商店买来这种鞋比对。

“第二，嫌疑人粪便鉴定结论显示，食物构成单一，不符合我方边民的特征……

“第三，我局的刑事技术室，是中华人民共和国公安部认定的一级刑事技术室……”

陈建军据理力争，底气十足。

在事实面前，朝方终于打消了疑虑，同意共同勘验现场，立案调查。不久，经过朝鲜警方的侦查，抓获了越境作案的四名犯罪嫌疑人，并向我方通报了情况，移交了部分被抢财物。

案子破了，徒弟们说，当时真没觉得那几个脚印和一摊粪便这么重要。

陈建军说：“有一次，我去和朝方会晤，趁他们不注意，钻进他们商店转了一圈，他们的鞋全是这样的。记住了，咱们手艺人，知道得越多越好，要做有心人哪！”

2018 年 6 月，临江市沿鸭绿江的村庄短时间内连续发生了三十多起盗窃案件。村民被盗物品，多为摩托车和食品及生活日用品。在案发现场，面对杂乱的足迹，没用陈建军，徒弟们就勘验出是朝鲜越境人员作案。

一时间，我方边民陷入了恐慌。必须迅速打掉这些犯罪团伙，稳定边境秩序，还边境地区百姓一个祥和安宁的生活环境。

陈建军及时向局党委提出了因越境作案人员多，可部分并案、围剿和设卡堵截的建议。

6月12日晚，在临江城东废弃的鸭绿江码头船营公路处，设卡堵截的民警发现一个骑摩托车的形迹可疑人员。没待上前盘查，嫌疑人就扔下摩托车窜入山里。

副市长兼公安局局长王喜成连夜组织警力进山围捕。考虑到陈建军年纪大了，领导们让他在家休息。

可陈建军想，大山里追捕，更需要刑技人员随时提供技术支持，他坚持随警作战。经过一夜努力，终于在黎明时分将这名犯罪嫌疑人抓获。

6月26日，连续作案多起的三名朝方犯罪嫌疑人被在二道沟设卡堵截的民警发现，三名犯罪嫌疑人逃往山里，跳进二道沟河逆流而上。

几名年轻民警开枪射击，清脆的枪声在山谷间回荡。

此时闻讯赶来增援的民警已散开在河两岸的树林，极易误伤自己同志。

“不许开枪，都把枪收起来!”陈建军大声制止着，第一个跳进河里向犯罪嫌疑人游去。

“扑通、扑通”，紧跟着陈建军，他的徒弟和几名年轻民警也跳进了湍急的河流。

大山里的河水，虽是夏季，仍然冰凉刺骨。陈建军和兄弟们冻得直打哆嗦。他们两人一组扑上去，经过一番搏斗，终于将三名越境作案的朝方犯罪嫌疑人生擒活捉。

“老头儿，真拼啊!”

“老头儿，想不到抓人的手艺也整得不错!”

陈建军抹了一把脸上的水，微眯起眼睛：“抓人可是手艺人的最终目标，差了咋整!”

一阵山风呼呼地刮过来，让这些刚刚爬上岸的“手艺人”冷得直打战。

采访结束这天，又传来好消息：陈建军入围了吉林省“十大优秀人民警察”的评选，下周他还要去参加“白山好人”的颁奖仪式。

忙碌了一周，又因为下午就要返回，我让陈建军回家休息。可他不肯，坚持要陪我到鸭绿江边走走。

我知道，如果可能，陈建军每周末都要抽时间陪陪家人的。其实，每一名警察，特别是刑警，对自己的父母妻儿，内心都藏有一份深深的歉疚。

得知陈建军的老母亲已经93岁高龄，我羡慕地说：“手艺人，你很幸福啊！”

“是啊，是啊，只要有时间，我总想在老娘面前多待一会儿！”

陈建军说着，笑眯眯地眯起双眼。尽管风舞动起鬓角的一捋白发，他却活脱脱现出一副天真无邪小儿郎的神态。

天气格外晴朗，蓝天高远明净，白云悠悠飘荡，崇山峻岭如黛。清澈的鸭绿江水，淙淙哗哗地浅吟低唱。岸边的树梢，红叶在深秋的微风中欢快地舞蹈。

鸭绿江畔的临江，美丽富饶的家园。正因为有越来越多像陈建军这样的警营手艺人默默地守护着，这片土地才如此和平与安宁。

再见了，鸭绿江畔的手艺人！

扫描二维码即可观看
相关视频等

油城法医王春飚

郝振铧

中国有油城，谓之大庆。

作为大庆市公安局刑事技术支队副支队长、副主任法医师，王春飚隐身于繁华都市，行走于凶案现场，游刃于生死之间。坊间经常流传着他的各种传奇故事，却鲜有走近他的人，即便公安系统内部，他依然是谜一般的存在。

2017 年全国公安刑侦系统开展“百佳刑警”评选活动，深藏在现场勘查灯背后阴影中的王春飚，终于被请到前台，外界也因此有了详细解读他的契机。

卧里屯命案

1970 年早春 4 月，距离大庆市 220 公里的龙江县黑岗乡黑岗村，一位王姓老师家喜得贵子，取名“春飚”。

23 年后，中国医科大学法医专业毕业的王春飚，背着装满专业书籍的行囊，怀揣《大庆市公安局应届大学毕业生接收函》，第一次踏上“中国油城”这方神奇的沃土。

7 月骄阳似火，热浪扑面，一座神往已久的城市向他徐徐打开。随处可见的“磕头机”，向他频频点头致意，仿佛在热切欢迎着这位未来的白衣神探。

那一年，大庆市公安局刑事技术支队还是刑事技术科，只有几间简陋的办公室，六名法医。其家底就是六个现场勘查箱、两部照相机、一台显微镜。

王春飚至今记得第一天和师父郝德江的对话。

师父好，我来向您报到。

师父盯着学生气十足、鼻梁上架着近视眼镜的王春飚，皱了下眉头，似乎没听清，或者明知故问：贵姓?

免贵姓王，王春飚。

干啥免贵?

一句话把初来乍到的王春飚说愣了：法医都这么唠嗑?

你小子记住了，师父神情严肃地说，搁咱们大庆这“嘎达”，“王”是最尊贵、最值得骄傲的姓。知道为啥不?咱们这儿有响当当的王进喜，有光闪闪的“铁人精神”!

王春飚郑重地点头，胸中顿时热流涌动。

是啊，谁都知道大庆曾经因为出了王进喜这位“铁人”而蜚声海内外。那是1960年4月29日，1205钻井队的王进喜，拖着有伤的右腿，坚持打井作业。由于地层压力太大，油井打到七百米深处时发生井喷。危急关头，王进喜不顾腿伤，扔掉拐杖，带头跳进泥浆池，用身体搅拌泥浆，最终制服井喷，一举成就“铁人”威名。

可谁也没有想到，数年后，类似的一幕竟在王春飚身上发生了。

大庆市又被称为“百湖之城”，市区内共有大小湖泊156个，“湖在城中、城在湖边”。东北人习惯称小一些的湖泊为“水泡子”，还有个生活习惯，爱吃开江鱼、开湖鱼。

2002年5月11日，有人在卧里屯一处水泡子里捕捞开湖鱼。一网下去，一个沉甸甸的编织袋被拖上来。“哎呀妈呀!”打鱼人吓蒙了——袋里装的竟然是人的胳膊、腿。

当王春飚赶到时，水泡子周围已经聚满看热闹的人群。编织袋里面确系装有人体四肢。

杀人分尸、抛尸！

这是卧里屯半年内发生的第二起命案。

2002 年新年前几天，一名经营化工产品的公司经理在家中被抢劫、勒死，凶手为一名戴墨镜的 30 岁左右男子。案发后，“墨镜男”久捕未获，如同人间蒸发一般，成为大庆警方心头挥之不去的阴影。

2000 年前后几年，大庆市内每年“纯”杀人案件在二百起以上，这里湖泊众多，芦苇铺天盖地，成为犯罪分子“理想”的抛尸地。最高纪录，王春飚一天内接连出了七个杀人现场，脑袋里整天装着的都是尸体、尸体。

一波未平一波又起，卧里屯再次被掀到风口浪尖。王春飚内心承受着巨大压力。他知道，杀人案件发案势头控制不住，一样可能出现“井喷”。

井没有压力不出油，人没有压力轻飘飘。王春飚穿上皮叉裤，越过警戒线，“扑通”一声，跳进齐腰深的水里，开始徒手打捞。

5 月初的大庆，天气乍暖还寒。岸边枯草丛中，只零星隐现着几棵不畏寒冷、早早报春的婆婆丁。刚解冻不久的泡子里，还漂浮着一层碎玉般的冰碴。

没一会儿工夫，王春飚就感觉寒冷刺骨，嘴唇发紫，牙齿打战。同事和围观群众都招呼他上岸休息休息，暖和暖和。

觉得说话费劲，王春飚只好摆摆手，示意大家别管他，并保持安静。

忍着寒冷，王春飚在水里足足打捞了三个小时，陆续又找到七个编织袋，每个编织袋里都装着被分割的尸块。

尸块在水里浸泡多日，高度腐败，难闻的气味让人窒息，围观人群纷纷后退。一些靠前帮忙的同事，被熏得受不了，跑到一边呕吐不止。

面对一袋袋腐肉，经过近十年磨砺、身经百战的王春飚，淡定从容，心无旁骛地清点、分拣着。

就像“石油大会战”中的王进喜一样，王春飚废寝忘食，连续作战，拼图一样对尸体进行了复原。众人期待的鉴定报告也以最快速度出炉：根据尸体腐败程度，推断死亡时间为一周左右；通过对尸块断端检验，认定分尸工具为钢锯；致死原因为机械性窒息兼中毒死亡；在死者右肩膀上，文有一副墨镜。

王春飚据此大胆推翻此前认定的嫌疑人行动轨迹，认为嫌疑人是乘坐车辆，沿世纪大道自西向东行驶，沿途抛尸入湖，最后驶入大庆至哈尔滨国道（现为 G10 哈大高速）。

侦查员一路追击至长春市，查明尸源是一名长春人，随之将嫌疑人李某抓获。

卧里屯两起杀人案件一举告破。

提审室里，两个“干技术活儿”的男人见面了。他们彼此都带着疑问。

这样你们也能找到我？李某有些困惑，还没整明白自己错在哪一步。

有点儿难度。王春飚微笑着，右脸颊上的梨窝很迷人。

你是怎么做到的，能不能让我死个明白？

是尸体……

啊……王春飚的回答让李某惊叹不已。我从长春雇了一辆面包车，拉着尸块到大庆，先去见我女朋友——就是被我勒死的那个经理的公司员工，然后返程路过卧里屯时才抛尸，以为这样你们会认为死者是大庆人。

你和第二个死者是朋友？你们长得有点儿像？

是的，除了眼睛。李某用双手在眼前比划了个眼镜。一周前我请他到家里喝酒，在酒里下了安眠药，趁他昏睡时勒死了他，然后在卫生间用钢锯把尸体卸了。对了，右肩膀头那块皮肤上面，有一副墨镜文身，不知道你注意了没有？

嗯。王春飚当时看见这处新鲜文身时，曾百思不解。除了作为查找尸源的线索，还有什么特殊启示？

是我事前骗他文的。

什么意思？

还以为你们很聪明呢。李某有些得意，杀第一个人时，我故意做了伪装，戴着一副大墨镜。听女朋友说，你们给凶手画像，也戴着墨镜，还开玩笑说长得有点儿像我。这几个月我一直提心吊胆，于是想到让我这个朋友做回替死鬼。墨镜文身就是想暗示你们，他是杀死那个经理的凶手。说到这儿，李某忽然变得沮丧起来：唉，哪想到你们不按套路出牌呢。

原来如此。司机没问你袋子里装的什么？

问了，我说是给女朋友家带的长白山野猪肉，臭了，没法吃，就扔湖里了。

为什么雇女司机？

好杀人灭口。

一百减一等于零

王春飚是一个对朋友非常赤诚的人。王春飚眼里的“朋友”，除了那些沉冤待雪的死者，还有需要关爱的弱势群体。

啪！一记响亮的耳光，打得王春飚措手不及，整个左脸颊顿时热辣辣的，脑袋震地“嗡嗡”直响。

谁这么大胆？光天化日之下，竟敢在大庆市公安局里肆意妄为地殴打刑事技术支队副支队长。

是老于！一个 75 岁的老年男子，一个拥有 33 年“访龄”的专业上访户，一个名副其实的“鬼见愁”。

但老于其实是个可怜人。

1980 年，老于的妻子突发疾病，被辗转送至几家医院抢救，最终还是没能挽留下她的生命。深受打击的老于，固执地认定，妻子是因输液治疗不当才导致死亡。此后几十年里，他不断上访、告状，“要一个说法”。

2013 年 3 月，老于再次来到大庆市公安局上访。听着老于语无伦次、情绪激动的叙述，再看他提供的厚厚的、带着不同年代痕迹的材料，接访的局领导陷入沉思：这个多年悬而未决的上访案件，关键症结在哪里呢？他突发奇想，何不让“不走寻常路”的王春飚试试？

一件陈年旧案，尸骨早已失去检验价值，如何剥茧抽丝，还原真相？王春飚是法医专业出身，又具有副主任法医资格，但不得不说，医院的治疗病例与他的专业特长之间还是隔着几座山。

静谧的夜晚，王春飚一页页翻阅、研究着老于的上访材料和收集来的病历档案。陪伴他的“老伙计”，是办公室窗外不远处那台不知疲倦、昼夜运转的“磕头机”。

你妻子确系因病抢救无效死亡，并非医疗事故。王春飚把证据材料、鉴定报告摆在老于面前，用毋庸置疑的口吻说道。

老于愣了。这些年他走南闯北，大庆市公安局局长经历了好几任，都是“好说好商量”，同时“好吃好喝”供着，还没有人这么直截了当过。

胡说八道，别跟我扯犊子！老于使出一贯的蛮横劲儿，指着王春飚眼镜破口大骂，你们就是官官相护，你说不是医疗事故就不是？警察懂个?，老子报案是让你们去抓人，说别的都没用。

王春飚不为所动，心平气和。

老于见王春飚不接招，气急败坏，忽然抬手狠狠扇了王春飚一记耳光。

观操守在利害时，观精力在饥疲时，观度量在喜怒时，观存养在纷华时，观镇定在震惊时……这是林则徐职场铭箴《观操守》，也是王春飚最欣赏的一段话。但谁又能“猝然临之而不惊，无故加之而不怒”？从小到大，父母都舍不得动他一个指头，莫大的屈辱让王春飚热血上涌，他用力捏紧拳头。

可是，站在他面前的，是两鬓斑白的老于，是走路都有些踉踉跄跄的老于，眼角上还挂着泪花。

失妻之痛啊，老于内心深处的苦楚又有谁能真正理解？

王春飚长吁一口气，指了指胸前执法记录仪：请注意你的言行，你知道辱骂、殴打正在工作的警察是什么后果吗？

老于说，啥后果？不就是妨碍执行公务、扰乱办公秩序、蓄意殴打他人吗？老子今年 75，来啊，定我个治安拘留，看你能不能押起我？就是杀了你，也判不了我死刑！

王春飚没有恼，反而笑了：我说老爷子，你这啥都懂，看来这些年没少钻研法律啊。那你应该知道，法律最讲究的是证据。我是法医，只替死者说话，替我的鉴定结论负责。你要是真爱你妻子，就应该尊重事实真相，让她灵魂安息。听我一句劝，你也该歇息歇息了。

老于机械地翻看着王春飚递过来的证据材料，挂在眼角的泪花终于滴落下来。

他开始轻轻抽泣，继而捶胸顿足，号啕大哭……

那么，王春飚有没有“敌人”呢？

有，就是他自己。

在业务上，他只有不断超越自我。

法医鉴定结果，直接决定案件的性质和侦破方向，不容许有任何失误。

一百减一等于零，王春飚的“零差错”丰碑，就是这样一点一滴锻造出来的。

2010 年 2 月中旬，萨尔图区发生一起案件，一名中年女人吊死在出租屋内。死者穿戴整齐，室内没有翻动痕迹，先期到达的侦查员认为是自杀。

死者体内没有检测出精液，面部浓妆艳抹，也符合一般女性自杀前心理特征。

但王春飚没有按照这个思路走，他用现场勘查灯一寸一寸照射着死者遗物，反复勘查现场，不放过任何蛛丝马迹。

最后，一条布质腰带上显现出的白色光点，引起王春飚的注意。

精斑！

嫌疑人王某很快被抓获归案，腰带上的精斑之谜随之解开。

王某单身独居，与被害女人相识，是同一栋楼房里相邻的租户。案发当天下午，王某喝了不少酒，晃晃悠悠回到出租屋时，刚好看见隔壁开着门，穿着整齐的女人正在精心化妆打扮。

这娘们儿挺有意思，在家还打扮得跟个妖精似的，肯定是发骚啦。酒壮英雄胆，王某溜进屋，就从背后搂住了女人。女人缓过神来，一边喊救命一边拼死抵抗。王某把女人按倒在床上，用劲儿扒开她衣服，刚看见白花花的胸脯，一时把控不住，竟然“擦枪走火”啦！

性冲动一消失，王某立刻清醒过来，怕女人喊声引来人，又怕她事后报警，于是拿起枕头捂在女人脸上。只一会儿工夫，女人就没了动静。王某找来绳子，制造其自杀上吊的假象，又仔细清理了现场。

唉，都怪我精虫上脑，太不值当了。王某拍着大腿，懊悔不已。

又是什么让王春飚认定被害人不是自杀呢？是现场环境。“往屋里一站，能感觉到一股人间烟火气息——这是一个热爱生活的女人。”

而另一起同样是中年女人上吊身亡案件，则因为死者儿子质疑是他杀，经过王春飚开棺验尸，竟然牵出一起案中案。

肇源县一名农村中年妇女，性格开朗，爱说爱笑，谁也没想到，就这么个人无缘无故在家中上吊自杀了。经过当地警方核实、确认，没有他杀迹象，死者丈夫也没异议，于是按风俗进行了土葬。她在某部队服役的儿子听说后，难以置信，情绪激动。部队领导十分重视，发函给省公安厅问询。

大庆是全国“双拥”模范城市，事关部队战士情绪稳定，接到省厅指令，市公安局立即指派王春飚前去尸检，查明真相。

王春飚赶到肇源时，正下着大雨。坟地所在位置十分偏僻，农村那种土路根本开不了车。等了一晚，雨也没有停的意思。王春飚等不及了，天蒙蒙亮，背上勘查箱就出发了。在泥泞的路上走了一公里，到达嫩江江边，坐上靠手拉绳子过江的小船来到对岸，换乘马车再赶一段山路，然后步行三公里，终于赶在中午前到达坟地。

随行亲属都避讳挖坟，撤到一边不靠前。王春飚捡起铁锹，一锹一锹把坟挖开，打开棺椁，冒雨对已经高度腐败的尸体进行尸检。

其实，此前看过肇源警方提供的材料，王春飚赞同自杀结论。但他能理解，母亲的突然死亡，对远在部队的儿子是一个巨大心理冲击，只有查明真相，才能给死者一份交代，给家属一份告慰，同时也绝不给犯罪分子一丝可乘之机。

果然，其中大有隐情。

解剖过程还没结束，感动于王春飚的敬业精神，死者丈夫忍不住吐露了实情。原来妻子生前曾遭遇诈骗，被人骗走七千元人民币，情绪低落，又遭到丈夫埋怨，一时想不开才上吊自杀。丈夫怕儿子埋怨，刻意隐瞒真相，又让远在部队的儿子起了疑心。

经过警方努力，骗子很快被抓捕归案。部队得到结果反馈后，非常满意，又特意致函省厅表示感谢。

都说耳听为虚，眼见为实。王春飚不这么认为，他只相信科学证据和自己的判断。

2015 年 2 月 7 日，高新区一栋居民楼内发生一起杀人案件，死者为独居，平时与家人、邻居基本没有往来。在对尸斑现象、胃肠内容物状况等各种因素进行综合分析后，王春飚认定死亡时间是 2 月 6 日 11 时许。

案情碰头会上，有侦查员提出，有邻居看见死者于 2 月 6

日 14 时还在小区里出现过，先期工作也是按照这个时间点进行嫌疑人排查的。这与王春飚认定的死亡时间整整相差三个小时，会场气氛一时尴尬起来。

王春飚“固执己见”，建议马上按照自己断定的时间重新开展排查嫌疑人工作，以免贻误战机。

由此，已经从时间上查否的嫌疑人又被纳入视线，案件得以侦破。

不要人夸颜色好，只留清气满乾坤。在大家眼中，王春飚总是最忙碌的。他的工作时间，用“不是在案发现场，就是在去案发现场的路上”来形容，一点儿不为过。公安民警往往很难过上一个完整的节假日，王春飚的节假日不只是不完整，甚至比平时还要忙碌。在王春飚这儿，对节假日还有着特殊理解：只有在节假日期间才能静下心来，可以聚精会神地在办公室翻阅资料，复核、分析、比对尸检结果，研究科研课题，思考工作。

法医工作，必须以事实为依据，以法律为准绳，秉公执法，不谋私利，不畏权势。这句话，王春飚在讲台上说过，在队务会上说过，在那些形形色色找关系、走后门的人面前说过。

在法医尸检、鉴定过程中，经常要面对复杂人际关系考验，特别是名与利、情与法的考验。王春飚做到了一尘不染，两袖清风，不为诱惑所动，时时处处维护着法律的尊严和当事人的合法权益。

王春飚办理的案件，没有一起因鉴定结论有误而发生冤、假、错案，这不仅是因为业务水平精湛，更有一种强大精神力量在支撑，因为“我签的不仅是鉴定报告，更是一份生死状”。

百分之百“命案必破”

24 年间，作为一名法医，王春飚参与命案现场勘验 1900 余起，尸检 1200 余具，检验物证 11200 余件，出具检验鉴定报告

2300余份。

恶臭、狰狞、血腥，反胃、恐惧、易被感染，那些突发的惨剧、凶案，不断冲击着人类视觉神经，挑战着人类心理承受底线。

对这些，王春飚已经习以为常，不论时间、地点，只要一个电话，他总是义无反顾冲到第一现场。他是一匹追风的马，听不见那些聒噪，看不见那些蝇蛆。他要做的，就是让一具具或被蓄意谋杀、或意外死亡、或自杀身亡的死者，在柳叶刀下，在电子显微镜下，慢慢苏醒、复活，开口诉说那些不堪回首的往事。

2006年12月26日，西方的狂欢夜。经过一天的忙碌，王春飚难得地终于可以正点下班回家了。下班前他和妻子、儿子约好，一家人消停地吃顿晚饭，然后再去看一场电影，小小地浪漫一下，也算是对妻儿的一份补偿。

17时55分，东湖公安分局值班电话骤然响起：一名男子报警，称他怀孕的妻子被人刺杀，在送医院途中死亡。

案发乘风庄。王春飚立即掉转车头，向案发地飞奔。

死者为一名28岁女子，某单位质检员，怀孕五个月，在家休养保胎。女子身上有多处刀伤，随身携带的一部手机、一条白金镶钻项链丢失，室内凌乱。

报案人胡某即死者丈夫介绍，他是一名货车司机，正在去外县拉货途中；案发前给妻子打电话，但一直无人接听，于是又打电话让有家门钥匙的大哥去查看，结果发现妻子倒在血泊中。

案发狂欢夜，又是新年前夕，一尸两命，手段残忍，辖区居民陷入恐慌之中。整个城市，包括市里主要领导的目光都聚焦在这起惨案上。

尸体曾被多人搬动，现场破坏严重。但此案必破是当务之急。

压力山大！

雪花飞舞，寒夜渐深，气温降至零下 20 度，喧嚣的城市安静下来。

王春飚驾车行驶在去往殡仪馆的路上。车窗微启，凛冽的东北风裹挟着雪花，吹打在他脸上，有种刀片划过般的疼痛。

刚落成的铁人纪念馆，被飞扬的雪花点缀成童话世界里的城堡。空旷、寂寥的铁人广场，银装素裹，一片白茫茫。苍穹之下，6.5 米高的王进喜雕像，身披一层被灯光映红了的雪衣，傲然屹立。

下车，燃上一支烟。

这里是王春飚最喜欢来的地方，尤其感到有压力和困惑的时候。围绕雕像，王春飚用脚印画着圈，一圈又一圈。

宁可少活 20 年，拼命也要拿下大油田——老一代大庆人，到底是什么让他们发出这样的怒吼？是为了甩掉贫油帽子，是为了人民福祉，是为了强国梦。今天，作为一名人民警察，一名公安法医，一名共产党员，我王春飚应该怎么干？

连夜解剖尸体！

母亲的双手，紧紧护卫着隆起的腹部，留下十道清晰的指痕；五个月大的胎儿，蜷缩在母亲还有一丝余温的子宫里，双目紧闭，双拳紧握……轻轻揩净胎儿脸上的血污，仔细缝合好“爱的小屋”，盖上洁白的被单……好好睡吧。

天亮了。

尸检结果出来了：案发时间在当日 16 时 40 分左右；死者身中 16 刀，刀口集中于腹部，有些刺穿腹腔，深达子宫，还有些位于浅表。分析认为，凶手力气不是很大，应该是未成年人或者女性；双方有过厮打过程，凶手有受伤可能；死者随身物品丢失，室内有翻动迹象，但较容易发现的大额现金、贵重首饰还在，应系故意伪装现场，以转移警方侦查视线。结合死者生前为人温和、工作勤恳、同事关系融洽，不可能有仇人，可排除财杀、仇杀可能。

那么，只有一种可能：情杀！

根据王春飚给出的凶手画像，侦查员们立即调整工作方向，缩小摸排走访范围，终于发现胡某生活不检点，与一名叫张某的女子存在婚外情关系。

张某是一家企业员工，四年前与丈夫离婚，带着 6 岁女儿生活，实难把这样一个娇小女人与“杀人犯”联系起来。面对警方询问，张某十分镇静，还“积极”分析案情，为警方提供线索。死者丈夫也信誓旦旦，表示张某“那么善良”，在得知妻子送往医院抢救后，主动到医院探望，拿钱给他，“一定要把你媳妇抢救过来”，决不可能杀人。

案件陷入僵局，证据是关键。

张某虽然外表平静，眼神却隐藏着一丝慌乱。

王春飚心里有了底，再次对张某家中衣服进行逐一检视，终于在一件深色衣服兜口处，发现几滴死者喷溅血迹。

一年前，张某与比自己小三岁的胡某在麻将桌上相识。几次接触后，离婚近三年的她，对谈吐不俗、体贴入微的胡某产生好感，两人开始姘居。

咱俩整天偷偷摸摸，跟做贼似的，这算咋回事儿？一天亲热过后，张某逼胡某离婚，给她一个说法。见胡某没有答应，又说，你不给你媳妇打电话，我给她打。说着就要拨电话，被胡某制止，并答应她过段时间一定“给个说法”。

案发日下午，两人再次相聚。

今天是狂欢夜，晚上别走了，陪我呗。张某满怀期待，搂着胡某脖子撒娇说。

今晚不行，一会儿我要去外县拉趟活儿。媳妇怀孕了，得攒奶粉钱。胡某淡淡地回应。

听到“怀孕”二字，张某心里“咯噔”一下。想到最近一段时间，胡某对自己越来越冷漠，在一起的时间也越来越少，现在他妻子又怀孕了，看来“转正”是彻底没指望了。

必须除掉她！

恶念一起，张某急不可耐，揣上一把尖刀，出了家门。

收水费的，开门！张某来到胡某家敲门。被害人听到有女人敲门，没有丝毫戒备便打开门。张某到卫生间装模作样看了一眼水表，然后出来准备动手。毕竟是女人，当她看见被害人挺着的肚子时，杀人的念头动摇了。但善念一闪而过，不杀了她自己怎么办？趁其不备，张某闭着眼睛朝被害人捅了第一刀……

案件侦破，终于可以告慰冤死的母子亡灵，但王春飚揪紧的心没有得到丝毫舒展。

被誉为“新时期铁人”的王启民，钻研技术，推陈出新，20 世纪 90 年代初创立一套“六分四清、分层开采”油田开发工程理论和方法，确保大庆油田 5000 万吨以上连续 27 年高产、稳产，完美阐释了“科学技术是第一生产力”的论断。

而刑事技术作为刑侦工作的科技核心，既需要吃苦耐劳，更需要与时俱进，才能适应日益复杂的社会治安形势需要。

王春飚在日常实践基础上，更加注重经验总结、学习最新相关医学理论知识和技能，及时了解国内外法医学方面的最新进展，逐渐成长为大庆市公安局乃至全省公安战线刑事技术方面的专家、执牛耳者，被聘为哈尔滨医科大学（大庆校区）兼职教师、市公安局训练中心兼职教官。

2012 年 1 月 20 日，大庆市一名 61 岁男子因排出柏油色黑便，并伴有咽部、食道、胃区不适及声音嘶哑症状，怀疑被人下毒，被送入医院救治。

接警后，王春飚了解到，被害人曾于前日喝过一杯桶装矿泉水，怀疑有人下毒。经过检测，该桶装水内含有电瓶水（主要成分为硫酸）成分。

据此，该案得以顺利侦破。

王春飚通过检索，发现国内尚没有类似投毒方面的论文报道，于是他通过调取医院救治病例档案，总结自己在办案过程中的心得，撰写出《硫酸中毒与疾病所致的上消化道出血的法医临床鉴定》一文，被收录《中国法医学会全国第十五次法医临床学学术研讨会论文集》中，填补了国内该领域的一项空白。

担任刑事技术支队副支队长后，王春飚深感责任重大，这促使他更加注重新技术的学习和引进。

在一次去广东学习过程中，他了解到当地在声纹检验协助下，破获不少电信诈骗案件，意识到这将是未来发展新趋势。回来后，他向上级部门做了汇报。在王春飚推动下，大庆市公安局很快建立了声纹实验室，成为东北三省首家开展声纹检验鉴定机构，并在实战中得到效果验证，相继破获“2015·09·19”鹤岗工农分局魏某被敲诈勒索等一批大要案。

在王春飚主导及亲力亲为下，大庆市公安局刑事技术支队先后引进“金标试纸法”，使人血斑和精斑检验更加快捷、直观、准确；购置和更新电子物证实验室检验设备，促进电子物证业务普及开展，检验水平始终处于全省领先地位；创建 DNA 实验室，DNA 样本拥有量及数据转换量居全省首位，实验室被评为国家二级实验室；受命省厅开展“网上送检”试运行，经过反复调试、修正，最终实现黑龙江省全覆盖。

2002 年，王春飚入选全国公安刑事技术青年人才库；先后荣获全省公安刑事技术破案能手、大庆市人民满意的优秀公安民警、新长征突击手等荣誉称号；四次荣立个人三等功。

用一贤人而群贤毕至，相一良马而万马奔腾。

大庆市公安局刑事技术支队现在拥有一支 14 人的法医队伍，比王春飚刚参加工作时翻了一倍。在他带领下，法医检验大队、法医物证检验大队基础工作扎实，业务水平精良，成绩突出，多次被命名为“铁人式基层所队”。近几年来，大庆市命案侦破率始终保持着百分之百的“命案必破”纪录，法医队伍起到关键性作用。

提起这支队伍，大庆市副市长、市公安局党委书记、公安局长安庆华从来不吝赞美之词，“法医功不可没，是当之无愧的铁军。”

王春飚在不断提升自我、带好队伍同时，还注重言传身教，答疑解惑，多次开展刑事技术内容的教学、培训活动，受众达上千人次。这些立志刑事技术工作的种子，正在生根发芽，开枝散叶，开花结果，逐渐成长为各自战线的骨干和精英。

三昧真火

佛家修行法门，即生得定（先天天赋）、后得定（后天努力），排除一切杂念，心平气和，澄神静虑，一切方能豁然开朗。

王春飚的三昧真火，则清晰地显现出他在刑侦技术领域已修炼到何等非凡的境界。

先看上昧真火：解析车祸罗生门。

2010 年正月初七深夜，301 国道林甸县红旗镇十公里处发生一起交通肇事案：一名老人赶着毛驴车在路上行驶时，被一辆夏利车追尾，老人被撞飞。夏利车司机吓得魂飞魄散，立即拨打电话报警。就在他等待民警前来处理事故期间，又一辆汽车碾轧到老人，并将其挂在底盘下拖行 260 多米，而后逃逸。悲剧没有就此结束，这时第三辆车接踵而至，老人再遭碾轧。

浓浓的节日氛围还未散去，老人的猝然去世，让其家人悲痛欲绝。

逃逸的后两辆车，经过交警部门努力，先后被查找到案。三辆肇事车，谁是致命一撞的“杀人车”？三位车主相互推诿，相互指责，极力撇清自己。

死者身上有答案。林甸警方三名法医从早忙到晚，将尸体“整个浪儿”查了一遍，依然没法确定哪辆是“杀人车”。

请王春飚！

大庆市面积2.2万平方公里，下辖5区4县。2005年，大庆市公安局警务体制改革，市区分局法医建制、业务归口市局刑事技术支队，外县予以保留。不仅城区，包括外县，一旦遇有“整不明白”的疑难案件，王春飚就是当仁不让的“救火队长”。

一路风尘仆仆的王春飚，忘记疲惫，立刻投入战斗。

被三辆车碰撞、碾轧和长距离拖行过的尸体，早已面目全非，身体大面积“秃噜皮”；又被三名法医前期尸检“割巴得半拉卡叽”，这种“收秋活儿”，难度可想而知。

静静的解剖室，只有手术刀走位发出的声音，如诉如泣。五个小时后，王春飚出具解剖结论：第一辆车撞击死者头部，造成颅骨骨折，为致命伤。第二辆车碾轧死者胸部，造成胸骨粉碎性骨折，为致命伤；拖行死者过程中，造成后脑颅骨圆洞，磨掉头部毛发、皮肉，伤害后果被第一次颅骨骨折吸并。第三辆车碾轧死者下颌，造成下颌断裂，不构成致命伤。

条理清晰，有理有据，结论权威。

三名肇事司机各自领责，死者家属表示满意，一起交通肇事罗生门迎刃而解。丧事过后，尚处于悲伤之中的死者家属，敬送锦旗，以示对案件侦破迅速和责任划分公允的感激。

再看中昧真火：洞若观火辨真伪。

2010年5月10日，肇源县一家工地，一民工死在工棚子里。死者患有严重疾病，身上没有外伤，断定是病发死亡。在例行检查过程中，当地警方严格按照检验标准规范操作，尽可能提取病理及毒物检材，结果显示，脏器出现明显病理改变，未检测出其他常见毒物成分。尸体被运至殡仪馆，待火化入殓。

且慢！

关键时刻，得到案情通报的王春飚提出异议：在没有全力排查毒物情况下，此种病理改变尚不足以解释死亡原因。几乎所有人，包括家属，都认为王春飚太过分了，没事找事，“这家伙又发飙了”。

不畏浮云遮望眼，只缘身在最高层。在筛查几百种毒物之后，王春飚终于在死者血液及胃内检测到一种罕见毒物成分，且达到致死量。

这一结果犹如晴天霹雳，把所有人都震蒙了。

警方迅速改变侦查方向，投毒人很快被捉拿归案。苍天有眼，天不藏奸。逝者安息。

最后看下昧真火：真金还需淬火炼。

刚刚经受一场秋雨洗礼，三合乡红星村安睡在静谧夜色中。突然，一缕火光从一户平房中蹿出，并迅速燃烧，等接到报警的消防车赶到时，大火已经将整座房子吞噬。

雨天火灾？

房主是名留守年轻妇女，丈夫在外地打工，孩子在县城学校住宿。消防队员经过清理火灾现场，发现一具被烧得面目全非的尸体，确认正是女房主，并初步认定是用火不慎，引起火灾。

死者母亲哭得昏天黑地，冷静下来后觉得哪儿不对劲儿，“姑娘手镯咋没了？项链也不见了，难道是让大火烧没了？”

下雨了，淅淅沥沥。

在死者家门前一辆马车上，王春飚开始对焦煳的尸体进行清理、解剖：死者头部有钝器击打伤痕，并附着柴油。

雨越下越大。

为固定证据，还原案发现场，王春飚和同事找来铁锹、筛子，钻入随时有坍塌危险的房屋内，对室内泥土、灰烬进行过滤，确认起火点在外屋锅台附近，且未发现死者佩戴的金首饰；里屋炕沿边上有砖头碎屑，外屋地上发现一块砖头，与死者头部创口吻合；同时发现浸有柴油的书籍残片。据此判断：这是一起以侵财为目的的杀人、纵火焚尸案件。第一现场在里屋炕沿下，凶手用砖头击打死者头部，然后将其移至第二现场——外屋再次击打，最后向尸体泼洒柴油，用浸有柴油的书籍点燃。

画面感强烈！但靠谱吗？

两天后，正在销赃的凶手被抓获，谜底随之揭晓。

凶手周某与死者同村，有远房婶侄关系。周某好吃懒做，素有赌博恶习。案发当晚，周某来死者家借钱，遭到拒绝。周某恼羞成怒，从屋外捡起一块砖头把死者砸倒在地，并迅速撸下其随身佩戴的手镯和项链。为平复慌乱的心情，周某跑到外面点燃一支烟，想着如何处理尸体。此时，死者竟然苏醒过来，爬到室外呼救。周某惊骇之余，立即将死者拽回屋内，继续用砖头猛击其头部，直至死亡。为毁尸灭迹，周某将放在窗台上的半桶柴油倒在受害者身上，用书籍点燃。

作案过程、嫌疑人画像与王春飚判断高度契合。

“王支队真成精了，这案件人家两天前就破啦。”

如是，王春飚不再是谜。

穿上警服，他是五千名大庆警察中的一员，有苦有累，有情怀有梦想；换上便装，他是三百万大庆人中的一分子，有血有肉，有情有义。

第一次上解剖课，王春飚和同学们观摩导师解剖一具因交通肇事死亡的女尸，手术刀划下第一刀，就有同学开始呕吐，更有女同学捂着脸哭着跑出解剖室……几个小时下来，“就剩下一堆骨头”。导师一边解剖一边详细讲解人体结构和致死原因，最后又神奇地将尸体恢复原形。

王春飚惊叹之余，从此迷上法医这一行。24 年间，王春飚初心不改，风雨无阻，克服一切恶劣因素，查明死因，探究真相，“让不可能成为可能”。如今，王春飚着力全局刑事技术发展，正以非凡的魄力和担当，放眼描画未来。

有太多法医中途“掉队”，逃离这个职业。作为副主任法医师，王春飚有过多次进入大医院、私家医院的机会，一些社会人身伤害鉴定机构更频频向他抛出橄榄枝，那意味着收入翻番，社会地位提高。可他不为所动，任凭朋友骂他傻，骂他“彪”。

他热爱法医工作，热爱这个拉紧帷幕、无人喝彩的舞台，“我本来就是飚子。”

王春飚的社交圈子极小，几个“臭味相投”的同学，几个“耳鬓厮磨”的同事，闲来小聚，切磋技艺，畅谈理想，快意人生。

对浑身“沾满死亡气息”的王春飚，在大庆市烟草分公司工作的妻子张艳辉，没有一句抱怨。1994 年，介绍人安排两人第一次见面，王春飚就爽约了。那天，大庆市一家单位发生严重火灾，大火瞬间吞噬了十几个鲜活的生命。王春飚整整忙了一个昼夜，几近崩溃。知道这个情况后，张艳辉哭了，她心疼那些逝去的生命和他们的家人，心疼那个十几次进出火场、把一具具焦煳的尸体抬出来又一一清理干净的人，也一下子明白了“在公安局当医生”是啥意思。这些年一路走来，张艳辉始终是王春飚最温馨的港湾，最坚强的后盾，并为他所从事的特殊职业感到自豪。

为了回报妻子和家人的付出，王春飚养成一个习惯：只要不出差，不管工作多晚，哪怕天亮了，他也要回家，做上一桌丰盛的早餐——热气腾腾的手工小花卷、小火慢炖熬出的小米粥、精心腌制的小咸菜……

吃过的同事都打保票：俺们飚支队，手老巧啦，嘎嘎的！

扫描二维码即可观看
相关视频等

乌兰刑警王志成

沈 雪

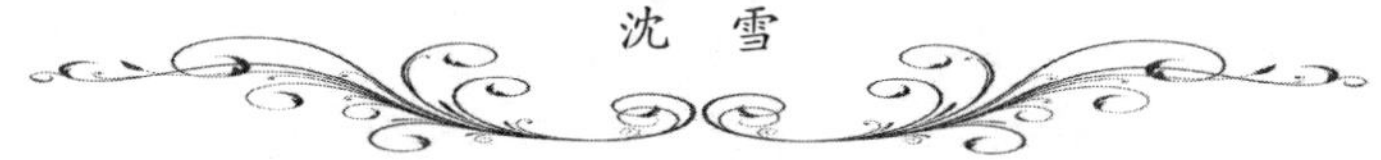

一、“零口供”案

2015 年 10 月 9 日那天，王志成开车把人家车给撞了。

乌兰全县人口不到四万，县城也不像其他车水马龙的城市，哪怕是最热闹的时候。可他和同事马成龙就在离公安局不远的一个小十字路口，把人家右侧驶过来的车给撞了。

王志成开的车，是带有公安局现场勘查标志的制式警车。

这警车撞了别人的车，稍懂点儿交通规则的人一看，警车绝对是责任主方。这驾驶技术也太烂了吧？

其实，不是驾驶技术烂，而是王志成入案太深。

乌兰县公安局的人都知道王志成，只要一有案件，王志成他就不知道自己是谁了。

这就好比一个好演员，进入一个角色，就完全忘记了自我。何况，这次他遇上的是系列入室盗窃案件，作案嫌疑人像天外来的飞贼一样，没留下任何线索。

头一天晚上，确切地说，应该是 10 月 9 日凌晨，在乌兰这个民风淳朴的小县城，竟然一晚上发生了四起入室盗窃案。

而在这之前，即将国庆放假的9月29日凌晨，县城就已经发生过两起类似的入室盗窃案件。

阳光小区9号楼1单元402室的郭某一大早起床后，感到有些奇怪，自己放在床头柜上的衣服，怎么会乱糟糟地扔在客厅的地上？他刚要开口问老婆，却发现头天下班拎回来放在沙发上的华硕笔记本电脑和放在电脑桌上的一个金士顿移动硬盘不见了，同时不见的还有衣服口袋里的钱包和1000元现金。

家里进贼了！

与此同时，10号楼4单元宁某某家，老婆早早起床给孩子做饭，发现房门虚掩着。是昨晚睡觉没关好门？她去关门时，发现自己的挎包扔在家门口，里面的钱包没了。

遭贼了！

掉过钥匙或者给过外人吗？

没有。

门窗完好，没有留下任何痕迹。

王志成勘查完现场，感觉遇上了经验丰富的老手。

从何而来？怎么进的门？十天来，王志成一直在琢磨。

10月9日这天一上班，乌兰县公安局110接警电话此起彼伏。

又是阳光小区，又盯上了11号楼。2单元202室住户被盗iPhone 4一部；3单元202室住户被盗现金3800元；4单元402室住户被盗手表一块，现金8000元。

离阳光小区不远的司法小区1号楼3单元一住户也遭遇同样的方式被盗走现金1600元。

一上午，既是刑警大队长又是技术员的王志成，带着大队六名民警勘查现场，调查取证，就像消防员到处救火一样紧急。

可现场没提取到任何有价值的痕迹。

勘查完最后一个现场，王志成带着马成龙在返回县公安局的路上，就案件的性质开始了讨论。

会开锁，事先没预定目标，趋向于流窜作案。

作案人应该是两人以上，有接应。

……

“哐当”一声，车撞了。

成龙，你没事吧？

我没事。王大，你呢？

快去看伤人没有。

王志成和马成龙在巨大的撞击声响过后，感到被震得有些头晕，蒙了一下子，赶紧打开车门，一瘸一拐来到对方车前。还好，驾驶员没事，只是两辆车的车头都撞变了形，挂了彩。

得负主要责任哟。王志成给局领导作了汇报，待处理事故的同事赶到现场，他才和马成龙相互搀扶着回到办公室。

不就几起入室盗窃案吗！又不是损失几十上百万元的物品，至于那么投入吗？

乌兰还真容不下飞进来任何一只苍蝇。

这儿的民风淳朴得如茶卡盐湖般明净，少有重大恶性案件的发生，全年立刑事案件也就100起左右。虽然以盗窃为主的侵财案件占较大比例，但在地域广阔、居住人口较分散且以游牧为主的乌兰，除县城外，平时发生的盗窃案件也就是牧民偶尔丢失了一只羊之类的，像县城这样连续发生盗窃案实属罕见。

即使是飞进一只苍蝇，也要把它拍下来，绝不能让它玷污了这块净土，更不能让它扰乱老百姓宁静的生活。

案件怎么破呢？王志成愁啊。

他愁的不是破不了案，而是在信息通信技术发展如此迅猛的今天，在乌兰破一起案件所花的时间和人力的成本，是内地许多城市和警界战友们的几倍甚至几十倍。

王志成特别羡慕那些装了“天眼”视频监控系统的城市，那对于破案查嫌疑人的轨迹太有帮助。可乌兰当时还没有。要破这个案件，还得靠传统的一些方法，加上丁点儿的现代技术。这点儿技术，就是要依赖交警部门安装在部分路口的视频监控，尽管不完全，但总比没有好。可交警大队看系统的民警本身工作就忙，请他们帮忙，是给他们额外增添工作任务，其少有时间能一一看完整个视频。

“走，成龙。”

回到办公室的王志成一手揉着膝盖，一手拨打电话。屁股还没挨到椅子上，他便直奔交警大队。

“王大，需要调哪个时段和路段的视频？”

“我自己来。”王志成是交警大队的常客，经常过来查资料，而且有时很“霸道”。他要调取的资料，无论再大的困难和阻力也要弄到手。

案件侦破刚开始，王志成不知道这究竟是一块有多难啃的骨头，他的对手是几进宫的江湖老盗；他更不知道这将是他当刑警20余年来，先后组织、参与侦破的400余起重大刑事案件中，唯一一起以“零口供”定罪量刑的刑事案件。

结合现场情况和平时全县刑事案件发案的规律特点来看，王志成他们分析：这系列案件是流窜作案的可能性较大，盗贼懂开锁技术。

他们究竟从何而来？

乌兰县属高原牧区，距周边县市所辖乡镇的距离都较远。盗贼如果进乌兰县城，肯定有交通工具。

调阳光小区周围的视频，没安装。那进出县城路口的呢？没有。交警违章拍照的视频呢？不全。收费站进出口总有吧？信息量太大，得一辆辆筛选。

“王大，你到底要看哪个时段的？”

“晚上8点到凌晨4点县城全部的。”王志成一屁股坐到电脑旁。

“那要看到什么时候呀？”

“甭管。我自己来。”王志成盯着视频，边看边记录车辆情况，反复核对、梳理。

“成龙，去办公室把我的眼药水拿来。”四小时很快就过去了，王志成揉了揉发胀的眼睛。

“王大，吃点儿东西再继续吧?”

“吃什么吃呀?让你去你就快去。”

“我是怕嫂子一会儿打电话来问我，我该说你是吃了哪，还是没吃?”

“哦，那你就说我吃了。”

王志成的语气明显变得温柔起来。

“可你没吃呀?”

“你不知道顺路带点儿来吗?还用问呀。”王志成朝成龙挥挥手。

“有了，有了，成龙，你过来看。”一直盯着视频的王志成突然大叫起来。

“你看这辆面包车，9 点多钟驶进县城，凌晨 3 点又经过了这个路口。9 月 29 日同样在这个时段进出过，还在现场附近转悠过，赶紧查一下车辆信息。”还没来得及擦眼药水，王志成便嚷了起来。

一查，该车登记的车主是海东市乐都区王某某，驾驶的是一辆金杯面包车。

“走，去乐都。”来不及吃东西，王志成叫上马成龙就往乐都赶。

“王大，一天没休息了，你能行吗?我来开车吧。”马成龙看到王志成站起来很费劲的样子，担心地说道。

“还是我来吧，到地方抓住人后还要审讯哪。”

“我是怕你想案件走神，又把车撞了。”马成龙拗不过他。

“你这尕娃，怎么说话呐!小心我踹你。”王志成瞪了他一眼。

乌兰到乐都近 500 公里，一个单程需要四个多小时，王志成坚持要开车。晚上车辆不多，两人一路狂飙，于凌晨时分赶到乐都。在一小区找到王某某住处，把他从被窝里拎了出来。

王某某直叫冤枉："他们是500元一天租我的车，让我开车走亲戚的，我怎么知道他们是去偷东西呀？"

"他们是谁？"

"我也不知道呀，我只管开车收钱。"

"怎么跟你联系的？"

"留有电话。"司机王某某赶紧掏出手机，里面存有一人的手机号码。

一查，嫌疑人浮出水面。果真是两个贼精。

一犯罪嫌疑人名叫王某军，42岁，住乐都区碾伯镇西岗村；自1999年以来，因犯抢劫罪、盗窃罪先后三次被判刑，最近一次是7月22日才释放。另一犯罪嫌疑人名叫石某庆，33岁，住乐都区蒲台张中岭村；自2011年以来，因盗窃罪已两次被判刑；服刑时跟王某军是狱友，两人同一天刑满释放。

通过调查、蹲守，两犯罪嫌疑人被抓获。

人抓回来了，可这两人的嘴怎么也撬不开。要么闭口不谈，要么百般抵赖，矢口否认，连缴获的赃物、作案工具都全部否认。

王志成召集大队全部人员开会。他说，这个案件，证据一定要弄实弄细，形成锁链，要做好"零口供"定罪的准备。接下来的工作，分一下工：一是审讯组在审讯时一定要全程同步录像，二是追赃的环节证据要固定，三是现场勘查及视频资料要全面真实。

在王志成的指挥下，大家全力以赴，严格按照工作要求全面搜集证据。11月24日，乌兰县人民检察院作出对两犯罪嫌疑人的批捕决定。2016年4月，这起"零口供"的案件由乌兰县人民法院开庭审理。

王志成带着两名侦查员出庭做证，出示有力的证据指控两人所犯的罪行。法院依据"重证据"的原则，依法对两人分别判处有期徒刑两年半。这起案件成了乌兰县史上首例"零口供"判刑的案件。

二、新任大队长的烦恼

2015 年 1 月 28 日，有两件让王志成难忘的事。

第一件是好事，王志成从刑警大队教导员提拔为大队长。

第二件是难事。晚上 8 点多钟，110 接到报警，县城东大街一小区的彩票店，被两名蒙面男子入室持刀抢劫，抢走现金 300 余元，守店的老板娘王某被捅了几刀。刚接到报案不久，110 报警电话又响起来了，安恒二巷东出口一妇女被歹徒持刀抢走随身携带的包，包里有一部手机。

像是有意考验王志成这个新上任的大队长是否称职，短短的时间里，小小的县城就发生了两起持刀抢劫案件，一下子引起了社会极大不安。

王志成迅速带人出勘现场，调查，走访。

乌兰县城很小，本地人大家基本上都熟悉。可走访下来，这两个嫌疑人的身高体貌特征基本上没人见过。扩大现场范围，也没见有可疑车辆出现。当时正值寒冬腊月季节，乌兰很冷，已无游客游览了。

王志成反复沿着两个现场的路线来回穿梭，希望能够在附近找到和调取交警拍违章的视频，可那一段偏偏一个监控也没有。

继续走访。他带着大队侦查员没日没夜地工作。眼看一个月就快过去了，春节很快就要到了，案件还没有实质性进展，王志成眉头拧成了一个疙瘩。

是不是哪个环节出差错了？王志成仔细回忆起破案中开展的每一项工作。

客车？对，去客车站。他叫上才登道吉和马成龙一起走。

春节期间，往返客车站的车辆不多。他们把每一班车的驾驶员、售票员都问了个遍。每个人都尽了最大努力回忆，还是没有搜索出乘客中有跟嫌疑人体貌特征相同或相近的人。

还有西宁往返乌兰的客车没问。王志成拿着梳理出来的记录，对车站工作人员说。

“这西宁跟乌兰是两趟车对开的，一天一趟车只跑单程，就是今天来乌兰的明天去西宁，今天去西宁的明天返乌兰。你们明天这个时候来，可以找从西宁那边过来的人。”工作人员介绍得很详细。

“那就是说，他们在两边都有落脚点休息吧？”王志成问。

“是的。不过这一段，老王家的车，是他上大学的儿子利用假期在替他们售票，他家在乌兰有房子。”车站工作人员说。

“他儿子长什么样子？”王志成问。

工作人员细细地描述着，让王志成一阵窃喜。

“走，去他住的地方看看。”他叫上才登道吉两人一起前往乌兰县农村信用社家属区。人不在。

找到周围的住户一打听，王志成推测案发当晚实施抢劫的嫌疑人之一，就是这个假期替家人售票的大学生。

第二天即 2 月 28 日，从西宁到乌兰的大巴车刚到站，王志成他们便把售票员王小进请到了办公室。

王小进很快便交代了犯罪事实，供出实施抢劫的同伙谈某虎。谈某虎 29 岁，住西宁市，是个刑释人员。

王志成立即带着侦查员赶赴西宁，将其抓获。

原来 1 月 28 日那天，谈某虎搭乘王小进家班车到乌兰。两人在车上结识，到站后纠集晃荡。谈某虎邀约王小进随他去彩票店买“快三”，结果一个多小时就输了四五千元钱，输的全是王小进当天跑车得来的钱。见钱输完了，王小进想到无法跟家人交代，就让谭某虎赔他的钱。谭某虎哪来钱赔他，便提出一起想办法。他们临时起意，先去退休院附近把卫某抢了后，才去抢了彩票店。110 先接到的报警是彩票店的，因为卫某被抢后想到就一部手机也不值多少钱，不打算报警了，犹豫了很久，最后还是选择了报警。

第二天，是农历的正月初九。王志成和侦查员带着两犯罪嫌疑人前去发案现场指认。

正值春节期间，“社火”是当地老百姓喜欢的表演节目，很热闹。每年这个时候，县公安局都会组织民警搞安保，希里沟镇派出所作为全县的城区派出所，更是没有休息的时候。现场离“社火”表演的广场就三四百米远，有群众发现了王志成他们，就跑过来看热闹。结果观看演出的群众全跑来了，“社火”戏没人看了，安保的民警不得不赶紧过来维持现场秩序。

看到老百姓跑来现场，时任希里沟镇派出所所长程建军心里暗暗道：这王志成，又来捣乱了。今天要是安保出了问题，你王志成负责去，我可不再让着你。

程建军跟王志成是一对冤家，干过无数次仗了。两人都是直脾气，急性子，都不肯让步。

当时希里沟镇派出所有八个正式民警，十四名辅警，人较多。所长程建军爱整洁，要求民警们平时把派出所收拾得干干净净的。王志成他们刑警大队那时只有六个人，案件一多或抓获的人员一多，就忙不过来，弄回来的人也就没人看守。于是，王志成就安排把留置的人放到派出所去，请他们帮忙看守。

一次、两次的还行，形成习惯了就不行了。最让程建军受不了的是，把所里的卫生弄脏了，王志成也不管，更别说打扫干净了。

一来二去，两人就干起仗来了。

不准把人放在这儿！程建军曾当面或打电话给王志成，让他把人弄走。

这是公事，那是犯罪嫌疑人，是警察都有责任看守，不是我一个人的。你有人手，帮忙守守又怎样啦？

案件不是我们派出所的，人不该我们守，把我的办公区弄脏了。不行，来弄走。

我就不弄，有本事你把人给放了。

……

两人的声音一个比一个大，经常吵得脸红脖子粗的，有时吵着吵着就直接撂了电话，谁也不理谁。

程建军大王志成两岁。过几天，王志成把案件办完了，便主动去找他和解，一口一声哥，有时还会提上一瓶酒，去请他喝酒，赔礼道歉。

这样的事情反复多次。为工作生气，也为工作和好。

程建军说："志成的身体一直不太好。可病痛归病痛，案件一发，他什么事都抢在前面。跟他一起办案，很累。他工作细，比如现场勘查，你想不到的，他想得到。你要偷奸耍滑，想省事，没门，他必须让你做到。还有看监控，我们是要求快一点儿，他就是要求慢慢看、仔细看，还会把时间精确到每秒。他谦虚好学，去年年底提为副局长了，分管的工作有我们派出所。这些年他一直在刑侦，对派出所有些工作，比如应急处突、反恐演练等不是太有经验。他不管自己已是副局长的身份，多次登门拜访，还专门邀请我到场，认真请教学习，成长很快。"

"这个老弟，我认了。"程建军说，言语中透出真诚的赞许和钦佩。

三、纸上的电话号码

2016 年 6 月 27 日上午，在乌兰县城步行街经营商铺的黄某，发现自己头晚停放在商铺门口的车不见了。该车是他平时用来载货的轻型汽车。黄某很纳闷儿，是家人来开走了？可车钥匙明明在自己兜里装着哪。他找了几圈后没有下落，便报了警。

机动车被盗现场跟其他盗窃案件不一样，几乎不留痕迹。而且那一路段相对偏僻，还没有安装视频监控。发案时间不确定，设卡失去了最有效的堵截时间。

王志成那几天正在生病住院，得知县城发生这样的案件，着急了。乌兰不能跟其他地方相比，价值上千元的案子就不小了，这机动车怎么也价值上万元。再说这二十多年来，王志成没有发案不管的时候。这天天躺在病床上给兄弟们提侦破方案，跟隔靴搔痒一样，他心里不踏实啊。

出院吧，他去磨医生，又跟妻子软磨硬泡。

坚持一下，再住十天。别前功尽弃，你这病本来就是给累出来的。前一次如果听话，好好待在医院，不去蹚那冰冷的河水，今天咱们也不会在这里躺着了。妻子心疼他，泪水涟涟地央求道。

王志成上次住院是 4 月份。当时是枸杞苗被盗一万余株的案子，他悄悄跑出医院去现场了。4 月的青藏高原刺骨寒冷，在查找嫌疑人来去的路线时，他赤脚蹚过了数十米长的河。最终案件破了，他的病情也加重了，导致再次住院。

看到妻子流泪，王志成心软了。这些年，对妻儿他是歉疚的，妻子的泪击中了他内心最柔软的那根神经。他答应遵医嘱，再住十天院。那十天，他躺在病床上，就像受煎熬一样，浑身不自在，但又不敢表露出来。

出院回到办公室的第三天，黄某机动车被盗案还没理出头绪，又接到报案，刘某停放在公路路政执法大队院内的长安牌轻型载货汽车不见了。他直到 7 月 11 日下午 6 点多钟要用车时才发现。具体何时被盗走的也不清楚，能肯定的是，头一天下午开回来是停在那儿的。

现场没留下任何痕迹，这可是在路政执法大队的院子内，胆子也忒大了吧？短短半个月时间，竟然发生两起类似的案件。

“走，成龙，去调视频。”王志成带上侦查员，沿着街面，寻找两起案发现场附近商铺安装的摄像头。

一点点计算时间，一段路一段路地排查。当时乌兰县还没有完成城市“雪亮工程”建设，想从视频里获取破案的线索，主要靠交警安装在路口拍违章的视频和一些商家店铺单位安装在门口的摄像头。

通过一趟趟地查找，王志成他们在现场附近一家超市安装的视频里，发现7月11日凌晨2时许，有一个一闪而过的人影形迹十分可疑。他朝现场方向走去后不到20分钟，被盗车辆就驶出现场。通过反查，一点点地还原了这个人行走的路线，再沿着路线一点点追踪，发现这人在案发前开着一辆红色轿车进入了现场附近的解放小区。

有戏！王志成他们来到该小区，发现那辆红色夏利轿车还停留在小区。通过查询，这辆牌照为“青 H378XX”的车，是6月29日天峻县织合玛乡一居民被盗的车辆。

这是一起盗窃机动车的系列案件。犯罪嫌疑人是流窜作案，会技术性开车锁。案情分析会上，王志成对案件定了性，安排下步工作：一是要围绕被盗的夏利车找出犯罪嫌疑人的活动轨迹。二是组织人蹲点守候，嫌疑人盗得车辆后联系好销赃渠道就会来取车。

这嫌疑人可沉得住气，侦查员们守了三天三夜，一点儿动静都没有。

不行，得找到突破口。

王志成找来专业开锁人员，打开了夏利车，发现两张甘肃方向过来的过路费票据，另外在一张纸上发现了用笔写的两个电话号码。

如果电话号码是亲人或是朋友的，肯定会存在手机上，不会无缘无故地写在纸上随手丢在车里。会不会是买车人的号码？围绕这两个号码，通过侦查，王志成他们得出结论，是犯罪嫌疑人的电话号码，并查出了这个人的行踪。

第四天凌晨，王志成带上专案组民警，在乌兰茶卡一旅店将犯罪嫌疑人张某良抓获，并在他身上搜出撬门锁用的专制工具。他准备当晚在茶卡等到半夜时再偷车。

连夜审讯，张某良供述了与另一犯罪嫌疑人樊某相互纠集，自5月份以来，先后在青海省德令哈市，海南州共和县、乌兰县、天峻县，甘肃省酒泉市等地流窜作案，盗窃七辆机动车的犯罪事实。

40岁的张某良住青海省德令哈市柯鲁柯镇，曾因诈骗罪和盗窃罪两次被青海省天峻县判刑，2016年4月30日刑满释放。樊某47岁，住西宁市，从20岁开始，就因抢劫、故意伤害、盗窃罪三次被判刑，2015年11月7日刑满释放后还染上了毒瘾。

张某良和樊某算得上是一对金牌搭档了，曾一起在监狱服刑，是狱友。两人作案各有特点，樊某会技术性开房门锁，张某良则会技术性开车门，出狱后两人一拍即合，纠集在一起实施盗窃。

王志成已整整四天没挨过枕头，犯困了，就在车上或办公室打个盹儿。他带领专案组民警兵分几路分头开展工作。

他自己亲自带队赶往西宁去抓捕樊某，另外的组追赃、固定证据等。

赶到西宁后，王志成他们找到樊某临时入住的小旅馆，发现已人去屋空，房间内留有吸毒的痕迹和物证。通过调查，确定吸完毒的樊某已回到城西区的家中。

樊某家里有年迈的父母，要是直接叩门进去抓人，他狗急跳墙做出自残或伤害父母的极端行为怎么办？王志成考虑再三，决定守株待兔，等他出门后再实施抓捕。

没想到他们空守了一天多。

作案后随时犯疑的樊某，在家中看到小区门口有陌生人面孔出现，便悄悄下楼翻过后院围墙跑了。为了摆脱追捕，他故意跟王志成他们布下迷惑阵，绕了一大圈，才回到他另一藏身之处——和张某良在天峻县租的一间房子。

发现樊某逃走后的当天下午7时许，王志成带着专案组的民警赶到了天峻县，在出租屋将其抓获，同时缴获一辆盗窃后还没来得及销赃的汽车。

据犯罪嫌疑人交代，盗窃的车辆大部分销到了牧区。接下来两个月追赃，王志成他们东往西宁，南去兴海，西赴德令哈，北驰天峻，在牧区、乡镇辗转了4000多公里。

办完此案，王志成在住院期间刚保养好一些的身子，再次被拖垮了，腿肿得老大。妻子禁不住唠叨起来。王志成则一声不吭，好像真犯了错误一样，任其责备。

“我们王局最听老婆的话，平时吃什么都是老婆安排，很可怜，不能吃好的，只吃粗茶淡饭，典型的怕老婆。”

面对小同事开的玩笑，王志成说：“小屁孩懂什么，小不忍则乱大谋，那叫策略。要不然，这案件怎么破?”

“王局，您还是听老婆话吧，我们还指望您带我们破案哪。”

……

四、接孩子与“一日游”

基层刑警谁都忙。可这王志成的忙，却与众不同，他把家人都掺和了进来，跟着忙。

老婆快生孩子了，王志成却在上一个保险柜被盗的专案。快生产前的半个月，他把老婆送回西宁，交给父母。父母看到腆着大肚子回来生产的儿媳，高兴着哪，直接就说：你走吧，没你的事了。

老婆很勇敢，平平安安生下一个大胖小子，也没觉得有什么委屈。王志成就心安理得地在400公里之外的乌兰忙他的案件。

案件破了，是儿子出生后的第28天，该去见妻儿了。他才匆匆往西宁赶。父母听到他马上回家，十分高兴，就提前把满月酒给办了。

孩子六个月时，老婆产假满了，该上班了。两人上班都忙，孩子往哪儿搁呢？当然是交给奶奶最妥。

结果儿子只跟奶奶亲，跟这当爸的不亲了，越长大越黏奶奶，爸爸就像一个代名词。

儿子上小学三年级的时候，王志成到西宁办案，好不容易挤出点儿时间，在学校中午放学时去接孩子。儿子竟有些受宠若惊。

“我们一起吃牛肉面吧！”看到旁边有一家牛肉面店，王志成说。

孩子高兴地答：“行！”

稀里哗啦！王志成三下两下一碗面扒拉下肚，可孩子才吃了两口。

这时电话响了：“发现犯罪嫌疑人！”

“儿子，你吃了面条自己回家去，爸爸要抓坏人去了。”他抓起桌上的包就要走。

“爸爸，你能等我吃完这碗面再走吗？”原本高高兴兴的儿子抬起头，眼泪汪汪地看着他。

“不行！去晚了，坏人就跑了。”王志成毅然决然地走出了饭店。发动车子时，他看到儿子没有动筷，正呆呆地望着他呢。

男儿有泪不轻弹，只因未到伤心处。王志成的眼眶湿润了。

幸好，孩子有豁达的爷爷奶奶替他管着。这是对他工作的多大支持啊！

2018 年 6 月份，父亲住院了，被诊断为脑血栓。王志成听说父亲生病，很心急，马上携老婆往家赶。

父母一听他急着赶过来，更急。不行，他那么忙，不能让他分心。老两口一商量，悄悄溜出医院回到家中。母亲还叮嘱父亲，一定要装得没事一样，精神一点儿。

他们知道王志成的性格，只要看到父母没事，他绝对坐不住。

果然，王志成回到家中，见到父母笑呵呵的样子，以为父亲只是患了重感冒康复了。在家待了一晚上，第二天一早他就放心地回了乌兰。

父母站在窗前，看着他启动车辆缓缓离开，随后便搀扶着回到医院。

几天后，妹妹打电话责怪他：“父亲病成这样子，你竟丢下就走了。”

王志成一脸无辜，说父亲不是挺好吗，还催他赶紧回单位哪。

“亏你还是搞侦查的，他们装没事哄你呢。”

“他们是父母，我怎么会想到他们会哄我哟。”王志成很委屈，也很心疼。

王志成被评选为全国公安“百佳刑警”后，由刑警大队长提拔为乌兰县公安局副局长。

刑警大队听起来名头很大，其实只有九个人。几块牌子一套人马，刑侦、经侦、禁毒的工作全要干，派出所有些办不了的案件也要办。如果大队同时有两个人请假，工作就接近瘫痪了。

马成龙是刑警大队的业务骨干，也是王志成的得力助手。

在我去乌兰采访的路上，马成龙告诉我：“王局还兼着刑警大队的大队长。他一遇上案件，就不知道什么是疲倦。人手不够时，他总有办法。”

马成龙狡黠地一笑。

见我有些纳闷，他便接着给我讲了一个“一日游”的故事。

那是前几日发生的事。王志成他们立案办理一起伪造有价票证案，涉及一名女犯罪嫌疑人，在西宁。

那几天，马成龙正在西宁休假。王志成查清基本情况后，把情况通报给了他。

马成龙入警四年多，爱学习，这几年一直跟着王志成，做事干净利索，成长很快。接到王志成的信息通报后，他立即到西宁火车站派出所请求协助，很快便把人给抓了。

“你就在派出所等着，我马上来接。”挂掉电话，王志成突然犯愁了。

刑警大队实在抽不出人来了。而且抓的是女犯罪嫌疑人，需要女警一起去接才行。他挠着头，思忖着。

突然，他听到隔壁政工室传来女警的说话声，眼前一亮，便循声走了过去。

“小田、小王，我带你俩去西宁一日游啊!”局办公室的田瑜静和政工室的王媛正在说话，王志成笑道。

俩女警见了王志成，以为局领导对她俩上班说话有意见，赶紧闭了嘴，再不敢吱声。

“真的！去不去?”王志成一脸的认真。

“真带我们去?”两人仍不太相信。

“马上走！我去发动车等你们。”王志成说罢便转身下了楼。

“一日游去喽!”俩女警明白是真的了，顿时欢呼雀跃。

乌兰到西宁有400公里，开车需要四个多小时。王志成带着俩女警风驰电掣般朝西宁驶去。

田瑜静家在西宁，她本计划要王志成顺路送她回家拿一点儿东西。可到了西宁，王志成却直接带着她俩到了火车站派出所，让她俩守住抓获的两名女犯罪嫌疑人。

他和马成龙则去办理交接的相关手续。一切妥当后，便立即带上嫌疑人往回赶。

这一日游，成了全部在赶路。除了在西宁上了一次厕所外，俩女警连饭都没吃上一口。

路过田瑜静的家门口时，王志成连刹车都没踩一下。

女警毕竟是女警，知道是被领导“骗”了，但任务在身，必须服从。那晚回到乌兰，已是凌晨2点多钟了。

王志成习惯了这样的工作节奏，可俩女警刚入警不久，又不在刑警队，一时还真适应不了。回到办公室，她们直接就累瘫了。

连夜审讯。王志成像不知疲倦似的，顾不上俩女警的吃喝问题，又进入了工作状态。

待把人审完，办好相关手续，把人送到看守所，已是第二天上午了。

这时，王志成才有时间想起“一日游”的事，去给俩女警赔不是，承诺一定补回“一日游”。

俩女警没直接拒绝，但提出了条件：再有如此“好”事，“两日游”才予以考虑，“一日游”太累了。

五、从警的感悟

9 月 4 日上午，周一，王志成召集刑警大队全体人员到他办公室开会。因不是会议室，大家随意地坐着，木质沙发靠手上也坐了，没位置的便拿上笔记本站着。

王志成随手拿起他桌上的笔记本，便要砸向扎西尖措：这尕娃，没记性，工作日志落了几天也不找。

扎西尖措赶紧站起身。

你的日志就是这样记的？

扎西尖措没有回答，十分尴尬地接过本子。

接着，王志成开始一件件落实开展的工作，条理清晰。

刑警是公安机关的拳头。王志成认为，刑警大队应该个个是破案高手，不能有一个掉队。他常爱伸出他的手掌打比喻，说一个指头戳出去，肯定不如一只拳头打出去有力。

王志成是青海省唯一的“百佳刑警”，是乌兰人的骄傲。他说这荣誉是乌兰人给他的，他要更加努力地工作，守住这片高原土地上那份质朴、纯净。

前不久办一个案件，涉案人家属希望王志成能够放其一马，办个取保候审什么的，便买了一部手机，还装了两万元现金在手机袋子里，悄悄放到了王志成的车上。

王志成发现后，便给纪委作了汇报。纪委找到了送东西的人，把东西退还给了他们，并告诫他们：应从正当的渠道去解决问题，别害了我们的警察。

涉案人家属有些无地自容了，没想到这偏远小地方的警察竟如此清正。

“现在条件这么好，我们没有什么理由不好好工作。”王志成常常回忆起以前工作时的艰辛。

他说，20 世纪 90 年代，北京有考察组到乌兰考察，去了一个派出所。当时派出所就一块牌子，连办公地点也没有，一个月全所的业务经费只有 500 元。考察组成员当时很感慨，说：你们活着就是奉献，能够在这种环境下工作更是一种奉献。离开时，考察组掏了 2000 元给派出所做业务经费，让大家感动了好久。

那个时候难哟。

有时在牧区办案件，车去不了，只能骑马。一去就是一两周，风餐露宿，没日没夜。吃饭也是吃了上顿没下顿。有饭吃的时候，我们都会吃饱吃撑，因为不知道下一顿饭在哪儿，也不知道何时能回来。

现在条件好了，办公环境好、设施好，全县的视频监控系统已全部装上，破案省了不少力气……

当警察，就要当刑警；当刑警，就要当王志成这样的刑警。这是乌兰刑警的共识。如果只想安安稳稳领一份工资，那还是别来当刑警了。

王志成现在率领的刑警大队，大部分是 90 后，那些年轻的刑警经常会从王志成那里获得许许多多的从警感悟。

扫描二维码即可观看
相关视频等

血　疑

张　望

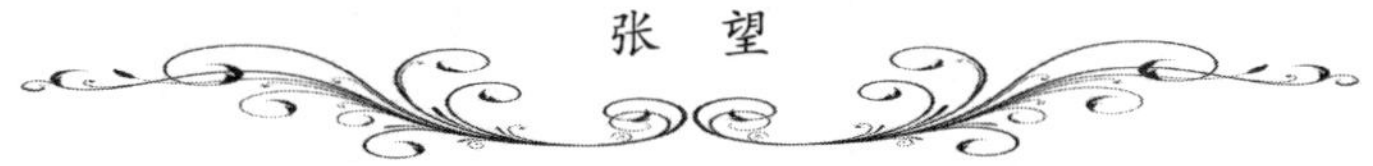

一、引子

“冉义智被患艾滋病的犯罪嫌疑人咬了一口！”

2018 年 12 月 27 日上午 8 点钟，我刚踏进宣传科，科长就对我讲了这个不好的消息。

冉义智是一名刑侦支队支队长。

他 30 出头，高挑的个子，结实的身材，相貌酷似日本影星高仓健。上大学时，他是篮球队的队员；大学毕业后，他到公安机关当了一名警察，从此人生轨迹就与刑侦工作分不开了。入警十六年来，他从派出所的刑侦民警，到派出所分管刑侦工作的副所长，到现在担任重庆市公安局渝北区分局刑侦支队支队长，数不清有过多少次命悬一线的经历。

这次他在抓捕犯罪嫌疑人时，患艾滋病的嫌疑人咬了他一口，他的血液里是否染上了艾滋病病毒呢？

血疑！

发生在刑侦支队支队长身上的血疑！

我曾经采访过冉义智，当即表示要再次采访他。

科长答应了。

二、老牛识途

轻轨三号线，把渝中区和渝北区连接在一起。

深冬时节，天空阴阴沉沉，细雨飘飘有如牛毛。车窗外，一切都是那样朦胧，就连路旁的一排排银杏树也看不分明。

我的脑海中，浮现出冉义智英武的面容，禁不住回想起他破获的第一起案件……

2001 年 5 月，冉义智在渝北区双凤镇派出所当刑侦民警。那时，他入警不到半年，工作还没有上手。

那时候，双凤镇是一个小镇。小镇虽小，却有特色，场口牲畜交易市场非常热闹。

一个赶场天，轮到冉义智当班。清晨，他起床很早，去小学篮球场打了一场篮球，然后回寝室冲了个澡。上午 8 点钟，他准时来到派出所。

“小冉，今天你带协警李荣负责场镇的治安巡逻。”所长给他安排了工作。

“是!”

“辖区最近有五头耕牛被盗，巡逻中要注意发现可疑情况。”

“是!”

冉义智随后带着协警李荣出了派出所大门。

小街上，人来人往，摩肩接踵。中午 12 点多钟，正是登场的高峰时段，冉义智和李荣巡逻到牲畜市场，发现秩序有点儿混乱。

牲畜市场上围了一圈人。出啥事了?

冉义智和李荣过去一看，是一胖一瘦两个中年汉子在争执什么。

那儿站着一头拴着缰绳的耕牛，两个中年汉子都把缰绳抓得紧紧的。

冉义智上前把他们分开来。

“我们是派出所民警，请出示身份证。”冉义智表明了自己的身份，出示了自己的证件。

瘦子拿出身份证。他名叫曹明华，是渝北区双凤镇瓦房村的村民。

胖子在身上摸索了一会儿，发现身份证不知什么时候丢失了。

“你们这是在干什么？谁先说？”冉义智把瘦子的身份证还给他，接着往下问。

“我先说！”胖子把头扭向警察。

“我先说！”瘦子也把头扭向警察。

年轻的冉义智有些为难了。他转过身子，向围观群众了解情况。

围观群众告诉他，胖子今天上午来牲畜市场卖牛，瘦子说这是他家五天前丢失的牛，两人争执不下。

冉义智心中一亮，蓦地想起所长的叮嘱。他转回身，瞧瞧瘦子，又瞧瞧胖子，最后把目光落在了胖子身上。

“你说牛是你家的，有什么依据？”冉义智问。

“牛本来就是我家的嘛！”胖子攥紧缰绳，“这头牛我养了五年多呢！要不是我老婆生病没钱住院，我还舍不得卖它呢！它叫犁转山，还通人性呢！你们要是不信，听我喊它的名字，它就会点头答应我呢！”说完，他果真对着牛大声喊道，“犁转山！犁转山！”

那头牛真的点点头，“哞哞”叫了两声。

胖子得意地笑笑，冲着围观的群众说：“大家看看，牛是我家的，不假吧？”

有几个群众立即附和：“牛是他家的，不假不假！”

冉义智没有随声附和。他转过身，又面向瘦子。

“你说牛是你家的，有什么依据？”他问。

“牛当然是我家的！”瘦子攥紧缰绳，“我家里耕地犁田离不开它，五天前它突然不见了，我各乡各村到处找都找不到，不想今天在这里让我碰上了。嗨！它不叫犁转山，它叫牛娃子。不信，听我喊它的名字。牛娃子！牛娃子！”

那头牛也点点头，也“哞哞”叫了两声。

瘦子得意地笑笑，冲着围观的群众说：“大家都看看，牛是我家的，不假吧？”

又有几个群众附和：“牛是他家的！”

噫？今天还真邪门儿了！

冉义智入警不到半年，从来没有遇到过这样的怪事儿。他感到脑子有些糊涂了。

牛究竟是谁的？应该怎么办？

接下来，他拿不定主意了。

他身旁的协警李荣，更是丈二和尚摸不着头脑。

这时，走来两个20岁出头的小青年，一个梳着大分头，一个留着小平头。两人走到瘦子跟前，一把扭住瘦子的左右胳膊。

“你这个偷牛贼，今天人赃俱获，总算把你抓住了！”两个青年一边怒斥，一边抡起拳头准备开打。

“哎哟！别打，别打！我是、是……”拳头还没有落下，瘦子就赶紧抱住脑袋。那模样，还真像是做贼心虚。

“你是什么？你是偷牛贼！”大分头说。

“老实说，还偷不偷牛了？”小平头说。

“我、我没偷、没偷牛……”瘦子哭丧着脸说。

“不老实！看拳！”两个小青年举起了拳头，这次是真的要下手打了。

“慢！”冉义智伸出两只大手，分别托住两人的手腕。

两个小青年收住手，换了一副嬉皮笑脸。

“嘿嘿！要是我们真想揍他，他不早趴下了？”大分头说。

“我们只是吓唬吓唬他……”小平头说。

两个小青年见冉义智一脸怒容，只得把拳头放下了。

大分头皮笑肉不笑，指着胖子说：“这是我舅舅。多一事不如少一事，让我舅舅把他的这头牛牵回去，这事也就算了。”

“你走，舅舅，把牛牵回去！”小平头一边说，一边从瘦子手中扯过缰绳。

胖子会意，牵着牛不慌不忙地迈步就走。

恰在此时，来了一个挑菜卖的农民。那头牛大概饿坏了，“哞哞”叫了两声，扭头就去吃那一担蔬菜。

冉义智正犹豫中，忽然急中生智。

“不要走！”他一把扯住缰绳。

在场的所有人，全都愣愣地望着他，不知道他葫芦里卖的什么药。

冉义智从牛鼻子里取出缰绳，挽成一条牛鞭子。

他转到牛屁股后面，高高地挥起鞭子，狠狠地抽了牛屁股一鞭。

这一鞭，把牛抽疼了，也抽醒了。它扬起头，“哞哞哞，哞哞哞”，大声叫唤起来。

“请大家让一让！让牛自己走！让牛走开！”冉义智对围观群众喊道。

人群迅速向两边分开，让出一条通道。

“走！”冉义智又在牛屁股上猛拍了一掌。

牛“哞”地叫了一声，撒开四蹄，跑出了人群。

“我的牛，我的牛！”胖子喊。

“我的牛，我的牛！”瘦子也喊。

“乡亲们！”冉义智提高嗓门儿，对在场群众大声说，“请大家跟我来！”

说着，冉义智便飞步向牛跑的方向跟了过去。

牛已跑出了牲畜市场，上了一条基耕路，跑了两三公里后，又跑上一条田坎路。田坎路很窄，牛却跑得很稳。两个警察和一群乡民在后面紧追。

一路上，冉义智没有再说一句话。

那头牛跑过田坎路后，前面是两道篱笆、三间农舍。农舍前有几畦菜园，农舍后有一片竹林，分外幽静。

见到那篱笆、那农舍、那菜园、那竹林，牛跑得更快、更欢了。

“哞哞哞，哞哞哞，哞哞哞……”农舍前的院坝里，牛对着紧紧关闭的房门呼唤起来。

随着牛的呼唤声，房门“吱呀”一声开了，屋里走出一个头发斑白的老妈妈。

“牛娃子！我的牛娃子！你总算回来了，你总算回来了！”

老妈妈步履蹒跚，来到牛的跟前，把自己的脸紧紧地贴在牛的脸上。两行泪水，从老妈妈的眼眶里滚落出来，把牛的脸都弄湿了。

冉义智和李荣来到了院坝上，胖子、瘦子和两个小青年也来到了院坝上，二十几个热心群众全都来到了院坝上。小小的农家院坝，被挤得满满的，从来都没有这样热闹过。

“妈！”瘦子走到老妈妈跟前叫了一声。

老妈妈抬起头，看了一眼瘦子：“儿啊，这几天你都去哪里了啊？”

“牛娃子丢了以后，我各乡各村四处找牛去了！”

至此，这头牛是谁家的，大家已经没有丝毫疑义了。

下午3点多钟，冉义智和李荣把三个偷牛贼押回派出所。

三个偷牛贼，胖子名叫杨安富，大分头名叫杨松，小平头名叫冯林，是从外地流窜到渝北区盗窃耕牛的犯罪团伙。双凤镇发生的五起耕牛被盗案，都是他们所为。

五天前，三人合伙盗窃了瘦子曹明华家这头牛娃子，今天上午牵到双凤镇牲畜市场上去销赃，没想到却被冉义智识破了。

后来，另外四头耕牛，也被冉义智追了回来，退还了原主。

所长当着全所民警的面表扬了冉义智。

“这没有什么啊！”冉义智谦虚地说，“我看到牛吃蔬菜，就想起一个成语——老马识途。我想，老马既然能识途，老牛怎么就不能识途呢？就这么简单！”

“大智慧啊！”所长仍然夸奖道，“冉义智的名字里，有个智字，机智的智，智慧的智。耕牛案的成功破获，全靠智啊！”

三、沉冤昭雪

车厢里，响起女广播员柔美的声音，打断了我的回忆。

看看窗外，雨点比刚才更大了，雨雾更加迷茫了。

我不免更加担心起冉义智的伤情来。

坐在我身边的女作家肖娅，她是和我一同来采访的，见我一直沉思默想，就问我在想什么。

我就把这个“老牛识途”的破案故事讲了。

她听后，非常激动。

我说：“冉义智的名字里，还有一个‘义’字呢！接着听我讲另一个破案故事吧……”

她兴奋地看了看我，十分期待地点点头。

2010 年 4 月的一天，上午 9 点多钟，市人大、市政协大门前，来了一老一少两个上访人，手持一件白衬衣，上面用血写了一个“冤”字。他们是渝北区大湾镇团丘村的龚家父子。1996 年 8 月 19 日，龚家与村民朱家因争地角发生纠纷，朱家的长子朱旭明手持一把西瓜刀，将龚家的小孩砍死后逃之夭夭。龚家父子天天以泪洗面，要求公安机关侦破十四年前的血案。

公安机关高度重视，曾投入精干警力进行侦破。朱旭明却好像在人间蒸发了似的，该案一直未能破获。

“冉支，请你立即到分局开会。”

上午10点多钟，冉义智接到分局值班室电话。其时，他29岁，刚从基层派出所调到刑警支队不久，是渝北区公安分局里最年轻的副支队长。

分局党委会议室，桌上放着那件写有“冤”字的白衬衫。

会上，局长传达了上级指示，决定抽调精干警力，重启“8·19”案件。

局长指着带血的白衬衫说：“同志们，白衬衫上写着什么？大家可能会说，不就是一个‘冤’字吗！可是，我认为，它上面还写着一个字，一个带血的‘疑’字！老百姓对我们的工作存疑啊！不满意啊！我们要解开这个血疑，就必须抓获犯罪嫌疑人朱旭明，给群众一个满意的交代！”

专案组成立了。冉义智担任专案组副组长，负责该案的侦破工作。

冉义智接受了任务，心里却直打鼓。

十四年了，当时出生的婴儿都上初中了。可以想见，该案的侦破难度有多大！可是，如果我知难而退，老百姓又何以沉冤昭雪？

侦破工作紧锣密鼓地重新开始了。

专案组十余次去发案地重勘现场，百余次到附近村镇开展调查，千余次走访当事人和在场见证人，材料越积越厚……

篮球场上，再难看见冉义智驰骋跳跃的身影。

可三个月过去，还是没能发现朱旭明的踪迹。

有刑警打起了退堂鼓，不想干了！

有刑警说起了风凉话，他冉义智一个毛头小伙子也敢接这案？

一位老刑警劝冉义智道：“公安部都曾督办过此案，差点儿没把地球翻个底朝天，想想人家也不是吃干饭的。”

“把案件材料，全部抱到会议室来！”冉义智吩咐重案大队谢翰大队长。

“干吗?”谢翰有些不解。

“专案组全部刑警集中在会议室，看三天材料。”

“明白。”

卷宗堆积如山。包括冉义智在内的十多名专案组刑警看了三天材料，个个看得眼皮发酸。

“大家分析一下，朱旭明可能会藏哪儿?”三天以后，冉义智问专案刑警们。

大家安静了一会儿，很快便议论纷纷。

“连个鬼影都没有，谁知道他会藏哪儿!”

“外面传言，这家伙跑去缅甸了。”

“跑去缅甸了? 那得请国际刑警组织才行呀!”

冉义智敲敲桌子。

“不管这家伙跑到哪里去了，我们都要把他揪出来。活要见人，死要见尸。”他说。

“说得轻巧，吃根灯草。冉支，怎么揪? 你安排，我们去揪!”那位老刑警说。

冉义智举起手中一份材料:“我分析，朱旭明没有跑去缅甸。”

刑警们专注地望着他。

“前些时间，我们专案组虽然做了许多工作，但工作还没有做到尽善尽美。我认为，还遗漏了三类人员没有进行调查。第一类，有前科的人员；第二类，劳改释放人员；第三类，在押服刑人员。我们的下步工作，就是要在这三类人员当中去深挖。”

冉义智将专案刑警分成三个小组，再一次分头开展调查工作……

春天来了，好消息就接踵而至。

在看守所，冉义智提审了一个外号叫“汤神偷”的盗窃犯。“汤神偷”是四川省邻水县人，长期在外流窜作案，前不久被渝北公安抓获。

“汤神偷”不知警察找他啥事，惊魂未定。

冉义智递给他一支香烟。他深深地吸了一口，显得很满足。

“这次服了没？”

“服了。我作的那些案子，你们全掌握，服了。”

“你还有什么事情没交代？”

“交代了，我的事情全交代了。”

“你再想想？”

“啥都交代了啊……”“汤神偷”现出无奈的表情。

冉义智拿出一张照片，递到“汤神偷”面前。

“这个人，你认识吗？”

“汤神偷”接过照片，眼珠不停地打着转转，似乎想隐瞒什么。

“仔细看好了，这个人你认识不？”冉义智加重了语气。

“汤神偷”的脸上掠过一丝复杂的神情。他张张嘴，闭上了；再张张嘴，又闭上了。

“想不想将功折罪？”

“当然想……”

“那我最后问你一次，这个人你认识吗？”

“他不是黄老板吗？黄小明，他是一个有几百万的大老板，我们小蟊贼惹不起他呀！”

鸡有鸡穴，狗有狗窝。“汤神偷”原有一个跟着他跑路的小弟叫谢超人，后来良心发现洗手不干了，去重庆市江津区四面山伐木场当了工人。伐木场的老板，叫黄小明。“汤神偷”遇到外面风声紧时，曾去伐木场谢超人那里避过风头，当然认得黄小明。

“你知道黄老板什么事？”冉义智追问道。

“听说，他身上背了血债！”“汤神偷”交底了。

四面山，真正是四面皆山，风景如画。这里属云贵高原支脉，树木葱茏，野花盛开。

一天清晨，四面山中雾岚缭绕，伐木场老板黄小明起床后，突然感觉右眼皮跳了几跳。左眼跳财，右眼跳灾。

他心里“咯噔”一下，这是吉是凶呢？正在这时，手机响了。

“是黄小明黄老板吗？”对方在电话里问。

“我是！”

“你好！黄老板，我是浙江金华木材公司的冉经理。我们公司准备采购一批木材，价格从优，有货吗？”

“要多少？”

“先要一百吨，接下来需求量还很大。”

“没问题。”

“那好啊！这样，我先来看货，然后签订购销合同。”

“行！”

他的回答总是十分简短，这已是他多年的习惯。

初春时节，细雨绵绵，弯弯曲曲的公路上，一辆奔驰轿车正向深山老林中行驶。三小时后，轿车来到了伐木场。

车门开启，下来五个西装革履的生意人。走在前面的是冉义智，他自称浙江金华木材公司的冉经理；另外四人，是专案组刑警王光勤、谢小东、杨传明和赵晓剑。

伐木场上，木头堆积如山。十几个伐木工人正在劳作。

“找哪个？”一个伐木工人问。

“找黄老板，黄小明。”冉义智回答。

“黄老板，来客人了！”伐木工人向着木材仓库喊道。

黄老板笑嘻嘻地从仓库里迎了出来。他见来者派头不小，估计这回大有利润可赚。

正是凶犯朱旭明！

冉义智一眼就认出来了。他迎着这个隐藏极深的凶犯，向前走去。

二十步，十五步，十步，五步……两人越走越近，只剩下一步之遥了。

“朱旭明！”冉义智大喝一声。

有如晴天霹雳，这一声把朱旭明的脑袋都震麻木了。他来不及做任何反应，口中不自觉地“哎”了一声。瞬间，他反应了过来，转身就要往密林深处逃窜。

冉义智早有防备，抢前一步，拦住去路。

朱旭明见跑不掉了，“嚓”地从腰间拔出一把匕首，凶猛地刺向冉义智的胸部。

冉义智侧身让过匕首，顺势抓住这家伙的手腕，反扭了过来。

只听“哐当”一声，匕首掉落地上。

“咔嚓”，朱旭明被戴上了锃亮的手铐。

“弟兄们，给我上！”朱旭明负隅顽抗，向伐木工人大声吆喝。

十几个伐木工人以为老板被欺负，纷纷手持铲子、斧子，一步步围了上来。

情势万分危急！冉义智拔出手枪，“乓”！朝天放了一枪。

清脆的枪声在密林里久久回荡……

“我们是警察！”冉义智正义凛然，向伐木工人亮明了身份，“你们的老板不叫黄小明，他真名叫朱旭明，是一个潜逃了十四年的杀人凶犯。”

“别动！你再顽抗，死路一条！”冉义智掉转枪口，对准了朱旭明的脑袋。

“请闪开！请大家闪开！”

朱旭明被押上了轿车。

冉义智与四名刑警迅疾驶离了伐木场。

半年后，朱旭明被人民法院判处死刑。

那天，渝北区沸腾了。龚家父子专程来到刑警支队，送上了一幅绣着“渝北刑警正义之师”的锦旗……

四、血疑

上午 10 点多钟，我和肖娅在碧津站下了轻轨列车。渝北公安分局刑侦支队陈政委正等在那儿。

“政委，冉支是怎么负伤的？他的伤情怎么样？现在在哪儿？”肖娅快言快语，开口就问。

陈政委叹了一口气：“我们去医院吧。”

警车的雨刮把雨点刮得“唰唰”响。我和肖娅随陈政委登上警车，向渝北区人民医院急驶。

一路上，陈政委讲起了事情的经过……

头天凌晨 2 点多钟，冉义智被一阵急促的手机铃声惊醒。

妻子王小燕睡得很香。旁边的小床上，女儿冉可可和儿子冉小冉也睡得很香。冉义智担心闹醒他们，赶紧披衣起床，走到客厅去接电话。

电话是支队值班刑警打来的，告诉他：渝北区发生了一起持刀抢劫案。

冉义智换上警服。动作虽轻，妻子还是被惊醒了。

“又有案子？”妻子问。

“嗯，你睡吧！”他说。

妻子没有再睡，跟着起了床。

冉义智正要开门，妻子轻声嘱咐道：“下班早点儿回来，可可和小冉盼着你陪他们打篮球呢。”

他点点头，深情地看了一下妻子，匆匆出了门……

刑侦支队是由两层地下室改建的，光线比较昏暗。只有办公楼一侧，紧邻风景优美的碧津湖，微风吹拂，碧波荡漾。

“详细说说吧！”冉义智开车赶到刑侦支队，来不及下车，开口就问等在门口的值班刑警。

“今天凌晨1时30分，三个蒙面强盗，翻窗进入渝北区两路镇个体老板钱茂才家，持刀威胁，抢走钱茂才的现金四十万元。之后，将钱茂才堵上嘴，蒙上眼，反捆住双手，押上一辆小货车，向郊外逃窜，说是要弄去沉湖。由于车子抛锚，三个强盗只得弃车逃离。案发不久，有两个环卫工人经过，钱茂才获救，随即打了110。”

“走，去现场!”

第一现场勘查了，第二现场也勘查了；受害人钱茂才调查了，两个环卫工人也调查了……

夜晚过去了，白天来临了；白天过去了，夜晚又来临了……侦破工作在冉义智的指挥下，紧张地开展着。

晚上9点多钟，案件有了眉目，三个犯罪嫌疑人浮出了水面：周烟杆、董麻哥、柯大侠。

三人的窝点也摸清了，租住在渝北区朝阳路天逸小区租赁房7楼4号。

冉义智把刑警们召集了起来，决定当晚进行抓捕。

“这次抓捕行动非常危险。据悉，这三个犯罪嫌疑人在某施工仓库盗窃了五公斤炸药、二十枚雷管，制作了炸药包、手雷，他们声称，哪个来抓他们，就炸死哪个。还有，主犯周烟杆，生活糜烂，两年前在嫖娼时染上了艾滋病，现在已接近晚期，扬言随时要报复社会。”冉义智神情凝重地望着大家说。

“尽量不要同周烟杆肢体接触，被他咬上一口就死定了。”有刑警提醒道。

“所以，我们要做到万无一失。”冉义智继续往下说，“防弹背心、头盔、防割手套，这些防御工具，一人一套，全都穿戴上!”

刑警们纷纷开始穿戴上防御工具。可是，唯独去年入警的杜云没有穿戴。

“小杜，穿戴防御工具!”冉义智命令道。

杜云没有吭声。

“听见没有，小杜，请穿戴防御工具!”冉义智加重了命令语气。

杜云仍然没有吭声。

冉义智有些生气地走到他跟前，结果发现，桌上只剩一套防御工具了。顿时，他全明白了。

“冉支，我们十个刑警，只有九套防御工具，剩下这套你穿吧!”杜云捧起防御工具，递给冉义智。

这套防御工具，重似千钧。

冉义智此时决心已定：把安全给予战友，把危险留给自己。

他接过防御工具，细心地替杜云穿戴在身上。

顿时，两行热泪从杜云的眼里夺眶而出。

朝阳路，位于渝北区闹市中心。华灯初上，街头人来人往。两辆便车，搭载着十名刑警驶入了天逸小区。

冉义智下了车，先找居委会的张主任了解情况。

“张大姐，知道7楼4号住户的情况吗?”

“7楼4号？住的是三个年轻人，成天鬼鬼祟祟的，一看就不是甚好东西，我还正准备去派出所报告呢。”

“这三个人犯下了大案，想请你配合一下，行吗?”

“没问题！小冉，我听你指挥。”

冉义智把嘴附在张大姐耳边，如此这般交代了一番……

半小时后，小区的电忽然停了。不到两分钟，电忽然又来了。

“有人偷电！有人偷电!”天逸小区的物管人员在楼下满院子大声嚷嚷。

过了一会儿，张大姐身穿电力公司的工作制服，开始挨家挨户查电表来了。

来到7楼4号，她敲响了房门。

屋里一阵杂沓的脚步声之后，传来一阵嘀咕声。

“哪个?”里面一个鸭青嗓子在问。

“电力公司的，查电表!”张大姐说。

“深更半夜，查什么电表啊?”鸭青嗓子磨磨蹭蹭。

“有人偷电，每家都要查!”张大姐语气坚决。

防盗门的猫眼开了，里面一只贼眼闪了一下。房门没有打开。看来，屋里的人不放心，不想开门。

“开门！不开门，我就拉电闸了!”张大姐吓唬道。

那只贼眼又在猫眼里闪了一下。接着，屋里传来鸭青嗓子的说话声：“董麻哥，柯大侠，外面确实是电力公司的。”

看来，鸭青嗓子这家伙，就是患有艾滋病的犯罪嫌疑人周烟杆。

防盗门“吱呀”一声，打开一道缝。周烟杆探出半个头来。

说时迟，那时快，埋伏在楼道上边的冉义智，犹如下山猛虎扑了过来，一个抱摔把周烟杆按倒在地。

房门洞开，埋伏在楼道下侧的刑警迅速冲进屋，董麻哥和柯大侠在张皇失措中被一举擒获。

周烟杆被冉义智按在地上，狂喊狂叫，拼命挣扎，作困兽斗。

他趁冉义智抽回右手拿手铐的空当，像一条疯狗似的回过头来，一口咬住冉义智的左手手腕，齿印深深地陷进了肉里。

一阵钻心的疼痛，使冉义智差点儿昏厥过去。

几滴鲜血，从他的左腕上浸了出来。

“冉支!”杜云大叫一声，上前便向周烟杆头部太阳穴猛击了一拳。

周烟杆条件反射似的松了口。

“咔嚓”，冉义智赶紧给这家伙上了铐。

“冉支，你受伤了!”杜云哭喊起来。

“不要紧！你先看住这家伙!”冉义智吩咐杜云道。

接着，他带领刑警们对室内进行了仔细搜查。

一只自制炸药包、十枚自制手雷、二十枚雷管，在客厅墙角被查获。

刑警们看着这些危险爆炸物品，不禁头皮阵阵发麻：如果不是冉支率先冲进室内，后果不堪设想。

四十万元现金全部被缴获。这些钱，全藏在卧室的柜子里。

三个犯罪嫌疑人被关进了看守所，钱茂才也如数领回了四十万元现金……

回到队上，冉义智方才想起自己的伤情。这时已经是深夜11点多钟了。

他看了看自己的左腕，只见上面有几道深深的血痕，心里不觉打了个寒噤。抓捕前，他没有穿戴防御工具；抓捕时，他是第一个冲进屋的。

现在，如果他一旦被传染上艾滋病病毒，必将给自己和家庭都带来极大的不幸。

告诉妻子吗？告诉家人吗？

唉！告诉不行，不告诉也不行。他感到左右为难。

恰在此时，手机响了。正是妻子打来的。0点都过了，见丈夫还没回家，她挂念丈夫的安全呀！

“什么时候回家呀？”

“可可和小冉呢？”

“他们睡了。”

“你先睡，今晚我不回家了。”

“我一个人睡不着呀！”

“哎，你先睡吧！我正忙着，正忙着……”

冉义智说不下去了，赶紧挂断了电话。

次日8点整，刑警们陆续上班来了。

冉义智的心里有些慌乱。他害怕自己真的感染上了艾滋病病毒，又担心自己把艾滋病病毒传染给战友们。在食堂吃完早餐，他把自己用过的碗筷、茶杯等，悄悄藏了起来。随后，他走进卫生间，在伤口处挤压出几滴鲜血，用自来水简单冲洗了一下伤口。

法医杨华看见后，走进了政委的办公室。

“陈政委，冉支这样处理伤口不行呀！必须立即送他去医院检查！”

“嗯，这事的确耽搁不得！杨法医，你把其他工作搁一搁，立即送冉支去医院检查。”

看着两人乘车去了医院，陈政委才轻轻地吁了一口气。随后，他立即向上级领导报告了此事。

接下来，这事告诉他妻子吗？告诉他家里人吗？唉，告诉也不是，不告诉也不是。陈政委直感到左右为难。

在去医院的路上，陈政委坐在前排，我和肖娅坐在后排。讲完事情的经过，陈政委回头望了我和肖娅一眼。

“冉义智这个人啊，他所经历的刀光剑影，八天八夜我也讲不完啊……”陈政委最后深情地说道。

五、尾声

渝北区人民医院大楼前，警车停下了。

雨小了，乌云消散，天空渐渐明朗。

下了车，我们直奔六楼疾控中心。陈政委第一个走出电梯，我和肖娅紧随其后。

在化验室门口，我们只看见法医杨华，却没有看见冉义智。

“冉支呢？”陈政委问。

“华蓥山发生了一起案子，他抽完血，就离开医院去现场了。今天肯定回不来了。”杨法医说。

“化验结果呢？”

“这不，刚拿到手。”杨法医正要看化验报告，忽见走廊那边过来一个女医生，赶紧说，“瞧，孙医生来了，她是艾滋病专家，我们问问她。”

孙医生知道我们急于了解什么。

“我们及时对伤口作了处理，又打了艾滋病病毒预防阻断针。这化验结果，哪一项指标都没有超过正常值嘛；也就是说，他没有染上艾滋病病毒嘛。”

陈政委长长地松了一口气。

他终于可以不将此事告诉冉义智的妻子了，她也许一辈子都不会知道此事。

扫描二维码即可观看
相关视频等

滇北阚师

赵英斌

引子

阚师，就是阚建军，云南省昭通市刑侦支队支队长。

阚师，是长期跟随阚建军摸爬滚打的刑警支队弟兄们对他的昵称。

刑警支队的人讲："阚师"，是阚老师、阚师父的简称。

刑警支队的人都这么叫，也就传遍了全市局，甚至在市辖的各县市区局都把阚建军叫作阚师。渐渐地，阚建军这个名字很少有人叫起。阚师取代了阚建军，阚师名扬滇北。

35 年前，阚建军还是一名踌躇满志的应届大学毕业生时，青春与梦想开始在他的血液中汩汩流淌，填报毕业分配志愿表，他毅然写上了"警察"二字。

几天后，学校开始审核毕业生分配志愿表，一直寄希望于阚建军的指导老师王教授，赫然看到自己的得意门生选择了当警察，一时陷入了失望。在他看来，阚建军是学院上下几届学生中的优秀高才生，主攻的化学专业达到了顶尖程度。他就是一块搞科研的料儿，一位未来的科学家。可是阚建军啊，你怎么硬生生地与警察搭上了边儿？

又过了几天。毕业分配指标下达了，阚建军如愿走进了云南省昭通地区公安局（后改为昭通市公安局）。

一个学化学的大学生当了一名警察，真的有些风马牛不相及。但是这样的事确实发生了。从此，警察的身份跟随着阚建军一生，他的化学专业也给他贴上了抹不掉的标签。

阚建军带着他的警察梦，开始在细密的刑事技术侦查丛林中剥丝抽茧，开始在35年漫长的刑警生涯中，寻找着一个又一个附着案件的化学符号。

世事过去许多年，不老的沧桑给青春岁月留下了许多印痕。当年的指导老师，阚建军一直称他为恩师。他还能记得他这个有负他望的学生吗？

2004年秋，阚建军从警的第20个年头，新发的一起投毒案难住了他。时任技术室主任的他，怎么也跳不出毒药理化反应检验这个怪圈。毒药理化成分、数据、证据难以认定，案件一时搁浅。

阚建军在反复运算、分析、论证不得其解时，想到了自己的恩师。

次日，他登门拜访了已移居昆明的恩师王教授。昔日的恩师已鹤发龙钟，行动迟缓。师生见面，两个人的手紧紧地握在一起，久久不肯松开。

他一如当年的学生向恩师求学问一样，请教投毒案件的理化成分。题解之后，他静静地坐在他的身旁，孩子般细细地端详着令他崇敬一生的恩师，脸上布满了岁月沧桑的皱纹。

他问起他的家庭、生活、工作，也重提起他当年为什么选择了警察。

阚建军抿着嘴，有些腼腆，鼻梁上高度近视镜后那双眼睛有些神秘。他告诉恩师，当警察可以直接为老百姓做身边的事。

恩师听了，恍然大悟，接着连连赞许阚建军的选择。其实，他许多次都通过新闻媒体关注着他，内心里一直为自己的学生骄傲。

不久，投毒案件破获了。阚建军出具的毒药化学配方分解原理数据，为破获案件打开了缺口。

经过 35 年刑警生涯的锤炼，阚建军已由一名普通大学生成长为全国公安刑事技术高级工程师、公安部刑事技术专家、中国刑事科学技术协会声像专业委员会委员，共参与破获各类案件 3000 余起。

让我们慢慢走近阚师。

现场的舞者

2012 年 5 月 10 日晚，中央电视台播出一则重要新闻：云南省巧家县白鹤滩镇花桥社区服务大厅内发生一起致 4 人死亡、16 人受伤的爆炸案件……

巧家县正是昭通市管辖，阚建军上案了。

他带着支队的痕检、情报、侦查、综技、影像“五大金刚”第一时间赶到了现场。现场位于人群密集的镇中心，四周是商场、集市、学校、幼儿园、镇政府，一条车水马龙的繁华街道连接着中心现场。

现场一片狼藉，周边人心惶惶。各级新闻媒体记者早早开到现场抢新闻。一时间，巧家县成了爆炸案的新闻中心。

案发当晚，巧家县政府小礼堂挤满了熙熙攘攘的人群，新闻发言人在措辞尾婉的语句中，回答了案件是一起一般的突发性爆炸案件。各路记者得到了案件基本定性的新闻，纷纷开始写稿。一条条循着惯性思维匆匆给案件定性生发出的新闻开始在社会各阶层传播，案件似乎完结。

别，早着哪！这只是刚刚开始，阚建军要在自己搭建的现场舞台上展现勘验反推艺术。

巧家县位于金沙江中段的云贵川三省交界处，地理位置显要，民风彪悍，地产苹果、红糖、奇石，全县人口60余万，是一个大山之中的贫困县。白鹤滩镇是县政府所在地。我们破案离不开一个地方的地理、人文和人口自然情况，都要把应该考虑的考虑进去。“5·10”爆炸案就是发在一个“穷”字上。

第一天。率“五大金刚”进入现场后，我就觉得奇怪。爆炸中心现场是花桥社区服务大厅，大厅处于商业中心区，距县政府、镇政府不远，这是一个极能制造影响和新闻的地界。在勘验和侦破案件中，我有意识地把这个隐形的因素带进去，装进案件的每一个环节里去诘问。渐渐地，报复爆炸苗头开始显现。有人操纵实施遥控爆炸的疑点也在上升。

第二天。在筛查现场残留碎片和可疑物中，我在反复筛过的一堆碎石中，找到一个只有5毫米大的电路板残片和一段2厘米长的电流导线。这两样东西，使案件真相浮出水面。

“五大金刚”之一的张颖秋和敖朝飞，一个搞痕检的，一个视频侦查的，两个人都是跟着我近20年的弟兄，干起活来不要命。一个细密，一个机灵，正好相得益彰。

我把筛查出来的两样“宝贝”交给两弟兄，指定他俩什么也别干，全天候地分析、检测两样“宝贝”与爆炸案相关联的疑点和数据参数。

他们一接手，就有疑义：人家政府部门的新闻发言人已经把案件“盖棺定论”了，你阚师还闷着搞什么导线、金属碎片分析、检测？

我说，让你俩搞就搞，别多啰唆！拿不出东西，唯你俩是问。

嘿！还真听话，俩小子一天也不出屋，开始分析检测。

我这边也不闲着，找来另外“三大金刚”跟我上街，钻商场，进玩具店，跑手机大卖场，专买各种带导电装置的玩具，拿着那个宝贝金属残片到处请教手机店老板和维修家电的业主，请人家帮助辨别电路板片出自哪一款电器。

嘀！正在我们分头把案件搞得热火朝天的时候，案件专家组和有关领导找到我，说："你怀疑案件是一起由他人实施遥控爆炸报复性的恶性案件，有把握吗？"

我说，没有十分把握。我们正在加班加点地干，不过要给我们一点儿时间。

"好，给你们时间，祝你成功！"说完，专家组和领导走了。

他们一走，压力来了。

压力最大的就是"祝你成功"那句沉甸甸的话。

我怎么觉得这话不对味儿？是鞭策？鼓励？预祝？还是不放心什么的？反正，我想了一夜。一夜之间，我仿佛苍老了许多。我是在爆炸案与真相、法律与责任、社会舆论与压力、职责与良心的反复胶着中度过了那一夜。

次日早。弟兄们看到我一副憔悴的模样，问我："阚师，你怎么了？"

我笑笑，对他们说，没什么，没什么，大家把手里的活儿干好了，我就好了！

参战的人都理解我的心情，知道我又在用缜密的化学思维钻案件的"牛角尖"了，一环一环地抠，一丝一丝地剥，直到真相露出。尤其"五大金刚"最能琢磨出我的心思。他们加紧了手里的活儿，把眼睛都熬成了"熊猫眼"。

案件发生第六天。我带着现场勘查组再次进入封闭的爆炸现场，在一个墙角处，发现一块有捆绑炸药痕迹的黄色胶带。拿回去一检验，胶带上留有两个人的DNA。

这是一次重大发现。

当时，我们买了近百件大小型号不同的玩具，分头进行反复分解、组装，主要研究电流导线的功能和传导形式，寻找在现场发现的导线异处。

案件发生第八天。希望的曙光出现。经过几百次对各种玩具配件和电流导线检测、配对和模拟试验，最后认定：现场发现的导线，并非一般性的直通电流电线，而是特殊用的震动器中的锅仔片。

又是一个重大发现。我们能不高兴吗？

大家累了八天八夜了，个个眼睛都熬红了。我打心里心疼他们，他们毕竟是我所带、所知多年的队伍，该让他们休息一下了。

我说，大家休息一天，什么也不干，就是睡觉。

一听说休息睡觉，这是疲劳的人最奢侈不过的事了。不一会儿，他们一个一个都钻进了自己的房间蒙起大被开睡，鼾声渐渐响起，响成一片。

大家休息睡觉了，我这边不能松。

当天，我带了两个助手飞往广州，到国家工信部下属的第五研究所做鉴定。

鉴定的结果，与我们认定的勘验结果一致。那块 5 毫米的金属碎片是 20 世纪 90 年代初被人们称为“大砖头子”的摩托罗拉款老式手提电话的震动电子板，学名为“锅仔片”。

由此推断，“5 · 10”案是用手机遥控引爆的爆炸案件。

案件峰回路转，渐渐清晰起来。

我与助手拿着鉴定书和分析报告马上飞回昭通。下机直奔巧家爆炸一线现场。

家里这边也有了大进展。

“五大金刚”按照分工分头加紧工作，从调取的爆炸中心现场附近县财政局路边灯杆监控视频和靠近现场最末端的监控视频中发现，在爆炸发生的 20 分钟前，有一个 40 岁左右的男子骑一辆红色电动摩托车载着一名衣衫褴褛的青年人绕财政局路行驶两圈后，后座上的青年人接过骑摩托男子递过的一张 100 元钱和一个捆绑的方形黄色胶带包，径直向爆炸现场方向走去。

再看末端视频，青年人走进服务大厅10分钟后爆炸案发生。

一条条线索，一个个发现。真的令人鼓舞！

此时，距这起轰动大西南地区的爆炸案件发生，已过去九天九夜。

很快，我们通过监控视频资料，撒网查找到了骑摩托车的人和携包进入爆炸现场的青年。再通过对在现场发现的捆包黄色胶带上的指纹抽检比对和在后台实施遥控爆炸的巧家县花桥村人张某供述，确定：携包进入爆炸现场的青年人（已被炸死），就是巧家县白鹤滩镇无业人员胡某。

接着审讯张某吧。

张某仅仅是一个初中生，他的犯罪动机和手段，却让人咋舌。

下面是一段对张某的讯问笔录。

问：你为什么预谋实施爆炸？

答：政府征用土地，给钱给得少。所以，我要报复。

问：你与胡某怎么协议的？

答：胡某穷，我拿100元钱雇他把炸药包放在大厅柜台上，然后就出来。

问：那他怎么被炸死了？

答：我看他在大厅犹豫不定，怕暴露什么的，就直接遥控爆炸了。这样也可以灭口。

问：你没信守协议。

答：协议当什么？

……

“5·10”爆炸案破获了。

我和弟兄们整整干了十天十夜，终于把案子拿下了。

可这就等于把最初的案件定性颠覆了。难啊！

回过头来再想想，多可怕！如果我们工作有疏漏，不坚持严谨的科学态度，草草地被新闻舆论所左右，案件的真相被掩埋了不说，放纵了罪犯，人家还要搞第二次爆炸呢。你说，那是不是对人民的犯罪?

2012 年 5 月 21 日晚，爆炸案发生的第 11 天，也是我们破案后的第一天晚上，同是案件新闻开始发布的县政府小礼堂，屋里依然挤满了各路记者。我受上级领导的委派，宣布案件告破。

其实，在我看来，每一起案件的现场，就是一个多彩的舞台。案件发了，刑警就要上台跳舞。舞跳得好，就把案子破了。

“5・10”案现场，就是我们跳舞的舞台。这次跳舞，让案件的真凶伏法了。

过后，弟兄们说：“阚师教会我们跳舞了!”

我搂着他们哈哈大笑。

假矿难的冤魂

刑警遇到的案子，五花八门。其中典型的大案要案，让人一辈子也忘不了。就像铁匠趁热打铁，从熊熊的熔炉里捞出来的铁件被锤子一打，打下什么烙印就是什么印记。然后，再淬火，就成器了。

我给你讲一起制造假矿难骗赔的犯罪案件吧——

五年前的夏季。天气持续高温，热浪卷着热风扑在人的脸上，火辣辣的。

大关县吉利乡的一位近 80 岁的老大爷到公安局报案。他上山砍柴时，发现后山坡天坑边的岩石上有大片血迹，怀疑有人跌落到天坑里了。

所谓的天坑，其实是吉利乡远近闻名的一个山上的崖洞，洞口直径只有一米多，洞深垂直 80 多米，洞内常年冒着丝丝凉气。

据报案的老大爷讲：我活了快 80 了，没见过一个人下过这洞里，不知里面有什么东西……

县局把案子报到市局。在深山崖洞里搞现场勘查，谁也没有搞过，都很为难。我带着“五大金刚”等侦查员赶到了现场。

一看，嗬！真是天坑。一眼望不到底，丝丝凉气直往上返，够瘆人的。

在崖洞边，我发现有人体软组织向下滑的刮痕。这个现场必须要勘查，要下天坑。

谁下？下面是未知的，洞里发生异常怎么处置？

张副支队长争着要下洞。

我说：“我下！”

他说：“你是现场总指挥，要负责上面的全面工作。”

我说：“来之前，我已经查过资料了，在崖洞里勘查，里面的地质、地貌、气体、生物、温度、光线等条件变化无常。若发生不利的情况，我有应对方法。”

大家面面相觑。认了。

一根长长的绳索拴在腰部，我戴着防毒面具，打着照明灯，一点一点向乌黑的洞穴深处下滑。洞壁岩石渗着水，长着青苔，偶有老鼠和不知名的爬虫在洞里出没，洞底部是裸露的参差岩石，一具高度腐烂、面目全非的男尸卧在下面。

我即刻对洞下现场拍照。对尸体简单处理后，我把尸体起出崖洞。

洞下的无名尸起获了。问题来了。

查尸源、确认死者身份、勘验分析死因……从一项一项最基础的工作开始。

张副支队长说，我们这不是明明在百年无人敢下的洞穴里捡了一起命案吗？

没有办法。我们就是干这行的！这叫有警必接，有案必破。

张副支队长不再说了，干起工作来比谁都有劲儿。

从检验的数据分析：死者 45 岁左右，头部有致命伤，胸部塌陷，生前是重体力劳动者，指甲和手纹路中有厚厚的煤粉，很有可能是煤矿或者从事与煤炭有关行业的人。

接着，大海捞针。画像、寻找、访问、协查通报……“五大金刚”马不停蹄。

一天，内蒙古警方发来一条信息：李某，46岁，昭通市大关县吉利乡人，十天前在内蒙古A煤矿因发生矿难死亡。

这是一条重要线索。我在做颅像重合透视中，就发现死者头部有外力砸痕。

马上去吉利乡核实李某真实身份，张副支队长带队去。我带几个人去内蒙古。

吉利乡方面查清：李某早年离异，家中只有一个老父亲。为养活父亲，李某几进几出关内关外打工。

据李某父亲讲，李某年初去了内蒙古一个煤矿干活儿，隔一段时间往邻居家打一次电话，让老父亲去接。近一个多月再没打过，不知出了什么事。

老父亲的心里，一阵阵不安。

张副支队长到隔壁邻居家查了李某最后一次往回打电话的时间，提取了李某平时用的一个水杯和衣物。打道回府。

我这边收获颇大。查实了李某在A矿发生矿难的准确时间和死亡之后仍在内蒙古某银行的失信记录时间。

找到私营煤矿A矿老板询问，老板吓得魂不附体，一再说，我已经给了他们20万。

给谁20万？矿难事故怎么处理的？看来这是关键。

案件到了这个地步，我断定，这是一起案中有案的命案，与诈骗钱财有关。

下一步，真的验证了我的观点。

“五大金刚”说：“阚师啊！阚师，你真的不愧为阚师，简直神了！”

我说，一个好的刑警，应该是一个杂家，应该懂得一些天文、地理、物理、化学、美学、心理学、社会学等知识，不但要有分析力，还要有判断力。

这一说，大家直起哄，一个劲儿地喊："神！神！神！"

这起案件，我们在矿老板的口中下了功夫。

矿老板交代：李某在井下巷道里干活，很蹊跷地被重石砸死。一般煤矿井下巷道掌子面塌方，才会死人。那天井下没有塌方事故。李某死在井下，与李某一起在井下干活儿的谢某等人拿着死者身份证，胁迫老板要钱，不然就上告当地煤管局重罚。谢某称是李某的表哥，狮子大开口要50万。最后，谢某等人提出以家属的身份，自行处理尸体不声张为条件，20万成交。

一起矿难，20万。矿老板幸灾乐祸，息事宁人。

谢某等人隔日携款拉着李某的尸体销声匿迹。

我们在煤矿提取了李某的身份证和来矿时的登记照片，回到实验室与李某的面部颅像重合重新画像、检测，再提取DNA和水杯、衣物指纹鉴定，结果令人震惊：天坑里的腐烂尸体就是内蒙古A矿井下死去的李某。

从天坑里捡起来的案子，终于有了眉目。

不，这还不算完。深挖真相在后头。找到谢某等人是当务之急。还有，李某的尸体是怎么从内蒙古矿井扔到云南大关县吉利乡的天坑里的？

后来，我们把这起案件，叫作杀人骗赔案。

协查吧，在全国范围内撒网。再通过比对、定位、技术侦查等手段，终于找到了谢某等人潜逃在辽宁省新宾县的一个村庄。

抓捕蛮惊险的。谢某居住的村庄老百姓不让带人，几十名村民拿着木棒要跟我们夺人。最后，村干部出面解围，我们才把谢某等两名犯罪团伙成员带出村庄。场面就像电影里演的那样紧张。

人到案。开审。

一审，他们就交代了。

谢某，41 岁，辽宁省新宾县上夹河村民，游手好闲，不务正业。五年前，他开始纠集一批“地痞”在黑龙江、吉林、辽宁、内蒙古、山西等有煤炭资源的省区实施杀人骗赔犯罪。

主犯谢某交代：团伙共有八人。作案手段：先到各农村以煤矿企业招工的名义，把人骗到事先物色好的煤矿矿井，大都是个体私营小煤矿，从事井下工作，用身份证和武力威胁控制被骗人。一段时间后，在井下将人砸死，伪造矿难事故，再持其身份证以死者家属的身份胁迫矿主出巨资私了。否则，上告，令其闭矿，追究其法律责任。一般私营矿主怕事，都同意私了。骗取巨款后，再分尸，抛尸，将死者的尸体处理掉。

每次作案成功后，谢某犯罪团伙再重新转移物色矿井，再寻目标骗人，再以同样手段杀人骗赔。够残忍的吧！

在审问团伙成员胡某时，他伤心地哭着交代：他把自己的岳父都骗出来在井下杀了，获赔 30 万。

真是一群猪狗不如的畜生！我的拳头攥得紧紧的。

死者李某的尸体，是怎么扔到天坑里的？

他们本想在当地把李某火化，却没有开出死亡证明。只好开着车，四处想抛尸。

后来，同伙说，不如我们到云南去玩玩，接着把他送回老家。

谢某等人就开着车飞驰云南，路过大关县吉利乡天坑时，将李某的尸体抛入洞中。

为非者，天报之以殃。仅凭着天坑的血迹，我们就把涉及五省区惊动公安部的杀人骗赔案破了。

结案：谢某犯罪团伙作案 11 起，杀 11 人，骗赔 150 余万。八名团伙成员相继落网。

河面上漂着的男尸

我的理解，刑警是一个手艺人，只是与其他行业的手艺人所生产出的产品有所不同。刑警的手艺是破案，是判明真相，是将真凶绳之以法。时间长了，手艺人的手艺高了，就成了工匠。到了工匠，技艺自然高超了。疑难案件，也就能破。

阚师是工匠？还是手艺人？

我是属于在两者之间的那种吧。

案件若涉及物体下滑，就要用物理学研究重力加速度，计算出坡长（或者洞深）、物体（或者尸体）重量，就能得出下滑的速度和物体着落点及抛落方法、破损程度等其他数据。涉及毒药毒品，就用化学原理检验成分、配比、毒效力、时间等。

刑警，就相当于是一名在案件整体中分步骤、分工序实施雕琢技艺的工匠，最终完成作品（破案）。

那年，大关县的关河河面上漂着一具男孩尸体。

报警，勘查，尸检，走访，寻找尸源……最初认定是一起杀人抛尸案件。

案子报到市局。我对案件有疑义。

讨论中，我阐明观点：一般杀人抛尸案，不外乎是情杀、仇杀和图财害命。抛尸是手段，且是抛在关河的河面上，未免太外露了吧！死者是一个只有 13 岁的小男孩，哪个条件够得上他？

不够。那就重新开始吧。

县局主办案件的人知道我要“翻案”，情绪来了。电话打过来：法医尸检和现场勘验，不应该有问题啊！

没有问题好。不过，工作我们还是要从头开始。

现场重新勘查。河面流动的水，早已流走。没有第一现场。

尸检：全身没有钝器击打和刀伤，发现右胸部轻微凹处有两根肋骨骨折。

尸源：小男孩家住关河下游的李村，独生子，吉利乡小学四年级学生。

调查访问，大大突破了从前的线索范围。

小男孩生前的四名同学提供：正是学校暑假期间，小男孩骑自行车到关河上游王村与同学玩耍。当日上午11点，小男孩独自向桥头下游村骑行回家。

关河边洗衣的两名妇女提供：洗衣时，看到从上游桥头处河面漂下来一套蓝色运动衣裹着什么东西，两人没有在意，继续洗衣。时间约在11点10分左右。后来才知道是小孩溺亡。

既然小男孩骑了自行车，那自行车呢?

再寻找自行车。自行车被居住在桥头的一户人家捡去。经过检验和认定：自行车确系小男孩当日所骑之车，车斜梁处有撞凹痕迹。

调取远方监控视频，确定：当日11点到11点20分，小男孩骑自行车的路段没有行人和机动车行驶，排除车祸撞击和他人凶杀。

这些都不能认定男孩的死因，还要寻找更直接的线索。

在桥头上下功夫。

“五大金刚”果然在桥头右侧的灯杆上发现了一处撞痕，上面粘有一块8厘米左右的黑色喷漆。马上检测：灯杆上的黑漆与自行车撞凹处的掉漆一致。

再找来米尺，丈量从小男孩与同学分手的地点到灯杆之间的距离。

“五大金刚”说：“阚师，又折腾了。一到现场破案，不是翻书查资料，就是反复试验推想，还用化学原理什么的。”

我说：“不管怎么折腾，能把案件的真相折腾出来，值!”

结果，我把两地的距离算出来了，再反复骑自行车从初速度到均速，再到加速度，得出骑自行车在两地之间所用的时间：

5 分钟。

5 分钟——20 分钟内，两地间没有行人和机动车辆——灯杆附着黑漆——自行车撞凹痕迹——尸体右胸部两根肋骨骨折——洗衣妇女所见。

走访调查中，小男孩父母提供：孩子从小患有眩晕症。当天穿的正是那套蓝色运动衣。

用了一周时间，马不停蹄地勘验、论证、走访，按“五大金刚”的说法是，折腾。案件最终有了结论：临近中午急于回家，小男孩加速度骑车至桥头，天热眩晕症复发，车撞灯杆，肋骨被撞骨折，人翻入河中呛水致死。

案件结了。一条条带着科学性的依据摆在那里，小男孩的家人认同。

科学，就是科学，来不得半点儿疏忽敷衍。过后，行内有人问我：一个小小的案件，为什么要把人家的“结论”给推翻？

我说，不是非要推翻人家的，而是要求真相。

对案件而言，揭穿谜底和真相，才是刑警的职责所在。任何一个案（事）件，都有它埋在深处的真实面目，我们刑警就是揭开面纱的人，就是剥琢真相的工匠。如果刑警不尊重科学规律，不把案件的真相“折腾”出来，就等于渎职、犯罪，就是对死者的不公和对生者的蔑视。

一张泛黄的照片

35 年刑警生涯，经手的案件形形色色，最让我伤痛和铭记在心的，是一起轮奸案。这起案件，是我当刑警第一次出现场的案子。

那是一个傍晚。我刚刚下班，正走在路上，接到命令：去 140 公里以外的鲁甸县辖大水井乡勘查现场。

命令如山倒。来不及多思考，我转身去单位取勘查设备，登上了赶赴大水井乡现场的吉普车。

大水井乡位于鲁甸县南部，居住着汉、蒙、回、彝、苗族同胞，平均海拔2023米，乌蒙山与五莲峰山横亘全境，山道环绕，群峰叠嶂。我们耗时两个多小时到达了现场。

现场在一个简陋的土房里，外间摆着小商铺货架，里间是土屋土炕。一个苍老的男人围着死者的尸体哭泣。屋内充斥着阴冷萧瑟之气。

男人是死者的父亲，老伴儿早逝，父女相依为命，家境凄凉。家中开了个小杂货店，大山人家以此为生。女儿是父亲的唯一，父亲是女儿的依靠。

男人见我们来了，哭得更加厉害。他伤心至极地哭诉道："可怜我的姑娘啊！才12岁啊，被他们糟蹋杀死了。要知道这样，我是不会进城提货，把她一个人放在家里的，我不该啊！"

哭声，刺人心肺。

初次出现场，我的心中藏着恐惧。

女孩的尸体横在土炕边，炕上没有铺盖物，直露土面；尸体下身裸露着，两只大大的眼睛直视前方，像是企盼救她的人到来！

勘查中，我不敢看她的眼睛。那双眼睛，分明漂亮，却藏着哀求、渴望。

转眼，天黑下来。村里多了犬吠声，围观的村民多起来。

现场勘验的结果是：女孩的死亡时间在报案六小时之前，脖颈处有致命掐痕，下体有精液，两人轮奸作案，店内抽屉里十多元零钱被卷走。

尸检，抽样，提取，拍照……样样做完。

指纹鉴定起了作用。

我在现场抽屉、女孩衣物上提取了指纹，回到实验室细细分检、比对，发现两枚异样的粗糙的大指纹。这样的指纹，一般是干重体力劳动的人的指纹。

那就在熟悉的人当中秘密提取指纹，比对、鉴定。女孩父亲提供了 12 个熟悉杂货店情况、有作案可能的人。

一一提取，一一比对，一一筛选鉴定。

可疑人出现。

进入我视线的，是村东头一个关姓鳏夫，他的指纹与现场提取的指纹相吻合。另一个人的指纹也在紧锣密鼓地查找。

先讯问鳏夫。把他请进讯问室，灯光一打开，照在他的脸上，豆粒大的汗珠就开始直往下滚。递给他一条毛巾，还滚。做贼心虚。很快他就交代了犯罪事实。

有些案子，看似复杂，如果用对了劲儿，就像窗户纸一捅就破。有些案件，表面简单，眼看马上就能破案，若方法不对，思路偏颇，就会导致一波三折，久攻不破。这是我多年总结出来的规律。

破获大水井乡这起杀人轮奸案，就是抓住了指纹，让指纹说话，让指纹指认犯罪嫌疑人，方法思路奏效。

鳏夫供述：很长时间就垂涎小女孩，当日趁女孩一个人在家，就找来邻村的表弟一同轮奸。最后怕小女孩告发，就将她掐死。

小女孩才 12 岁啊！多么可怜！

当天，我们到邻村把鳏夫的表弟抓来。表弟一看到表哥，指着他就说："是他让我干的！是他让我干的！我不该死！"

还不该死呢，人证、物证都在。

破获这起轮奸杀人案，自始至终有一双美丽的眼睛在看着我。就是被害人小女孩的眼睛。

那天，我赶到现场时，小女孩全身冰冷，下体流血，早已没了生命体征。奇怪的是，她那双眼睛却始终没有闭上，仿佛在盯着我，我不管怎样变换位置，都走不出她的视线。说实在的，小女孩哀求无助的眼神，深深地刺痛我的心，使身处现场的我，久久无法平静。

小女孩的眼睛告诉我：她与父亲相依为命，她不忍离去，她在牵挂着孤独的父亲！

当我勘查完现场，最后才慢慢地轻轻地把小女孩一双美丽的眼睛合上。让她放心地走吧！我噙着泪水，在心里默默地发誓：孩子，可怜的孩子！你闭上双眼吧，我保证这个案子一定会破！如果破不了这个案子，我的灵魂将一辈子得不到安宁！警察叔叔为你报仇！一定要将糟蹋你的禽兽绳之以法！

案件破获后，我要了一张小女孩的照片揣在怀里。我想让我从警第一次出现场的伤痛，永远刻记在心里，永远不忘那双看着我的哀求无助的眼睛。

如今一晃，35 年了。我至今仍没忘记那个小女孩，一直把她的那张泛黄了的照片留在身边。

有一次老伴儿唠叨道："案子都过去那么多年了，还留着她的照片干吗？"

我说："看着它，我总觉得有一种责任和良心存在。它不是一张照片，是我从警的初始！是 35 年来破获的沉甸甸的案子！"

老伴儿听了，点点头，从此再不唠叨。

尾声

2018 年 10 月 26 日，北京，《中国刑警》报告文学创作交流会一结束，我即刻登上了预定好的高铁 403 次，赶赴远在云贵高原上的云南省昭通市公安局采访刑侦支队支队长阚建军。

说好的，电传通知已下发至被采访人单位。我在高铁上，一边体验风驰电掣的速度，一边向阚支队推送短信。不一会儿，阚支队回复：我在沈阳办案中，估计最早次日晚上能回昭通。

我估算着，当日下午我即可到与昭通邻近的贵阳，只能在贵阳住一夜，待次日下午再赴昭通，傍晚即能与阚支队在昭通"会师"。

403 次在前行，钻过一座又一座大山，车轮与钢轨撞击的轰鸣声给人沉闷压抑之感。百无聊赖时，我继续给阚支队推送短信。短信的内容是我的到达时间和采访预热准备。

阚支队的回复是，争取早些时间回到昭通，但是单位尚未接到被采访通知。

我开始犹豫。我如此直插昭通采访预定的被采访人，是否有“冒牌”之嫌？

思忖中，继续发短信。发到第 19 条短信后，阚支队回复：没关系，赵老师你过来吧！我们没有接到通知，可能是大礼拜的关系。

我恍然醒悟。今天是大礼拜。虽然我没能马上见到阚支队，19 条短信权当是采访的开始吧！在条条短信里，我看到了他的轮廓，体悟到了他的细密思维和学者型刑警的睿智。

次日晚，如愿。阚支队办结案件从沈阳飞回昭通，他去车站接了我。

果然，他是我想象中的样子，中等个儿，宽厚的脸，戴一副近视镜，说话温和，思维敏捷。

下车时间很晚，我怕打扰阚支队。他却执意要安排我在小店坐坐，吃点儿夜宵。刚刚落座，他把爱人和儿子也叫来了。想必这是他精心安排好的，让全家人来欢迎我，足见热情之至。

阚支队的爱人是昭通学院的教授，身上带着江浙一带女人的细腻和聪颖。她一再说，再等两年就好了，我退休了，好好照顾老阚！这些年，他太苦了！

后几天，我在采访中才得知：她曾是阚支队的大学同学。毕业后，一个留校任教，一个当警察。就是这样，一个江南柔弱女子，几十年挑着家庭的重担，不让丈夫工作分一点儿心。

曾经在阚支队顶着压力破案时，她说，凭你的良心和职业责任去干，不能偏了这条底线。大不了，不让咱干了，我还能养活一家人！

一个充满侠气的铮铮铁骨的女汉子，令人感佩。

到昭通的当晚，正好“五大金刚”在鲁甸成功破获了一起命案。电话打过来，阚支队喜形于色。他与我分享了这份喜悦，于是我的昭通采访就从案件开始。

阚建军自1984年从警，35年来，一直像一颗螺丝钉一样，固定在刑警这个岗位上。他自从警的第一个案件和第一个现场开始，一件件，一宗宗，一丝不苟，缜密甄判，以其职业的责任感和对法律的尊崇，勘验和破获刑事案件3000余起，荣获省级以上刑事科学技术荣誉20余项，攻克刑事技术难关8项，撰写的《刑事科学技术基础知识200问》、《刑事摄影技术》等10余篇学术论文在国家、省级学术会议交流和专刊发表。

35年来，阚建军以对生命的敬畏、从业的良知，用化学的思维、严谨的作风，坚定地在刑事侦查领域里攀登着。

采访中，阚建军一直笑呵呵地不肯多说，挂在他嘴边的总是手艺、工匠两个关键词。

35年中，阚建军通过对化学、物理、地理、天文、历史、机械、影像等各学科知识的不懈学习，以尊重科学和尊崇法律的精神，揭开了一起起疑难案件的真相。

采访结束的晚上，本来准备小聚，我们刚行驶在路上，阚建军接到一个电话：彝良县发生一起三死命案。他把电话移到我面前，一副无奈与愧疚的样子。

身后的小敖、小何、小蔡急不可待地说：“阚师，让我们去吧！你留在家。”

阚建军没有作答，仅转过身来扭头看着后排座上的他们，直摇头。

这时，车转过弯，一道霓虹射进车内。我说：“阚支队，你们去吧，警情不等人！”

大家一阵沉默，车子戛然停在宾馆边。阚支队他们下了车，齐刷刷地立在我面前，向我敬了一个标准的道别礼。旋即，他们便消失在茫茫的夜色里。

阚师，就是这样一位执着的刑警，事业执着，感情执着，破案执着。

次日，我在返程的高铁上。阚支队告诉我：案件已破。

我为他们祝福，也为自己能在这个秋天走近阚师而庆幸。

扫描二维码即可观看
相关视频等

“一把刷子”刘功元

易买生

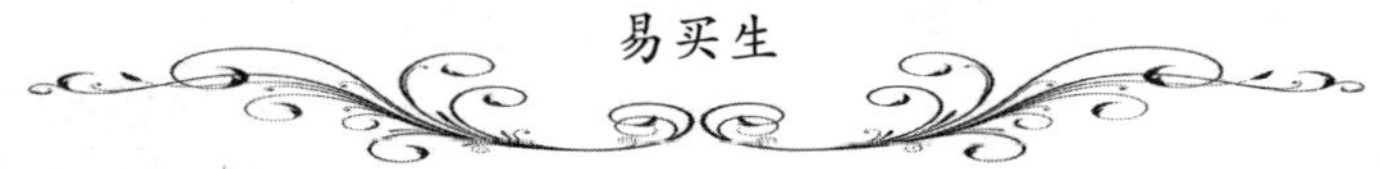

一、刑警的泪

“功元在哪儿?”

每当接到大案要案时，韶关市公安局历任局长第一反应就是这句话。条件反射似的，三十多年了，代代相传。

只是这一次，受领“2·29”大案的李局长却说不出这句话来了。

他实在不忍心将这位大将召回。

刘功元手机电话铃声响起的时候，他正守在娘的病榻前。

刘功元看了看来电显示，是李局。刘功元心里一紧，肯定是哪里又出事了。

“你母亲的病情怎么样了?”李局的声音充满关切。

刘功元看了看躺在床上的娘。娘已是到了弥留之际，神志时而清醒，时而昏迷。

“还好吧。”刘功元喃喃道。

“你不要给我打马虎眼！你娘的病，我明白，你好好守着你娘吧，不要想单位的事。你听我说，人生会有很多遗憾，会因遗憾而愧疚。我不能因为单位的事，让你在你娘临终前留下一辈子的愧疚。”李局的话里带着深深感悟。

刘功元怔了怔，挂掉李局长的电话后，忙拨了小吴的电话。

果然，电话一接通，便传来她急促的声音：“师父！重案！乳源县共和村一家三口被杀……”

刘功元心事重重地收了电话，看了看娘。娘仍在昏迷。

娘要是清醒，晓得了这事，一定会说，功元，你忙的是大事，你去吧，不要担心我……

“你去吧，这里有我，还有你这几个兄弟，放心吧。”刘功元一惊，一看，是妻子在说话。

妻子一双凉凉的手攥住刘功元的手。

……

高速列车在京广线上呼啸飞驰。

车刚过郴州，妻子的电话就来了：“妈走了。”

小时候，刘功元一家七八口人，仅靠铁路职工的父亲一人的工资养活。母亲为了全家生计，在铁路上扛煤袋、背沙包，干苦力帮补养家。日子穷，数月吃不上一顿肉，好不容易吃一餐肉，娘看功元在兄弟当中的身子骨最瘦小，总把自己舍不得吃的肉悄悄埋在功元的米饭里。

刘功元强忍泪水，还是没有忍住，看车窗外一闪而过的田野村庄，已模糊一片。

二、谁的血

刘功元赶到现场时，天已黑了，四周弥漫着烧焦的尸体气味。

从事现场勘查三十余年，刘功元看过的现场也有数千次，然而看到这一现场的时候，还是十分震惊。

首先呈现在眼前的，是停在受害者楼门前的一辆黑色三菱轿车，车身周围水泥坪地上，有大范围的运动状态形成的滴落状血迹。从血迹状态看，凶手与受害者有过搏斗追杀，地面血迹被冲洗过。

房屋门前右侧有一间已废弃的猪圈，圈内地面上有一片被烧黑的残留物，堆放着被烧焦的两具成年人的尸体。推测是凶手杀人后，将尸体移到这里进行焚烧。

另一受害人是十三四岁的男孩，躺在二楼的卫生间，头面部有明显的烧灼痕迹，额头、头部左侧太阳穴、手掌等部位见明显的创伤伤口。房间被爆炸燃烧过，一片狼藉，地面有水渍，窗户玻璃全部被爆碎。

通过了解，案发时间应该是前一天晚上。村民是在次日上午看到受害人房屋有烟火冒出，窗户玻璃碎了一地才报了火警。消防员赶到破门入房救火，还把一个正漏气的煤气罐扔到门外池塘里。现场破坏严重，小吴他们已将现场勘查完毕，没有提取到有价值的痕迹物证。

“一点儿收获也没有？”刘功元问。

“是。凶手不光是手段残忍，心理素质也极好，杀了人后，还从容不迫地移尸、焚尸烧毁痕迹，现场没有提取到一枚指纹、脚印等痕迹物证，只取了血迹。”小吴回答道。

受害人系林某华、其妻子和十三岁的儿子。林某华是村里的一霸，得罪过不少人，扬言要杀他的仇人有不少。其妻子在县里经营一家 KTV 歌厅，人际关系也十分复杂。

通过初步排查，有近四十多人与林某华有过冲突结怨，但仇怨不是很深，或有欠账未还的，但数额都不大，不至于仇恨到要杀害一家三口。

复勘现场！作为有近三十年探案经验的资深痕检专家，刘功元深知，既然案犯有蓄意破坏现场遗留痕迹的手段，肯定有露破绽的地方。在现场得不到要的东西，刘功元是不会离开的，这是他出勘现场一贯的作风。

次日中午，小吴等勘查组的人员赶到现场，只见刘功元蜷缩在现场楼梯间的地面上睡着了。

楼梯，是两个血案现场的必经之处。刘功元把一个晚上的主要时间和精力放在了这里。

果然，他有了发现。罪犯为消灭遗留的证据，在三处中心现场下足了功夫，却忽视了一个重要的地方，就是这个楼梯。刘功元在这儿发现了一处残缺的血潜鞋印。虽然十分模糊和残缺，只有不到五分之一的部位，而且什么纹路都没有，看似没有比对的价值。

现场三名受害人穿的鞋子都不是这种布鞋，会不会是凶手穿的？现正是梅雨季节，雨雾天多，一般不会有人穿布鞋出门。如果是凶手穿的，也不合情理。他为何要穿这种布鞋出门？而且整个现场也仅在这个地方出现了鞋印。

肯定有原因，刘功元推测：凶手当时杀了人，由于惊恐逃离现场，后想到要毁灭证据，新换衣服后重返现场，留下了这一小块残留鞋印。

由此推断，嫌疑人没有交通工具，如果是靠步行，不会走很远，系本村人或在附近范围内的可能性极大。

在楼梯第六级台阶处的竖侧瓷砖上，刘功元还发现了一滴柱状血迹。之前的勘查，三名受害者不管是受害前或受害后，都没有路过或被人搬运经过此楼梯。刘功元推断这可能是凶手受伤后流的血，其在用拖把擦试时，不容易发现或擦到楼梯的竖侧面，因疏漏遗留了下来。

如刘功元所料，几天后检验结论出来了，DNA 非受害人的！

根据 DNA 检验结果，专案组迅速调整排查方案，对本村人及三公里范围内的成年男子进行取血排查。

其间，本村人林某冲在采血时出逃。

办案人员在嫌疑人家里发现了泡洗的血衣血鞋，其中一双布鞋的鞋印跟现场留下的小半枚鞋印同一。

案发后第十二天，案犯林某冲落网，案件告破。

审讯室里，已是绝望的林某冲目光迟滞，神情绝望。

“我原来没有想杀他。当时也只是我骑的摩托车碰了林某华新买的三菱小汽车。我自知闯了祸，主动上门赔礼道歉。这林某华硬逼我赔偿损失两万元。他是村里的一霸，哪个敢得罪他？我当时拿不出这么多钱，就写下了欠条。后来，我犯了案，判了五年刑，出狱后，我身无分文，以为他不会追债。谁知他还是变本加厉，见我一次就辱骂我一次，一次比一次凶，我才起了这个念头。当时，我并没有想杀他的老婆孩子，是他老婆从他家窗口见了她老公的车，见她老公久久没有回家，从家里出来找她老公；看见了我，扑上来就与我撕打，是她自己撞到了我的刀口上。杀了他老婆以后，我杀红了眼，担心他孩子知道了，便又上楼，将那孩子也杀了。”林某冲喃喃自语道。

“我杀了人，回到家，才想到害怕，又重新回到那里，花了大半夜的工夫，仔细消灭证据。可是，还是这么快就被你们找到线索。你们太可怕了，太可怕了！”林某冲惊叹道。

三、作孽

2005 年 4 月 3 日，南雄市光明新村某栋 202 房。黄某站在房门前，深深呼吸了几口气，在抬手敲门前，又重新将已密谋达一月之久的要作案的过程重温了一遍——房内只有一名 60 多岁的老婆婆，老婆婆开门，进去，关上门，杀老婆婆，找钱。找到钱后，清除鞋印、指纹等一切证据，出门，带上门锁……

此时正是上午 10 时，宿舍楼都是上班族，宿舍区外空无一人。没有人发觉黄某进入这栋楼的二楼单元。

黄某从小就对古今中外的推理侦破小说入迷，对这方面的电影、电视剧观看研析过不少，只是时运不济，学习成绩没能跟上趟，考公安警校考砸了，屈读于某技校，学计算机专业；学了两年没学精，倒成了游戏里血淋淋的杀人高手；毕业后在一家卖电脑的店铺里从事电脑装配员工作。工作了两年，每月的工资，只够他个人的开销。

老家虽穷，却也给黄某找了一个对象。黄某看了，女孩子挺漂亮的，他心里也喜欢，只是女方家里开口要两万元的彩礼。这在当时，两万元不算多，但对家无分文、自己又是个月光族的黄某来说，可真是一筹莫展。

就在黄某苦闷之际，恰好他居住的小区内的罗某一家新买了电脑，店里派他去罗某家装配。黄某到了这家一看，真是有钱人家。新装修的一百多平方米的三室两厅，空调等家用电器样样俱全。当时，能买电脑的家庭还不多，何况使用电脑的还是一个 7 岁多的孩子。黄某便有心向孩子打听其家里人的情况。原来这是个单亲家庭，家里只有母子俩，女主人在商业局上班，平时在家做家务的只有一位 60 多岁的婆婆，是女主人的母亲。一个罪恶的计划由此在黄某心中萌生。

黄某敲了敲门，门开了。

"叔叔！"一个孩子惊喜的声音传来。黄某实施的计划一开始便出现了意外——女主人的孩子竟然在家，没有去上学！

"你怎么不去上学呀？"黄某心慌意乱地问。

"我病了，妈妈给老师请了病假。"

这婆婆也认得他："是黄师傅呀！"忙招呼黄某到客厅坐了，热情地递上来糖果瓜子。

黄某只好一边吃着瓜子，一边在心里打鼓。

"叔叔，你快装个游戏给我玩吧！"

黄某只好来到孩子房间的电脑前，胡乱找了一张游戏光碟，安装了孩子们喜欢玩的足球游戏。装好后，他让孩子坐在电脑前，自己则站在孩子的身后。

婆婆去了厨房，她要去做午饭了。

面对孩子，黄某曾有过犹豫。但眼前浮现出女朋友那张漂亮的脸后，他还是咬了咬牙，掏出刀来，一手捂住孩子的嘴，一手将利刀往孩子的脖子上一抹。

孩子一声没有吭，然而四肢乱动，踢翻了椅子。倒下的椅子发出了响动。在厨房的婆婆似乎听到了异常，急忙走了过来。

听到了脚步声，黄某闪身躲到了门边，趁进门的婆婆还没有反应过来，如法炮制又一刀，婆婆也一声没吭，沉重的身子倒在了门下。

两个人脖子流出的血，把整个地面都铺满了。黄某收了刀，戴上手套，忙翻箱倒柜，寻找财物。

突然，屋外有门锁的响动。黄某一惊，又闪身躲到门边。门开了，是女主人进来了！

平时，女主人不会中午回家的，只是孩子病了，不免担心，提前回了家。

女主人进门后随手关门的一刹那，似乎觉察了异常，也许，她是闻到了血腥味。她刚喊了一声“杰杰”！便被身后黄某的手臂死死扼住了咽喉。

直到女主人没有了声息黄某才松了手。放下了女主人，他又去搜寻财物，搜了半天，才找到2600多元现金。

接下来，便是处理现场，消灭一切有可能遗留的痕迹。

他知道，警察可以通过搜集指纹、鞋印，以及可以做DNA检测的遗留物作为证据。因此，他在现场要做的，就是要将这些所有的痕迹和遗留物全部消除，而且是有步骤地消除。

第一步，他清除了自己双手接触过的所有物品，吃过的糖果纸、瓜子壳，全部冲入下水道；接触过的孩子、婆婆、女主人的指甲缝，也被掏洗干净；衣服，甚至找钱时接触过的床单、被套，都脱下来用水冲洗，冲洗拧干后又泡在水里。第二步，所有手指能接触到的部位，包括电灯开关，翻找财物时的抽屉、衣柜、电脑鼠标、键盘等，全部仔仔细细地抹了一遍，再整理复原。第三步，冲洗拖净地板上的血迹和鞋印，再拖干……

确认一切天衣无缝后，他删除了电脑内的游戏，关闭了电脑。

此时已是中午，他往阳台看了看，楼外空无一人。

他清除了自己最后留的鞋印，退至门口，锁上房门，趁四周无人，悄无声息地离开了现场。

四、一丝痕迹

刘功元第一次勘查完这个现场的时候，他便明白，这次是碰上棘手的对手了。

整个现场勘查一无所获。

第二天，心有不甘的刘功元下令：复勘!

13 个人又苦战 14 个小时，从厘米级到毫米级，从毫米级到微米级，先后两次共提取了现场和尸体的常规及生物物证共 150 余份检材。

可是经检验，无任何有价值的线索。

现场调查也陷入僵局。

据现场内围外围调查走访结果，当天，没有找到一个目击者。房内的物品没有发现被翻动过的痕迹，女主人钱包内的钱似乎也没有被翻动过，不像是劫财；而通过对受害人的社会关系调查，女主人平时与人交往很少，其母亲以及前夫也都很少有复杂的交往背景，无报复杀人动机线索，熟人或相识的人员也一一排除。

上级的压力一波又一波压来：社会上已谣言四起，必须尽快破案!

“师父，还勘吗?”勘查组成员一脸的无奈。

“你们说呢?”

“师父，绝望了!”

“死的心都有了！”

刘功元挥了挥手：“你们都回去，我一个人再勘。”

“师父，就这么大个现场，再勘一百次也没有用的。”众人已习惯了师父不拿下现场不罢休的脾气，明知劝没有用，还是不忍心师父拿自己的身体来拼命。

刘功元坐在房间一动未动，脸黑得难看，一双眼睛血红。此时的他，仿佛一只愤怒到极点的狮子。

“触物必留痕！我不信，不信找不出一丝痕迹来！”

刘功元独自把自己关在这间居室里，不让任何人来打扰。

孩子房间里的电脑，一直就没有引起办案人员的注意。大家关注的，只是电脑鼠标、键盘和机箱上的指纹。当时，在这个山区县城，家庭电脑还是个罕见电器，没有谁会关注电脑里会有什么信息。

引起刘功元对电脑关注的，是孩子房间一面墙上贴着的一张足球俱乐部封面图片。图片中，是一张贝克汉姆的特写照片。

孩子喜欢足球。

这家主人买电脑，是给孩子学习用的，但也免不了要玩玩游戏。

当时，家庭网络还没有兴起，即便能够上网，那也是网速很慢的电话调制解调器的网络，下载一首歌都要十几分钟，足球的游戏容量都比较大，要玩游戏，就要购买光碟，或者是请人进来安装。

孩子出事前，会不会正在用电脑玩游戏？

刘功元到现场时，电脑是关机的，是孩子关的机，还是其他人关的机？

电脑有线索！

这个念头一闪，刘功元一颗心几乎都要跳出来。

电脑被送到省检测中心。

很快，检测结果出来了。在案发的时间段里，这台电脑有一个刻录的过程，时间非常短，从操作的动作来看非常专业，应该不是被害人中的成员，而是IT从业人员所为。电脑关机的时间，也正在案发时间内。

刘功元这才明白，有一首诗说得是多么的贴切：“山重水复疑无路，柳暗花明又一村！”

专案组当即行动，全城排查上门装配电脑维修的人员。

不到两天，便排查出了曾经被派单到受害人罗家装修电脑的黄某。

五、审讯

黄某被请到审讯室的时候，刘功元主动请战，由他自己来审讯。他要亲自见识见识自己的这个对手。

抓捕黄某前，刘功元心里还是不踏实，毕竟没有取下黄某的指纹、鞋印以及能用DNA证实的铁证。还有令人疑惑的是，一个电脑员工，已有了工资收入，为何还要去抢劫杀人，且手段如此凶残？做的现场还如此专业？其动机是什么？如果他一口否定，形成不了证据链。

为此，根据刘功元的建议，专案组并没有急于抓人，而是在抓捕之前，秘密对黄某家庭成员、社会交往等情况进行调查，在查实其犯罪动机后，再实施抓捕。

刘功元看了看坐在对面的黄某。

这是一个精干清瘦的小伙子，怎么也看不出是一个双手沾满一家三代人鲜血的刽子手。

他一双不屑一顾的眼睛，冷冷地看着刘功元。

刘功元似乎轻描淡写地问：“小黄，你有没有想过，我们为什么能够找到你？”

黄某一怔。

自从警察上门，他就在回忆搜索，自己到底在哪个环节露出过破绽？他努力地一遍又一遍地仔细回忆一个又一个的消灭证据细节，自己在心里念叨，不会的！不会的！他们不会发现能证明是我干的东西！

“你们肯定是弄错了，我怎么会干这样的事！你们抓人，总要凭证据吧，没有证据，怎么能随便抓人！”黄某似乎一脸委屈。

刘功元冷笑：“这样吧，今天不给你谈案子，我们聊聊天吧。”

黄某一脸疑惑。

“我在你宿舍里，看到你女朋友的照片，长得很漂亮的，你很爱她。我也听说了，你们没有结婚，是因为女方家里要两万元的彩礼，是吧？”

黄某沉默。

“我还看了你房间里有很多侦探小说和警匪片影视光盘，看来，你对侦查破案很有兴趣。”

黄某仍然没有反应。

“你不回答我的话，没有关系。说句实在话，我也确实佩服你。能把现场做得如此天衣无缝的人，我这个干了快二十年现场勘查的老公安，还是第一次遇到。你当初要是选择干我这一行，我敢保证，你会干得比我出色！”

“我再说一遍，我没有杀人！”黄某有些急了。

刘功元摆了摆手：“你听我把话说完。我想说的是，智者千虑，必有一失。还有一句话，叫做百密一疏。有时候就是这样，聪明反被聪明误！”

刘功元紧盯着黄某。黄某的眼神有些惊疑。

“你是弄电脑的，你有没有想过，电脑的人为关机以及你在电脑中操作的过程，都会被电脑硬盘完整地记录下来？”

听到这里，黄某的双眼紧紧闭上了。

刘功元叹息了一声：“小伙子，太大意了呀！你千不该万不该，在离开现场的时候，亲手把电脑关了。这个常识，福尔摩斯探案里没有出现过吧？你看过的侦探小说电影电视剧里也没有出现过吧？

“你为了结婚，为了喜欢的女朋友不离你而去，千方百计要弄钱结婚，可以理解。可是，我只想问你，那个孩子，才只有7岁，7岁！我猜得不错的话，他还应该一声一声亲热地叫你叔叔吧？你怎么就下得了手！你就是取了钱，结了婚，生下孩子，将来你，你当了父亲，面对你孩子的时候，不会想到你亲手杀死的这个孩子吗？你这一辈子心里就没有阴影吗？你会过得自在吗？”

刘功元说着说着，终于抑制不了自己的情绪，猛地站了起来，一掌往桌子上拍下，“啪”的一声，桌子上的茶杯被震到了地板上。

“我当初并没有想杀孩子！”

黄某终于情不自禁，发疯似的吼道。

……

从审讯室出来，已是晚上8点。小吴兴奋不已：“我还担心，这家伙会抵死不认。没想到，他会竹筒倒豆子，一粒不剩倒了出来，连一个微小细节都没有落下。”

刘功元道：“这样的人，心理防线一旦崩溃，就会一发不可收拾的。”

“师父，案子破了，我们放松放松吧！组里的人都在饿着肚子等你，一起去喝两口吧！”

六、一把刷子

这是一家大排档。环境简陋，只有一个厅。厅里坐满了，只好坐到外面的街道边。烧菜师傅的功夫不简单，最拿手的就是爆炒。爆炒浓烈的鲜香飘散开来，像放出的一群群馋虫，勾引着路过的“吃货”。

刘功元被勘查组的十来个人拥到一张大圆桌边。菜已点好，摆满一大桌，一个小伙子拎了一箱啤酒过来。

“今天不喝这个，没劲，来白的！”刘功元挥了挥手。

“师父，您今天怎么了？案子破了，您好像还不高兴呢！”小吴问。

刘功元没有答话。

对面墙上的电视机，正在播放当时那英唱的流行歌：

雾里看花　水中望月
你能分辨这变幻莫测的世界
……

刘功元静静地听着，自己喝了一口闷酒。

“师父您?”

刘功元铁着脸苦笑：“这个案子是破了，大家应该高兴才是。不过你们想过没有，如果没有那台电脑，我们这个案子能破吗?”

大家一时没有作声。

刘功元叹息道：“你师父这把刷子，用了近二十年，人家都叫我‘刘一刷’。现在看来，这把刷子，跟不上时代了！”

听着师父作为韶关警界“一把刷子”的感慨，大家不由得都陷入了沉思。

2002 年，乐昌河南镇发生从湖南来的李氏姐妹被强奸杀害案，现场提取的唯一证据就是案犯的精液残留。DNA 样本虽有了，但案犯线索全无。为排查案犯，刘功元不惜动员全市所有能动员的人员，排查了近半年时间，依然无果，此案被迫挂了起来。

这一悬案，成为刘功元的一块时时作痛的心病。

2015 年的一天，刘功元打开公安部全国犯罪人员 DNA 样本数据库平台，杀害李氏姐妹凶犯的 DNA 样本信息一下子跳入他的眼帘，信息显示该案犯因另案落网。一个悬挂了十三年大案的要犯就这样浮出水面，刘功元感慨万千，现代科技成果与现代知识为破案打开了新的路径。

于是，他开始潜心于网络信息数据采集及管理的研究，带领韶关市公安司法鉴定中心顺利通过实验室国家认可，使粤北地区刑事技术水平得到质的飞跃。

2017 年，刘功元再次带领韶关市公安司法鉴定中心成为全省第二家通过资质认定的地市级刑事技术机构，充分发挥刑事技术工作"服务实战、服务办案"的职能作用，使经济并不发达的山区市韶关的刑事技术工作始终走在全省前列。

七、承诺

刘功元平时难得走亲访友，但他经常要去一户人家，就是他的师父家，看望已退休的原韶关市公安局副局长杨柏浩。

俗话说：师父领进门，修行在个人。对刘功元来说，杨柏浩师父何止是带他进门，在刘功元人生的几个关键十字路口，都是师父拉了他一把。

从警校毕业，到韶关市局报到的第一天，刘功元还没有进办公室，就被杨师父拉到了现场。

刘功元带着强烈的好奇心，来到一个荒野的公路边，还没有到现场，就先闻到了一股浓烈的恶臭味。原来受害人尸体已高度腐烂。刘功元尽管学的是勘查专业，对腐尸有心理准备，然而当第一次看到已呈巨人观状且恶臭难闻的腐尸时，刘功元还是连胆汁都吐了出来。

杨师父笑了笑，对刘功元道：“这是第一次，免不了不适应。这尸体现场你就不要来了，到旁边勘查那台车吧。”

刘功元勘查完车辆现场，却看到师父带领着两人，连口罩都没有戴，在那令人作呕的腐尸旁，一蹲就是几个小时。

“你要来做这件事，就不要怕这怕那，要用心做这件事，要做好这件事。”这是师父带他第一次勘查现场，用自己的行动对他说过的话。

“用心做事”，就这句话，刘功元牢牢地铭记在心里，铭记了三十多年。

20 世纪 80 年代末，矗立改革潮头而崛起的南方特区深圳，犹如一块巨大的磁石，吸引着全国各地的弄潮儿。韶关市公安局的民警们也不例外。听说深圳市公安局要招收痕检专业人员，面对特区与欠发达地区收入的倍差，刘功元按捺不住了。他抱着试试看的心态，参加了报名考试。

很快，刘功元考试面试过关，深圳市公安局商调函到了。

商调函最后到了刘功元的师父手里。

师父心情十分沉重。

次日，师父对他说：“我们出去走走吧。”

“去哪里？”

“就是那一起双尸案呀。两名年轻女子被杀，你找到了痕迹物证，却还没有排查出凶手，我们去她家家访吧。那个受害女孩子的母亲，叫琴嫂，还在老家照顾她 80 多岁的婆婆。”

汽车在南雄崇山峻岭中穿行。到了大庾岭，两旁梅花正在盛开。在一片花的海洋中，只见阳光跳跃，花枝俏立，疏影横斜，暗香浮动。

来到梅关古驿道，抬望眼，猛然见关上遒劲的“南粤雄关”和“南粤第一关”。

关下道旁，立一诗碑，正是陈毅元帅当年作的《梅岭三章》：

断头今日意如何？创业艰难百战多。
此去泉台招旧部，旌旗十万斩阎罗。
……

师父道：“我每次心情不好的时候，就会来这里，看梅花，看元帅的诗。”

刘功元默默念诵着这首诗。

尽管曾经在中学的书本上学习过，然而此时此刻，触景生情，刘功元心里还是涌动着一阵壮烈和悲怆之情。

师父叹息道：“千百年来，建都北方或中原的历代官府，不了解南粤的风土民情，总认为这是烟瘴南蛮之地。他们到了这个关口，就是到了南蛮。因此，在这条千年古道上，留有很多名人韵句。如被贬后踉跄到此的大文豪苏轼，留下‘人生自古谁无死？留取丹心照汗青’千古名句的文天祥，明朝抗倭大将戚继光……”

刘功元若有所思地点着头。

他似乎有些明白了。人，除了名利和地位，还应该有一种精神，叫境界。

车到达目的地。这虽已是一座凋落的村庄，却古韵仍在。一幢大宅，青砖瓦房，方门廊柱，透出深厚沉稳的典雅气度。只是岁月摧残，墙面结满了苍苔，屋顶千疮百孔。

师父同刘功元到了大门口。

门前的狗一阵狂吠，里面走出一位满面愁容的妇人来，正是琴嫂。一见了二人，她慌忙将他们往房门外带。

“二位领导，千万莫让我娘晓得了，我们还瞒着她哩。”琴嫂轻声道。

果然就听房间里一个颤巍巍的声音传来：“她娘，是我凤凤孙女回来了吗？”

琴嫂回道："娘，不是哩。"

师父叹息道："总也是瞒不住的。"

"娘都这把年纪了，一身都是病，要是晓得了，哪里能挺得过去，不如瞒一天是一天呀。"说完，琴嫂这才把二人引进堂屋。

刘功元一看，一边墙上挂着的是一面镜框，镜框里全是女孩子的照片，从出生到现在，几乎每年都有。有不到一岁，被抱在娘和奶奶怀里的；有几岁时，搂着奶奶和父母亲热的；还有最近照的，一家人从小到大，都是笑脸，有天真的笑、甜蜜的笑、幸福的笑，笑如桃花。

"她是奶奶从小带大的，是奶奶的心头肉呀！出事前，还给奶奶寄来一盒桂圆，说是给奶奶补身子；还说，过年的时候，回来陪奶奶。"琴嫂欲哭无泪。

二人问了些话，不便深谈，起身告辞。

琴嫂道："先莫走，等一等吧。"

一会儿，就听得屋外一阵鸡飞狗吠声。只见琴嫂浑身被棘刺得满脸和满手是血，她一手拎了一只鸡，一手拎了一筐鸡蛋。

刘功元一惊："你这是？"

琴嫂歉意地笑笑："不要紧的，刚才抓鸡的时候，这畜生钻进刺丛里。您看，来了这里，水都没有喝一口，这家里没有什么送的，算是我的一点儿心意吧。"

刘功元看了看师父，忙阻止道："我们怎么能收呢！万万不可的！"

琴嫂二话不说，"扑通"一声跪了下来。

那两道眼泪，就像两串珠子，滴了下来。她不敢大声哭，强忍着割心般的痛，浑身一耸一耸的。

刘功元忙去搀扶。

哪搀扶得起来，只见她越发抽泣不已。

师父上前，接了琴嫂手中的鸡和蛋，连连点头："好！好！

你莫伤心，我们收下就是了！”

车子出了村口，刘功元问：“师父，你还真收了？”

师父叹息：“能不收吗？”

“她也没有向我们提出什么！”

“不用她说！她要的，只是我们的一个承诺。承诺，你懂吗？”

刘功元似懂非懂地点了点头。

“不光是对这位受害者母亲一个人的承诺，作为刑事警察，还有对韶关所有人民的承诺！”

……

十天后，这对被害女子的双尸案破了。

刘功元从脚印中分析，其中一人的脚印没有靠近过受害人，分析有可能是受害者的熟人。专案组以此为线索展开排查，从河南将五名案犯抓获。

八、证据不会说谎

面对刑事侦查这一终身从事的职业，刘功元也曾打过退堂鼓。

这其实是一宗普通的盗窃案，本不应该由他亲自来勘查现场。只是这是一起发生在韶关市委机关办公室的案子，而且被盗的是涉密文件，案件非同小可。市委领导指示，务必迅速破案。

局里只得把“刘一刷”请了来。

据该办公室某领导称，办公室没有放置贵重财物，涉密文件是放在文件柜里的，文件柜按规定设有密码锁。昨天因为事情多，忙乱中忘了将密码锁锁上，可随意打开。经查，有几份机密文件不见了。

刘功元到现场一看，室内办公桌抽屉及三个文件柜都被翻动过，却没有留下任何指纹痕迹，地板上也没有留下任何脚印，只在窗台上发现一个穿袜子的足迹。

勘查洗手间便池时，刘功元发现一旁有一片指尖大小的碎纸片。

打开下水道查看，他发现一堆被水泡过的碎纸片，正是丢失的被人工撕碎的机密文件。

现场分析，作案人作案动机有两种可能：一是蓄意销毁机密文件，嫁祸于人；二是入室盗窃财物，在没有发现财物时，以销毁文件发泄不满，并转移办案人员视线。作案人只是在此一个房间作案，并没有到附近房间作案，指向明确，显然是熟人作案。作案人在房间多次来回走动，翻动许多物品，却没有留下指纹和脚印，显然是事先进行了反侦查的精心准备，备有手套，在房门外脱下鞋子。

仅仅只有一个袜印，这无疑又是对刘功元的一个考验。

就像面对的是一个蒙面人，你能从这个蒙面人的轮廓辨认出这个人是谁吗？

刘功元没有别的选择，只能选择攻关。

能够进入市委机关的人，都采集了足印，共四百余个。

穿袜的足印与赤足印样本无共同点，但刘功元坚信，只要细心观察，还是能标注比对点的。比如形状大小，比如足压面分布，比如足弓形面积，比如跟压与尖压特征……

一对检材与样本，刘功元找出了二十多个比对点。面对这二十多个比对点，对刘功元来说，耗费的是时间与精力。

刘功元苦战了二十多天，从二十多个相同样本，到八个相同样本，再到四个，最后确定一个。

当最后那个人浮出水面时，连刘功元自己都不敢相信，这个人竟是在敏感岗位工作的一位年轻的小伙子。

然而，面对初审结果，参加审问的小黄对刘功元道：“老师，您是不是弄错了？我看这小伙子，要么他就不是小偷，要么就是他的心理素质太好了，简直无懈可击呀！”

很快，这个部门的领导亲自给市公安局局长打电话：“你们排查的这个人，是不是弄错了？我相信这个小伙子，家庭背景及个人出身都很干净，政治上可靠，他不可能做这事，要是弄错了，影响我们的声誉，可是不好收场！”

事关重大，市公安局局长也只得来向刘功元讨实话：“你到底有多少把握？”

“我相信自己的判断。”刘功元斩钉截铁道。

“你要我相信你的判断没有用，你要让检察院、法院的人相信你的判断，让那小伙子的领导相信你的判断！这种以穿袜印的检材来定案，到底有过先例没有？怎么样才能让人信服？这样吧，你最好把这检材发给省厅，请省厅的专家把把关，他们要证实了，我也好说话，让你拿人。”

检材发给了省厅。不久，省厅答复，经请广州的几位专家核查，均没有给出支持意见。

局长叹息道：“这样吧，这个案子，本身也没有受多大损失，既没有文件丢失，也没有财物被盗，这个事，就算了吧。”

刘功元摇了摇头：“算了？说得容易！这个案子，在市机关乃至整个韶关，已传得沸沸扬扬，我就这样收场，你还不如干脆让我打背包回家得了。”

“那你说怎么办？要是真办砸了，同市委市政府的声誉比起来，同那个小伙子的比起来，是你的损失大，还是单位和小伙子的损失大？”

刘功元刹那间真闪现出打背包回家的念头。

幸好，在国外学习考察的杨师父回来了。刘功元如得救星。

师父问：“这种比对，毕竟也是没有过先例，你究竟有多大把握？”

刘功元坚信自己的结论：“虽是没有先例，但一个人的足迹是相对稳定的。虽然并非一成不变，但也不会说变就变。而足部与鞋袜的形态与结构在行走或者站立的过程，虽是一个变化的过程，但万变不离其宗，痕迹始终会保持相对稳定的特性。”

师父听了，斩钉截铁地道：“我们的职责是什么？是绝对不能让犯罪分子逍遥法外！不管他是什么人，是什么单位，既然有证据，就不要怕。我相信你的证据。人可以说谎，但证据不会！抓人吧，出了事，我担着！”

作案人张某最终在韶关警界“一把刷子”刘功元的铁证面前，供认不讳。

因为，证据不会说谎。

扫描二维码即可观看
相关视频等